suhrkamp taschenbuch 167

Theodor Reik, geboren 1888 in Wien, lebte und arbeitete, abgesehen von einem kurzen Aufenthalt in Berlin 1914/15, bis zum Jahr 1928 in Wien, u. a. als Sekretär der Wiener Psychoanalytischen Gesellschaft. Es schließt sich bis 1934 seine Arbeit am Psychoanalytischen Institut Berlin an. Er war einer der frühesten Schüler Freuds. Nach einem Aufenthalt in Den Haag emigrierte Reik 1938 in die USA. Wichtige Veröffentlichungen: *Der eigene und der fremde Gott*, 1923; *Masochism in Modern Man*, 1949; *Jewish Wit*, 1962.

Franz Alexander, 1891 in Budapest geboren, war 1921 Assistent am Psychoanalytischen Institut Berlin. 1930 erhielt er den Lehrstuhl für Psychoanalyse an der Universität Chicago. Später leitete er das Psychiatric Research Department am Mount Sinai Hospital Los Angeles. Alexander starb 1964 in Palm Springs. Wichtige Veröffentlichungen: *The Criminal, the Judge, and the Public* (Zus. mit Hugo Staub), 1929; *Psychosomatic Medicine, its Principals and Applications*, 1952 (dt. *Psychosomatische Medizin, Grundlagen und Anwendung*, 1971).

Tilmann Moser, geboren 1938, studierte Philologie in Tübingen, Berlin und Paris, nach einer journalistischen Ausbildung dann Soziologie, Psychoanalyse und Politik in Frankfurt und Gießen. Er arbeitete ein Jahr lang als Praktikant in einer Jugendstrafanstalt. Moser ist Psychoanalytiker und Dozent für Psychoanalyse am Fachbereich Rechtswissenschaft der Universität Frankfurt.

Was in diesen beiden klassischen Texten der Psychoanalyse über die psychischen Mechanismen gesagt wird, die zwischen der Gesellschaft und ihren straffällig gewordenen Mitgliedern wirken und sich in der Institution Justiz selbstgerecht verfestigt haben, gewinnt heute eine neue Bedeutung und Sinnfälligkeit. Die Frage, um die es geht, ist das Verhältnis des Individuums zu den Institutionen, das über Ich-Stärke und Ich-Schwäche entscheidet, sowie das Problem der Gerechtigkeit, das zu ernst ist, um es der Justiz zu überlassen.

Psychoanalyse und Justiz

Theodor Reik
Geständniszwang und Strafbedürfnis

*Probleme der Psychoanalyse
und der Kriminologie (1925)*

Franz Alexander und Hugo Staub
Der Verbrecher und seine Richter

*Ein psychoanalytischer Einblick
in die Welt der Paragraphen (1929)*

Mit einer Einleitung
herausgegeben
von Tilmann Moser

Suhrkamp

suhrkamp taschenbuch 167
Erste Auflage 1974
© dieser Ausgabe Suhrkamp Verlag
Frankfurt am Main 1971
Suhrkamp Taschenbuch Verlag

Inhalt

* In der 1956 von Alexander besorgten amerikanischen Neuauflage seines Buches, *The Criminal, the Judge, and the Public*, The Free Press, Glencoe, Ill., sind dem ursprünglichen Text vier Arbeiten hinzugefügt, von denen in diesem Band aus Platzgründen nur eine weggelassen wurde, nämlich »Der Doppelmord eines Neunzehnjährigen«, ursprünglich in *Die Psychoanalytische Bewegung*, Jg. 2, Heft 1. »Ein besessener Autofahrer« wird in der ursprünglichen deutschen Fassung von 1931 in *Imago*, Bd. XVII, wiedergegeben. Die beiden übrigen Arbeiten wurden von Hans-Werner Sass für diesen Band aus dem Amerikanischen übersetzt.

Einleitung (1971)

Strafrecht und Psychoanalyse stellen auf den ersten Blick nahezu unversöhnliche Gegensätze dar. Auf der einen Seite die
Fiktion des freien Willens, der totalen moralischen Verantwortlichkeit des Individuums, und ausschließlich des Individuums, und damit die juristische Schuldfähigkeit des Menschen,
auf der anderen die Tendenz zum seelischen Determinismus,
zur Rückführung vieler Arten von rechtsbrecherischem Verhalten auf Charakterstrukturen, deren Beschädigungen in der
frühen Kindheit gesucht werden. Den Grundannahmen entsprechen gegensätzliche Haltungen: vorwurfsvolle Aburtei-
lung, nur minimal gemildert durch den Gedanken der Hilfe;
auf der anderen Seite: Einfühlung in die seelischen Störungen,
geduldige Hilfestellung, Akzeptieren des in einem pathologischen Sinne Abweichenden als eines Kranken.
Die Gesellschaft kann und will gegenwärtig nicht auf Strafe
verzichten. Sie beginnt aber zu begreifen, daß Strafe ohne Hilfe
um so eher pure Grausamkeit bleibt, je genauer unser Einblick
in die sozialen und psychischen Ursachen von Kriminaliät wird.
Die Unversöhnlichkeit der Psychoanalyse mit dem bis heute
herrschenden Schuldstrafrecht, dem nur diejenigen Täter entzogen bleiben, die die Kriminalpsychiatrie mit ihren groben,
restriktiven, somatisch-biologischen Kriterien für medizinisch
»krank« erklären, führte bislang zum Ausschluß der Psychoanalyse aus der Strafrechtspflege. In der Warnung vor ihr sind
nach wie vor konservative Strafjuristen und Kriminalpsychiater eng verbündet. Noch immer gilt der Satz von Hugo Staub
aus einem Vortrag vor der Berliner und Dresdener Anwalts-
vereinigung:

»Ich fürchte aber, daß den praktischen Juristen oft ein Gefühl der
Beklemmung überkommen wird, darüber, daß hier wieder einmal die
Wissenschaft anzurücken scheint, um Verbrecher zu exkulpieren und
der strafenden Gesellschaft in den Arm zu fallen. Das Geschenk der

Psychoanalyse, den kriminellen Menschen zu verstehen, wird oft als Danaergeschenk empfunden werden, und es wird der störende Gedanke sich einstellen, alles verstehen hieße alles verzeihen, und das sei das Ende jeder Verbrechensbekämpfung. Oft genug haben Richter – und nicht die schlechtesten – sich mit ähnlichen Gedankengängen von der objektiven psychologischen Erforschung einer Tat zurückgezogen, in der dunklen Ahnung, daß die Erkenntnis ein Feind des Richtens und Bestrafens sei.«*

Und dennoch beginnt die Unversöhnlichkeit sich zu mildern, bzw. die Konfrontation des Strafrechts mit der Psychoanalyse wird immer unausweichlicher. Der Mechanismus der Sündenbockprojektion ist durch die politischen Ereignisse der letzten Jahrzehnte schmerzhaft ins öffentliche Bewußtsein gerückt. Gegenüber den Kriminellen wird er heute in bestimmten Fernsehreihen geradezu exemplarisch vorgeführt. Die Sozialwissenschaften haben durch die Rezeption der angloamerikanischen Erkenntnisse und durch eigene Forschungen den immensen Wissensrückstand im Bereich der Sozialisationsforschung allmählich aufgeholt, der mit zu den Folgen des Dritten Reiches gehörte. Die Unterprivilegierung ganzer Schichten in der Entwicklung von Intelligenz und Lernfähigkeit ist, da sie die Produktivität der Gesellschaft zu beeinträchtigen beginnt, eine Art nationales »Anliegen« geworden. Angesichts dieser Tatsache läßt es sich weit schwerer leugnen, daß die Chancen zu einer »normalen« Charakter- und Verhaltensentwicklung aus gesellschaftlichen Ursachen heraus in ähnlichem Umfang für viele Menschen, die straffällig werden, in erheblichem Umfang fehlen. Die Gerechtigkeit als das Prinzip der Zumessung individueller Schuld an Menschen, die an kollektiven sozialen Mechanismen gescheitert sind, führt da allzu offensichtlich in die Ungerechtigkeit.
Es werden Biographien und Autobiographien von Kriminellen veröffentlicht, die nur allzudeutlich zeigen, daß es mit dem freien Willensentschluß zur bösen Tat in vielen Fällen nicht weit her ist. Vor allem dem Fernsehen ist es gelungen, durch

* Hugo Staub, Psychoanalyse und Strafrecht, in: *Imago,* XVII, 1931, S. 213

die Darstellung realer Lebenssituationen, aus denen Straftaten hervorgingen, durch die Dokumentation von Lebensläufen unter randständigen, abseitigen, demütigenden, inhumanen Bedingungen, eine Sensibilisierung zu erzeugen für eine ganz andere Verteilung von Schuld und Unschuld zwischen Individuum und Gesellschaft.

Es kommt hinzu, daß das schlechte Gewissen vieler Strafjuristen, das Gustav Radbruch noch für eine individuelle Tugend des guten Strafrichters hielt, in einem kollektiven Ausmaß zu wachsen und sich zu regen beginnt. Und schließlich werden es in wenigen Jahren die Jurastudenten sein, die Strafrechtslehre und Strafrechtspflege veranlassen werden, von psychoanalytischen und soziologischen Erkenntnissen auf dem Felde von Kriminalpolitik und Strafjustiz Kenntnis zu nehmen. Die Auflehnung gegen die herkömmliche Strafrechtsdogmatik ist bei den jüngsten Semestern bereits heute zu spüren. Die Entfernung dieser Dogmatik von der seelischen Realität des Täters wird ihnen geradezu zum Indiz für ihre Unaufrichtigkeit und ihren ideologischen Charakter.

Es dürfte nicht oft in der Geschichte Berufsstände gegeben haben, deren Aufgabe es ist, verfügend und urteilend mit Menschen umzugehen, und die so weit von einer realen Kenntnis der Menschen, mit denen sie umzugehen hatten, entfernt waren oder entfernt gehalten wurden, wie die Strafjuristen. Nicht umsonst ist es zu der These gekommen, daß die Unkenntnis der Psyche des Täters und der Folgen des Strafens Voraussetzung sei für die Ausübung der Berufsrolle von Richter und Ankläger. Otto Uhlitz, der in Berlin verantwortlich war für die Einrichtung von psychoanalytischen Fortbildungskursen für Juristen, schreibt nicht zu Unrecht:

»Die psychologischen Kenntnisse unserer Staatsanwälte und Richter entsprechen der Laienpsychologie des Mannes auf der Straße, sofern sich der einzelne nicht selbst in seiner Freizeit auf diesem Gebiet fortgebildet hat. Wissenschaftlich fundierte Kenntnisse vom Menschen werden von ihnen nicht verlangt. Sie brauchen nichts von der Vererbungslehre, den geistigen Erkrankungen und den Einflüssen un-

glücklicher Familienverhältnisse auf die Entwicklung der Kinder zu
wissen. Sie brauchen auch nicht zu wissen, wie es in den Strafanstal-
ten aussieht, in die die von ihnen Verurteilten kommen.«*
Reiwald nannte diese Tendenz zur Vermeidung von Kenntnissen über den Verbrecher »Berührungsangst« und legt den
Schluß nahe, daß das Strafrechtssystem der Absicherung durch
Unkenntnis über die Täter dringend bedarf.**
Angesichts des wachsenden Interesses der Öffentlichkeit wie der
Strafjustiz an der Psychoanalyse, angesichts des Drucks der
Studenten und des wachsenden Unbehagens der in der Strafjustiz Tätigen, aber auch angesichts des eklatanten Versagens
der Kriminalpsychiatrie bei der wissenschaftlichen Bewältigung
der Probleme der seelischen »Abnormität« so vieler Rechtsbrecher sei hier die These gewagt, daß man sich in spätestens
zwei Jahrzehnten keine juristischen Fakultäten mehr wird vor-
stellen können, an denen nicht Soziologie, Psychologie und
Psychoanalyse gelehrt werden. So düster es gegenwärtig noch
mit der Rezeption psychoanalytischer Erkenntnisse im Bereich
der Strafrechtspflege bestellt ist, so rasch wird sich, mindestens
was das Bedürfnis nach Information angeht, die Lage ändern.
Und die wachsende Information wird Folgen haben: für die
Strafrechtsdogmatik, für den Strafvollzug, vor allem aber für
die Einsicht in die absolute Vordringlichkeit der Prophylaxe.
Aus der Gewißheit heraus, daß die Kluft zwischen Strafrecht
und Psychoanalyse in den nächsten Jahren an vielen Stellen
überbrückt werden wird, soll hier nicht noch einmal das geschichtliche Ausmaß wechselseitiger Verkennung und Ablehnung dargestellt und analysiert werden. Mit der Einführung
der therapeutischen Dimension (vorausgesetzt, sie wird sich in
den Sozialtherapeutischen Anstalten überhaupt verwirklichen)
wird theoretisch auch die endlose Beschwörung der »Damm-
bruchsgefahr« hinfällig, mit der so eindringlich vor einer Aus-
weitung des Krankheitsbegriffes gewarnt wurde.

* Otto Uhlitz, Psychoanalytische Kurse für Richter und Staatsanwälte, in:
Almanach 1971 des Carl Heymanns Verlages, S. 90
** Paul Reiwald, *Die Gesellschaft und ihre Verbrecher*, Zürich 1948

Unseres Erachtens ist das Zentralproblem bei der Diskussion des Verhältnisses von Strafrecht und Psychoanalyse für die kommenden Jahre und Jahrzehnte ein organisatorisches im weitesten Sinne. Dadurch, daß eine neue Wissenschaft an einen riesigen und durch eigene Theorien und Legitimationsweisen abgesicherten Praxisbereich wie die Strafjustiz herantritt, ist sie nicht schon rezipiert und mit praktischen Konsequenzen integriert. Wenn an ein Strafsystem, das hinsichtlich der abnormen Täter so wesentlich auf dem obsolet gewordenen biologistischen Krankheitsbegriff der Kriminalpsychiatrie beruht, endlich ein neuer Krankheitsbegriff herangeführt wird, der auf der Analyse der Sozialisationsdefekte basiert, die viele Menschen unfähig machen, die Normen einzuhalten, dann bedeutet das die Notwendigkeit einer Umstrukturierung des gesellschaftlichen Umgangs mit dem Rechtsbrecher.

Von der Psychoanalyse geht für das reine Schuldstrafrecht ein so massiver Legitimationsverlust aus, daß die Theorie des Strafens neu durchdacht und die Organisation des Strafens neu konzipiert werden müssen. Wenn dem Prinzip nach einmal verstanden ist, daß unsere Gesellschaft Kinder massenhaft unter Umständen aufwachsen läßt, die den Erwerb der Fähigkeit und der Bereitschaft zur Einhaltung der Mindestnormen illusorisch machen, dann wird langfristig eine Änderung des Strafsystems unausweichlich. Aber bis dahin ist ein weiter Weg.

Doch schon heute läßt sich formulieren: Ging seit den ersten Äußerungen von Psychoanalytikern zu Fragen von Kriminalität und Strafrecht ein manchmal überaus polemisch formulierter Anspruch an die Juristen aus, ihr Handwerk gemäß den neuen Erkenntnissen zu verändern, so muß heute, und erst recht für die kommenden Jahre, der wachsende Anspruch der Juristen an die Psychoanalyse und die Psychoanalytiker bedacht werden: was habt ihr uns zu bieten an Unterweisung und praktischer Hilfe, an Theorie und organisatorischer Anleitung, falls wir uns bereit finden, die Konfrontation zu wagen, und uns an ein Straf- oder Maßnahmenrechtssystem heranmachen, das den neuen Erkenntnissen Rechnung trägt?

Es ist gar nicht so leicht, auszumachen, inwieweit die Psychoanalyse heute schon über eine absolut legitime, aber doch rein theoretisch bleibende Radikalkritik der Strafjustiz hinausgeht, ja, wo sie darüber langfristig überhaupt hinausgehen kann. Die Gefahr ist die einer wechselseitigen Verkennung von Absichten und Leistungsfähigkeit. Um es deutlich zu sagen: die Psychoanalyse in ihrem heutigen Umfang an Personal, sicher verfügbaren Kenntnissen hinsichtlich des Bereiches Kriminalität, an Therapiemethoden und Weiterbildungsverfahren für in der Strafrechtspflege Tätige, kann keine sofort verfügbare Alternative zum heutigen System der Strafrechtspflege anbieten. Die einzige Möglichkeit ist die geduldige Organisation einer langfristigen Zusammenarbeit von Juristen, Pädagogen, Psychologen, Psychiatern und Psychoanalytikern, eine Zusammenarbeit, für die sich alle beteiligten Disziplinen erst vorbereiten müssen, allerdings nicht in der Isolierung, wollen sie nicht wechselseitig ihre Möglichkeiten verkennen. Zur Verdeutlichung ein historisches Beispiel:

Alexander und Staub schrieben 1929 erstmals in *Der Verbrecher und seine Richter**:

»Die Gesellschaft muß jedoch dem gesetzwidrig handelnden Menschen erst die Gelegenheit geben, eine praktische Verantwortung für seine Handlungen zu übernehmen, indem sie die psychoanalytische Behandlung jenen Kriminellen zuteil werden läßt, die stärker unter dem Einfluß ihrer unbewußten Tendenzen stehen als der Normale. Erst nach einer psychoanalytischen Behandlung kann man den Menschen für seine Träume, den Neurotiker für seine Symptome und den neurotischen Kriminellen für seine Taten mit Recht verantwortlich machen.«

Dieses Argument ist der Realität der Lage (Zahl der Analytiker und der neurotischen Kriminellen, Finanzierung, Gebäude usw.) nicht viel näher als etwa das um die Jahrhundertwende von bürgerlichen Sozialromantikern vielleicht formulierte: man möge alle Schwindsüchtigen aus dem Deutschen Reich nach Davos zur Ausheilung schicken. Strafrecht und Strafsystem wer-

* In diesem Band S. 260

den sich nicht dadurch verändern, daß einige Psychoanalytiker einige Kriminelle behandeln.

Oder ein anderes Beispiel dafür, wie die Möglichkeiten der Psychoanalyse verkannt werden können, ein Beispiel zugleich für ein Omnipotenzangebot, das ihr gerade von seiten psychoanalytisch interessierter und aufgeschlossener Juristen immer wieder gemacht wird:

Reiwald schrieb 1948:

»Erwachsene Mörder sind keine jugendlichen Verwahrlosten, man kann nicht beiden gegenüber die gleichen Maßnahmen ergreifen. Aber was die Gesellschaft kann, ist mit Hilfe der Psychoanalyse die unbewußten Affekte zu lösen, jedenfalls ihre ungezügelte Herrschaft bei ihren Organen zurückzudrängen. Sie muß das Geheimnis aller Erziehung lernen: *Behandeln – statt affektiv zu reagieren.*«[*]

Selbst für die frühen, nur mit Einzelpatienten arbeitenden Analytiker war es eine schmerzhafte Entdeckung, daß die Übermittlung der Kenntnis über die Entstehung eines Symptoms an den Patienten meist gar nichts ausrichtete. Wie sollte die Psychoanalyse, wenn ihr nicht sehr mächtige gesellschaftliche Veränderungen entgegenkommen, der Gesellschaft helfen, ihre Affekte gegen die Kriminellen zu lösen? Eine Gesellschaft läßt sich nicht so leicht psychoanalysieren. Der einzige Erfolg ist oft der der Kränkung und des Gegenangriffs. Es bleibt also, für das Strafrecht wie für die Psychoanalyse – Entsprechendes gilt natürlich für die übrigen Wissenschaften –, die große Frage: wie können und werden sie eine fruchtbare Kooperation verwirklichen können?

Alexander Mitscherlich schlug 1970 auf einer Tagung der Deutschen Richterakademie in Berlin noch vor, Strafrichter könnten sich einer eigenen Analyse unterziehen, und meinte dabei allerdings zu Recht:

»Es ist noch nicht abzusehen – weil wir noch keine Erfahrung in dieser Hinsicht haben –, ob und wie sich die Prozeßgestaltung ändern würde, wenn in ihr Richter zu Gericht säßen, die eine psychoanalytisch erweiterte Selbsterfahrung in ihr Vorgehen einbeziehen könnten.

[*] Reiwald, a. a. O., S. 24

7

Zwar ändert sich dann noch immer nichts an der polaren Zuordnung von Angeklagtem und Richter, zumindest soweit es das Gefühl des Angeklagten betrifft. Aber der Richter hätte gelernt, um Reik zu zitieren, ›mit dem dritten Ohr‹ zuzuhören.«[*]

Ohne Zweifel ist die individuelle Analyse für *Einzelne* eine Möglichkeit, sich von der Gültigkeit der psychoanalytischen Annahmen an eigener Seele zu überzeugen. Die Frage ist nur – und Gespräche mit wenigen Richtern, die so verfahren haben, legen dies nahe –, ob das schlechte Gewissen bei der richterlichen Tätigkeit, von dem Radbruch sprach, nicht so anwachsen muß, daß die Spannung unerträglich wird. Es besteht die Gefahr, daß, wer innerhalb des gegenwärtigen Strafsystems jenes dritte Ohr öffnet, das Einfühlung und Identifikation erlaubt, zu unglücklich wird, um weiter Richter oder gar Staatsanwalt zu sein. Teilnehmer von psychoanalytisch geleiteten Selbsterfahrungs- oder fallzentrierten Gesprächsgruppen haben mir selbst berichtet, daß das Gros der Teilnehmer nicht sehr lange nach Beendigung der Gruppe in Zivilkammern untergetaucht war. Sie hatten mit ihren neuen Kenntnissen die Belastungen der Strafrichterrolle nicht mehr ertragen. Dies spricht noch nicht gegen die Methode, aber sie bedarf der Absicherung: der einzelne, der unter psychoanalytisch unbeleckten Kollegen weiter in die Routine der allgemeinen Geschäftsverteilung eingespannt bliebe, wäre vermutlich verloren. Es müßten sich Gruppen von Richtern finden, die mit einer gewissen vorgegebenen Solidarität sich dieser Konfrontation gemeinsam stellten. Oder aber, und am besten zusätzlich: es bedarf einer Absicherung und Selbstbestärkung durch Publikationen der Erfahrenen, wie es auch Mitscherlich erwogen hat:

»Schließlich wird ein psychoanalytisch selbsterfahrener Richter seine Beobachtungen über den Zustand der Gesellschaft, wie sie sich in den Rechtsfällen, die er zu bearbeiten hat, zeigt, in diese Gesellschaft mit ungleich größerer Autorität zurückspiegeln können als ein Richter,

---

[*] Mitscherlich, in: Das schlechte Gewissen der Justiz. Ist der § 51 noch zeitgemäß? Zitiert nach dem Manuskript einer Sendung des Hess. Rundfunks vom 9. 2. 1971, S. 36 f.

dem man vom Verkehrsdelikt bis zum hilflosen Ausgeliefertsein dem Sachverständigen gegenüber, bis zu den Urteilssprüchen bei Kapitalverbrechen nicht selten eine gewisse Weltfremdheit, eine' gewisse Selbstidealisierung zur Fehllosigkeit anmerkt ...«[*]

Solange ein Richter, wollte er seine psychoanalytischen Kenntnisse auch in ein Urteil einfließen lassen, noch nicht die Spur einer Absicherung in höchstrichterlichen Entscheidungen findet, solange er die Strafrechtskommentare, die als verbindlich gelten, noch vergebens nach anderen als polemischen Hinweisen auf psychoanalytische Krankheitsbilder durchblättert, solange die Kriminalpsychiatrie in den Reformkommissionen noch weitgehend ein Meinungsmonopol besitzt, kann individuelle Kenntnis und Anwendung psychoanalytischer Theorie meist nur zu Individualkonflikten mit dem System führen. Aufgrund solcher ganz psychologisch-menschlicher Erwägungen ließe sich sogar sagen: Richter sind vielleicht im Augenblick nicht die Strafjuristen, die in der für die Kooperation von Psychoanalyse und Strafrecht günstigsten Lage sich befinden, es sei denn, sie wären Kämpfernaturen und fühlten sich fähig, die mit Sicherheit karrieremindernde Provokation durchzuhalten.

Trotzdem wird Fallgruppenarbeit oder Arbeit in Selbsterfahrungsgruppen mit jüngeren Strafjuristen eine wichtige Methode der Kenntnisvermittlung sein und werden.

Eine günstige Methode scheint gegenwärtig schon die Zusammenarbeit von Psychoanalytikern mit Strafrechtslehrern. Sie hilft beiden Seiten, die relevanten Problemstellungen überhaupt erst zu begreifen, die Begriffswelten zu verstehen, und Methoden der pädagogischen Vermittlung an die Studenten zu erproben. Schließlich war dies auch die Methode, mit der an einigen Hochburgen konservativen Strafrechts im Bündnis mit ebenso konservativer Kriminalpsychiatrie es gelang, noch bis in die jüngste Zeit die Studenten mit dem Geist des Schuldstrafrechts im Entwurf von 1962 zu indoktrinieren.

Eigene Lehrerfahrungen auf einer Reihe von Fortbildungstagungen für Strafjuristen wie die Erfahrungen einiger Kolle-

[*] Mitscherlich, a. a. O., S. 38

9

gen zeigen, daß es mit der Bereitschaft zur Annahme psycho-analytischer Erkenntnisse mit zunehmendem Alter und mit steigender Amtswürde in der Regel schwieriger wird. Eine jahre- oder jahrzehntelange Routine ist nicht ohne Abschirmung oder gar Panzerung gegen Zweifel und das schlechte Gewissen im Bereich der Strafjustiz zu überstehen. Die Bedrohung der eigenen Identität und der Legitimation des täglichen Tuns werden zu schwerwiegend. Am erfreulichsten scheinen die Erfahrungen mit Studienanfängern, die inmitten des Schocks über die Trockenheit und Realitätsferne der Strafrechtsdogmatik dankbar nach der psychischen Wirklichkeit greifen, die sich in der Interpretation von Lebensläufen Krimineller oder in der Analyse kriminogener Familienstrukturen auftut. Dies gilt allerdings nur so lange, als der Sog der Examensvorbereitungen nicht begonnen hat, mit dem erheblichen Zwang zur vorübergehenden Verdrängung des Erlernten: anders ist die Aneignung der Subsumptionskunst kaum mehr zu bewältigen.

Zur sinnvollen Unterrichtung von Jurastudenten in Psychoanalyse bedarf es aber erst der Schaffung von brauchbarem Unterrichtsstoff, von Fallsammlungen, psychoanalytischen Gutachten, Explorationsprotokollen usw. Ein günstiger Umstand ist, daß seit kurzem einige sehr ausführliche Autobiographien von Straftätern vorliegen, die sich zur analytischen Interpretation ausgezeichnet eignen, wenngleich sie natürlich dem ungeschulten Leser nur das anbieten, was dem Autor über sich selbst bewußt geworden ist. Gemeint sind: Ursula Trauberg, *Vorleben;* Wolfgang Werner, *Vom Waisenhaus ins Zuchthaus,* und Heine Schoof, *Erklärung.**

Zum ersten Mal liegt mit Ulrich Ehebalds *Patient oder Verbrecher* (rde, Hamburg 1972) ein umfangreiches psychoanalytisches Gutachten über einen Straftäter vor mit einer ausführlichen Auseinandersetzung mit den psychiatrischen Vorgutachten zum gleichen Thema.

* Alle im Suhrkamp Verlag

In einigen Großstädten haben sich inzwischen Arbeitsgemein-
schaften von Referendaren oder Assessoren zur Einarbeitung
in die psychoanalytische Kriminologie gebildet. Das Problem
ist, schon auf der Ebene der reinen Kenntnisvermittlung, der
Mangel an unterrichtenden Analytikern. Denn die psychoanalytische Persönlichkeitstheorie ist komplizierter als etwa die
Psychologie der Psychopathenlehre in der Kriminalpsychiatrie,
die sich über Jahrzehnte dem Strafjuristen gerade durch ihre
direkte Zugänglichkeit für den »gesunden Menschenverstand«
empfohlen hat. Unterricht durch Psychoanalytiker ist aber, neben dem Studium der Literatur, notwendig, soll die Einarbeitung in die psychoanalytische Theorie nicht allzu spekulativ
werden. Begrenzte Lehraufträge wären hier sicher eine sinn-
volle Methode. Daß eine Explikation der psychoanalytischen
Texte notwendig ist, wird der nichtspezialisierte Laie bei der
Lektüre des vorliegenden Bandes sicher an manchen Stellen
empfunden haben.

Absolut unbearbeitet ist von seiten der Strafrechtslehre die
Frage der Konsequenzen psychoanalytischer Erkenntnisse für
die Strafrechtsdogmatik; ebenso unbearbeitet ist das Feld des
Brückenschlags vom psychoanalytischen zum juristischen
Krankheitsbegriff, wobei zuzugestehen ist, daß die psychoanalytische Kriminologie noch längst nicht über jene simple
und annähernd narrensichere Schematik des Krankheitsbegriffes verfügt wie die »herrschende Lehre« der Kriminalpsychiatrie*. Sie wird zu deren Schlichtheit allerdings auch nie vor-
dringen können.

Von zentraler Bedeutung ist hier die Zusammenarbeit der Psychoanalyse mit der klinischen Testdiagnostik. Die Forschungs-
situation für eine psychoanalytische Kriminologie war und ist
miserabel, sie könnte sich bessern mit der Einrichtung von Sozialtherapeutischen Anstalten.

Es ließen sich also die Aufgaben, die auf das Strafrecht zunächst

---

* Vgl. zur Kritik der Kriminalpsychiatrie: Tilmann Moser, *Repressive
Kriminalpsychiatrie. Vom Elend einer Wissenschaft.* Frankfurt 1971, edition
suhrkamp.

zukämen, geht man vom Ziel einer sinnvollen Kooperation mit der Psychoanalyse aus, so zusammenfassen:

Rezeption des Standes der psychoanalytischen Kriminologie und deren Einbringung in die juristische Ausbildung; Kooperation mit Psychoanalytikern in der Erstellung von Unterrichtsstoff, Darstellungsmethoden; Einrichtung von Selbsterfahrungs- oder Fallgruppen mit interessierten Strafjuristen; theoretische Arbeiten zur Dogmatik, vor allem hinsichtlich der Aufarbeitung der Erkenntnisse der Sozialisationsforschung; Neubestimmung des Sozialstaatsbegriffs in bezug auf Menschen mit stark sozialschädlichem, »kriminellem« Verhalten, bei denen erkennbar ist, daß es auf sozial verursachter, durch die Familie vermittelter psychischer Mangelerkrankung beruht; die juristische Aufarbeitung und Kommentierung exemplarischer psychoanalytischer Gutachten; Ermöglichung der Ausbildung des therapeutischen Personals für die Sozialtherapeutischen Anstalten, Ermöglichung von Behandlungs- und Ursachenforschung in diesen Anstalten, vielleicht sogar die Ausbildung einiger Strafjuristen zu Psychoanalytikern, die in leitenden Positionen in diesen Anstalten arbeiten würden.

Auf die Psychoanalyse kommen entsprechende Aufgaben zu. Sehr zu Recht schreibt Bräutigam:

»Die Psychoanalyse hat sich bisher viel mehr mit den Motivationen als mit der Handlung selbst, mehr mit neurotischen Vorstellungen, Phantasien, Ängsten, den Hemmungen des Verhaltens beschäftigt, als mit der Struktur der Tat. Viele Psychoanalytiker haben sogar eine bemerkenswerte Unempfindlichkeit für den Sprung, der das Motiv von der Tat trennt.«[*]

Wo der Patient zu handeln oder gar kriminell zu »agieren« beginnt, ist im herkömmlichen therapeutischen Arrangement

---

[*] Walter Bräutigam, »Forschungsrichtungen und Lehrmeinungen der Psychoanalyse. In: *Handbuch der forensischen Psychiatrie*, hrsg. von H. Göppinger und H. Witter, Berlin-Heidelberg-New York 1972, Bd. 1, S. 776. Das umfangreiche Handbuch stellt eine »Summa« des konservativen, antipsychoanalytischen Denkens der deutschen Kriminalpsychiatrie dar, aus dem der Beitrag von Bräutigam absolut herausfällt.

die Behandlung oft rasch in Frage gestellt. Die psychische Ökonomik des Übergangs von der Motivationsstruktur und dem
Verhältnis der psychischen Instanzen zueinander zur Tat liegt
noch weitgehend im dunkeln. Auch Alexander und Staub begnügen sich hier mit recht oberflächlichen Bemerkungen:

»Ob ein Mensch in seinem Triebleben zur Autoplastik neigt oder
nicht, ist für die Entwicklung zur Neurose oder zur Kriminalität von
geradezu entscheidender Bedeutung. Ohne autoplastische Neigung
(was bedeutet hier Neigung? T. M.) ist keine Neurose, ohne expansive
Triebe keine Kriminalität denkbar. Für diese Qualität der Triebe ist
in erster Linie ein konstitutioneller Faktor verantwortlich. In dieser
expansiven Qualität seines Trieblebens steht der neurotische Charakter dem Gesunden näher als dem Neurotischen. Er *handelt* und läßt
sich durch die Sozietät nicht in die Phantasiewelt der Symptome hineindrängen. Der Neurotische behält den ursprünglichen infantilen
Inhalt seiner Triebansprüche, begnügt sich aber mit den phantastischen Befriedigungen, die ihm die Symptome gewähren.«[*]

Allzu rasch wird hier mit den Graden der Triebstärke und
konstitutionellen Varianten argumentiert, um die Forschungs-
und Wissenslücke, die für eine psychoanalytische Kriminologie
zentral ist, zu verdecken.
Einer der wesentlichen Gründe für die Unsicherheit der Pioniere der psychoanalytischen Kriminologie in dieser Frage
dürfte in folgendem zu suchen sein: für sie stand im Zentrum
der Forschung der Ödipuskomplex und die mit ihm verbundene, relativ klare unbewußte Trieb-, Angst- und Abwehr-
problematik. Dies erklärt auch, warum der Verbrecher aus
Schuldbewußtsein zur frühen Zentralfigur der psychoanalytischen Kriminologie geworden ist. Erst Jahre und Jahrzehnte
später hat sich die psychoanalytische Forschung mit gleicher
Gründlichkeit den früherliegenden Störungen zugewandt und
gefunden, daß die psychische Struktur längst durch traumati-
sche Beziehungen zur Mutter so gestört sein kann, daß die ödi-
pale Situation für das Kind kaum noch angemessen zu bewältigen ist. Schlagwortartig läßt sich die Differenz der psychischen

[*] In diesem Band S. 293 f.

Strukturen kennzeichnen durch die Begriffe *Konflikt* und *Defekt*. Das Ausmaß möglicher Defekte der Ich- und Überichentwicklung in den frühesten Phasen war den kriminologischen Pionieren noch nicht zugänglich.[*]

Dringlich erscheint also eine Systematisierung des psychoanalytischen Krankheitsbegriffs hinsichtlich aller für sie relevanten Formen von kriminellem Verhalten, die eine allmähliche juristische Rezeption in vollem Umfang erst möglich macht. Ohne intensive Kooperation mit klinischer Testpsychologie scheint dies kaum zu leisten, vermutlich auch nicht ohne Einbeziehung der lerntheoretischen Forschung. Denn der Hinweis von Bräutigam hat volle Gültigkeit:

»Die Aufgabe nosologischer und psychodynamischer Differenzierung innerhalb der Kriminellen und auch ihre Abgrenzung von sozialen Formen krimineller Entwicklung ist noch nicht abgeschlossen.«[**]

Das bedeutet, daß die Ursachen- und Behandlungsforschung intensiviert werden, bzw. daß sie in der Bundesrepublik überhaupt erst wieder in Gang kommen muß. Viele Umstände haben dazu geführt, daß sie fast zum Erliegen kam: man könnte durchaus von einer Berührungsangst der drei Pole Strafjustiz, Psychoanalyse und Straftäter sprechen.

Ein weiterer großer Aufgabenbereich der Psychoanalyse ist die Entwicklung von Lehr- und Selbsterfahrungsformen, mit denen psychoanalytisches Wissen an Berufe weitergegeben werden kann, die mit Verhaltensgestörten im weitesten Sinne umgehen. Außer der klassischen Ausbildung zum Psychoanalytiker haben sich, neben den Balintgruppen, noch kaum zuverlässige Me-

---

[*] Vgl. zu diesem Punkt die ausführlicheren Überlegungen von Moser in »Psychoanalytische Kriminologie«, in: *Kritische Justiz*, 1970, S. 399-405; abgedruckt in *Repressive Kriminalpsychiatrie*, Frankfurt 1971, als Anhang. Zum Verhältnis von neurotischer und psychopathischer Kriminalität vgl. auch T. Moser, *Jugendkriminalität und Gesellschaftsstruktur*, Frankfurt 1970; von neoanalytischer Seite vgl. vor allem E. Künzel, *Jugendkriminalität und Verwahrlosung*, Göttingen 1968, 2. Aufl.; neuerdings K. Hartmann, *Theoretische und empirische Beiträge zur Verwahrlosungsforschung*, Berlin–Heidelberg–New York 1970
[**] Bräutigam, a.a.O., S. 790.

thoden psychoanalytischer Fortbildung für soziale Berufe herausgebildet, die als Angebote bereitlägen. Auch die psychoanalytische Supervision liegt durchaus in den Anfängen.

Ebenso fehlt es dringend an Kranken- und Behandlungsgeschichten im Bereich des psychoanalytischen Umgangs mit Rechtsbrechern. Hierbei mag die Scheu der Analytiker eine Rolle spielen, gescheiterte Behandlungsexperimente zu publizieren; und doch läge der Erwartung einer hohen Erfolgsquote, wenigstens beim gegenwärtigen Stadium der Erfahrung, eine gefährliche Tendenz zur Selbstidealisierung zugrunde, eine Tendenz, die sich auch so äußern kann, daß man sich an solche Behandlungen erst gar nicht heranwagt.*

Besonders angesichts mancher in Sachen Kriminalität erst noch zu erbringender Leistungen der Psychoanalyse muß also vor übergroßen Erwartungen von juristischer Seite an die Psychoanalyse eher gewarnt werden. Die Formen der Konfrontation müssen gemeinsam gesucht werden, und fruchtbar wird nur eine Zusammenarbeit sein, die sich der Schwierigkeiten und der Länge des Weges bewußt ist. Daß sich die Pioniere über diese Tatsache voll im klaren waren, zeigt ein Aufsatz von Hugo Staub aus dem Jahre 1931 mit dem bezeichnenden Titel »Einige praktische Schwierigkeiten der psychoanalytischen Kriminalistik«. Staub schreibt dort:

»Der Anwalt mußte erfahren, daß die Psychoanalyse sich nicht dafür eignet, einseitig dem Verteidigungsinteresse zu dienen, der Richter sah, daß das Eindringen der Psychoanalyse in den Gerichtssaal ihm sein schweres Amt nicht erleichtert, ihn nicht von der Verantwortung befreit, sondern ihn vor neue, oft unlösbar scheinende Aufgaben stellt, seine Verantwortung ungemein mehr belastet, ohne ihm gleichzeitig den Ausweg aus dem Dilemma zu zeigen.«**

* Ein hervorragendes Beispiel eines psychoanalytischen Behandlungsverlaufs bei einem jugendlichen Borderline-Fall mit delinquenten Phasen stellt Beulah Parkers Buch dar: *Meine Sprache bin ich*, Suhrkamp Verlag, Frankfurt 1970. Vgl. auch das hervorragende, noch nicht übersetzte Buch von Alexander und Healy, *Roots of Crime*, New York 1935, das über Psychoanalysen mit Kriminellen berichtet.
** Hugo Staub, Einige praktische Schwierigkeiten der psychoanalytischen Kriminalistik, in: *Imago*, XVII, 1931, S. 217

Juristen wie Kriminalpsychiater haben vereint vor der Psychoanalyse immer wieder auch mit dem Argument gewarnt, daß sich der Kreis der Täter, die gutachtlich untersucht werden müßten, stark ausweiten müßte. Im Interesse der Rechtsgleichheit plädierten sie für die Einhaltung der bisherigen Konventionen und Faustregeln nach den groben medizinischen Kriterien. Aber läßt sich der notwendige Fortschritt dadurch aufhalten, daß man sagt: wir können ihn nicht brauchen, weil er nicht schlagartig allen Betroffenen gleichzeitig zugute kommt? Nach dieser Denkweise würde die Medizin sicher noch heute in ihren Kinderschuhen stecken. Es ist aber kennzeichnend für den Umgang der Gesellschaft mit dem Rechtsbrecher, daß in seinem Falle Rechtsgleichheit fast automatisch eine Rechtsangleichung nach unten, also nach der gemeinsamen archaischen Basis des Strafrechts hin, bedeutet.

Hugo Staub hat das Problem mit aller wünschenswerten Klarheit gesehen:

»Während einerseits jede analytische Aufklärung eines Falles beweist, wie schwierig und zeitraubend es ist, die Motive einer Tat zu ermitteln, und eine wie große Zahl von Tätern dieser Aufklärung bedarf, erlauben die Technik des Gerichtsbetriebes, die Überlastung der Richter, die aus finanziellen Gründen gebotene Prozeßökonomie nur eine kleine, willkürliche Auswahl. Zu wenig, um dem Richter das Gefühl einer höheren Gerechtigkeit, einer besseren Erfüllung seiner sozialen Funktion, Recht zu sprechen, zu verschaffen, bringt ihm die Analyse die konfliktvolle Einsicht, daß nur eine geringe, mehr oder weniger willkürlich ausgewählte Zahl von Fällen die gründliche und gerechte Prüfung erfahren kann, die nach dem heutigen Stande wissenschaftlicher Methoden möglich und nötig ist. Diese Benachteiligung der Mehrzahl der Fälle schafft neue Ungerechtigkeit, wird daher den Widerstand des Richters gegen die Anwendung der Analyse eher verschärfen.«[*]

Hiergegen läßt sich nur einwenden, daß die Willkür und der Zufall der Auswahl bei der psychiatrischen Begutachtung, von den gesetzlich vorgeschriebenen Fällen abgesehen, nicht minder

[*] H. Staub, a. a. O., S. 218/9

16

gravierend ist. Hans Szewczyk hat dies eindrucksvoll zeigen können.*

Die Entwicklung einer zuverlässigen projektiven Testdiagnostik muß aber die Untersuchungen vereinfachen. Außerdem wird sich bei den Juristen mit der Zeit der Blick für Art und Grad der seelischen Abnormität schärfen, wenn Grundkenntnisse in psychoanalytischer Kriminologie erst einmal vorhanden sind. Zudem wird eine psychoanalytische Diagnose, sobald Therapiemöglichkeiten, etwa in Jugendstrafanstalten oder in den Sozialtherapeutischen Anstalten, vorhanden sind, nicht mehr einfach Exkulpierung oder Teilexkulpierung bedeuten, wie es in der »Dammbruchtheorie« suggeriert wird, sondern sie wird Hinweise auf die Art der Behandlung oder den zeitlichen Rahmen einer Unterbringung geben, soweit nicht eine ambulante Behandlung, Geldstrafe und Wiedergutmachung angezeigter erscheinen.

Eines der mit größter Regelmäßigkeit gegen die Psychoanalyse im Zusammenhang mit der Strafrechtspflege vorgebrachten Argumente ist jenes: wenn die Psychoanalyse in den Gerichtssaal eindringe, gebe es, angesichts ihrer rein deterministischen Position, kein Halten mehr, was Exkulpierung, ja Beseitigung der moralischen Verantwortlichkeit des Täters anbelange. Deshalb sei noch einmal Alexander zitiert, der versucht, diesem gezielten Mißverständnis zu begegnen. Er stellt fest, daß die reine Bestrafung die Neigung zu neuen Taten eher erhöhe dadurch, daß der Täter meint, »mit der Gesellschaft quitt zu sein«.

»Man sollte daraus allerdings nicht den Schluß ziehen, daß solche Menschen für ihre Handlungen nicht zur Verantwortung gezogen werden sollten. Es zeigt nur, daß die Entscheidung, was mit den verschiedenen Typen des Kriminellen geschehen soll, entsprechend dem Wesen des Täters individuell getroffen werden muß. Einige mögen auf Strafe günstig reagieren, andere brauchen den Freiheitsentzug in Verbindung mit therapeutischer Behandlung, und wieder andere kann

---

* Hans Szewczyk in: *Die Gerichtspsychiatrie in der neuen Rechtspflege.* Hrsg. von Szewczyk, Jena 1964

man nur, zum Schutz der Gesellschaft, in ständige Verwahrung nehmen. Unabhängig von der praktischen Entscheidung ist das Grundprinzip jedoch, daß jeder Mensch für die Konsequenzen seines eigenen Tuns verantwortlich gemacht werden muß.
Der letzte Schluß all dieser Überlegungen ist, daß das moralische
Prinzip der Verantwortlichkeit für die Gesellschaft unentbehrlich
ist.«*

Man muß sich hierbei nur vor Augen halten, daß Verantwortlichkeit hier nicht bedeutet: einer rein quantitativ verfahrenden
Schuld- und Strafzumessung unterworfen werden.
Die Psychoanalyse ist eine Krankheitslehre des Verhaltens und
der ihm zugrundeliegenden seelischen Struktur und der sie be-
dingenden seelischen Konflikte. Es ist diese Krankheitslehre,
die dem Strafrecht und der gesellschaftlichen Organisation seiner Folgen als Herausforderung gegenübertritt. Vielleicht wird,
in dem Maße, wie diese Krankheitslehre systematisiert wird,
die Aufgabe der Strafjustiz deutlicher an einer resignierten
Äußerung von Hugo Staub:

»Für die praktische forensische Bedeutung dieser umfassenden (psychoanalytischen, T. M.) Diagnosenstellung darf man sich freilich
heute noch keine allzu übertriebenen Illusionen machen. Im heute
geltenden Strafrecht ist der Richter an die Fesseln des § 51 und an
die den einzelnen strafbaren Handlungen anhaftenden allgemeinen
Strafbestimmungen gebunden. Er ist gezwungen, auch dort zu strafen, wo der psychoanalytische Sachverständige ihm sagen wird, der
Täter handle unter einem neurotischen Zwang, er sei mehr krank als
kriminell, die Strafe wirke eher fördernd auf sein dissoziales Verhalten als hemmend, er sei aber heilbar mittels Psychoanalyse.«**

Die Unerträglichkeit eines solchen Widerspruches wird man
nicht noch weitere Jahrzehnte dahin auflösen können, daß man
das Schuldprinzip handhabt wie einen eisernen Besen, unbe-
kümmert darum, ob ein Mensch die Chance hatte, eine moralische Verantwortlichkeit in vollem Sinne überhaupt zu erwerben, ein Ich auszubilden, das dem Drängen der Triebe wie dem

* In diesem Band S. 320
** Hugo Staub, Psychoanalyse und Strafrecht, in: *Imago* XVII, 1931, S. 209

Drohen eines primitiv und fragmentarisch gebliebenen Über-
ichs halbwegs gewachsen ist.

Die in diesem Band vereinigten Schriften sind keine Offenba-
rungstexte der psychoanalytischen Kriminologie. Es sind erste
geniale Entwürfe, frühe Verallgemeinerungen von Entdeckun-
gen, die auf einer noch geringen empirischen Basis beruhten.
Um so erstaunlicher ist das Gewicht, die Frische, der Wahrheits-
gehalt, die sie behalten haben. Kritische und korrigierende An-
merkungen wären an manchen Stellen zu machen, soweit unsere
Erkenntnis über den damaligen Stand hinaus fortgeschritten
ist. Die wesentlichsten bezögen sich auf die Überschätzung der
ödipalen Konflikte, bzw. auf die Vernachlässigung der früherliegenden Störungen. Es sei nur auf die generöse Selbstüber-
schätzung des Vaters bei der Gewissensbildung des Kindes hingewiesen, wie sie sich bei Reik findet*: Von der Mutter, die den
ganzen Tag über mit dem Kind zusammen war, ist kaum die
Rede. Dann aber erscheint abends der Vater auf der Familien-
szene, und das Überich fängt an zu sprießen. Ähnliches gilt für
die zentral hervorgehobenen Konflikte, die das (männliche)
Kind zu bewältigen habe, und die daraus entstehenden Tendenzen: Vatermord und Mutterinzest. Sicher ist, daß sie das unbewußte Schuldgefühl des neurotischen Täters wesentlich bestimmen werden, aber es gibt Schuldgefühle und Ambivalenz lange
vor dem ödipalen Vaterhaß. Die scheinbare Affekt- und Ge-
mütlosigkeit des psychopathischen Verbrechers hat ihre Wurzeln
weit früher, und die Verdrängung des Vaterhasses ist die späte
Leistung eines relativ gut entwickelten seelischen Apparates.

Kritische Betrachtung verdient auch die schon von Bräutigam
hervorgehobene ungenügende Unterscheidung von phantasierter und realer Tat bei Reik:

»Wir wissen auch, daß wir auf dem Gebiet der Neurosenpsychologie
den Unterschied zwischen materieller und psychischer Realität fallen
lassen müssen: es ist selbstverständlich, daß ich hier Tat kurzweg für
unbewußt phantasierte oder gewünschte Tat setze.«**

* In diesem Band S. 164/5
** In diesem Band S. 33

19

Mit diesem »kurzweg« kann sich der Strafrichter sicher nicht zufriedengeben. Ihn interessiert gerade das Rätsel des Übergangs von der phantasierten zur realen Tat.

»Die komplizierten Strafen, die z. B. Zwangsneurotiker sich auferlegen, sprechen laut genug von ihrem Sühnebedürfnis«, schreibt Reik (S. 125). Zu Recht entwirft er das Bild eines inneren, psychischen Gerichtshofes, der den Täter (der Phantasie, T. M.) härter verurteilt, als jedes Strafrecht es könnte. Aber für einen inneren Gerichtshof braucht es schon gutausgebildete seelische »Instanzen«, die ein wenn auch prekäres Gleichgewicht halten. Die Strafjustiz sucht aber gerade dort ihr Recht, wo der innere Gerichtshof schweigt oder so tief gefürchtet, gehaßt und abgewehrt wird, daß nur noch das fortgesetzte kriminelle Handeln von der Flucht vor ihm Rechnung ablegt. So mag es sich erklären, daß die unbewußten und langsam bewußter werdenden Geständnisse des Neurotikers am *Anfang* der Therapie stehen, während beim Kriminellen die Fähigkeit zum freien, die Tat akzeptierenden Geständnis am *Ende* der Behandlung stehen könnte, wenn sich ein innerer Gerichtshof überhaupt erst im Verlauf der Therapie gebildet hat.

Zweifelhaft erscheint uns heute auch das Angebot, das Reik den »Kriminalisten« gemacht hat: nämlich die Psychoanalyse verwendbar zu machen für die raschere Erlangung eines Geständnisses:

»Unsere neue Auffassung von der psychologischen Natur des Geständnisses ist auch deshalb von praktischer Verwertbarkeit, weil der Untersuchungsrichter in seinem Verfahren damit rechnen darf, daß trotz allen bewußten Bemühungen, sein Geheimnis zu bewahren und sich der Strafe zu entziehen, ein unbewußter Gegenwille im Verbrecher wirksam ist, gerade das zu verraten, was zu verbergen er mit so großem psychischem Aufwand strebt.«*

Der Psychoanalytiker darf nicht zum Lügendetektor des Unbewußten werden.** Es ist denkbar, daß sich Reik, um nicht,

---

* In diesem Band S. 102
** Auf die Probleme, die sich im Zusammenhang mit § 136a der Strafprozeßordnung ergäben, kann hier nur hingewiesen werden.

wie zu Recht vermutet, nahezu ungehört zu reden, darauf ein-
gelassen hat, die Vorteile der Psychoanalyse hervorzuheben um
den Preis, sich ganz auf die Seite der verfolgenden Gesellschaft
zu schlagen und den von Alexander und Staub so klar formu-
lierten Verdacht der Illoyalität des analytischen Kriminologen
gegenüber der Gesellschaft zu entkräften. Aber: sowenig dieser
Verdacht der Illoyalität zu Recht besteht und sowenig einem
Analytiker einfallen könnte, die Strafverfolgung zu erschwe-
ren, so schwierig dürfte es ihm doch werden, sein Wissen in den
Dienst der bloßen Überführung zu stellen; weiß er doch zu gut,
wie lang es noch dauern wird, bis diese Überführung als der
Beginn einer helfenden Behandlung angesehen werden kann.
Erst dann scheint es mir möglich, in der Gewißheit einer sich
anbahnenden Versöhnung von Verbrecher und Gesellschaft in
der Behandlung, psychoanalytisches Wissen auch in den Dienst
der Kriminalistik und des Untersuchungsrichters zu stellen.
Es ist absurd, der Psychoanalyse zu unterstellen, sie sehe nur
noch das Wohl des Täters und vergesse die Opfer. Sie ist als
Wissenschaft und Behandlungsmethode von gestörtem Verhalten und gestörten seelischen Strukturen für die Arten von seelischer Abnormität zuständig, die zu kriminellem Verhalten
führen. Sie erkennt die Vorgeschichte des bösen Handelns als
eine Leidensgeschichte, die sie, mindestens partiell, rückgängig
zu machen oder zu kompensieren sucht. Ihr Ziel ist es, den
Täter so zu behandeln, daß er keine neuen Opfer braucht und
diejenigen, die seine Opfer waren, so weit wie möglich ent-
schädigen kann.
Wenn aber eine Wissenschaft erkennt, daß das Böse eine Vorgeschichte im Leiden hat, dann muß sie ihre Hauptenergie darauf verwenden, die Gesellschaft dahin zu bringen, so früh wie
möglich helfend in diese Leidensgeschichte einzugreifen. Die
Psychoanalyse kann nur hoffen, die Strafjustiz zum aufrichtigen
Bundesgenossen für eine Prophylaxe zu gewinnen. Dabei wird
außerdem zunehmend deutlich, daß ein Teil des *sozialen* Bösen
außer Betracht bliebe, wollte man die Prophylaxe auf Ein-
griffe in individuelle Schicksale beschränken. Die massenhafte

Entstehung von kriminellem Verhalten auf abnormer seelischer Basis ist zu tief in unsere gesellschaftlichen Strukturen eingewoben, als daß individuell orientierte juristische und psychoanalytische Wohltätigkeit noch am Platze wären. Es wäre auf die Dauer allzu scheinheilig, eine Reihe von straffälligen Menschen mit großem Aufwand zu therapieren, solange so immense Bereiche kollektiver Deprivation bestehen, in denen Kriminalität in einem Umfang entsteht, der jeder späteren Therapie von Anfang an Hohn spricht.

Die Psychoanalyse ist eine Forschungs- und Behandlungsmethode vorwiegend für den Einzelpatienten. Das bedeutet nicht, daß sie sich auf die Heilung von Einzelpatienten beschränken müßte. Auf kaum einem Gebiet der Entstehung von seelischen Störungen und abnormem Verhalten sind die Zusammenhänge von kollektiver, materieller wie psychischer Deprivation so evident wie bei der Kriminalität. Erforschung und Behandlung des Einzelfalles haben auf diesem Gebiet um so mehr exemplarischen Charakter. Erst die Integration der psychoanalytischen Erkenntnis über Einzelfälle mit den soziologischen Ergebnissen zu Verteilung, Intensität und Ursachen massenhafter psychischer Mangellagen kann die Grundlage einer kollektiven Prophylaxe sein. Diese Integration von Psychoanalyse und Sozialwissenschaften steht im Bereich des Empirischen noch immer am Anfang. Ihre Vertiefung gehört zu den wichtigsten Aufgaben der nächsten Jahre. Das Maß dieser Aufgaben ergibt aber auch das Maß der Frist, die der Strafjustiz bleibt, um die Rezeption psychologischer und soziologischer Erkenntnis zu erarbeiten. Die Ungerechtigkeit des geltenden Strafrechts wird in dem Maße noch zunehmen, wie es die wachsende Summe unseres psychologischen und soziologischen Wissens über die ihm unterworfenen Täter verleugnet.

Tilmann Moser

Psychoanalyse
und labeling approach (1974)

Die kriminologische Diskussion in den letzten Jahren war bestimmt durch eine Kontroverse, deren Grundpositionen sich so charakterisieren lassen: auf der einen Seite stehen Forscher, die die Täterpersönlichkeit weiterhin in den Vordergrund rücken und versuchen, im Individuum auffindbare »Ursachen« für sein delinquentes Verhalten zu finden; auf der anderen Seite betonen Anhänger des sogenannten »labeling approach«, an ihrer Spitze Fritz Sack, daß Kriminalität weniger eine »Eigenschaft« von Individuen als vielmehr ein Ergebnis von Zuschreibungsprozessen durch die Sanktionsinstanzen darstellt. Zwischen den beiden Positionen hat eine gewisse Polarisierung stattgefunden, nicht ohne wechselseitige Vorwürfe einer auch politisch relevanten Vernachlässigung zentraler Gesichtspunkte. Ohne Zweifel sind durch den »labeling approach« eine Reihe wichtiger gesellschaftlicher Mechanismen erst in den Blickpunkt gerückt und gründlicher erforscht worden: die Definitionsmacht etwa der Polizei und anderer Instanzen sozialer Kontrolle, die Probleme selektiver, schichtenspezifischer Strafverfolgung, die Klassengebundenheit der historischen Definition von Straftatbeständen, usw. Die Extremposition lautet: Kriminalität ist das, was von den mit Definitionsmacht versehenen Institutionen dafür erklärt wird, und forschungsrelevant sind folglich nur noch Ausmaß, Wirkung und Ursachen der sozialen Reaktionen auf Handlungen, die als kriminell definiert werden. Die individuellen Eigenschaften von Straftätern werden als zufällig und irrelevant erklärt. Gelegentlich wird sogar betont, daß der Gegensatz zwischen den beiden Forschungsrichtungen unüberbrückbar sei.

Diese These entbehrt jeder Begründung. Ohne Zweifel ist es richtig, die Forschungsergebnisse von Studien in Zweifel zu ziehen, die sich ihre Probanden ohne jede weitere Kontrolle von den Sanktionsinstanzen vorgeben lassen: zu viele selektive und stigmatisierende Vorgänge haben zu einer »Deformation« der individuellen Täter geführt, und ihre individualisierende Untersuchung hat sicherlich auch eine das Strafsystem apologetisch abschirmende Aussagekraft.

Andererseits liegen inzwischen zu viele auch mit Kontrollgruppen arbeitende Untersuchungen von Delinquenten und Nichtdelinquenten vor, als daß sich die Existenz erheblicher psychischer Unterschiede weiterhin leugnen ließe. Erstaunlich ist dabei nur, daß sich die Psychoanalyse konsequent ins Lager der angeblichen Mystifikateure abgedrängt sieht, die – quasi Lomroso vergleichbar – eine individuelle Tätertypologie ins Ontologische oder Transsoziale hinaufheben.

Dabei wird verkannt, in welchem Ausmaß der psychoanalytische und der labeling approach Parallelen aufweisen: beide sind nämlich »interaktionistisch«, wenn auch auf unterschiedlichen psychischen und sozialen Ebenen. Während der labeling approach untersucht, wie die Sanktionen auf den einmal – und vielleicht zufällig, oder aufgrund von willkürlich funktionierenden Selektionskriterien – auffällig gewordenen Täter wirken oder diesen erst konstituieren, untersucht die Psychoanalyse, wie die frühen innerfamiliären Interaktionen den späteren Täter ebenfalls stigmatisieren, präparieren, labilisieren. Natürlich nimmt die Psychoanalyse an, daß unter besonders schwierigen Bedingungen Charakterstrukturen entstehen, die mit hoher Wahrscheinlichkeit zu späterem delinquentem Verhalten disponieren, aber sie nimmt nicht an, daß die weitere Entwicklung von nun an monokausal verliefe. Sie könnte in einem beide Forschungsrichtungen integrierenden Ansatz vielmehr zeigen, in welchem Maß eine Labilität oder Anfälligkeit oder Widerstandslosigkeit besteht hinsichtlich erster Akte von sozialer Stigmatisierung. Denn auch die Selektionsmechanismen der Sanktionsinstanzen wirken ihrerseits wieder selektiv: die Betroffenen lassen sich mit unterschiedlicher Bereitschaft auf die über sie hereinbrechenden neuen Rollenzuschreibungen ein. Während der eine sein Selbstbild verändert unter dem Druck von Definitionen und Sanktionen, reagiert ein anderer unter ähnlichen soziologischen Bedingungen mit erhöhtem Widerstand und verstärkten Konformitätsanstrengungen. Eines der Verbindungsglieder zwischen innerfamiliär erworbener Anfälligkeit für kriminogene Selektionsprozesse und dem Widerstand gegen sie ist die Stärke des Selbstbildes eines Jugendlichen, seiner Ich- und Überichstärke sowie der Konsistenz seiner oft unbewußten Verhaltensideale.

Warum also plötzlich den enormen psychischen Kräften früher Familiensozialisation alle kriminogene Wirksamkeit absprechen, um sie ausschließlich den viel später auf eine Person einwirkenden Sanktionsmechanismen zu übertragen? Sack schreibt 1969 im *Handbuch der empirischen Sozialforschung:* »Der Täter ... ist als solcher das Endprodukt eines komplexen sozialen Geschehens, um dessen Analyse der Kriminologe zuallererst bemüht sein muß. ›Produkt‹ wird hier ... verstanden als eine Kette sozialer Interaktionen und Entscheidungen, deren Verlauf und jedes einzelne Glied von dem Eingreifen, der Bewertung und dem Handeln einer Reihe von Einzelpersonen abhängig ist.« (S. 978) Sind denn die Eltern, denen ein Kind während seiner ersten Lebensjahre fast ausschließlich ausgeliefert ist, keine für seine späteren Reaktionen wichtigen Personen? Es scheint absurd, mit dem interaktionistischen Ansatz plötzlich haltzumachen bei der Familie, nur weil die Erforschung der Familieninteraktion und ihrer charakterogenen Wirkungen in die Kompetenz einer anderen Disziplin als der Kriminalsoziologie gehört. Immerhin sind Forscher, die dem labeling approach zuzuzählen sind, mit ihren Untersuchungen wenigstens schon bis in den Bereich der Schule vor- oder besser zurückgedrungen. Spätestens seit der Kinderladenphase gibt es aber auch hinreichend Beobachtungsmaterial über Stigmatisierungs- und Rollenzuschreibungsprozesse im Kindergartenalter. Von dort aus führt der Weg bruchlos zu psychoanalytisch eruierbaren, unbewußt wirkenden Interaktionen in der Familie.

Mit Recht besteht deshalb Karl-Dieter Opp auf der Verzahnung der beiden Forschungsansätze und betont, daß die Erforschung der Auswirkungen von Sanktionsmaßnahmen gar nicht erfolgversprechend möglich ist ohne gleichzeitige Erforschung individueller Anfälligkeit für diese Auswirkungen der Sanktionen. »Wenn nun die Theorien des traditionellen [täterorientierten, T. M.] Ansatzes *allgemein* Bedingungen formulieren für das Auftreten abweichenden Verhaltens, müßte man mit diesen Theorien auch prognostizieren können, ob bestimmtes Sanktionshandeln zu abweichendem Verhalten führt oder nicht.« (Krim. Journal, 1972/1, S. 48)

Gerade die frühen Klassiker der psychoanalytischen Kriminologie haben den interaktionistischen Ansatz auch auf gesamtgesellschaftlichem Niveau nie außer acht gelassen, selbst wenn sie auf spekulative Annahmen weit mehr angewiesen waren als auf konkrete Forschungsergebnisse. Ihr Fehler war eine unreflektierte Übertragung innerpsychischer Mechanismen auf die Funktionsweise der Interaktion zwischen Sanktionsinstitutionen und Tätern. Was ihnen fehlte, waren konkrete Forschungsvorhaben ebenso wie eine adäquate Begriffsbildung für die sozialpsychologischen Zwischenschritte. Immerhin wird bei Alexander und Staub ebenso wie später bei Paul Reiwald deutlich, wie wenig die individuelle Täterpsychologie ausreicht für die Erklärung der gesamtgesellschaftlichen Funktion von Kriminalität.

Sowohl die Psychoanalyse wie die am labeling approach orientierte Kriminalsoziologie sind interaktionistisch denkende Disziplinen. Was bisher fehlt, ist die Klärung der Verschränkung ihrer Kategorien, die Herausarbeitung der oft kumulativ in Richtung auf Kriminogenese hin wirkenden Faktorenparallelität. Einer der zentralen Begriffe, die die Psychoanalyse zur Erforschung der Sanktionswirkungen hin öffnet, dürfte ohne Zweifel der der »Übertragung« sein. Damit ist gemeint, daß Stigmatisierungs- und Sanktionserlebnisse auf eine innerfamiliär präformierte Empfindlichkeit und Verletzbarkeit stoßen, die dazu führen, daß die späteren Erlebnisse auf der unbewußten Schiene früherer Erfahrungen interpretiert und handelnd beantwortet werden. Die destruktive, entsozialisierende Wirkung aller von der Sanktionsforschung entdeckten Mechanismen funktioniert nicht nach dem Zufallsprinzip an Menschen, deren psychische Unterschiede irrelevant sind, sondern sie wählt sich ihre Opfer aus aufgrund vieler Beschädigungen, die jene aus Interaktionsprozessen ähnlicher Schmerzlichkeit davongetragen haben wie denen, deren endgültige Opfer sie mit dem Beginn ihrer Strafmündigkeit werden.

Tilmann Moser

Theodor Reik
Geständniszwang und Strafbedürfnis

Probleme der Psychoanalyse
und der Kriminologie

Hinweis für den Leser

Da Theodor Reiks Buch *Geständniszwang und Strafbedürfnis* den Text von Vorlesungen vor Ausbildungskandidaten der Psychoanalyse wiedergibt und eine gewisse Kenntnis der psychoanalytischen Theorie voraussetzt, sei dem mit dieser Theorie wenig vertrauten Leser empfohlen, die Lektüre mit dem zweiten Werk in diesem Band, *Der Verbrecher und seine Richter,* von Alexander und Staub, zu beginnen. Zum Einlesen in das psychoanalytische Denken überhaupt seien, neben den leicht zugänglichen Schriften Freuds, folgende Einführungen genannt:

Gustav Bally, *Einführung in die Psychoanalyse Sigmund Freuds,* Hamburg 1961, rde.

Charles Brenner, *Grundzüge der Psychoanalyse,* Frankfurt 1968, S. Fischer.

Anna Freud, *Wege und Irrwege in der Kinderentwicklung,* Stuttgart 1968, Huber/Klett.

Marthe Robert, *Die Revolution der Psychoanalyse,* Frankfurt 1967, Fischer-Taschenbuch.

Robert Waelder, *Die Grundlagen der Psychoanalyse,* Frankfurt 1969, Fischer-Taschenbuch.

Tilmann Moser

Vorwort

Die folgenden Vorlesungen waren für einen Kurs des Lehrinstitutes der Wiener Psychoanalytischen Vereinigung bestimmt. Die analytische Vorbildung der Hörer erlaubte es, einen Gesichtspunkt konsequent festzuhalten, da ich Kenntnis und Würdigung der anderen, hier nicht ausführlich dargestellten Seiten der Probleme voraussetzen durfte. Diese bewußte und durch die Stoffabgrenzung notwendige Einseitigkeit soll die Bedeutung und Wichtigkeit der von der Psychoanalyse bisher erkannten Momente wahrhaftig nicht unterschätzen helfen; sie will, indem sie den Anteil des Über-Ichs an jeder Neurose nachzuweisen versucht, nur auf die Bereicherung unserer Anschauungen durch Hervorhebung dieses neuen Gesichtspunktes hinweisen.

Der Charakter des Vortrages, der auf den folgenden Seiten getreu festgehalten wurde, mag dazu beitragen, die Lebhaftigkeit des Tones an einigen Stellen, die Breite der Darstellung an anderen sowie manche kleinere Wiederholungen zu rechtfertigen.

Ich bin Frau Dr. Anny Angel und Dr. Karl Abraham für einige fruchtbare Hinweise zu besonderem Dank verpflichtet.

Wien, im Februar 1925

Einführung

Meine Damen und Herren! Man versichert mir, daß Sie mit den wesentlichen Forschungsresultaten der Psychoanalyse wohl vertraut sind. Ich würde es mir nicht gestatten, Ihre Aufmerksamkeit für mehrere Stunden zu erbitten, wenn es sich darum handelte, Ihnen noch einmal diese Ergebnisse darzulegen. Andererseits kann ich Ihnen nicht versprechen, Ihnen völlig Neues zu bieten. Meine Ausführungen werden vielmehr überall an das Ihnen Bekannte anknüpfen, und vieles von dem, was die folgenden Vorlesungen enthalten, wird der alte Stoff, unter neuen Gesichtspunkten zusammengestellt und beschrieben, es werden die Ihnen bekannten Tatsachen sein, von einer anderen Seite gesehen. An einigen Stellen freilich, und zwar an denen, die mir die wichtigsten zu sein scheinen wie gerade in der Hypothese des unbewußten Geständniszwanges und ihren psychologischen Folgerungen, ergibt sich eine neue Auffassung des Tatsachenmaterials, die in der analytischen Literatur meines Wissens noch nicht vertreten und dargestellt wurde. Diese Auffassung fügt sich unseren bisherigen Anschauungen über das unbewußte Geschehen ausgezeichnet ein und tritt nirgends in Widerspruch zu ihnen, sie ergänzt sie vielmehr von einer bestimmten Seite her. Wenn sie als wissenschaftlich bedeutungsvoll und praktisch fruchtbar anerkannt werden sollte, so wird dieser Beitrag im Kreise unserer analytischen Ansichten seine Stelle finden und in der künftigen Analyse als Ergänzung in Betracht gezogen werden.

Die neuen Gesichtspunkte, deren Nachprüfung ich Ihnen empfehlen möchte, ergeben sich aus der Fortführung der analytischen Forschungen der letzten Jahre. Das Verdrängte war bisher und wird immer das Hauptobjekt der analytischen Untersuchung bleiben, aber Freud hat die Analyse des Ichs und damit jener psychischen Instanzen, von welchen die Verdrängung ausgeht und welche sie aufrecht erhalten, in den Umkreis unserer Forschung gezogen. Alles, was ich Ihnen nun zu sagen habe, wird von den Resultaten dieser neueren Arbeiten Freuds ausgehen und versuchen, sie in bestimmter Richtung fortzusetzen.

Es wird sich vielleicht empfehlen, den Wortlaut der Ankündigung dieser Vorlesungen kurz zu erklären. Ich will hier versuchen, Herkunft und Absichten, Wirkungen und Äußerungsformen einer bedeutsamen, unbewußten Tendenz, des Geständniszwanges, darzustellen, die in der Analyse noch nicht entsprechend gewürdigt wurde und der ich – bestimmte Kulturbedingungen vorausgesetzt – allgemeine Bedeutung zuzuschreiben geneigt bin. Aus später erkennbaren Gründen habe ich diese Tendenz Geständniszwang genannt, ohne mit dieser Bezeichnung den Umkreis ihrer Wirksamkeit abstecken zu wollen. Es sei hier nur zur Aufklärung vorausgeschickt, daß in diesem Namen das Geständnis als die praktisch und sozial bedeutsamste, entwicklungsgeschichtlich jüngste Funktion dieser Tendenz hervorgehoben werden sollte. Ihr Zwangscharakter kann aus ihrer, alle inneren und äußeren Widerstände überwindenden Natur und aus ihrer direkten Abkunft von den Trieben abgeleitet werden. Die Zugehörigkeit dieser Tendenz zum System *Ubw* wird durch Erfahrungen in der Analyse sichergestellt. Die Erscheinungsformen und psychischen Wirkungen des Strafbedürfnisses werden hier nur so weit zur Sprache kommen, als sie mit dem Geständniszwang verknüpft sind.

Die Annahme einer zwanghaften, unbewußten Tendenz zum Geständnis – allgemeiner gesprochen: zur Mitteilung oder Darstellung endopsychisch wahrgenommener Vorgänge – ergab sich mir seit mehreren Jahren aus bestimmten Erfahrungen der analytischen Praxis. Sie scheint mir aber auch durch die theoretischen Gesichtspunkte der Psychoanalyse als wissenschaftliches Postulat unabweisbar. Gehen wir von der Erfahrung aus; ich wähle ein beliebiges Beispiel aus dem Analysenmaterial des Tages, eines jener indifferenten Beispiele, die durch keinerlei besondere Züge ausgezeichnet sind und die Sie in mannigfachen Variationen aus den Stunden jedes Analytikers erzählen hören können: der Patient A. beginnt die Analysestunde mit dem Bericht einer kleinen Beobachtung. Er habe heute bei seinem Eintritt in meine Wohnung bemerkt, daß mein Hut, der gewöhnlich an einem bestimmten Haken der Vorzimmerwand hänge, nicht an diesem Platze sei, sondern an einem entfernten Haken. Gewöhnlich habe er seinen Hut neben den meinen placiert. Es sei vielleicht lächerlich, als er aber heute meinen Hut an dem Haken vermißt habe, konnte er sich des Verdachtes nicht erwehren, daß der Platzwechsel von mir mit Absicht vorgenommen sei. Nach kurzer Pause setzt er fort: Vielleicht wünsche ich nicht, daß sein Hut mit dem meinen in Berührung komme. Hier bricht das Thema ab. Es folgen nun, scheinbar unvermittelt, Erinnerungen aus früher Schulzeit, darunter eine dunkle, unbestimmte an Szenen von mutueller Onanie, wobei A. und ein älterer Knabe ihre Genitalien aneinander rieben. Aus noch früherer Zeit tauchte jetzt eine Erinnerung auf, daß er sich an den Vater zärtlich anschmiegte und dabei seinen Penis an dessen Ellbogen rieb; der Vater habe ihn ärgerlich abgewiesen. Noch unbestimmter, verworrener scheinen weiter zurückliegende Eindrücke von allerlei Neckereien und Spielen zu sein, die er als ganz kleiner Junge mit einem Affen in seiner überseeischen Heimat gespielt habe. Daran schließen sich nun lebhafte Gefühle und Erinnerungen, die sich auf die Erfahrungen beziehen, welche er mit seinen militärischen Vorgesetzten während der Kriegszeit gehabt hatte und in denen sein zwischen erbittertem Trotz und demütiger Unterwürfigkeit schwankendes Verhalten jenen Autoritäten gegenüber zum Ausdruck gekommen war. Ich verzichte auf alle nähere Beschreibung der Einzelheiten, wie der Redeweise, der mimischen Ausdrücke, des Zögerns und der Stimmveränderungen des Analysanden; ich könnte Ihnen doch nicht jenen Eindruck vermitteln, der dem Beobachter für manche Folgerungen beweisender ist als logische Operationen. Die Bemerkungen am Anfang der Stunde sind auf dem Boden der auf den Analytiker übertragenen Neurose erwachsen: sie zeigen die Kränkung und Erbitterung über eine phantasierte Versagung in der homosexuellen Richtung. Wir können der Erregung, welche die Beobachtung des veränderten Platzes für meinen Hut in dem Patienten auslöste, symptomatischen Wert zuschreiben; wir werden sie in der Analyse sicherlich wie ein Symptom bewerten und behandeln. Vom rezenten Anlaß aus führen nun die Einfälle regressiv zu Erinnerungen an frühere homosexuelle Aktionen und Versagungen, deren Art die Beziehungen des Patienten zu älteren Männern in der Folge mitbestimmt haben. Die Assoziationen folgten einander spontan; der Analytiker verhielt sich während der Stunde passiv zuhörend.

Nun fassen Sie die Situation schärfer ins Auge; sie enthält drei merkwürdige psychologische Antinomien. Der Kranke hat mitgeteilt, was ihm einfiel, die Beobachtung des Platzwechsels des Hutes. Will er damit etwas sagen? Ja gewiß; er will eben das Resultat seiner Wahrnehmung mitteilen. Was hat er aber wirklich damit gesagt? Sie wissen aus den folgenden Assoziationen, daß es viel mehr und anderes war, was er damit zum Ausdruck brachte. Sie wissen, es handelt sich um Eindrücke und Erinnerungen, die stark affektbetont sind. Nehmen Sie einen Augenblick an, der Fall läge ungünstiger als er sich in Wirklichkeit abgespielt hat: A. hätte nur jene Hutbeobachtung mitgeteilt und wäre dann auf ganz andere, entlegene Themen übergegangen, deren Verbindung mit den vorausgegangenen nicht nachgewiesen werden kann, würde er damit dasselbe gesagt haben? Ja wir wären gezwungen, denselben Schluß zu ziehen, auch wenn die folgenden Assoziationen anscheinend keinerlei Zusammenhang mit dem Thema aufgewiesen hätten. Wir haben die Gefühlseinstellung des Patienten zum Analytiker schon während der vorangehenden Zeit sich verändern gesehen, haben die mimischen Zeichen seiner Gefühle beobachten können, werden uns sagen, daß diese bestimmte Einstellung im Leben A.'s ihre Vorbilder hatte und würden auch dann zu der nämlichen Ansicht kommen – auch wenn wir die sexualsymbolische Bedeutung des Hutes im Traum und in anderen unbewußten

Produktionen nicht kennten. Die erste merkwürdige Tatsache besteht also darin, daß der Patient etwas mitteilt und nicht weiß, was er damit gesagt hat.

Die zweite rätselhafte Tatsache steht mit der ersten in engster Verbindung. Sie ergibt sich sofort, wenn Sie verfahren, wie die analytische Technik Ihnen in diesem Falle vorschreibt. Sie sagen dem Analysanden das, was er Ihnen, ohne es zu wissen, verraten hat, daß er unter dem Eindruck einer homosexuellen Versagung stehe, die in ihm Gefühle der Kränkung und Erbitterung hervorrufe. Sie würden nun erwarten, daß er diese Mitteilung erstaunt entgegennehmen, sich den ganzen Assoziationsablauf ins Gedächtnis zurückrufen und erkennen wird, daß wirklich jener Sinn in seinen Worten lag. Sie werden aber bemerken, daß der Analysand sich keineswegs dieser Ansicht anschließen wird; er wird, trotzdem alle psychologische Logik für Ihre Annahme spricht, entschieden ableugnen, daß er diese Gedanken und Gefühle zum Ausdruck gebracht hat. Es bleibt Ihnen also nur übrig anzunehmen, daß er etwas gesagt hat, nicht weiß, was er gesagt hat und gerade das nicht sagen wollte.

Gilt nun der Ausdruck jener Gefühle, die durch den Platzwechsel des Hutes ausgelöst wurden, wirklich dem Analytiker? Man möchte es meinen, aber es ist nicht ganz so. Die Person des Analytikers kommt nur durch die Übertragungswirkungen zu ihrer erborgten Bedeutung. Jene starken Gefühle gelten dem Vater oder einer anderen, für die Entwicklung bedeutungsvollen Persönlichkeit. Ihm will er eigentlich klagen, ihn anklagen, ihm seine Zärtlichkeit und seinen Unwillen zeigen. Der Analytiker spielt in diesem Prozeß eigentlich die Rolle des »lightning-conductors«, wie es ein englischer Patient bezeichnete. Gestatten Sie mir einen Vergleich, der diese Rolle illustriert. Ich kenne einen Herrn, der sich viel darauf zugute tut, daß er seine Meinung über seine Bekannten und Freunde auch dann, wenn sie unangenehme Wahrheiten beinhalten, den Betreffenden ruhig und ohne besondere Rücksicht auf narzißtische Empfindlichkeit ins Gesicht sagt. Einer seiner boshaften Freunde aber charakte-

risierte ihn dahin, er sage jedem gerade die Wahrheit, die für
einen anderen passe. Ähnlich ist das Verhalten unseres Analysanden: er sagt dem einen das, was für den anderen bestimmt
ist. Die dritte merkwürdige Tatsache besteht also darin, daß
der Patient etwas einer Person sagt, für die es nicht bestimmt
ist. Es ist Ihnen nicht schwer geworden, diese drei Tatsachen,
deren unterirdische Verbindung Sie erkennen, ihrer Rätselhaftigkeit zu entkleiden: die Unterschiede von bewußtem und unbewußtem Wissen und Wollen sowie die Wirkungen der Übertragung liefern die Erklärung.

Wir nehmen nun die mittlere der von uns hervorgehobenen
Tatsachen zum Ausgangspunkt unserer Fragestellung. Der Patient sagt etwas, was er nicht sagen will. Sie wissen, wie dies
zugeht. Die Analyse hat Sie daran gewöhnt, eine Unterscheidung zwischen dem, was der Mensch bewußt will, und dem,
was unbewußte psychische Mächte ihn zu tun zwingen, anzuerkennen. Diese Unterscheidung wurde Ihnen besonders in der
Theorie vom Widerstand klar. Sie haben ein Verständnis dafür
gewonnen, daß sich jene Mächte, die einmal unliebsame oder
verpönte Vorstellungen und Tendenzen in das Reich des Unbewußten verbannt haben, sich mit derselben Intensität ihrer
Rückkehr widersetzen, daß die Kraft der Verdrängung sich
jetzt als Widerstand äußert. Das Ausweisungsurteil gilt zugleich als Verbot der Wiederkehr in jenes Land, das verlassen
werden mußte. In der Analyse stellt sich Ihnen das Problem
etwa so dar: der Patient ist bewußt bereit, alles zu sagen, was
ihn die analytische Grundregel zu sagen verpflichtet, aber die
Verdrängungswiderstände hindern ihn daran. Sie wissen, daß
die stärksten Widerstände dieser Art unbewußter Natur sind.
Der Analytiker bemüht sich, diese Widerstände aufzudecken,
ihre Wirkungen zu überwinden und dem Verdrängten den Zugang ins Bewußtseinsrayon wieder zu eröffnen. Er handelt also
wie ein Rechtsanwalt, der einen bereits einmal entschiedenen
Prozeß wieder einleitet und dem Gericht nun zeigen will, daß
der Verurteilte gerade die über ihn verhängte Strafe der Aus-
weisung nicht verdient habe.

Sie haben in Ihrem Studium der Analyse den Prozessen der Verdrängung und des Widerstandes mit Recht Ihre intensivste Aufmerksamkeit gewidmet; diese seelischen Vorgänge sind nach Freud die Grundpfeiler der analytischen Theorie. Es kann nicht viel Mühe bereiten, den Standpunkt der Betrachtung zu wechseln und sich näher mit jenen psychischen Mächten zu beschäftigen, welche dem Verdrängten den Zugang zum Bewußtsein ermöglichen wollen. Dabei werden Sie am besten von folgender Erwägung ausgehen: es hat sicherlich einer gewissen psychischen Anstrengung bedurft, bestimmte Vorstellungen und Impulse zu verdrängen – das zeigt ja die Bezeichnung selbst – und es bedarf eines gewissen Verdrängungsaufwandes, um sie dort zu erhalten, gerade jenes Aufwandes, den wir in der Analyse als Widerstand zu spüren bekommen.

Ich sagte früher, daß die stärksten Widerstände unbewußter Natur sind, aber ich bitte Sie, diese Aussage nicht mißzuverstehen: die Widerstände gegen die Rückkehr ins Bewußtsein gehen nicht von den unbewußten Triebregungen aus; man kann also nicht von einem Widerstand des Unbewußten reden. Die verdrängten Gedanken und Tendenzen haben ja selbst die stärkste Neigung zur Wiederkehr und zur Durchsetzung. Um unseren Vergleich wieder aufzunehmen: der ausgewiesene Delinquent hat Heimweh und macht alle Anstrengungen, wieder in sein verbotenes Vaterland zurückzugelangen. Sie wissen, daß alle Vergleiche hinken, aber – um in unserer Veranschaulichung fortzufahren – der Rechtsanwalt, in unserem Falle der Analytiker, unterstützt diese Bestrebungen, freilich unter der Voraussetzung, daß das Ziel auf legalem Weg erreicht werde und daß sich der Petent in Zukunft den Gesetzen des Landes entsprechend verhalten werde. Die Analyse hat diese psychische Situation dadurch gekennzeichnet, daß sie behauptet, die verdrängten Vorstellungen drängen gegen die Zensur des Vorbewußten und es gelinge ihnen manchmal die Wiederkehr. Ich meine nun, gerade auf dem Forschungsgebiet der seelischen Prozesse, welche wir als die Wiederkehr des Verdrängten bezeichnen, sei uns die Analyse noch manche Aufklärungen schuldig geblieben; gerade hier wird sie uns auch noch wichtige psychologische Aufschlüsse zu geben vermögen.

Das Beste, was wir über diese Vorgänge wissen, hat Freud uns gezeigt: wir haben von ihm gelernt, zu verstehen, daß die verdrängten Vorstellungen keineswegs unwirksam geblieben sind, sondern unterirdisch eine intensive Tätigkeit entfalten; sie schicken entstellte, bewußtseinsfähige Repräsentanten ins Bewußtsein, Ersatzbildungen und Symptome. Es ist also so, wie wenn jener Verurteilte im fremden Land Haar- und Barttracht verändert, seine Kleidung gewechselt hätte und nun mit falschem Paß in das verbotene Land zurückkehrte. Aber Freud hat uns noch einen anderen Mechanismus kennen gelehrt: gerade aus der Mitte des Verdrängenden, aus der höchsten Intensität des Verdrängungsaufwandes treten verdrängte Gedanken- und Gefühlszüge manchmal unentstellt ins Bewußtsein. Die Unterschiede beider Vorgänge sind nicht zu verkennen: in dem einen Fall wird der wachsame Hüter des Vorbewußtseins, die Zensur, überlistet, im zweiten wird er überwältigt. Der Ausgewiesene unseres Vergleiches benützt in einem Falle die Wachsamkeit des gestrengen Wächters, der nur nach einer bestimmten, ihm durch gewisse Kennzeichen bekannten Person Ausschau hält, um sich in einer Verkleidung durchzuschmuggeln; im andern Falle folgt er dem übermächtigen Drang, der ihn in die Heimat zieht, verschmäht alle Künste der Verkleidung und wagt einen Verzweiflungsakt: er überrumpelt in seiner wahren Gestalt den überraschten Wächter nach erbitterter Gegenwehr.

Kehren wir zu unserem Ausgangsbeispiel zurück: wir behaupteten, der Patient habe uns etwas mitgeteilt, was er nicht sagen wollte. Aber die analytische Psychologie hat Sie daran gewöhnt, einen Gesichtspunkt festzuhalten, der sich in der Auffassung der neurotischen Erkrankungen im allgemeinen wie ihrer einzelnen Äußerungen bewährt hat: sie führt das, was der Erfolg der Krankheit ist, auf eine ihrer wesentlichen Absichten zurück; die anscheinende Krankheitsfolge ist nach Freud in Wirklichkeit die Ursache, das Motiv des Krankwerdens.

Dieser Schluß vom Effekt auf das psychische Motiv ist im ganzen Bereich des unbewußten Seelenlebens gerechtfertigt. Wenden wir ihn auf unseren Fall an: der Patient wollte unbewußt etwas sagen, was er bewußt nicht sagen wollte; er wollte unbewußt gerade das sagen, was mitzuteilen ihm bewußt besonders peinlich wäre.

Wir sind so zur Annahme einer unbewußten Tendenz gelangt, die ohne den bewußten Willen der Person verdrängtes Material zur Äußerung bringt. Diese unbewußte Tendenz hat nichts mit dem bewußten Vorsatz, der analytischen Grundregel zu folgen, zu tun. Sie mag sich dieses Vorsatzes bedienen, unter seiner Flagge segeln, aber sie ist von ihm durch den tiefgehenden und prinzipiellen Gegensatz bewußter und unbewußter Vorgänge getrennt. Um wieder unseren Vergleich heranzuziehen: jener Ausgewiesene wird in seinen Gesuchen an die Behörde wegen Rückkehr in die Heimat mannigfache Gründe angeben, berufliche Motive in den Vordergrund rücken, familiäre Interessen betonen, aber das stärkste Motiv, das ihn in die Heimat zieht, z. B. die Hoffnung, dort ein geliebtes Mädchen zu gewinnen, vor den Behörden geheimhalten. Die seelischen Vorgänge, die uns in der Analyse besonders interessieren, sind zwar dem Bewußtsein entzogen, aber nicht aller Fähigkeit, sich zu äußern, beraubt. Da diese Prozesse an sich unbewußt sind, so ist es verständlich, daß auch die Änderungstendenz, die ihnen eignet, unbewußt bleibt.

Doch besinnen wir uns: die Möglichkeit der Analyse beruht ja darauf, daß ein solcher wirksamer Äußerungsdrang vorhanden ist und sich zum Teil durchsetzen konnte. Nur dadurch, daß sich das verdrängt Unbewußte in entstellter und verschobener Form, in Ersatz- und Reaktionsbildungen, irgendwo äußern konnte, sind wir in die Lage gekommen, seine Zeichen zu erkennen und zu deuten. Wir verdanken also die Existenz der Psychoanalyse als heuristischer Methode wie als therapeutischen Verfahrens wirklich nur der Wirkung des Äußerungsdranges des verdrängten Materials, der Möglichkeit ihrer wenn auch entstellten Darstellung. Diese Tatsache, vielleicht noch nicht genugsam hervorgehoben, rechtfertigt allein schon unsere Erwartung, daß der Äußerungstendenz innerhalb der unbewußten Vorgänge eine besondere Bedeutung zukommt. Sie wird in uns aber auch die Hoffnung rege machen, daß die analytische Erforschung des Äußerungsdranges und seiner Besonderheiten nicht ertraglos für die analytische Praxis und Theorie bleiben kann.

Wir gehen wieder von konkreten Beispielen aus, um weiter zu gelangen. Bisher haben wir ja überall an Ihnen Bekanntes angeknüpft: die Äußerungstendenz verdrängter Vorstellungen schien Ihnen, seit Sie sich mit Psychoanalyse beschäftigen, immer evident; dem unvollkommen unterdrückten Material blieb eine wenn auch eingeschränkte Möglichkeit, sich mitzuteilen. Ein Fall von Verschreiben wird Ihnen sofort zeigen, daß die Äußerungstendenz manchmal bestimmtere Absichten zu verfolgen scheint, die wir nicht vorausgesetzt hätten. Ich verdanke das Beispiel dem Bericht eines englischen Patienten, der sich von seiner Frau getrennt hatte, als tiefgehende Charakterdifferenzen zwischen den Eheleuten in schmerzlicher Art zutage getreten waren. Aus dieser Zeit der Separierung datiert ein Brief der Dame, in dem sie wörtlich schreibt: »If I return I am afraid it will *me* the same again.« Es ist klar, daß hier ein Verschreiben vorliegt; es sollte natürlich heißen: »it will *be* the same again.« Was die Schreiberin ausdrücken will, ist ja folgendes: Wenn ich auch zu dir zurückkomme, so können wir doch zusammen nicht glücklich werden; ich fürchte, es wird dasselbe sein wie früher. Was aber das Verschreiben ausdrückt, ist etwas ganz anderes, es sagt: wenn ich auch zurückkomme, ich könnte mich ja doch nicht ändern, ich kann meinen Charakter ja nicht ändern, ich fürchte, *ich* werde dieselbe sein wie früher. Das Verschreiben kommt einem Geständnis gleich; es drückt ja die Überzeugung aus: mein unglückseliger Charakter ist zum großen Teil schuld an unseren Differenzen, an der Unmöglichkeit ehelichen Zusammenlebens. Das aber ist eine Meinung, zu der sich die Frau niemals bekehren wollte. Wir haben hier also eine Äußerung unbewußter Gedanken, die von der Natur eines Geständnisses ist, ein unbewußtes Bekenntnis.

Ich will diesen Eindruck bei Ihnen verstärken und füge deshalb ein Beispiel von Versprechen an, das eine kleine Gesellschaft im letzten Sommer sehr belustigt hat. Ein Herr in einer Pension der Sommerfrische, wo wir waren, hatte ein junges, anmutiges Mädchen kennengelernt. Er hatte sich einmal bei einer Abendgesellschaft bis in späte Stunden angeregt mit dem Fräulein unterhalten und dabei die Anziehung, die von der jungen Dame ausging, lebhaft verspürt. Als er am nächsten Morgen am Frühstückstisch der gemeinsamen Pension saß, erschien sie unerwartet früh. Angenehm überrascht begrüßte der Herr sie mit folgenden Worten: Guten Morgen, Fräulein, ich habe Sie noch in den Federn *vermißt*. Er wollte natürlich »vermutet« sagen und geriet durch sein »dummes« Versprechen in nicht geringe Verlegenheit. Es besteht nun für uns kein Zweifel, daß dieses Versprechen einem Geständnis gleichkommt, das er in die Worte kleiden könnte: wie sehr habe ich mich noch im Bett nach Ihnen gesehnt. Es ist also das Geständnis seiner zärtlichen und sinnlichen Wünsche, das sich ihm da inmitten einer konventionellen Redewendung auf die Lippen gedrängt hat und dessen Lautwerden sonst Schicklichkeitsgründe unmöglich gemacht hätten. Es ist deutlich, daß sich hier das Verdrängte ungestüm, putschartig an den Platz der unterdrückenden Mächte gesetzt hatte und nun fast unentstellt – denn das Wörtchen »noch« in diesem Zusammenhang ist doppeldeutig – zum Durchbruch gelangt war.

Vergleichen Sie mit diesem Versprechen ein anderes, das Freud in der »Psychopathologie des Alltagslebens« anführt: ein Herr spricht eine Dame auf der Straße mit den Worten an: »Wenn Sie gestatten, mein Fräulein, möchte ich Sie gerne *begleitdigen*.« In diesem Beispiel hat sich also – ungleich dem ersten – nicht nur der Wunsch, sondern auch die Befürchtung einen Ausdruck geschaffen. Worin unterscheiden sich nun diese beiden Beispiele? Im ersten tritt ein unverhüllter Wunsch störend in die bewußte Redeabsicht, im zweiten ein Wunsch sozusagen mit schlechtem Gewissen. Beide stellen einen Selbstverrat dar, aber der Herr in unserem ersten Beispiel hat sein Versprechen aus vollem Herzen, man möchte sagen, naiv begangen, der zweite hat in seinem Versprechen gezeigt, daß er selbst die Befürchtung hege, sein Vorschlag könne beleidigend wirken, also unbewußt seine Absichten als wenig ehrbare einbekannt. Freud vergißt nicht, diesem Beispiel hinzuzufügen: »Nebenbei, der junge Mann wird bei der Dame nicht viel Erfolg gehabt haben.« Wir dürfen nicht nur vermuten, daß der Herr dies vor dem Aussprechen geahnt habe – auf solchen Zweifel vorher deutet ja sein Versprechen –, sondern auch, daß es seine unbewußte Absicht war, sich um den Erfolg zu bringen.

Jenem anderen Herrn aber, der sein sexuelles Begehren so unverhüllt in seinem Versprechen verraten hatte, hat das augenscheinlich bei der Dame keineswegs geschadet: sie errötete flüchtig, setzte aber das Gespräch freundlich und unbefangen fort, als hätte sie das Versprechen nicht gehört oder nicht beachtet. Es ist nicht unmöglich, daß sie das sich im Versprechen durchsetzende Geständnis unbewußt als eine Art unfreiwilligen Komplimentes aufgefaßt hat. Freud weist darauf hin, daß der Herr in jener Szene des Ansprechens der Dame durch seine Fehlleistung gleichsam die konventionelle Antwort: Ja, was glauben Sie denn von mir, wie können Sie mich so beleidigen! vorwegnimmt. Die Dame würde so auf das Versprechen reagieren, als hätte sie es verstanden und gedeutet, als hätte sie nun wirklich die Befürchtung des Herrn wahr gemacht.

Ich habe früher zu jenem Vorfall im Sommer gesagt, daß das junge Mädchen nach dem Versprechen das Gespräch so fortführte, als wäre es nicht vorgefallen, als hätte der Herr das Richtige gesagt. Nun, das stimmt nicht ganz; ein kleiner Zug läßt – neben ihrem Erröten – erkennen, daß auch sie das Versprechen wohl bemerkt und seinen Sinn gut verstanden hat. Es war nämlich der nächste Satz, den sie nach dem Versprechen sagte; er klingt ganz banal, stellt scheinbar eine Antwort auf die Anrede des Herrn dar, aber ich möchte behaupten, daß er in unterirdischem Zusammenhang mit dem Versprechen steht und seinen guten und sogar seinen feinen Sinn hatte. Sie sagte nämlich: »O, ich habe sehr gut geschlafen.« Das sieht so aus, als wäre es eine Antwort darauf, daß der Herr vermutet hatte, sie werde heute länger schlafen, erst spät aufstehen. Sieht man aber näher hin, so merkt man, daß der Satz wenig zu der intendierten Rede des Herrn paßt. Hätte der Herr wirklich gesagt: Ich habe Sie noch in den Federn vermutet, so würden wir etwa die Antwort erwarten: Ich bin gewöhnt, im Sommer früh aufzustehen, oder: Die Sonne hat mich aufgeweckt. Ich habe einen Ausflug vor, deshalb . . ., oder dergleichen. »O, ich habe sehr gut geschlafen« scheint uns aber keineswegs diejenige Äußerung zu sein, die wir gerade in diesem Zusammenhang erwarten würden. Sie paßt nur scheinbar; sie klingt gewiß jedem von Ihnen gezwungen.

Der Satz der jungen Dame paßt aber ausgezeichnet, wenn wir ihn als von dem vorangehenden Versprechen des Herrn unbewußt beeinflußt erkennen. Der Herr hatte ja angedeutet, daß sein Schlaf am Morgen durch Gedanken an das Mädchen gestört worden sei, daß die Ungeduld, es zu sehen, ihn so früh aus den Federn getrieben habe. Wenn nun die Dame nach seiner Äußerung der Überraschung, sie so früh zu sehen, versichert, sie habe sehr gut geschlafen, kann dies nur eine demonstrative Abweisung der im Versprechen unbewußt enthaltenen Zärtlichkeit darstellen. Es kann nur soviel heißen wie: O, mich haben die Gedanken an Sie keine Minute gestört, ich habe im Gegenteil ganz ausgezeichnet geschlafen; bilden Sie sich nur ja nicht ein, daß die Sehnsucht, Sie zu sehen, mich so früh hierher kommen ließ! Berücksichtigen Sie aber die im Versprechen des Herrn unbewußt verratenen sexuellen Wünsche, so werden Ihnen auch die tieferen Gründe dieser unbewußten Abwehr klar. Was bewußt so gezwungen klingt, hat für das Unbewußte der beiden Sprechenden Sinn und Bedeutung. Es ist so, als bestehe zwischen den beiden eine Art geheimer Verständigung: die Rede des Herrn und die Replik der jungen Dame sind unbewußt aufeinander abgestimmt wie die Töne zweier guter Musikinstrumente.

Wir sind im Vergleich dieser letzten Fehlleistungen mit anderen Triebäußerungen auf bedeutsame Differenzen gestoßen, die

uns dazu bestimmen könnten, dem allgemeinen Äußerungsdrang des Unbewußten manchmal auch spezielle Wirkungen
zuzuschreiben, die in der uns bekannten Triebdurchsetzung
nicht enthalten sind. In bestimmten Fällen wird dieser Äußerungsdrang den Charakter einer Tendenz annehmen, deren
Ziel das Geständnis ist. Wir haben nicht übersehen, daß die
beiden Fehlleistungen selbst wichtige Unterschiede aufweisen.
Die psychischen Mechanismen in den zwei Fällen des Verspre-
chens sind verschieden und es scheint, als würde dieser Verschiedenheit auch eine Differenz in der Reaktion seitens der Außenwelt entsprechen: die mit dem Vorschlag des »Begleit-digens«
angesprochene Dame würde, sagten wir, beleidigt oder ärgerlich antworten, das Mädchen, das der Herr noch in den Federn
»vermißt« hat, gibt eine zwar abweisende, aber schelmische
oder neckende Antwort.

Sie werden vielleicht einwerfen, daß es sich ja um verschiedene
Personen und Situationen handelt und daß schon dieser Umstand eine Verschiedenheit der Reaktion bedinge. Sie haben gewiß recht, aber ich möchte mich getrauen anzunehmen, daß
nicht die Verschiedenheit der Personen und der Umstände das
Entscheidende sei, sondern die in den beiden Versprechen liegende psychische Differenz. Beide Fehlleistungen sind Äußerungen unvollkommen unterdrückter Triebregungen, aber die
Art dieser Äußerung ist verschieden. Das eine ist sozusagen ein
verstecktes, das andere ein offenes Geständnis dieser Triebregungen. Nun könnte man sich wohl darüber verwundern,
warum das versteckte Geständnis auf eine schärfere Abweisung
stößt als das weit unzweideutigere unseres zweiten Falles. Dies
mag mit allgemeineren Fragen zusammenhängen, die uns vielleicht noch beschäftigen werden; jetzt wollen wir lieber an
einer Gemeinsamkeit festhalten, nämlich, daß beide Äußerungen Geständnisse darstellen und eine bestimmte Wirkung auf
die Außenwelt haben, die sich von der anderer Triebäußerungen zu unterscheiden scheinen. In der Zwischenzeit sind Ihnen
gewiß andere Beispiele von Fehlleistungen eingefallen, die Sie
als Geständnisse bezeichnen würden. Sie können vielleicht vom

Vergessen eines Vorsatzes berichten, in dem Sie sich unbewußt zu Ihrem Widerwillen gegen seine Ausführung bekannten, von einer jener kleinen Symptomhandlungen, deren Natur als Geständnis leicht erkannt werden kann. Das Zupfen an der Quaste eines Polsters, das Spielen mit dem Ehering und ähnliche unauffällige Aktionen werden so für den Analytiker zu unbewußten Geständnissen.

Es liegt nun die Frage nahe: wie kommt es, daß Äußerungen von Triebregungen diesen neuen Charakter, den des Geständnisses, annehmen können? Wodurch und unter welchen Bedingungen kommt dies zustande? Wie unterscheidet sich die Wirkung eines Geständnisses auf die Außenwelt von der, die andersartige Äußerungen derselben Triebregungen ausüben? Hat vielleicht gerade die Außenwelt einen bestimmenden Einfluß auf die Umwandlung einer Triebäußerung in ein Geständnis? Diesen Fragen, welche nur die oberflächlichsten Beziehungen der beiden psychischen Erscheinungen betreffen, werden sich gewiß andere, wichtigere anreihen. Halten wir vorläufig fest, daß wir erkannt zu haben glauben, daß der allgemeine Äußerungsdrang des unbewußten Materials manchmal den Charakter einer Geständnistendenz annimmt. Wir können noch nicht sagen, wann dies eintritt, was es psychisch bedeutet und ob dieser seelische Vorgang nicht eine allgemeinere Geltung beanspruchen darf. Dürfen wir aber behaupten, daß die analytische Untersuchung dieser Beispiele von Selbstverrat in Fehlleistungen ausreiche, um von einer psychischen Geständnistendenz zu sprechen? Es ist nur sichergestellt, daß diese Fehlleistungen ein Geständnis als Effekt bedeuten. Aber ist es nicht vielleicht voreilig, den Schluß von diesem Effekt auf die Absicht auf so schmaler, schwankender Grundlage zu ziehen? Wir wollen uns diese Unsicherheiten nicht verhehlen; jedenfalls scheint uns die Frage sorgfältiger psychologischer Untersuchung wert.

Heute wollten wir uns nur allgemein mit der Frage beschäftigen, wohin unsere gemeinsame Forschungsreise gehen soll; das nächstemal werden wir ohne weitere Vorbereitungen zu unserer Expedition aufbrechen.

Der unbewußte Geständniszwang

Meine Damen und Herren! Es wird am besten sein, wenn wir die Entwicklung der Triebäußerungen von ihren ursprünglichen Situationen an studieren: der Säugling, der hungrig ist und die Befriedigung des Nahrungsbedürfnisses, wie Freud vermutete, zuerst halluzinatorisch erlebt, wird bei steigendem Reiz seine Unlust durch Schreien, Weinen und Zappeln abzuwälzen suchen. Dieses Mittel zur Herabsetzung der unlustbetonten Spannung wird bald einer neuen Absicht dienen, wenn die Erinnerung zeigt, daß ihm die Befriedigung des Bedürfnisses gefolgt ist. Bald wird die motorische Aktion, die ursprünglich der Abfuhr diente, zum Ausdrucksmittel, um der Außenwelt bestimmte Bedürfnisse anzuzeigen und von ihr deren Befriedigung zu verlangen. Die ursprüngliche Funktion bleibt natürlich erhalten und wird in Zukunft nie mehr ihre Bedeutung völlig aufgeben. Wir vergessen auch nicht, daß es sich bei diesem Ausdrucksdrang nicht um eine selbständige psychische Tendenz handelt, sondern um das Zutagetreten eben jener Qualität der Triebregungen, die wir als ihr Drängen, als ihr Treibendes bezeichnen. Das Zwanghafte des Ausdrucksdranges leiten wir also gerade von dieser Natur der Triebregungen, von dem imperativen Drängen nach Befriedigung ab. Wir haben so diejenige Funktion des Ausdrucksdranges, welche neben der Abfuhr als die bedeutsamste anerkannt werden muß, bestimmt: er dient der Mitteilung von Triebbedürfnissen. Das Kind folgt nun diesem Ausdrucksdrang zuerst völlig naiv und ungehemmt, aber unter den Einflüssen seiner Eltern und Erzieher, der Umwelt lernt es konventionelle Zeichen anstelle der natürlichen zu gebrauchen, jene Äußerungen abzumildern und zu beschränken.

Die durch die Erziehung geforderte Triebunterdrückung wird auch den Ausdruck der Triebregungen modifizieren. Die Unterdrückung einer Triebregung ist die unerläßliche Bedingung dafür, daß ihr Ausdruck den Charakter des Geständnisses annimmt. In der Äußerung oder Mitteilung des Triebbedürfnisses werden sich auch die einschränkenden oder hemmenden Kräfte der Außenwelt Geltung verschaffen und die Gestaltung der Triebäußerung mitbestimmen. Wir beginnen nun den Unterschied zwischen einem primitiven Äußerungs- und Darstellungsdrang und der hier zu beschreibenden Geständnistendenz zu erfassen: wenn die Triebregungen, die nach Äußerung streben, von der Umwelt verworfen, verurteilt werden, kann sie das noch schwache Ich nur in Gestalt des Geständnisses zum Ausdruck bringen. Der Begriff des Äußerungsdranges ist also der allgemeinere, umfassendere, die Geständnistendenz der engere und speziellere. Die Geständnistendenz wäre also ein modifizierter Äußerungsdrang, der sich unter den Einwirkungen der Aufnahme bestimmter Triebäußerungen durch die Außenwelt differenziert hat und nun in den Dienst neuer Absichten getreten ist.

Die Unterdrückung einer Triebregung ist keineswegs mit ihrer Verdrängung identisch: wir wollen uns aber hier mit den Veränderungen beschäftigen, welchen der Äußerungsdrang beim Triebschicksal der Verdrängung unterliegt. Sie wissen, daß die Verdrängung die unterdrückten Vorstellungen und Strebungen nicht zur Unwirksamkeit verurteilt. In den Vorgängen der Wiederkehr des Verdrängten werden die unbewußten Abkömmlinge des Verdrängten, die sich als bewußtseinsfähige äußern dürfen, noch die Spuren des Verdrängenden zeigen wie entsprungene Sträflinge die Anzeichen ihrer Gefangenschaft. Ersatzbildungen und Symptome werden nun nicht nur das Gepräge des Abfuhrersatzes jener unterdrückten Triebregungen aufweisen, sondern auch das der verdrängenden Faktoren, deren Wirkung sich selbst zum größten Teil aus ihrer Abkunft von unbewußten Triebregungen erklärt. So kommt es also, daß die verdrängenden Mächte selbst, soweit sie unbewußt sind, Objekt der Triebäußerung werden. Durch die Einwirkung der Verdrängungsmächte wird der Ausdruck von Triebregungen, der das Streben nach Befriedigung darstellt, auch zum Ausdruck der abweisenden Reaktion auf jene Wünsche.

Diente ursprünglich der Ausdrucksdrang der Abfuhr und Mitteilung der großen Triebbedürfnisse der Menschen, so verändert er allmählich seine Funktion: die Ausdrucksformen bleiben freilich noch immer Darstellungen der Triebbedürfnisse, aber sie legen jetzt in ihrer Gestaltung und in der Art ihres Auftauchens Zeugnis von der Wirksamkeit jener seelischen Momente ab, welche die Verdrängung bedingten. Man darf sie also in diesem Sinne unbewußte Geständnisse nennen. Das Beispiel jener Fehlleistung »begleit-digen« zeigt Ihnen deutlich die Einwirkungen gegensätzlicher Regungen und nähert sich in seiner Struktur und psychischen Genese dem neurotischen Symptom. Das Charakteristische des Symptomes aber ist, daß es nicht nur den Ansprüchen der libidinösen und der Ichstrebungen Genüge tut, sondern daß es beide als die es konstituierenden Mächte verrät, daß es wie jenes Versprechen die gegensätzlichen Regungen in einem Kompromißausdruck zusammenfaßt. Das Symptom stellt also nicht nur die Kraft der verpönten Wünsche, sondern auch die Macht der verbietenden Instanzen dar, nicht nur die Stärke der Versuchung, sondern auch die Intensität ihrer Abwehr. Ja, in manchen Neurosen, wie in der Zwangsneurose, werden die Symptome den Charakter der Reaktionsbildung viel deutlicher erkennen lassen als den der Triebbefriedigung, die sie im Verschiebungsersatz dem Kranken bieten. Aber auch in jenen Formen neurotischer Erkrankung, in denen die Einflüsse der Verdrängungsmächte nicht so deutlich zutage liegen wie in der Zwangsneurose, wird die Tatsache der Krankheit selbst, die Natur des Leidens zum Zeichen jener tiefgehenden Wirkungen. Das Symptom, das so dem Ausdrucksdrang der verdrängenden als auch der verdrängten Tendenz folgt, erhält den Charakter des Geständnisses, denn wir nennen eine Aussage über eine Triebregung, die als verbotene gefühlt oder erkannt wird, ein *Geständnis*.

Sofern nun das Symptom im wesentlichen sich als Ersatzbildung und Ersatzbefriedigung unbewußter Triebregungen konstituiert und erhält, darf man von seinem unbewußten Geständnischarakter sprechen. Ich möchte gleich hier hinzufügen, daß sich die Bezeichnung unbewußt auch durch weitere Überlegungen rechtfertigt. Wir sagten ja, es handle sich um eine Aussage über Triebregungen, die als verboten gefühlt werden. Wir haben aus Freuds neuen Aufstellungen über die Genese des Über-Ichs erfahren, daß nicht nur die Triebregungen durch den Verdrängungsprozeß unbewußt werden, sondern auch der bedeutsamste Anteil jener Ichinstanzen, die zur Verdrängung zwangen. Der unbewußte Geständnischarakter des Symptoms wird also durch die Qualität des Unbewußten, die sowohl den verdrängten als auch den verdrängenden Mächten eignet, aus deren Miteinanderwirkung es sich als Resultat ergab, bestimmt. Ein drittes Moment kommt noch hinzu: es wird als ein Stück Leiden gewertet und vom Kranken nicht als Geständnis erkannt. Nicht nur die psychischen Kräfte, aus deren Dynamik das Symptom seine Existenz ableitet, sondern auch eine seiner wesentlichen Absichten bleibt unbewußt. Das Geständnis ist also dadurch als unbewußt gekennzeichnet, daß sowohl seine Herkunft als auch sein Inhalt und sein Charakter als Geständnis unbewußt bleibt.

Fügen Sie hinzu, daß der Kranke dieses Geständnis ablegt und nicht weiß, wem er es mitteilt – wie in der Übertragung – so sind wir wieder zur Feststellung jener merkwürdigen psychologischen Tatsachen zurückgekehrt, die wir in der ersten Vorlesung gekennzeichnet haben. Wir könnten sie jetzt in neuer Ausdrucksweise neu beschreiben: Der Patient gesteht etwas, bekennt etwas, was ihm nicht bekannt ist; er gesteht etwas und weiß weder, was er damit gesagt hat, noch, wem er es gesagt hat. Ja, wir könnten sogar noch zwei weitere merkwürdige Tatsachen hinzufügen: der Patient gesteht etwas und weiß nicht, daß, was er sagt, ein Geständnis darstellt und er weiß nicht, was ihn zu diesem Geständnis trieb. Ich meine, die Rätselhaftigkeit dieser Fakten spreche laut genug für die Existenz und Wirksamkeit des Unbewußten.

Den Charakter des Zwanges, den ich der Geständnistendenz

beilege, könnte man aus dem drängenden Zug der Triebregungen allein nicht ableiten. Diese Herkunft aus dem Triebhaften drückte bereits dem Ausdrucksdrang ihren Stempel auf. In der Umwandlung zum Geständniszwang aber werden zwei Momente erkennbar, welche eben den Zwangscharakter bestimmen: das erste ist der von außen kommende, später zum inneren Erwerb gewordene Zwang gegen die freie Triebäußerung. Er spiegelt sich im unbewußten Geständnis wider. Das zweite Moment ergibt sich aus der reaktiven Verstärkung, welche die Triebintensität durch die Verdrängung erfährt oder die zumindestens verspürt wird; auch sie wird sich in der Differenz von Triebäußerung und unbewußtem Triebgeständnis Ausdruck verschaffen. Die Bezeichnung Geständniszwang scheint mir so durchaus legitim zu sein.

Wir wären also dahin gelangt, den Übergang der Äußerungstendenz in Geständniszwang psychologisch zu verstehen. Er hat sich vorerst im Zeichen der sozialen Verwendung der Triebäußerungen vollzogen. Ursprünglich nur Vorgänge, die der motorischen Abfuhr dienen, wurden sie zur Darstellung, zur Mitteilung der Triebbedürfnisse an die Außenwelt als eine Art der Aufforderung, die Triebbefriedigung durchzuführen. Die Art der Aufnahme dieser Triebäußerungen durch die Außenwelt wird aber für ihre weitere Entwicklung und Gestaltung entscheidend. Die Abweisung oder Verwerfung jener Äußerungen z. B. in der Versagungsform wird sie auch zur Darstellung jener Faktoren machen, welche die Triebbefriedigung hemmen. Die Wiederholung dieses psychischen Vorganges auf der Verdrängungsstufe setzt jene primitive Identifizierung mit den Personen, von denen die Triebhemmung ausging, voraus, die sich später in der Instanz des Über-Ichs verewigen wird.

Unter den Einflüssen der Außenwelt, die für das noch schwache und unentwickelte Ich bestimmend werden, modifiziert also die Triebäußerung ihre Absichten, und dieser Veränderung entspricht wieder eine Verschiedenheit der Reaktion seitens der Außenwelt. Auch das Symptom ist solchen Wandlungen unterworfen. Sie wissen alle, wie das Symptom seine ursprüngliche

Bedeutung und Absicht verändert hat und haben in der Analyse die historische Schichtung seiner verschiedenen Bedeutungen und Ziele kennengelernt. Aber die Analyse ist nur ein Stück artifiziellen Lebens, und der Geständnischarakter des Symptoms tritt außerhalb der Analyse deutlich genug hervor. Sie werden einwerfen, ein Geständnis, das der andere nicht versteht, ist kein Geständnis. Allein so einfach ist die Sachlage nicht. Daß wir bis vor einigen Jahrzehnten die Hieroglyphen nicht enträtseln konnten, hat uns doch nicht zur Annahme verführt, daß diese Schrift nur sinnlose Spielerei sei. Wir haben nicht daran gezweifelt, daß sie ein Mittel der Mitteilung sei. Noch eine Geheim- und Chiffrenschrift, die uns unverständlich ist, erhebt Anspruch darauf, verstanden zu werden, und verschließt sich nur denen, die keinen Schlüssel zu ihr haben.

Mit den neurotischen Symptomen ergeht es nun wie mit den Versprechen, die wir als Beispiele zitiert haben: die Außenwelt reagiert so darauf, als hätte sie sie verstanden und ihren Sinn erfaßt. Es handelt sich freilich um ein Verständnis besonderer Art. Wenn dies aber der Erfolg der Symptome ist, so muß es auch in ihrer Absicht liegen, so muß der Kranke unbewußt wollen, daß seine Symptome in dieser Art verstanden werden. Ein Zwangskranker in meiner Beobachtung litt besonders unter der Peinlichkeit von Zwangsblicken, die er nicht beherrschen konnte und die seinen unbewußten Haß, Verachtung oder Hohn gegen ihm besonders nahestehende Personen, die er hochschätzte, ausdrückten. Es war nun merkwürdig, daß er diese ihn peinigenden Blicke, falls die davon Bedachten ihr freundliches Benehmen gegen ihn nicht veränderten, so lange fortsetzte und ihren aggressiven Ausdruck verdeutlichte, bis die betreffende Person unfreundlich oder kühl ihm gegenüber wurde. Ja, wir können diesen Fall verallgemeinernd sagen, daß die Symptome, je länger eine neurotische Erkrankung dauert, um so deutlicher ihren Sinn der Außenwelt preisgeben, ihn ihr gleichsam aufdrängen, so verzweifelte Anstrengungen der Kranke auch macht, ihn geheim zu halten. »Der Selbstverrat dringt den Menschen aus allen Poren«, hat Freud gesagt. Was wir hier ergänzend hervorheben wollen, ist, daß der Selbstverrat die Bedeutung des unbewußten Geständnisses hat.

Haben wir vorläufig die Bedeutung des Geständnischarakters des Symptoms gegenüber der Außenwelt hervorgehoben, so stehen wir nun der schwierigen Aufgabe gegenüber, seinen Sinn und seine Funktion innerhalb des Seelenlebens des einzelnen zu verstehen. Wir werden dabei am zweckmäßigsten vorgehen, wenn wir wieder die Erfahrungen, die wir in der Analyse machen, heranziehen. Die Analyse bildet ja für uns die beste Gelegenheit, den Ablauf seelischer Vorgänge zu rekonstruieren. In dem Zwischenreich von Krankheit und Leben, zu dem sich die Analyse entwickelt, verkörpert der Analytiker für den Patienten unbewußt den Vater oder eine für das kindliche Gefühlsleben wichtige Person. Der Kranke klagt ihm sein Leid, zeigt, wohin seine unbewußten Absichten gegangen waren und welche Hindernisse das Leben ihrer Verwirklichung entgegengestellt hat. In diesem analytischen Wiedererleben trinken gleichsam die alten Schatten der Unterwelt noch einmal Blut, erhalten sie noch einmal lebendige Bedeutung und mengen sich in das Leben des Tages. Mit den alten Erinnerungen erwachen auch die alten Affekte, nun meistens auf den Analytiker als Übertragungsphantom gerichtet. Worte müssen nun regressiv Taten ersetzen; indem der Patient seine zärtlichen, feindlichen, respektvollen oder verächtlichen Gefühle in Worten, Mienen, Bewegungen ausdrückt, hat er mit geringerem Energieaufwand getan, was zu tun es ihn früher drängte. Der junge Mann, der seine Widerstände gegen den Analytiker richtet, wiederholt eigentlich die gegen den Vater geplanten Aktionen in diesem Verschiebungsersatz auf Worte usw. Diese Zeichen sind selbst der außerordentlich abgeblaßte, gemilderte Ersatz der Tat.

Die Erzählung oder Darstellung seiner Widerstandsgefühle ist also nicht nur ein Bericht der auf den Analytiker verschobenen Tat, sondern ihre abgeschwächte, in Worte umgesetzte Wiederholung. Es sind die alten Affekte, die sich da äußern, die unzerstörbar seit der Kinderzeit in ihm fortleben und die hier zum erstenmal ihren Ausdruck in Worten und Gefühlsausbrüchen gefunden haben. Das in Worten ausgedrückte Wiedererleben der Tat in der Darstellung heißen wir ein Geständnis oder Bekenntnis der Tat; wir wissen schon, daß der Patient nicht weiß, was er da mitteilt, was seine Mitteilung bedeutet. Das heißt also: ein unbewußtes Geständnis. Wir wissen auch, daß wir auf dem Gebiete der Neurosenpsychologie den Unterschied zwischen materieller und psychischer Realität fallenlassen müssen: es ist selbstverständlich, daß ich hier Tat kurzweg für unbewußt phantasierte oder gewünschte Tat setze. Wir können sagen: das Geständnis ist eine Wiederholung der Tat oder eines bestimmten Benehmens im Verschiebungsersatz und an verschiedenem psychischen Material, da Worte Aktionen ersetzen müssen.

Wir verstehen bei solcher Charakteristik des Geständnisses als einer verschobenen, abgeschwächten Wiederholung der Tat nicht, worin dann das Befreiende, Lösende der analytischen Therapie bestünde, wieso solche Wiederholung im Geständnis therapeutische Wirkung haben sollte. Diese Fragestellung rührt freilich an die wichtigsten und umstrittensten Probleme der analytischen Therapie, deren Erörterung hier nicht unsere Sache sein kann. Die Probleme der aktiven Therapie und deren notwendiger Grenzen müßten hier zur Diskussion kommen; wir würden uns mit der Frage beschäftigen müssen, ob und wie weit die Wiederholung der Tat in der Übertragung vom Analytiker gefördert werden soll, ob und wie weit es für die Analyse Vorteile bringt, ihre Grenzen gegen die materielle Realität hin zu verschieben – verfängliche Fragen mitunter.

Wir gehen aber der Versuchung, uns mit diesen Problemen zu beschäftigen, für heute aus dem Wege und wollen nur einzelne Gesichtspunkte betonen, die uns neben den von anderen Analytikern hervorgehobenen besonders berücksichtigenswert erscheinen. Der erste ist der, daß die Übertragungswiderstände, welche z. B. die dem Vater geltenden feindseligen Gefühle sowie das Widerstreben gegen homosexuelle Strömungen wiederholen, diesen Triebregungen freilich ein Stück Befriedigung zu geben scheinen, die sie vorher nicht genossen haben. Aber diese

Befriedigung ist doch von besonderer Art, eine außerordentlich eingeschränkte, auf das Phantasieleben begrenzte, auf kleinste Quantitäten dosierte Befriedigung. Das hindert indessen nicht ihre psychische Realität. Wir würden also sagen, ein Stück psychischer Entlastung scheine von der partiellen Befriedigung zu stammen, die das Geständnis der Tat als seine abgeschwächte Wiederholung in veränderter Form mit sich bringt. Es ist so, als wäre wirklich ein Stück Triebbefriedigung den Menschen unentbehrlich und als wäre der Verzicht auf Triebbefriedigung nur dann zu erreichen, wenn man ihr ein Stück weit nachgibt. Die Franzosen haben eine Redensart, die lautet: »Reculez pour sauter mieux.« Aber nicht das Zurückweichen, das Springen ist das Wichtigste. Vielleicht liegt es an den von der Forschung noch nicht völlig geklärten quantitativen, also ökonomischen Momenten der Unlustgefühle und der sie verursachenden Spannungen, daß eine materielle Triebbefriedigung in irgendeiner Form notwendig ist, damit man auf das Ganze verzichten kann, so wie man einem ungeduldigen Gläubiger wenigstens einen kleinen Teil der Schuld bezahlen, gleichsam seine Bereitwilligkeit zur Bezahlung zeigen muß, um ihn geduldiger gegen den Aufschub zu machen. Wir kommen später noch einmal auf dieses Problem zurück.

Der andere Faktor der Therapie, der in jenem Geständnischarakter der Analyse beschlossen liegt, ist schwerer zu erkennen und psychologisch zu erfassen. Er ist ebenso wie der erste deutlich triebhafter Art und wird bei vorläufiger Überlegung dahin gedeutet werden können, daß es sich um ein Stück Überwindung einer dunklen Angst handelt. Wir ahnen, was diese Angst bedeutet; sie hat den Charakter der sozialen Angst, die wir Schuldgefühl nennen. Wir glauben, den Vorgang richtig beschreiben zu können, wenn wir sagen, es werde durch das Bekenntnis latente Angst in ein Stück Lust regressiv zurückverwandelt, indem eine Verdrängung aufgehoben wird. Ich erinnere Sie an die besonderen Techniken des Witzes, die Freud dargestellt hat und durch die eine ähnliche Aufhebung der Verdrängung für eine sonst abgewiesene Triebrepräsentanz stattfindet. Wir können nicht sagen, von welcher Art diese Lust ist, aber rückschließend von dem Inhalt des Angstaffektes müßten wir zu bestimmten Annahmen über sie kommen. Kann es jene Lust sein, die mit der partiellen Befriedigung der unterdrückten Triebregungen verbunden ist? Gewiß ist auch sie zu einem gewissen Teil darin enthalten, wenngleich jene Befriedigung eine minimale ist. Ein mindestens ebenso bedeutsamer Anteil dieser Lust aber muß masochistischer Art sein, da die Angst, welche die Triebäußerung hemmte, der Strafe galt. Es ist ein Stück Strafbedürfnis, das im Geständniszwang eine partielle Befriedigung findet; es handelt sich um eine partielle Befriedigung des auf die verpönten Wünsche reagierenden Schuldgefühles. Wir können also behaupten, ein Teil der Therapie des Geständnisses der Psychoanalyse beruhe darauf, daß in ihm sowohl die unterdrückten Triebregungen als auch das Strafbedürfnis eine bestimmte, quantitativ eingeschränkte, qualitativ von der materiellen verschiedene Befriedigung findet.

Ich weiß selbst, wie wenig diese Beschreibung der wirklichen Sachlage adäquat ist und will deshalb Ihre Einwände vorwegnehmen. Das Strafbedürfnis wird doch nicht befriedigt, werden Sie mit Recht einwerfen, es folgt ja dem trotzigen oder unwilligen, feindseligen oder verächtlichen Zeichen des Übertragungswiderstandes des Patienten keine Bestrafung. Abgesehen von dem Bemühen, die Wiederholung in Erinnerung zu verwandeln, erfolgt ja überhaupt keine Reaktion von seiten des Analytikers. Sie haben vollkommen recht, so sehr recht, daß ich mich beeile, Ihnen auch die schwache Stelle meiner anderen Behauptung, die sich auf die partielle Befriedigung der unterdrückten Triebrepräsentanz bezieht, zu zeigen. Auch jene Triebbedürfnisse werden nicht wirklich befriedigt, denn der Patient läßt seiner Feindseligkeit gegen die Autorität des Analytikers keinen freien Lauf; es kommt zu keiner, wenn auch noch so geringen Aggression, und das junge Mädchen in der Übertragungsliebe fällt dem Analytiker nicht um den Hals. Aber ich sagte ja, es handle sich um jene partielle Befriedigung, welche nur durch das Ausdrücken, in Worte- oder Zeichenkleiden sonst schwer ausdrückbarer Affekte gewährleistet wird. Sie sehen, man kann doch mit einer gewissen Berechtigung behaupten, daß die unterdrückten Triebregungen eine freilich sehr eingeschränkte Befriedigung erfahren. Bedenken Sie noch, daß die unendlich häufige Wiederholung des Ausdruckes jener starken Gefühle geeignet ist, ein bestimmtes Quantum von Befriedigung zu ersetzen.

Wir verstehen freilich noch nicht, wieso auch das unbewußte Strafbedürfnis in der Analyse, spezieller: im Geständnis der Analyse, auf seine Rechnung kommt. Eine erste Annäherung an eine solche Behauptung könnte uns die Überlegung vermitteln, daß ja der Kranke freimütig seine im Triebleben verankerten Schwächen bloßlegt, sich zu Taten und Gefühlen bekennt, die er als nicht mit seinen moralischen und ästhetischen Anschauungen vereinbar findet. Aber wir fühlen, wie wenig damit gesagt ist, da es sich dabei nur um ein bewußtes Geständnis handelt. Wir gelangen weiter, wenn wir in der Analyse die Erfahrung machen, daß sich das Strafbedürfnis von der Strafe auf das Geständnis verschoben hat. Vergleichen Sie die Situation mit der eines Kindes, das sich vor der Strafe zu fürchten scheint. Sie können in den meisten Fällen bei näherer Beobachtung die überraschende Erfahrung machen, daß es vor der Strafe selbst die geringste Angst fühlt; es zeigt vielmehr Angstgefühle bei der Vorstellung, daß die Eltern seine kleine Untat entdecken oder daß es sie den Eltern gestehen muß. Es hat die *Strafangst* in *Geständnisangst* verwandelt; das Geständnis selbst, als das, was der Strafe vorangeht, ist in höchstem Grade angstbesetzt worden. Das Kind sagt es in vielen Fällen selbst: nicht die Strafe ist es, was es fürchtet, nur die Szene, in der es den Eltern sagen wird, was es getan hat. Sie haben sicher von den traurigen Fällen von Schülerselbstmorden gehört, bei denen es sichtbarlich die Angst vor dem Geständnis war, welche den tragischen Ausgang mitbestimmte, die Angst vor Strafe aber, die in vielen Fällen nicht erfolgt wäre, keine bedeutende Rolle spielte. Der Student, der sich nicht vor der Prüfung fürchtet, aber die Spannung vorher unerträglich findet, der Soldat, der die vielleicht todbringende Schlacht herbeisehnt, weil er die bangen Stunden vorher nicht ertragen kann, werden Ihnen als Beispiele von ähnlichen Situationen, in denen eine Angstverschiebung konstatiert werden kann, eingefallen sein. Wir sehen hier, daß das Strafbedürfnis wie jede andere starke Triebregung Spannungen erzeugt, die verschiebbar sind und deren Intensität nur durch partielle Befriedigung abgeschwächt werden kann.

Vergleichen Sie diese psychologischen Tatsachen mit den analytischen Untersuchungen der Sexualentwicklung, so könnten wir dort ähnliche Mechanismen konstatieren: ich erinnere Sie an die normale und die pathologische Rolle der Vorlust. Die Gefahren der Vorlust liegen dann besonders nahe, wenn die zur Lust vorbereitende Aktion an Stelle des normalen Sexualzieles tritt, wenn die Vorlust zur Endlust wird. Da das Geständnis gewöhnlich zur Strafe, beziehungsweise zum Liebesverlust bei den Eltern führt, kann es als Vorstufe oder Ersatz selbst von seiten des Strafbedürfnisses zum Strafziel werden. Der normale Verlauf wäre also der, daß der Übeltäter zwar vor dem Geständnis angstvolle Spannung empfindet, aber diese Spannung nachher durch die Aussicht auf Strafe eine außerordentliche Steigerung erfährt. Wir ahnen, daß den psychischen Mechanismen der Angstverschiebung, die wir hier nur in ihren Beziehungen zu Strafe und Geständnis verfolgen können, eine allgemeinere Bedeutung zukommt. Ich schlage Ihnen vor, der Tatsache dieses Verschiebungsprozesses durch eine neue Bezeichnung Rechnung zu tragen, die der Freudschen Namensgebung der Lustmechanismen analog ist, ich meine, wir nennen das erste Angststadium *Vorangst*, die sich zur *Endangst* so verhält wie die Vorlust zur Endlust. Der enge psychologische Zusammenhang von Lust und Angst läßt es wahrscheinlich erscheinen, daß die Erforschung der Beziehungen von Vorangst und Endangst zu bedeutsamen Bereicherungen der Ichpsychologie führen müßte. Das Erleiden der Geständnisangst sowie das als peinlich empfundene Gestehen selbst wäre demnach jene partielle Befriedigung des Strafbedürfnisses, die wir für das Geständnis in Anspruch nehmen. Wir wissen schon, daß, was für das eine psychische System Unlust bedeutet, für das andere Lustcharakter haben kann, und werden deshalb dem unlustvollen Überwinden der Angst beim Geständnis die Lust keineswegs absprechen.

Kehren wir zu unserer früheren Behauptung zurück, so können wir dort eine wichtige Korrektur anbringen: wir sagten, die unterdrückten Triebregungen erhalten durch das Aussprechen eine partielle Befriedigung. Aber dieses Aussprechen selbst gehört zur Vorlust der Triebbefriedigung. Wir wollen also behaupten, daß die partielle Befriedigung, die das Geständnis den verdrängten Triebregungen sowie dem Strafbedürfnis bringt, in der teilweisen Gewährung der Vorlust, beziehungsweise Überwindung der Vorangst begründet liegt. Als vorläufiges, keineswegs ausreichendes Resultat unserer Bemühungen um das Problem haben wir bisher nur die Einsicht gewonnen, daß das Geständnis durch Erfüllung der Vorlust und Überwindung der Vorangst den verdrängten Wünschen und Impulsen eine teilweise Befriedigung gewährt. Es ist so durch seinen Kompromißcharakter sehr geeignet, das Symptom zu ersetzen, das sich seinerseits zur Ersatzbefriedigung verdrängter Triebtendenzen sowie des Strafbedürfnisses konstituiert hat. Wirklich sehen wir in der Analyse häufig Symptome verschwinden, wenn sich die einander widerstreitenden Bedürfnisse dieser Art im Geständnis einen völlig adäquaten Ausdruck geschaffen haben. Das Geständnis als ein wesentliches Stück der Psychoanalyse bezieht sich so auf zwei große Gefühls- und Vorstellungszentren, die dem Unbewußten entrissen werden; der Patient bekennt sich zu seinen Triebregungen und den Wünschen, die diese in ihm erweckt haben, und er bekennt sich zu dem Strafbedürfnis, das auf den Triebandrang und jene Wünsche reagierte. Wir würdigen dann eine der wichtigsten Aufgaben des Analytikers, wenn wir hinzufügen, er lasse den Patienten erst verstehen, was dieser gestehe und worin die psychologische Bedeutung des Gestandenen liege.

Diese Konstatierung aber erinnert uns zur rechten Zeit an den dritten Faktor, der den therapeutischen Wert des Geständnisses mitbestimmt: er liegt in der Überführung unbewußten Materials in Wortvorstellungen und -wahrnehmungen. Diese Umwandlung hat eine bestimmte Bedeutung für die Lustentwertung der verdrängten Triebregungen sowie des unbewußten Strafbedürfnisses. Wir haben von Freud erfahren, daß erst durch die Wortvorstellungen die Möglichkeit der Bewußtseinsqualität gegeben ist. Wir werden erst durch das Geständnis in den Stand gesetzt, vorbewußt zu erkennen, was die verdrängten Gefühle und Vorstellungen einst bedeuteten und was sie kraft der Unzerstörbarkeit und Zeitlosigkeit, die unbewußten Vorgängen eigen ist, noch jetzt für uns bedeuten. Wir werden durch das Geständnis mit uns selbst bekannt, es bietet die beste Möglichkeit des Γνῶθι σεαυτὸν.

Warum aber sollte solche Umsetzung in Wortvorstellungen für die verdrängten Triebregungen bedeutungsvoll werden? Insbesondere deshalb, weil sie geeignet erscheint, den Vorgang der Verdrängung aufzuheben und dadurch die Möglichkeit einer der Realität besser angepaßten Art der Triebverwendung vorzubereiten. Diese Aufhebung der Verdrängung zeigt sich besonders klar darin, daß im Geständnis nicht nur die unterdrückten Triebregungen, sondern auch die zur Verdrängung treibenden Instanzen zum Ausdruck gelangen. Das Geständnis ist in diesem Sinne ein Lautwerden des Gewissens. Der Ankläger legt seine Anklageschrift auf den Tisch. Bedenken Sie, daß das Gewissen selbst stumm ist. Die Pariser Verbrecher nennen es »la muette«. Im Geständnis beginnt es zu sprechen. Was stumm war, bekommt in ihm Stimme. Auch hier stoßen wir also auf die psychische Doppelfunktion des Geständniszwanges: er zeigt die Tat und die zu ihr führenden Triebimpulse, und er zeigt den Abstand des von den Triebregungen des Es überwältigten Ichs vom Über-Ich. Das Erfassen der Tat – Sie erinnern sich, daß wir hier immer von der phantasierten, unbewußten Tat sprechen – in ihrer großen, für das Individuum bisher unerkannten Bedeutung sowie der Vergleich des Ichs mit den Ansprüchen des Über-Ichs zeigt, daß der Bekennende mit sich bekannt zu werden beginnt. Schopenhauer ist also nicht völlig im Recht, wenn er in seiner Abhandlung »Über die Grundlage der Moral« das Gewissen »eben nur die aus der eigenen Handlungsweise entstehende und immer intimer werdende eigene Bekanntschaft« nennt. Denn das Gewissen ist in seinen wesentlichsten Zügen selbst unbewußt; erst das Bewußtwerden des Gewissens vermittelt solche Bekanntschaft im Sinne Schopenhauers. Wir haben zu betonen, daß sich jene phantasierte Tat, die wir als Ersatzhandlung für den Vatermord oder den Inzest fassen können, im Unbewußten abspielte, ihre Wiederholung aber mittels der von der Analyse produzierten Umsetzung in Wortvorstellungen im Vorbewußten. Durch diese Differenz ist es also bedingt, daß der Patient jetzt beginnt, sich besser kennenzulernen, sich zu verstehen und damit den Gegensatz zwischen Ich-Ideal und Aktual-Ich, Über-Ich und Ich toleranter zu fassen. Sich kennenlernen heißt aber vorbewußt verstehen, daß die Grenzen unseres seelischen Lebens nach oben und unten viel weiter gesteckt sind als wir glaubten, daß wir, populär gesprochen, unbewußt weit böser, aber auch weit besser sind als wir angenommen haben. Das Gewissen ist im Geständnis wieder sprechfähig geworden und der alte Prozeß, dessen Akten in irgendeinem Archivwinkel begraben waren, wird damit spruchreif. Das dritte therapeutische Moment ist also durch die Rückgängigmachung der Verdrängung gegeben, da die Sachvorstellung durch die Verknüpfung mit den ihren entsprechenden Wortvorstellungen überbesetzt und damit vorbewußt werden. Der therapeutische Charakter der Besetzung der Wortvorstellung ergibt sich aus der Aufklärung der psychischen Vorgänge in der Schizophrenie. Dort bildet die Besetzung der Wortvorstellung, wie Freud überzeugend dargestellt hat, den ersten Herstellungs- und Heilungsversuch. Freud hat gezeigt, wie diese Bemühungen dahin gehen, die verlorenen Objekte wieder zu gewinnen, in dieser Absicht den Weg zum Objekt über den Wortanteil desselben einschlagen und sich dabei dann mit den Worten anstelle der Dinge begnügen. Wir ahnen, daß auch das unbewußte Geständnis einen solchen Versuch der

Objektzurückeroberung darstellt, daß dies eine seiner wesentlichen Absichten ist.

Einige andere Erfahrungen der praktischen Analyse lassen uns vielleicht noch tiefer verstehen, worin die psychische Entlastung durch den Geständniszwang begründet ist. Zu den aufschlußreichsten Erfahrungen dieser Art gehört das Erkennen der Bedeutung und des latenten Sinnes des Agierens in der Analyse. Wir wissen, daß das Agieren im Dienste des Wiederholungszwanges steht. Die analytische Erfahrung zeigt uns, daß das Agieren unter den Bedingungen des Widerstandes auftritt. Es ist klar, daß der Patient in dieser Wiederholung dem Drängen unbewußter Triebregungen nachgibt. Es wird Ihnen vielleicht zuerst unglaubwürdig erscheinen, wenn ich versichere, daß der Impuls, die Reproduktion in der Erzählung durch das Agieren zu ersetzen, besonders dann auftritt, wenn die zu reproduzierenden Vorgänge unter dem Druck eines besonders starken Schuldgefühles stehen. Das Strafbedürfnis drängt, wie Sie wissen, zur Tatwiederholung. Diese Überbesetzung der betreffenden Erinnerungen und Gefühle mit Schuldgefühl ist gewiß nicht die einzige Bedingung des Agierens, aber, wie mir scheint, die vielleicht wichtigste, praktisch bedeutsamste. Unter den Bedingungen intensiven Strafbedürfnisses setzt dann der Patient das der Tatwiederholung soviel nähere Agieren an die Stelle der Erinnerung und der erzählenden Reproduktion. Das Agieren reiht sich so als ein in der Analyse erlebter Vorgang jenem allgemeineren psychischen Ablauf ein, der aus dem drückenden Schuldgefühl zur verbotenen Tat oder ihrem Ersatz als einer bedeutenden psychischen Entlastung treibt. Wenn aber die erzählte Reproduktion ein Geständnis ist, das in abgeschwächter Form und an einem verschiedenen psychischen Material die Tat wiederholt, so darf auch das Agieren ein Geständnis genannt werden: es dient ja denselben Zwecken, etwas zu zeigen, zu bekennen. Wir wissen, was es zeigen will: eben was der Patient agiert. Es ist also eine Demonstration: sieh her, wie eifersüchtig, boshaft, widerspenstig und kleinlich ich war. Solche Demonstration dient gewiß dem Ausdruck unterdrückter Triebimpulse,

63

aber auch dem des Strafbedürfnisses. Man darf sie in dieser Beziehung mit dem Benehmen von Kindern vergleichen, die sich mit »Schlimmsein« produzieren. Es ist kein Zweifel, daß dieses scheinbar unnatürliche Benehmen ebenso wie das Agieren der Patienten noch immer dem Lustprinzip folgt, da es auf Befriedigung starker, triebhafter Bedürfnisse abzielt.

Neben den früher hervorgehobenen Tendenzen wird eine andere deutlich: das Zeigen und In-den-Vordergrund-Rücken der eigenen Schwächen bleibt unverständlich, solange man sich nicht vor Augen hält, daß es eben doch nicht die Wiederholung der Tat ist, so sehr es danach drängt, sondern noch immer ihr Geständnis, ihr Bekenntnis nach dem alten Wortsinn: um es bekannt zu machen. Wollte man also den latenten Sinn dieses eigenartigsten Geständnisses in die Sprache des Bewußtseins übersetzen, so müßten wir eine Ergänzung vornehmen; es erfordert einen Vorder- und Nachsatz. Wir müßten ihm vorausschicken, daß es sich bei dem folgenden Agieren um ein Geständnis, um eine *demonstratio ad oculos* handelt: Sieh her, wie trotzig, wie boshaft und rachsüchtig usw. ich war! Dieses Geständnis ist nicht Selbstzweck: es hat die Bedeutung des Appells an die Eltern oder ihre Vertreter; was eben die Hinzufügung eines Nachsatzes notwendig macht: Berücksichtigt doch diese Schwächen! Gerade weil ich so bin, müßt ihr mir verzeihen! Straft mich, aber liebt mich wieder! Das Geständnis wird so zu einer beredten Bitte um Absolution. Ohne den von uns ergänzten Vor- und Nachsatz, ohne solche Einreihung in einen großen psychischen Zusammenhang ist das merkwürdige Verhalten des Patienten nicht zu verstehen.

Das agierte Geständnis dient also nicht nur der Darstellung der eigenen Triebregungen und dem Strafbedürfnis, dem Streben, den Liebesverlust zu erreichen, sondern ebensosehr dem Liebeswerben, dem Streben, gerade durch die Strafe, in Form der Strafe, erneut Liebe zu bekommen. In manchen Fällen, wie insbesondere in den Neurosen, in denen der Masochismus hervortritt, wird das Strafbedürfnis sogar die Hauptbedeutung des Agierens ausmachen. Ein Zwangsneurotiker in meiner Be-

handlung, dessen perverse Triebbefriedigung im Geschlagenwerden auf die Nates bestand, zeigte in seinem Agieren auffällig eine Tendenz, die man nur folgendermaßen in Worte
übersetzen könnte: er streckte den Hintern demonstrativ in
die Luft, um Schläge zu bekommen. Der von uns hinzuzufü-
gende Nachsatz in diesen Fällen würde hier die Form annehmen: strafe mich, schlage mich nur! Geschlagenwerden aber
bedeutete unbewußt soviel wie Geliebtwerden, also die Befriedigung masochistischer und homosexueller Triebregungen.
Sie erinnern sich, daß solches Agieren zur Befriedigung des
Strafbedürfnisses nicht das einzige psychische Phänomen ist, in
dem sich Strafbedürfnis und erotische Strebungen zu einem
Ganzen verlöten.

Es gibt in der Analyse natürlich verschiedene Übergänge von
der erzählten Reproduktion zum Agieren, ja, verschiedene Arten des Agierens selbst. In manchen Fällen, wie wenn z. B. ein
hysterischer Anfall in der Analysestunde sich immer an besonderer Stelle des Assoziationsverlaufes wiederholt, wird sicher
der Wunscherfüllungscharakter des Auftretens des Symptoms
dem Analytiker überdeutlich werden, aber die Doppelfunktion
des Symptoms zeugt davon, daß auch jener andere Faktor im
Spiele ist. Entsprechend dem besonderen Charakter der neurotischen Erkrankung wird bald das Moment der Triebdurchsetzung, bald das Geständnismoment im Verhalten des Patienten in der Analyse hervortreten, aber beide Momente sind im
Agieren konstant, in variabler Intensität vorhanden. Wie früher betont, kann man in vielen Fällen beobachten, daß gerade
bei ansteigendem Strafbedürfnis das Agieren besonders lebhaft auftritt. Ich will Sie nur noch auf eine interessante Kom-
plikation hinweisen, die Sie bei den Fällen mit entlehntem
Schuldgefühl beobachten können: dort wird das Agieren häufig
zur Darstellung des Verhaltens jener Personen, welche eigentlich das Schuldgefühl verspüren sollten. Es gewinnt so den
Charakter des dargestellten Geständnisses einer dritten, durch
Introjektion ins Ich aufgenommenen Person, welche für die
Erkrankung des Patienten bedeutungsvoll war.

Wenn wir so betont haben, daß auch das Agieren in der Analyse unbewußt Geständnischarakter hat, so werden wir doch nicht verkennen, wie sehr es sich von den unbewußten Geständnissen, denen wir sonst in der Analyse begegnen, unterscheidet. Es ist im Unterschied von dem gesprochenen Geständnis ein dargestelltes *Pater peccavi*. Die nicht in Worte gefaßte Vorstellung aber bleibt im *Ubw* als verdrängt zurück. Da unser Ziel aber die Bewußtmachung ist, so müssen wir danach streben, die Umsetzung in Wortvorstellungen durchzuführen. Wir wissen, warum wir daran festhalten, das Agieren in Reproduktion, in die Erinnerung und Erzählung zurückzuverwandeln: wir können der Wortvorstellungen zur Überführung von unbewußten in vorbewußte Vorgänge nicht entraten. Es müssen dieselben Motive sein, welche die Kirche die Forderung aufstellen lassen, daß die Beichte mündlich gegeben werde, »vocalis« sei, wie der kirchliche Terminus lautet. Das Agieren spielt sich an einem anderen psychischen Material ab als die Erinnerungen, die dem Wahrnehmungssystem näher sind; das Agieren verläuft völlig im Unbewußten.

Wir wollen hier nicht in die Diskussion der technischen Probleme der Analyse eingehen, aber es wird schon durch unsere Erörterungen klar, daß das Agieren allein niemals zur Erfüllung der der Analyse gestellten Aufgaben ausreichen kann. Es liegt ja der Triebdurchsetzung und der Befriedigung des Strafbedürfnisses um so viel näher als die Erinnerung und mit ihr das Geständnis, und die starke Begünstigung des Agierens bringt die Gefahr nahe, daß die Übertragung nicht mehr ein »Zwischenreich zwischen Krankheit und Leben«, wie Freud sie genannt hat, bleibt, sondern sich in ein Stück krankhaften Lebens verwandelt. Die Analyse würde ihre Grenzen gegenüber der materiellen Realität völlig schwinden sehen und sich dem Wiederholungszwange in keinem Punkte entziehen. Die Analyse soll aber gleichsam eine »Rettungsinsel« im Straßenverkehr sein, nahe genug dem Gewirr und der Gefahr des Lebens, aber ihnen doch entzogen. Die aktive Technik, die uns neuerdings in der Analyse empfohlen wird, würde in ihren Übertreibungen die Rückverwandlung des Geständniszwanges in den elementaren Äußerungsdrang begünstigen und in der Wiederholung zu neuen Konflikten zwischen Triebandrang und Strafbedürfnis führen. Das Agieren, zum beherrschenden Element der Analyse erhoben, sprengt den Rahmen der Behandlung und verwandelt das Provisorium des analytischen Erlebnisses in ein Definitivum, das sich nirgends wesentlich vom Erleben »draußen« unterscheidet. Sie gibt gerade den unterdrückten Triebregungen und dem Strafbedürfnis völlige Befriedigung, was wir in der Analyse, die nach Freud in der Abstinenz durchgeführt werden soll, vermeiden wollen.

Wir sagten früher, daß das Agieren nicht psychischer Selbstzweck sei; es dient vielmehr dem Ausdrucke der Triebregungen und des Strafbedürfnisses, aber dies ist dem Patienten nicht bewußt und er kann es ohne die Erklärung des Analytikers nicht erfassen. Es ist Sache des Analytikers, in irgendeiner Form jene Vor- und Nachsätze hinzuzufügen, die wir früher erwähnt haben, und so den unbewußten Sinn des Agierens auch dem Patienten bewußt zu machen, dies heißt aber: ihm den Weg vom Agieren zum Erinnern wieder zu eröffnen. In diesem Sinne ist auch das Agieren ein unbewußtes Geständnis in Form der Darstellung und seine Deutung ein wesentliches Stück der Analyse. Dabei erhält die unterdrückte Triebrepräsentanz gewiß eine partielle Befriedigung, aber diese geht nie über ein gewisses, sehr eingeschränktes Maß hinaus und bleibt im Rahmen des Übertragungsverhältnisses, das seine Sonderstellung nicht aufzugeben braucht. Die unorganische, künstliche Provokation des Agierens, die eine überaktive Therapie in den Mittelpunkt der analytischen Behandlung rückt, müssen wir ablehnen. Auch das Agieren soll in der Analyse im Zeichen des Geständniszwanges verlaufen und vom Analytiker als eine besondere Art der Wiederkehr des Verdrängten betrachtet werden. Wir merken an dieser Stelle, daß wir unsere Aufmerksamkeit jetzt den Beziehungen zwischen Verdrängungsprozeß und Geständniszwang zuzuwenden haben, die der Aufklärung bedürfen.

Zur Wiederkehr des Verdrängten

Meine Damen und Herren! Die Verdrängung ist ein Vorgang, der darin beschlossen ist, daß er Impulse, Triebregungen und Gedanken vom Bewußtsein abweist und fernhält. Das Verdrängte übt einen kontinuierlichen Druck gegen die Zensur, welche die Pforte des Vorbewußten bewacht, aus. Sie wissen auch, daß nicht die Verdrängung jene Symptome und Ersatzbildungen schafft, die uns in der Analyse beschäftigen, sondern daß diese Erscheinungen Anzeichen einer Wiederkehr des Verdrängten bilden.

Der Geständniszwang darf als eine der stärksten Kräfte, welche die Wiederkehr des Verdrängten bedingen, angesehen werden; sein Ziel, das unbewußte Geständnis, stellt so eine spezielle Form der Rückkehr des verdrängten Materials dar. Verdrängung und Geständniszwang sind beide unbewußte Prozesse: wir können sie mit Bootsleuten vergleichen, die dasselbe psychische Material von einem Ufer zum anderen bringen. Während aber der eine Fährmann, die Verdrängung, die Überfahrt vom Vorbewußten zum Unbewußten besorgt, bringt der andere, der Geständniszwang, dieselbe Fracht vom Unbewußten zum Vorbewußten wieder zurück.

Der Vergleich darf uns sogar weiter führen; die Aufgabe der beiden Bootsleute ist bestimmt: der eine soll seine Fracht am jenseitigen, der andere am diesseitigen Ufer abliefern, aber damit ist keineswegs gesagt, daß die Aufgabe ihnen gelingen muß. Wir sehen, daß in den Neurosen die Verdrängung gründlich mißlingt und daß das Geständnis – in dem unbewußten Charakter, den wir ihm zugeschrieben haben – seine Absichten nicht völlig erreicht. Wir brauchen nur hinzuzufügen, daß die Bootsleute ihre Befehle von derselben Person erhalten. Die Verdrängung geht vom Ich aus und das Geständnis kehrt zum Ich zurück. Der Auftraggeber muß nicht mit der Person identisch sein, deren Befehle er übermittelt, vielleicht vertritt er nur eine andere Persönlichkeit, die im Dunkeln bleibt und deren Interessen mit denen des Auftraggebers sich zum Teil decken. Sie erraten, ich meine das Über-Ich, das die Bedingung für die Verdrängung und den Geständniszwang darstellt. Um das Bild vollständig zu machen, brauchen Sie nur noch hinzuzufügen, daß Überfahrt und Rückkehr im Grunde derselben Absicht dienen: der Vermeidung von Unlust. Dieser Vergleich mag die Funktionen der Verdrängung sowie des Geständniszwanges einigermaßen veranschaulichen, er kann freilich auch für alle Vorgänge der Wiederkehr des Verdrängten gelten.

Ich ahne auch, wo Ihr Widerstreben gegen meinen Vergleich einsetzen wird; ist es nicht unsinnig zu erwarten, daß sowohl der Abtransport als auch der Rücktransport desselben Materials dieselben Motive haben sollte? Nein, das ist keineswegs so unsinnig als es auf den ersten Blick scheinen mag; beachten Sie doch, daß die beiden Transporte zeitlich auseinanderliegen. Es können in der Zwischenzeit Rücksichten auf das Schicksal der Fracht, neue Erfahrungen, Aussicht auf bessere Verwendungsmöglichkeiten eine Abänderung der Ordre nötig machen und die Absicht doch dieselbe, z. B. die Erlangung von Gewinn, bleiben.

Hier kommt noch ein anderes Moment hinzu, das in unserem Vergleich keine Vertretung findet, nämlich das ökonomische. Es macht die Situation undurchsichtiger: die Verdrängung mißglückt und die Unlust, die vermieden werden soll, wird noch gesteigert; ist es da nicht besser, ein Stück der anfänglich vorhandenen Quantität von Unlust auf sich zu nehmen, um der größeren zu entgehen? Für den allgemeineren Fall der Wiederkehr des Verdrängten sind neben der drängenden Tendenz der Triebe gewiß noch andere Momente bestimmend: zu den schon bei der Verdrängung bestehenden mögen sekundäre Faktoren hinzugekommen sein: Verschiebungen in den Besetzungsquantitäten, Lockerung der Zensur z. B. durch die Bedingungen des Schlafes haben die Wiederkehr des Verdrängten begünstigt. Das Geständnis, das wir als eine besondere Art der Wiederkehr des Verdrängten bezeichnet haben, ist auch durch eine spezielle Art des Zustandekommens charakterisiert: es setzt eine Veränderung des psychischen Kräftespieles voraus, die dahin zielt, daß dasselbe, was sonst Unlust erzeugt, hier lustbetont wird. Es ist also dieselbe Modifikation in den Bedingungen der Lust-Unlustproduktion, die von Freud in der Entstehung der tendenziösen Witze nachgewiesen worden ist. Der Erfolg ist auch derselbe wie dort: die Verdrängung für eine sonst abgewiesene Triebrepräsentanz wird aufgehoben.

Der tendenziöse Witz steht auch insofern dem Geständnis nahe, als er unbewußt ein Geständnis zu sonst verdrängten oder mindestens unterdrückten Impulsen beinhaltet. Wir merken schon, wir haben hier die Grenzlinie zwischen unbewußtem und vorbewußtem Geständnis überschritten; kehren wir zum Vergleich zwischen Verdrängung und Geständniszwang zurück. Die Verdrängung ist eines der Schicksale, das eine Triebregung unter bestimmten Bedingungen erfährt, und bildet eine Vorstufe der Verurteilung. Sie ist, mit Freud zu sprechen, ein Mittelding zwischen Flucht und Verurteilung. Der Vergleich mit dem Geständnis ergibt, daß es auch ein solches Mittelding zwischen Flucht und Verurteilung darstellt, aber der Verurteilung viel näher steht als die Verdrängung, die der wirklichen Fluchtreaktion vergleichbar ist.

Diese Gegenüberstellung scheint uns aufzufordern, uns überhaupt mit den Beziehungen des Geständniszwanges zu den psychischen Instanzen, die für den Verdrängungsvorgang bestimmend werden, näher zu beschäftigen. Wir wollen vorausschicken, daß wir unter Geständnis wie in allen Bemerkungen vorher eine vorbewußte Äußerung des unbewußten Geständniszwanges verstehen. Das Geständnis reiht sich den anderen Abkömmlingen unbewußter Triebregungen an, die entgegengesetzte Qualitäten in sich vereinigen; es gehört wie z. B. die Phantasien qualitativ zum System des Vorbewußten, faktisch aber zum Unbewußten.

Wollen wir die Bedeutung des Geständnisses im psychischen Haushalt verstehen, so werden wir am besten tun, wenn wir

uns wieder der Verwandlung des Äußerungsdranges der Triebbedürfnisse zum Geständniszwang zuwenden. Der Äußerungsdrang ging vom Ich aus, das seine Triebbedürfnisse der Außenwelt mitteilen sollte. Die Aufnahme dieser Mitteilung seitens
der Außenwelt wurde für sein weiteres Schicksal entscheidend
und führte zur Verdrängung bestimmter Triebregungen. In
jener Außenwelt spielten die Personen, die später durch Identifizierung ins Ich gezogen wurden und dort als Über-Ich eine
unabhängige Existenz führten, eine besondere Rolle. Unter
dem Einfluß des Über-Ichs verwandelte sich der mit der ewig
fordernden Triebgewalt verbundene Äußerungsdrang unter
bestimmten Bedingungen in Bekenntniszwang. Er kann dann
die Triebbedürfnisse der Außenwelt nur mehr in der Form des
Geständnisses, zu der ihn das Über-Ich verpflichtet, mitteilen.
Aber auch die endopsychische Wahrnehmung von Triebbedürfnissen muß diese Form annehmen, wenn das Verhalten des
Über-Ichs es fordert. Wir haben also schon hier zu betonen,
daß der Grad der Strenge oder das Ausmaß der Toleranz des
Über-Ichs darüber entscheidet, ob sich eine Triebregung dem
Ich als Äußerung oder als Geständnis repräsentiert.
Wir wissen aber, daß es dieselben Eigenschaften des Über-Ichs
sind, welche überhaupt darüber bestimmen, welches Schicksal
eine Triebregung erfahren wird. Die Strenge des Über-Ichs bei
der einen Person läßt einen Impuls oder einen Gedanken in die
Verdrängung fallen, während die größere Toleranz dieser Instanz ihr Bewußtbleiben bei einer andern Person zuläßt. Wir
können so vom Geständniszwang (wie von der Verdrängung)
sagen, daß er individuell arbeite. Denn was hier von zwei Personen ausgeführt wurde, gilt auch für jede einzelne Triebregung in bezug auf den Geständniszwang: ein Mehr oder Weniger an Besetzung entscheidet darüber, wieweit eine Triebrepräsentanz als Geständnis zum Ausdruck gelangt. Auch der
andere Charakter, den Freud der Verdrängung zugeschrieben
hat, die Mobilität, ist dem Geständnis eigen: der psychische
Kraftaufwand, den das Geständnis erfordert, kann erneuert,
eingeschränkt oder erspart werden.

Das Ich als der Vertreter der Außenwelt empfängt Nachrichten von den Vorgängen im Es, von den Triebregungen, die es annehmen oder zurückweisen mag, so wie man mit Briefen verfahren kann. Das Geständnis stellt nun eine solche Nachricht dar, die dem Ich vom Über-Ich präsentiert wurde, also von einem Vertreter jener ersten Ichidentifizierung. Der Bote, nicht die Nachricht bestimmt dann das Ich dazu, die Nachricht zu akzeptieren. Dies aber setzt voraus, daß das Über-Ich selbst mit der Übermittlung der Nachricht einverstanden ist, daß es sich zu diesem Dienste bereit fand. Wir wissen schon, um welchen Preis: das Geständnis befriedigt das Strafbedürfnis.

Die psychischen Relationen werden klarer, wenn wir den Fall der Neurose zum Vergleich heranziehen: die Neurose ist nach Freud der Erfolg eines Konfliktes zwischen dem Ich und dem Es, besser gesagt: in der Neurose ist das Ich im Dienste des Über-Ichs und der Realität mit dem Es in Konflikt geraten. Es ist nun klar, daß der Geständniszwang zwischen den feindlichen Parteien des Ichs und des Es zu vermitteln trachtet. Dies ist aber nur möglich, wenn er den Ansprüchen beider Parteien ein Stück weit Genüge tut; nur auf dieser Basis kann überhaupt von einer Vermittlung die Rede sein. Das Geständnis ist also ein Versöhnungsversuch, den das Über-Ich unternimmt, um den Streit zwischen Ich und Es zu schlichten, so etwa, wie wenn der Vater in einem Konflikt zwischen zwei feindlichen Brüdern vermittelt. Es bildet keinen Widerspruch zu dieser Aussage, daß das Ich gerade in Parteinahme für das Über-Ich in Konflikt mit dem Es geraten ist. Auch hier sind das historische und das ökonomische Moment zu beachten; die durch sie hervorgerufenen Veränderungen in der Zwischenzeit wurden für die Einmischung des Über-Ichs entscheidend. Das Ziel ist deutlich: es soll der Familienfrieden wieder hergestellt werden – in unserem Falle die Einheit der Persönlichkeit. Der Vater eignet sich zu solcher Friedensarbeit oft vorzüglich; er weiß sich von beiden Brüdern geschätzt und kennt ihre schwachen Seiten besser als sie selbst.

Auch im Geständnis liegt einer der Fälle vor, wo das Über-Ich mehr vom unbewußten Es gewußt hat als das Ich; die Vorgänge im Es sind wie in der Zwangsneurose und in der Melancholie dem Ich, nicht aber dem Über-Ich unbekannt geblieben. Auch hier benimmt sich also das Über-Ich als Vertreter der Innenwelt, des Es. Der Erfolg dieser Vermittlertätigkeit ist, wie Ihnen bekannt, durchaus nicht in allen Fällen gesichert. Das Ich kann sich wie in der Zwangsneurose gegen die Annahme so unliebsamer Nachrichten sträuben; oder es kann nur jenen Teil der Nachricht akzeptieren, den das Über-Ich betont, aber den eigentlichen Inhalt zurückweisen: dies ist der Fall in jenen Zwangsneurosen, die von einem Schuldgefühl bedrückt werden, dessen Inhalt sie nicht kennen. In diesen Fällen sieht es so aus, als habe das Ich jenen Teil der Nachricht akzeptiert, aber ihn selbst zum Anlaß neuer erbitterter Streitigkeiten verwendet. Das Ich kann auch die Nachricht bruchstückweise annehmen oder mißdeuten, wie uns die klinische Beobachtung, besonders bei den Zwangsneurosen, zeigt. In den Krankheiten von hysterischem Typus wehrt sich das Ich sowohl gegen den Boten als gegen die Nachricht: das Schuldgefühl bleibt hier ebenso unbewußt wie das Material, auf das es sich bezieht. In anderen Fällen wie bei der Melancholie und den narzißtischen Psychoneurosen handelt es sich um den Erfolg eines Konfliktes zwischen Über-Ich und Ich: das Geständnis, welches das Ich allzu bereitwillig akzeptiert, ist eigentlich eine Anklage gegen das Objekt, welches durch Identifizierung ins Ich aufgenommen wurde. Die Fälle von Zwangsneurose, in denen sich ein entlehntes Schuldgefühl im Sinne Freuds nachweisen läßt, zeigen dieselbe Verwendung des Geständnisses.

Ich will nicht versäumen, darauf hinzuweisen, daß allen Analytikern auch eine besondere Art des momentanen, aber nicht akzeptierten Geständnisses bekannt ist. Es kommt häufig vor, daß sich der verdrängte Tatbestand in irgendeinem Augenblick dem Ich einfallsartig aufdrängt und erkannt wird, aber diese Klarheit geht sofort wieder unter. Das Ich hat wohl die Nachricht erhalten, entzieht ihr aber die psychische Besetzung. Es hat die Botschaft gehört, aber es fehlt der Glaube. Es ist also so, als habe das Ich die unwillkommene Nachricht, die an seine Adresse gelangt ist, gesehen, aber sich ihrer rasch wieder entledigt.

Eine andere Möglichkeit darf uns hier ebenfalls interessieren: der Vorstellungsinhalt einer Triebrepräsentanz kann dem Ich bewußt geworden sein, aber der ihr zugehörige Affektanteil ist verdrängt geblieben. In diesem Falle sieht es so aus, als habe das Ich zwar den Inhalt der Nachricht zur Kenntnis genommen, aber wie etwas Indifferentes und es nicht Interessierendes. Es hat also auch hier eine Entziehung von Besetzung stattgefunden, die nur dem Affektanteil gilt. Es kommt auch häufig vor, daß das Ich jenen Affektbetrag auf ein unwesentliches Detail der Nachricht verschiebt und ihm übergroße Aufmerksamkeit zuwendet, wie wir es in den zwangsneurotischen Verschiebungsmechanismen beobachten können.

Wir haben gezeigt, welche wichtige Rolle das Über-Ich im Geständniszwang spielt: es vermittelt die Nachricht dem Ich, und nur kraft dieses Boten darf dieselbe darauf rechnen, angenommen zu werden. Der Beweis für diese Auffassung ist leicht gegeben: in den Fällen, in denen sich das Über-Ich jenem Dienst versagt, unterbleibt die Botschaft. Das heißt also: wenn das Über-Ich zu streng ist, die Nachricht nicht übermitteln will, kann es nicht zum Geständnis kommen. Das Schweigen des Über-Ichs wird sich aber im unbewußten Schuldgefühl äußern. Hierher gehören alle jene schweren Fälle der Neurose, in deren Analyse gerade die Tiefe des Strafbedürfnisses der Heilung so ernsthafte Hemmungen entgegensetzt. Das Über-Ich weiß dann zwar von den Vorgängen im Es, sie bleiben aber dem Ich unbekannt.

Wir haben also zwei Fälle sorgfältig auseinander zu halten: wenn das Über-Ich tolerant genug ist, wird ein Abkömmling des Unbewußten sich dem Ich als Triebäußerung repräsentieren können; bei übergroßer Strenge des Über-Ichs wird er nicht einmal als Triebgeständnis vor dem Ich erscheinen dürfen. Noch in einem anderen Punkte zeigt sich die Wichtigkeit des Über-Ichs für die Geständnisvorgänge: einer der wesentlichen

Anstöße zum Geständnis geht vom Über-Ich aus. Es ist so nicht nur Überbringer der Nachrichten, sondern auch einer ihrer Urheber. Die Nachricht, die das Über-Ich überbringt, bezieht sich auch auf den Boten selbst.

In allen diesen Fällen nun zeigt sich, daß das Es mit dem Über-Ich kommuniziert. Auch in dem Konflikt zwischen Über-Ich und Ich, wie er in den narzißtischen Psychoneurosen erscheint, wird das Geständnis seine besondere Bedeutung behaupten. Es geht auch dort vom Über-Ich aus, welches das Bewußtsein an sich gerissen hat, aber es wird nicht zur Versöhnung, sondern zur Anklage verwendet, der sich das Ich unterwirft. Das Über-Ich behandelt dann das Ich grausam, indem es ihm das Geständnis als ideale Forderung, der es nicht nachkommen kann, ständig präsentiert. Es gleicht dann einem harten Gläubiger, der dem Schuldner beständig die unbezahlte Rechnung zeigt. Die quälerischen Gewissensvorwürfe in vielen Formen der Zwangsneurose sind von dieser Art. Auch hier hat sich das Über-Ich mit dem Es vereinigt; aber jetzt ist die Befriedigung des Strafbedürfnisses das alleinige oder zumindestens das hervorragendste Triebziel geworden. Die unendliche Selbstquälerei der Zwangsneurosen und die Selbstmordversuche der Melancholiker geben Zeugnis von diesem starken Streben. Das Ich will hier das Über-Ich durch Unterwerfung versöhnen, aber es gelingt ihm nicht; ebensowenig kann es sich erfolgreich gegen die Ansprüche des Es zur Wehr setzen. Die Manie bildet das einzige Beispiel dafür, daß das Ich das Über-Ich überwältigt und das Geständnis in alle Winde zerstreut hat. Die Auflehnung, die das Ich manchmal in jenen Fällen der Zwangsneurose gegen das überstark gewordene Über-Ich durchsetzt, ist fast immer ein verunglückter Putschversuch, da das Ich dann unter die Herrschaft der kaum weniger zerstörenden Ansprüche des Es gerät.

Es ist ein häufiger Fall, daß beide Formen des Konfliktes miteinander vorkommen, und zwar so, daß der eine den anderen überlagert. Der Analytiker steht dann oft vor dem unerwarteten Resultat seiner Bemühung, daß er Anlaß hat zu glauben, sein Patient werde wiederhergestellt, und dann erst erkennt, daß sich der Konflikt auf einer anderen Ebene fortsetzt. Das Geständnis war auch dann ein Versöhnungsversuch des Es an das Ich, der durch Vermittlung des Über-Ichs zustande kam; aber der Erfolg war nur ein kurzlebiger. Das Geständnis hat seine Mission nicht völlig durchsetzen können, weil das Strafbedürfnis zu groß war, um sich darin zu erschöpfen. Es ist klar, daß der Analytiker, dessen Aufmerksamkeit von den lärmenden Streitigkeiten des Ichs und des Es gefangengenommen war, dann nicht bemerkt hat, daß es einen uralten Konflikt zwischen dem Ich und den frühesten Objektbesetzungen des Es gegeben hat, der sich jetzt in einem Konflikt zwischen dem Ich und dem Über-Ich fortsetzt.

Wir haben bisher eine andere Verwendung, die das Ich vom Geständnis machen kann, nicht berücksichtigt und wollen dies nun nachholen. Das Ich kann das Geständnis akzeptieren und es zu dem Zwecke verwenden, dem es dienen sollte, also zur Versöhnung mit dem Es. Dies ist der normale Ausgang. In diesem Falle dient das Geständnis auch der Wiedergewinnung des durch den Widerstreit zwischen den Ansprüchen des Ichs und des Es bedrohten Selbstgefühles, zur Wiederherstellung der narzißtischen Ichbesetzung. Das Ich fühlt sich wieder einig. Man würde fehlgehen, wollte man vermuten, daß die Selbsterkenntnis der verpönten Triebregungen unbedingt zu einer Herabsetzung oder Verminderung des sekundären Narzißmus führen muß; sie kann im Gegenteil gerade in Hinblick auf die Fähigkeiten, zu dieser Selbsterkenntnis zu gelangen, den geschädigten Narzißmus restituieren. Es kann hier jener Fall eintreten, daß das Geständnis gerade zum Mittel wird, welches das Ich gebraucht, um sich dem Es als Liebesobjekt zu empfehlen. Es ist so, als würde das Ich sagen: »Ich weiß jetzt um deine Wünsche, du kannst auch mich lieben.« Freud hat uns gezeigt, daß auf diesem Wege wirklich manchmal die Umsetzung von Objektlibido in narzißtische Libido vor sich geht, ja daß dies sogar der allgemeine Weg der Sublimierung ist.

In vielen Fällen des Konfliktes zwischen Über-Ich und Ich

macht es den Eindruck, als ob das Ich das Geständnis nicht so eindeutig benützt. Es wird hier deutlich, daß das Geständnis, welches das Über-Ich dem Ich präsentiert, von diesem zuerst demütig aufgenommen wird. Ja, das Ich macht sich jene Anklagen sogar zu eigen, verwandelt sie in Selbstanklagen, nur um dem Über-Ich zu gefallen. Es liegt hier der Fall vor, daß sich das Ich dem Über-Ich als Liebesobjekt aufdrängt und das Geständnis dazu benützt, um Liebe zu gewinnen. Wir erinnern uns, daß wir voriges Mal diese psychische Funktion des Geständnisses in den Übertragungsvorgängen der Analyse besprochen haben. Also das Ich entäußert sich anfänglich aller seiner Rechte und benützt das Geständnis zur Liebeswerbung so wie ein Kind, das glaubt, nach der Züchtigung, ja gerade durch die Züchtigung den Liebesverlust beim Vater rückgängig zu machen.

In manchen Fällen erkauft sich das Ich wirklich mit unerhörten Opfern die Zuneigung des erzürnten Über-Ichs, muß sich aber dafür die ewigen Torturen dieses Tyrannen gefallen lassen. Hierher gehört etwa der religiöse Glaube des Auserwähltseins, hierher die Anschauung, daß Gott jene züchtige, die er liebe. Das Leiden als Bewährungsprobe, die demütige Auffassung aller Schmerzen als Prüfstein in der jüdischen und christlichen Religion, kann als Beispiel solcher Einstellung des Ichs gelten. Hier wird also das Leiden selbst zur Gewähr seiner Beendigung. »Nur wer an seinem Leiden leidet, wird frei vom Leiden«, sagt Laotse. Ja, mehr als das, das Leiden, die Verfolgung wird Triebziel, da es allein das Über-Ich und das Es befriedigt. Jesus verkündet: »Selig sind, die leiden, denn sie sind die Berufenen.« Die Strafe ist selbst zum Zeichen des Geliebtwerdens geworden, – wie in der masochistischen Perversion. Dieser eigenartige Ausweg ist vielleicht einer der wenigen, auf dem das demütig gewordene Ich sein Ziel, das Geliebtwerden durch das Es, erreicht – wie Sie wissen, ist auch dieses Ziel nie völlig gesichert und es bedarf neuer Bestrafungen, um sich die Liebe des Über-Ichs zu erhalten. Dabei ist besonders zu berücksichtigen, daß das Ich ja von den andersartigen Triebansprüchen des Es bestürmt wird, die es abzuwehren hat. Die Versuchungen der Eremiten in der Thebais und die Torturen, denen sie sich zur Buße unterwerfen, die Entbehrungen, die sie sich in steigendem Maße auferlegten, dürfen als religiöses Beispiel solches immer wieder erneuerten Liebeswerbens des Ichs gegenüber dem Über-Ich nach Abwehr der Triebforderungen gelten. Die Zwangsneurose liefert das moderne, pathologische Analogon in ihrer Symptomatologie.

Der andere Ausweg, das Geständnis zu akzeptieren und das Über-Ich gerade durch den Hinweis auf bereits erlittenes Leid in seine Schranken zurückzuweisen, mißlingt in der Zwangsneurose fast regelmäßig, weil das Über-Ich eine immer neue Fülle von Geständnissen bereit hat und das Strafbedürfnis unersättlich geworden ist. In der Melancholie ersetzt das Geständnis eine Anklage gegen die früher geliebte Person, die ins Ich introjiziert wurde; es handelt sich also um die Zurückweisung der Liebesansprüche einer durch Introjektion im Ich verkörperten Person. Das Über-Ich benützt hier das Geständnis zum Angriff gegen das Ich, das durch die Objektintrojektion verändert wurde.

Wir behaupteten, der Ausfall oder die Mitwirkung des Über-Ichs entscheide darüber, ob die Nachricht, die das Ich von den Vorgängen im Es erhält, die Gestalt einer Triebäußerung oder eines Triebgeständnisses annimmt. Wenn das Über-Ich die Bedingung für die Verdrängung war, so wird es später auch die Voraussetzung für den Geständniszwang, der sich zur Verdrängung verhält wie der Positivvorgang zum Negativ in der Photographie. Das Geständnis wäre also der mehr oder minder gelungene Versuch zur Wiedervorbewußtmachung verdrängter Regungen und so der direkte Gegenvorgang der Verdrängung, der sich indessen der Sphäre des Unbewußten noch nicht entzogen hat.

Es bleibt nur noch übrig, die Beziehung des Geständniszwanges zur Außenwelt kurz zu erörtern. Dies wird uns durch unsere Kenntnis erleichtert, daß das Ich als Anwalt der Außenwelt im psychischen Instanzenzug funktioniert. So wird der Geständniszwang in seiner Beziehung zur Außenwelt im wesentlichen dieselben Absichten verfolgen, die sein Verhalten dem Ich gegenüber bestimmen. Er benachrichtigt die Außenwelt von dem, was die endopsychische Wahrnehmung unter bestimmten Bedingungen erkannt hat, zeigt der Außenwelt durch besondere Zeichen die Absichten der Triebregungen und zugleich die des Über-Ichs an. Er dient ja dem Strafbedürfnis ebensowohl wie den verdrängten Triebregungen, und die Außenwelt reagiert je nach ihrer eigenen Einstellung und dem größeren oder geringeren Anteil, den die beiden großen Triebtendenzen im Geständnis finden, mit Feindseligkeit oder Zärtlichkeit, Ablehnung oder Entgegenkommen.

Neben der Erfüllung dieser Absichten wird eine dritte deutlich: gerade durch das Geständnis die verlorene Liebe der Außenwelt wiederzuerringen. Die Verfolgung der Beziehungen von Geständniszwang und Außenwelt läßt uns noch eine andere interessante Tatsache würdigen: im unbewußten Geständnis hat das Über-Ich, nicht aber das Ich die Vorgänge im Es zur Kenntnis genommen. Aber auch die Außenwelt nimmt das Geständnis nicht bewußt auf, sondern versteht seine latente Bedeutung unbewußt. Das Geständnis an die Außenwelt ist also ohne Mitwirkung des Ichs zustandegekommen; das Unbewußte der einen Person konnte das Geständnis, eine unbewußte Äußerung der zweiten Person, deuten und verstehen.

Die Außenwelt hat, wie wir gesehen haben, für das Kind im entscheidenden Alter die Wandlung der Äußerungstendenzen zum Geständniszwang veranlaßt; besser gesagt, die bedeutungsvollsten Vertreter der Außenwelt, die Eltern und ihre spätere Repräsentanz. Damit gelangen wir wieder zur Psychogenese des Geständniszwanges; wir getrauen uns jetzt, ihre Darstellung durch die bisher gewonnenen Einsichten zu ergänzen und zu korrigieren. In Anlehnung an die vitalsten Bedürfnisse fühlte sich das Kind vorerst auch gedrängt, die feindseligen oder zärtlichen, eifersüchtigen, sexuellen und grob-egoistischen Regungen den Eltern gegenüber, die seine ersten Vertrauten waren, zu äußern. Die Verdrängung von Triebregungen führt zur ernsthaften Entfremdung mit den Eltern; die Ursache dieser Änderung der Einstellung gegenüber den Eltern liegt, wie Sie wissen, in jenen Gefühlen und Erregungen, die vom Ödipuskomplex ausgehen. Die Entfremdung mit den Eltern ist eigentlich eine Folge jener partiellen Ichentfremdung, die durch die Verdrängung eingeleitet wird und durch die ein wesenhaftes Stück Ich abgesondert wird und nun dem Ichrest fremd gegenüber steht. Der Ödipuskomplex und das aus ihm resultierende Schuldgefühl ist also die Ursache der Hemmung des kindlichen Äußerungsdranges und seiner späteren Umwandlung in den Geständniszwang. Das Kind, das früher naiv mit allen seinen Triebäußerungen zu den Eltern gekommen ist, ist jetzt an der Mitteilung durch Verdrängung gehemmt. Solche Äußerungshemmung aber ist das Zeichen einer tiefgehenden Änderung in der Liebesbeziehung zu den Eltern, denn, wenn und wo wir ganz lieben, sind wir bereit, auch alle unsere Triebregungen dem anderen mitzuteilen. Sie wissen, daß Ersatzbildungen, unbewußte Geständnisse anstelle der unterbliebenen Triebäußerungen treten. Der Sinn der Analyse ist nun, den Weg, der hier verschüttet wurde, unter bestimmten, von der Analyse hergestellten Bedingungen wieder freizulegen und damit auch jene alten Gefühle zum Bewußtsein zu bringen, die zu seiner Verlegung geführt haben. Die unbewußten Geständnisse, die uns die Patienten in ihren Symptomen liefern, geben uns die wichtigsten Fingerzeige für diese Arbeit. Die Störung in der Beziehung zum Vater, die sich in der Hemmung des Äußerungsdranges zeigte, wird überwunden und die übergroße Gewissensangst aufgehoben. Ich würde mich getrauen, ausdrücklich zu behaupten: Sie werden das wesentliche Ziel Ihrer analytischen Bemühungen bei Ihrem Patienten erreicht haben, wenn es Ihnen gelungen ist, den Frieden zwischen dem Ich und dem Über-Ich, das in der Analyse toleranter geworden ist, herzustellen. Es wurde schon betont, welche Wichtigkeit die Umsetzung in Wortvorstellungen für diesen Vorgang beanspruchen muß.

Die stärksten Widerstände, die sich gegen diese Arbeit erheben, sind in der Natur der zu äußernden Triebregungen und in der Übertragungsbeziehung zu suchen. Es gilt ja, ein Geständnis verpönter Wunschregungen gerade der Person gegenüber abzulegen, der diese Regungen gelten. Freud hat bereits ausgesprochen, daß diese Nötigung Situationen ergibt, die in der Wirklichkeit als kaum durchführbar erscheinen. Die Annäherung an die Kindheitssituation, in der die Lösung des Problems nicht gelang, ist aber notwendig: gerade dem Vaterrepräsentanten muß das Geständnis der gegen ihn gerichteten Regungen gemacht werden, um das unbewußte Schuldgefühl zu überwinden. Die Erschwerung, die in dieser analytischen Situation liegt, ist gerade durch das Ziel der Analyse gefordert; der den Eltern gegenüber gehemmte Äußerungsdrang findet seine Wiederholung in dem Geständniszwang der Analyse, der durch Schuldgefühle und Strafbedürfnis gehemmt wird. Der Geständniszwang, wie er sich dem Analytiker gegenüber einstellt, bedeutet also sowohl ein Wiederaufleben der alten Liebesregungen als auch des Strafbedürfnisses. Die Technik der Analyse gibt uns Mittel an die Hand, jene Widerstände, die sich dem Geständniszwang entgegensetzen, zu überwinden.

Das Ziel der Analyse wäre also, in der Übertragungssituation einen Vorgang sich abspielen zu lassen, der in der Kinderzeit insbesondere durch die Verdrängung gehemmt wurde: dem Vater jene starken, verpönten Gefühle und Impulse aus dem Ödipuskomplex ebenso zu zeigen wie das Strafbedürfnis und das Schuldgefühl, die sich damals als Reaktion auf sie eingestellt haben – eine affektbetonte Mitteilung dieser Art aber nennen wir Geständnis. Sie wissen, daß die andere Aufgabe, die Reproduktion jener seelischen Vorgänge, die das Unterbleiben des Geständnisses damals bedingten, in dem analytischen Prozeß ebensowohl erfüllt wird.

Bestimmte Erfahrungen in der Analyse, auf die wir vielleicht noch zu sprechen kommen, legen uns nahe, den Widerstreit zwischen den Tendenzen des Geständniszwanges und des Schuldgefühles, bzw. Strafbedürfnisses noch weiter in die Kinderzeit zurückzuverfolgen. Es kann sich in dieser Frühzeit natürlich nicht um den Konflikt zwischen Ich und Über-Ich handeln, da das Über-Ich sich noch nicht konstituiert hat; es sind vielmehr Konflikte zwischen dem Ich und seinen frühesten Objektbesetzungen. Es sind also Vorstufen jener viel späteren Vorgänge. Wir kommen dabei in eine Kindheitsperiode, in der das Ich noch schwach und unentwickelt und von Verdrängung als einem psychischen Vorgang noch keine Rede war.

Die wichtigsten körperlichen Vorgänge dieser Zeit, die von der Erziehung besonders beachtet werden, nämlich Stuhlabsetzen und Stuhlzurückhalten, werden als Vorbilder für Triebäußerung und Triebunterdrückung bedeutsam. Sie wissen aus dem Studium der Analerotik, wie sich in den Tendenzen, die sich in dieser Bedürfnisregelung zeigen, bereits Gefühle der Liebe und der Abneigung oder des Trotzes äußern. Der Hinweis auf das Sprichwort, das Reden Silber, Schweigen Gold nennt, mag die Brücke zu dem Verhalten des Patienten in der Analyse des Erwachsenen schlagen helfen. Der Kampf zwischen Hergeben und Zurückhalten beherrscht noch die Analyse, so daß die Bewältigung der hochsublimierten Aufgaben der Psychoanalyse wie mit unsichtbaren Fäden mit einer der ersten dem Kinde gestellten Aufgabe zusammenhängt. Das Ziel in der Erziehung in der Kindersituation war, das Kind zum möglichst vollständigen Hergeben des Materials bei einer bestimmten Gelegenheit zu bringen, und fiel mit der ersten Erziehung zur Liebe zusammen. Nichts anderes will die Analyse, wenn sie die Durchsetzung des Geständniszwanges unterstützt. Sie wissen, die Erziehung sieht sich in der Kinderzeit noch vor eine andere Aufgabe gestellt, nämlich die Funktionen des Exkrementierens des Kindes auf eine bestimmte Zeit und Gelegenheit einzuschränken. Auch die übergroße oder vielmehr ungeregelte Freigebigkeit in der Richtung der Bedürfnisbefriedigung scheint dem Erzieher nicht in Ordnung. Er unterdrückt auch diese deplacierte Redseligkeit der Körperfunktion. Die Analyse setzt auch in dieser Richtung die Nacherziehung fort.

Der regressive Charakter der Analyse sowie das häufige Scheitern jener ersten Aufgabe der Kindererziehung erklärt es, wenn die Analyse den Hauptakzent vorerst auf die ungehemmte Äußerung legt. Ihre Hauptsorge muß es sein, dem Geständniszwang zum Sieg zu verhelfen. Später wird sich automatisch ein normales Verhalten zwischen den Tendenzen des Hergebens und Zurückhaltens, des Geständniszwanges und der Verdrängung ergeben. Der Weg, der verschüttet war und freigelegt wurde, muß nicht beständig benützt werden; wichtig ist nur, daß er passierbar sei, wenn es notwendig ist.

Meine Damen und Herren! Die Psychoanalyse gründet sich noch immer auf die Traumanalyse, und der Prüfstein jeder das unbewußte Geschehen betreffenden Theorie wird die Psychologie der Traumvorgänge bleiben. Wie steht es nun mit dem Geständniszwang im Traum? Im Traum ist ein Stück Unbewußtes im Bewußtsein aufgetaucht, dem das sonst nicht möglich gewesen wäre. Dies wird, wie Sie wissen, durch die geringere Wachsamkeit der Zensur und durch die Traumarbeit, welche die Gedanken einer Verkleidung und Entstellung unterwirft, ermöglicht. Die vorbewußten Gedanken und Wünsche, die zum Traumerreger werden, haben Anschluß an andere gefunden, die, mit Nietzsche zu sprechen, »tiefer als der Tag gedacht«. Die Herabsetzung der Wachsamkeit der Zensur macht es möglich, daß der Traum zur infantilen Äußerungstendenz regrediert und so den Charakter der Wunscherfüllung erhält. Innerhalb der kindlichen Sphäre, zu welcher der Traum zurückführt, ist der Geständniszwang ebensowenig vorhanden, wie dessen psychologische Voraussetzung, die Verdrängung.

Die Regression in die frühinfantile Zeit sowie die Zugehörigkeit des latenten Trauminhaltes zum Unbewußten ergeben, daß der Traum seinem innersten Wesen nach nur die Darstellung einer Wunscherfüllung sein kann. Die Tatsache der Traumentstellung aber, die mit den Phänomenen der psychischen Zensur zusammenhängen, weist auf die Einwirkungen von psychischen Faktoren hin, die wir im Geständniszwang wiederfinden. Diese Kräfte bestimmen die Traumarbeit, die wir in allen ihren Formen durch Freud kennengelernt haben. Die Form des Traumes, das, was überhaupt die Notwendigkeit seiner Deutung ausmacht, hängt also von diesen Momenten ab. Ihre Wirksamkeit bezeugt, daß die im Traume dargestellten, verdrängten Wünsche vom Ich abgelehnt werden und nur unter den besonderen Bedingungen des Schlafzustandes und in der Traumentstellung zum Bewußtsein gelangen können.

Berücksichtigt man also nur den latenten Trauminhalt, der das eigentliche Wesen des Traumes ausmacht, so muß man den Traum als Darstellung einer Wunscherfüllung bestimmen. Zieht man aber auch diese besondere Darstellung in Betracht, das heißt, will man auch dem Anteil der Traumarbeit Rechnung tragen, so könnte man ihn als Geständnis eines unbewußten Wunsches auffassen. Es ist sofort klar, daß diese zweite Betrachtungsweise nichts über die tiefste Triebkraft des Traumes selbst aussagt und ihre Definition bereits den höheren psychischen Schichten der Traumbildung gilt. So wird gerade die Psychologie der Traumvorgänge, in der der Geständniszwang nur eine sekundäre Rolle spielt, für dessen Existenz und Wirksamkeit beweisend: der verborgene Trauminhalt stellt in der analytischen Übersetzung jedesmal eine Wunscherfüllung dar, aber die Traumform weist auf das Geständnis hin. Anders ausgedrückt: der Geständnischarakter des Traumes, der uns als Ganzes entgegentritt, wird nur durch die Umsetzung, welche die latenten Traumgedanken in der Traumarbeit erfahren, bewirkt, und bezieht sich nur auf diese psychische Schicht der Gegenbesetzungen. Die Tatsache, daß eine solche Traumentstellung notwendig war, ergibt die Mitwirkung des Geständniszwanges in der Traumbildung. Den stärksten Beweis für die sekundäre Natur der Einwirkung des Geständniszwanges, der nur die Traumfassade bestimmt, bilden jene Kinderträume, in denen Wünsche des vergangenen Tages unentstellten Ausdruck finden. Hier wird der primäre Wunschcharakter des Traumes völlig klar; der Geständniszwang hat hier noch keine Stelle. Es gibt nur eine einzige Ausnahme von der Regel, daß der Geständniszwang den latenten Trauminhalt unberührt läßt und seine Mitwirkung nur in der Traumarbeit erkennbar ist, das sind die Strafträume, über welche Freud in seinem Haager

Kongreßvortrag berichtet hat. In ihnen werden die psychischen Reaktionen auf die verdrängten Tendenzen selbst zur Triebkraft des Traumes, aber auch hier, wo das Geständnis zum latenten Trauminhalt gehört, bleibt der Wunschcharakter des Traumes erhalten. Der Trauminhalt ist dann eben die Darstellung der Wunscherfüllung jener Selbstbestrafungstendenzen, die sich noch immer als libidinöse erweisen. Es ist leicht zu erkennen, in welchen Richtungen der Geständniszwang noch in den Traumvorgängen von Bedeutung ist. Der Traum stellt sich dem erwachten Ich als ein unbewußtes und unerkanntes Geständnis dar; ebenso der Außenwelt, der er etwa mitgeteilt wird. Auch das Sprechen aus dem Traume kann unzweideutig als Selbstverrat, als Ausdrucksform des unbewußten Geständniszwanges auftreten. Der Wunschcharakter des Traumes bezieht sich also nur auf den Anteil des Es im Seelenleben.

Wir kehren unter den besonderen Bedingungen des Traumes zur visuellen Darstellung und damit zur primären Äußerungstendenz unserer Kindheit zurück. Das Denken in Bildern, das im Traume vorherrscht, steht nach Freud den unbewußten Vorgängen näher als das Denken in Wortvorstellungen. Das Geständnis aber wird, wie wir wissen, durch Wortvorstellungen bestimmt. Auch diese Differenz läßt verstehen, warum der verborgene Trauminhalt kein Geständnis sein kann, mag auch ein unterdrücktes Geständnis manchmal, wie Freud dies in einer Traumanalyse gezeigt hat, als psychisches Material des Vorbewußten im Traum benützt werden. Wir haben gesehen, daß das Faktum der Traumarbeit und -entstellung selbst ein solches unbewußtes Geständnis darstellt, da es zeigt, daß sich die unbewußten Wünsche, welche dem Traum zugrunde liegen, nicht unentstellt an die psychische Oberfläche getrauen dürfen. Ich habe mich früher auf die Kinderträume berufen, welche auch für den nicht mit der analytischen Theorie Vertrauten den Charakter der Wunscherfüllung des Traumes klar erkennen lassen. In ihnen herrscht die Äußerungstendenz der am Tag unterdrückten Regungen. Ich würde Bedenken tragen, den primären Äußerungsdrang in seiner elementaren Natur auch für diejenigen Träume von Erwachsenen verantwortlich zu machen, welche bewußt verpönte Wünsche wie den Inzest völlig unentstellt als erfüllt erscheinen lassen. Haben wir früher die Traumarbeit als Zeugnis der Wirksamkeit des Geständniszwanges angeführt, so werden wir auch hier seine Einwirkung nicht vermissen: sie verrät sich gerade in der unverhüllten, unentstellten Form der Wunscherfüllung des Traumes. Wir brauchen dabei wie in der Erörterung des Agierens die erhöhte Intensität des Triebandranges nicht außer acht zu lassen. Die Tatsache der unentstellten Wiederkehr des Verdrängten in jenen Träumen ist als solche ein Beweis für den vorangegangenen hohen Verdrängungsaufwand. Nur dort, wo der psychische Druck übergroß geworden ist, kann der Traum Wünsche in so unentstellter Form als erfüllt zeigen. Wie im Agieren in der Analyse weist hier die Art der Reaktion auf die Aktion zurück.

Das Geständnis zeigt sich also hier gerade im Wegfallen jeder Traumentstellung wie in anderen Träumen im Vorhandensein der Traumarbeit. Dies ist kein Widerspruch, denn der Grad der Abwehr entscheidet über die Art der Traumgestaltung. Das unbewußte Geständnis liegt also in dieser besonders unentstellten Form des Traumes und weist auf die intensive psychische Arbeit während des Wachens hin, die auf die Bewältigung des Triebandranges verwendet wurde.

Was von den Träumen dieser Art gesagt wurde, gilt übrigens in weitem Ausmaß auch von anderen unbewußten Vorgängen. Nach dem Inhalt betrachtet, müßten wir oft über ein Symptom, eine Vorstellung oder eine Gedankenreihe urteilen, es seien Triebäußerungen, aber die Form, in der sie auftreten, sowie der hohe Verdrängungsaufwand, durch dessen Aufhebung sie ermöglicht wurden, stempelt sie zum Geständnis. Dies trifft oft gerade dort ein, wo die Triebäußerung im manifesten Vordergrund des Inhalts steht, ganz unentstellt an die psychische Oberfläche tritt.

Ich habe Ihnen absichtlich keine Traumanalyse mitgeteilt, weil ihre detaillierte Erörterung zuviel Zeit in Anspruch nehmen würde. Gestatten Sie mir indessen zum Schluß, Ihnen ein einziges Beispiel anzuführen. Es zeigt deutlich, daß die unentstellte Wiederkehr einer verdrängten Triebregung im Traum aus der höchsten Intensität des Verdrängungsaufwandes am Tage erfolgt und daß gerade diese Traumform ein Geständnis jener verdrängten Wünsche darstellt. Das Beispiel darf übrigens als die vielleicht hübscheste Geschichte eines Wunders, welche die Legende des Mittelalters zu berichten weiß, betrachtet werden. Gauthier de Coincy erzählt die Geschichte jenes unglücklichen Diakons von Laon, der außerordentlich unter der Einhaltung seines Keuschheitsgelübdes litt. Der junge Mönch kämpfte mit allen Kräften gegen die wollüstigen sexuellen Phantasien an, die ihn überall verfolgten. Eines Tages nun, da er diese Versuchungen wieder verzweifelt abwehrte, schlief er – ganz in Tränen – ein. Da erschien ihm die heilige Jungfrau im Traum, brachte ihren Busen in die Nähe seiner Lippen und ließ ihn von ihren Brüsten trinken. Der Chronist berichtet, der göttliche Trank, »cette divine ambroisie«, habe den jungen Priester für immer von seinen Qualen geheilt; ruhig und fern der Realität konnte er nach solchem Liebestraum sein frommes Leben verbringen.

Zur Tiefendimension der Neurose

Meine Damen und Herren! Es wäre sehr irrig, wollte man annehmen, daß wir es in der Analyse nur mit Erlebnissen zu tun haben, die den Kranken einmal bewußt waren und dann verdrängt wurden. Tatsächlich kann man allgemein behaupten, daß wir zur Zeit des Erlebens selbst eigentlich nicht wissen, was wir erleben. Und so sonderbar dies klingen mag, wir wissen am wenigsten gerade von den wichtigsten Ereignissen unseres Lebens. Vielen Menschen verfließt ihr Leben so unbewußt, die meisten von uns aber brauchen ein großes Zeitintervall, bis sie wissen, daß dieses oder jenes Ereignis in ihrem Leben eingetreten ist; wir wissen oft lange nicht, was dieses Ereignis für uns psychisch bedeutet. Die Menschen gleichen, um ein schönes Bild Nietzsches anzuführen, tiefen Brunnen, die lange brauchen, bis sie wissen, was in ihre Tiefe fiel.

Die Analyse zeigt den Menschen nicht nur, was sie erlebt haben, sondern auch, was sie gegenwärtig erleben. Sie kann dies freilich nur tun, indem sie auf das vergangene Erleben, von dem das jetzige seine tiefste Resonanz erhält, zurückgreift. Sie kürzt das Intervall zwischen Erleben und Verstehen des Erlebnisses außerordentlich ab, aber sie kann es nicht verschwinden lassen, ja sie selbst ist diesem Intervall in einem gewissen Ausmaß ausgesetzt. Wir hören oft von gewesenen Patienten, wie lange Zeit später sie erst erkannt haben, was die Analyse für sie psychisch bedeutet hat. Freud nennt den Tod des Vaters mit Recht den einschneidendsten Verlust des Mannes; jeder Analytiker hat des öfteren Gelegenheit, zu konstatieren, daß ein Patient erst viele Jahre nach dem wirklichen Tod des Vaters den Verlust psychisch akzeptiert, obwohl er doch bewußt wohl weiß, daß der Vater schon lange tot ist. Vergleichen Sie dieses nachträgliche Begräbnis in der Analyse etwa mit dem kleinen Vorfall, der uns von den Ausgrabungen des Grabes Tut-Ench-

Amuns berichtet wird: als Lord Carnarvon und Howard Carter die Grabkammer öffneten, fanden sie unter den Schätzen auch eine kleine, ausgezeichnet konservierte Figur. Man konnte sie noch genau betrachten und hatte noch Zeit, sie zu photographieren – plötzlich sank sie lautlos zusammen und hatte sich in Staub verwandelt. Über dreitausend Jahre war die kleine Statuette erhalten geblieben, und erst die Berührung durch die frische Luft, die in die unterirdische Kammer einströmte, hatte sie zum Einstürzen gebracht.

Der Analytiker kommt häufig in die Lage festzustellen, daß die Menschen wirklich nicht wissen, was ihnen begegnet, und nicht wissen, was sie tun. Ich habe einen Mann kurz, nachdem er vom Ehebruch seiner Frau erfahren hatte, analysiert; er schien überaus ruhig, sprach gefaßt, fast heiter von jenem Ereignis und benahm sich völlig so, als wäre nichts vorgefallen. Erst die Analyse ließ ihn verstehen, warum er kurz nachher seine Kinder durch ein »Übersehen« in eine gefährliche Lage gebracht hatte, wie wenn er sich durch deren Tod die Scheidung von seiner Frau erleichtert hätte, und was es bedeutete, daß er beim Schwimmen unvorsichtigerweise zulange untergetaucht hatte und mit dem Kopfe hart an einen Pfeiler stieß. Erst in der Analyse konnte er erfahren, welche außerordentlich tiefen Gefühle von Schmerz, Haß und Verzweiflung in ihm wirksam waren. Nichts davon war ihm bekannt, und erst auf einem langen Umweg konnte er erkennen, welche Reaktionen jenes Ereignis hervorrief. Solches Unbewußtbleiben von Erlebnissen ist namentlich bei englischen Charakteren keineswegs selten.

Das vielleicht merkwürdigste, was unsere Verwunderung in der Analyse erregen muß, ist, daß die Menschen oft leiden, ohne es zu wissen.

Wir haben aus der Erforschung der Symptomatologie der Neurosen die Überzeugung abgeleitet, daß die Kranken in den Symptomen ein Stück Befriedigung genießen, von dem sie nichts wissen, daß ihnen also die Symptome einen unbewußten Lustgewinn gewährleisten. Wer immer von Ihnen einige Erfahrung in der praktischen Analyse gewonnen hat, wird den

Satz bestätigen können, daß viele Kranke nicht wissen, was sie leiden und wie tief sie leiden. Ich möchte nachdrücklich betonen, daß die Sachlage nicht so ist, daß die Kranken nicht sagen, nicht ausdrücken können, was sie leiden, sondern daß es wirklich unbewußtes Leid wie unbewußte Lust gibt. Gegen diese Behauptung werden Sie einen Einwand leicht formulieren können: die Kranken klagen und jammern genug, sie zeigen ihr neurotisches Elend mit genügendem, manchmal möchte man sagen, mit übertriebenem Affekt. Aber auch jene Nervösen, die dies tun, brauchen noch immer nicht zu wissen, wie tief und worunter sie leiden.

Allein es trifft keineswegs bei allen Neurotikern zu, daß sie ihr Leiden erkennen und anerkennen. Im Gegenteil, die Mehrzahl neigt sogar dazu, ihre Krankheit zu bagatellisieren, ihr den Charakter einer leichten Störung zu geben, ihre Tragweite auf ein einzelnes, mitunter kleines Lebensgebiet einzuschränken. Es wäre falsch zu sagen, die Neurotiker dissimulieren ihre Krankheit, denn dies würde bewußte Verheimlichung bedeuten; die Kranken wissen indessen nicht, daß diese oder jene Tätigkeiten, Gefühle und Impulse auf die Rechnung der Neurose zu setzen sind. Eine der ersten Leistungen der Analyse besteht nun, so seltsam dies klingen mag, darin, den Kranken davon zu überzeugen, daß die Krankheit ernst genommen zu werden verdient und daß sie wirklich Leiden bedeutet. Erst im Verlauf der Analyse bekommt die Krankheit selbst gleichsam Mut, zeigt ihre wirkliche Ausdehnung und ihre tiefgehende Einwirkung auf das Leben des Patienten.

In manchen Fällen kommt der Analytiker nun wirklich in die Lage, sich darüber zu verwundern, daß der Kranke so viel Leid in der Vergangenheit ertragen konnte, ohne energische Maßregeln zu seiner Einschränkung zu machen, ja er würde manchmal geneigt sein anzunehmen, jeder Ausweg – selbst der verzweifeltste – wäre von anderen, »normalen« Personen ergriffen worden, um so unerträglichem Leid zu entfliehen. Wir werden sogleich sehen, wie voreilig eine solche Annahme, welche die psychologischen Verhältnisse nicht genügend berücksichtigt, wäre.

Es steht indessen für viele Fälle fest, daß die Kranken von dem Leid, das die Neurose für sie bedeutete, ebensowenig wußten wie von den Lustquellen, die ihnen aus den Symptomen kamen. Es wäre nun verlockend anzunehmen, daß dieses Leid für sie wirklich nicht existierte, da sie sich dessen nicht bewußt waren, aber dieser Schluß wäre so irrig wie alle Behauptungen, die andere als bewußte psychische Wirkungen ausschließen. Die Analyse läßt über allem Zweifel erkennen, daß Leid wie Lust zwar unbewußt waren, aber das Leben und das Schicksal des Patienten tiefgehend, mitunter entscheidend beeinflußt haben. Es verhält sich damit wie mit Empfindungen und Gefühlen, die auch unbewußt sein können, obwohl nach Freud das ihnen entsprechende andere im Erregungsablauf dasselbe ist. Sogar der körperliche Schmerz, den man dem psychischen Leid am ehesten vergleichen darf, kann unbewußt bleiben. Als ein spezieller Fall solches unbewußten Leidens hat die Analyse die seelischen Vorgänge, welche die pathologische Trauer und die Melancholie bedingen, erklärt. Aber auch in den Fällen, in denen der Erkrankte weiß, daß ihm die Neurose Leid gebracht hat, ist es zweifellos, daß er nicht weiß, in welcher Tiefe und worunter er so sehr gelitten hat. Die Tatsache, daß die Krankheit auch unbewußt Lustgewinne gebracht hat, schließt jenes Leiden unter ihr nicht aus; das Leid war trotzdem da und sicher um so tiefer, je mehr verborgene Befriedigung sie ihm verschafft hat.

Die Eindrücke der Analyse verdichten sich dann zu der Anschauung, daß jenes unbewußte Leid selbst ein Krankheitsgewinn war, ja sogar einer der vornehmsten und geschätztesten. Man wäre oft versucht zu meinen, daß die latente Ersatzbefriedigung in den Symptomen, für welche das Leid gleichsam nur die Bezahlung war, beträchtlich überzahlt worden sei. Man könnte meinen, es stehe nicht dafür, soviel Leid für so wenig Vergnügen zu ertragen. »The game is not worth the candle«, würden die Engländer sagen. Das Verhältnis zwischen den beiden Quantitäten muß doch irgendwie das richtige sein; Preis und Ware, Einsatz und Gewinn einander annähernd entsprechen.

Das Leid als Krankheitsgewinn kann aber nur aus dem unbewußten Strafbedürfnis abgeleitet werden, es hat deutlich Strafcharakter. Freud hat auf die große Rolle hingewiesen, welche das unbewußte Schuldgefühl als Widerstand gegen die Heilungstendenzen spielt. Die Gegenüberstellung dieses triebhaften Faktors mit dem Geständniszwang ergibt folgenden Sachverhalt: in jenen Fällen von Neurose, in denen ein übergroßes Strafbedürfnis wirksam ist, wird dieses sich als dasjenige Moment erweisen, das sich dem Geständniszwang am erfolgreichsten entgegenstemmt und seine Wirksamkeit einschränkt.

Das scheint auf den ersten Blick befremdend zu sein: der Geständniszwang, der selbst zu einem bedeutsamen Teil dem Strafbedürfnis seine Existenz verdankt, soll gerade durch gesteigerte Intensität desselben an seiner Durchsetzung gehindert werden? Und doch ist es so; das Strafbedürfnis fungiert eben wie die Triebkraft, welche in bestimmter Stärke eine Maschine treibt, deren Steigerung über ein gewisses Maß hinaus aber die Maschine selbst zerstört. Der Geständniszwang kann gewiß auch von anderen Seiten her eine Aufhebung oder Einschränkung seiner Wirksamkeit erfahren. Wir wissen z. B., daß er sich unter den Bedingungen des Schlafzustandes regressiv in den Äußerungsdrang der Triebregungen verwandelt; andersartige Herabsetzung oder elementare Aufhebung des Verdrängungsaufwandes wird sicherlich zu demselben Resultat führen. Das wichtigste Hindernis seiner Entfaltung ist aber die übergroße Intensität des Strafbedürfnisses.

Wir haben erkannt, daß das Geständnis selbst ein Stück Selbstbestrafung bedeutet und so zur partiellen Befriedigung des Strafbedürfnisses benützt wird. Aber einem übergroßen Strafbedürfnis genügt diese Strafe als Entlastung nicht, es besteht darauf, weiter zu leiden. Wirklich gibt es Fälle von Zwangsneurose und Angsthysterie, deren Strafbedürfnis die psychische Entlastung durch die Analyse nicht oder nur in einem gewissen Ausmaß gestattet. Gewiß kann der Geständniszwang auch in diesen Fällen nicht völlig ausgeschaltet werden, aber er wird eben seine Wirksamkeit auf das unbewußte Geständnis des Strafbedürfnisses beschränken. Das Gewissen ist in diesen Fällen stumm, es kann sich nicht selbst bemerkbar machen – hier liegt einer der wenigen Fälle vor, in denen der Analytiker die Initiative ergreifen und dem Patienten sagen muß, es sei eben das Strafbedürfnis, das ihn an der Befolgung der analytischen Grundregel hindere. Es wird dann zur Aufgabe des Analytikers, danach zu streben, daß er den unbewußten Masochismus des Patienten in bewußtes Schuldgefühl verwandle. Auf dem Wege zu diesem Ziele ergibt sich die Notwendigkeit, daß sich das Strafbedürfnis mit der mildesten Form des Geständnisses als Selbstbestrafung zufrieden gebe.

Nun liegt insbesondere für den Anfänger in der Analyse die Versuchung nahe, den Patienten durch besondere Anstrengungen von dem ihn so bedrückenden Schuldgefühl zu befreien. Er würde aber bald die Erfahrung machen, daß der Patient diesen Bemühungen einen stummen Widerstand entgegenbringt, der sich bis zum erbittertsten Trotz steigern kann. Wir bekommen den Eindruck, daß er sein Strafbedürfnis unbewußt mit allen Kräften festhält und es gegen alle Anstrengungen, es ihm zu entwinden, verteidigt wie ein teures Besitztum, ja daß er weniger darauf zu verzichten bereit scheint als auf seine berechtigten oder unberechtigten Ansprüche auf Triebbefriedigung.

Wir haben es nicht schwer, diesen verwunderlichen Gegensatz zu erklären: ist doch das Strafbedürfnis ein Ausfluß stärkster Triebregungen und strebt selbst nach adäquater Befriedigung wie jede andere Triebregung. Man wird also beachten müssen, daß das Strafbedürfnis in der Neurose zumindestens ebensoviel verborgene Befriedigung findet wie andere Triebregungen.

Die schwierig durchzuführende Reduzierung des Strafbedürfnisses macht in vielen Fällen das eigentlich wesentliche Stück der Analyse aus; in manchen ermöglicht es erst eine solche Herabsetzung, die Analyse durchzuführen. In diesen Neuroseformen ist das Strafbedürfnis der Analyse wie ein schwerer Riegel vorgeschoben, der erst mühselig entfernt werden muß, ehe man die komplizierten Aufgaben im Hause selbst erledigen kann.

Es ist so, als habe das Über-Ich das Ich dermaßen unterjocht, daß die Hauptaufgabe vorerst darin besteht, diese Tyrannei in eine mildere Art der Herrschaft zu verwandeln, ehe man an die Durchführung anderer Reformen gehen kann.

Ich meine, es wäre nicht zu gewagt, *den Widerstand in der Analyse als die der Herstellung entgegengestellte Kraft des Strafbedürfnisses zu beschreiben.* Man könnte sich getrauen, die Analyse von seiten des Über-Ichs aus auf die Basis des Geständniszwanges zu stellen, wenn man nur dessen eingedenk bleibt, daß man damit keine moralischen Prinzipien anerkannt, sondern einen psychischen Prozeß beschrieben hat.

Meine Damen und Herren! Am Ende der altindischen Schauspiele wurde der Ruf laut: »Mögen alle lebenden Wesen von Schmerzen frei bleiben!« Dieser Wunsch steht auch am Anfang der Psychoanalyse wie jeder ärztlichen oder pädagogischen Tätigkeit. Aber die Anerkennung der »biologischen und psychologischen Notwendigkeit des Leidens«, wie Freud es nannte, ist vielleicht der Anfang der Bewältigung des Leides. Man muß sich dieser Notwendigkeit erst ein Stück weit unterwerfen, ehe man versucht, des Leidens Herr zu werden. Das Strafbedürfnis gehört aber in einem gewissen Ausmaß zu diesen psychologischen Notwendigkeiten und weicht keiner Gewaltmaßregel. Es hat die Macht, Gutes in Schlechtes zu verkehren. Ein Zwangskranker aus meiner Beobachtung reagierte auf jede Liebenswürdigkeit und jedes freundliche Entgegenkommen seiner Verwandten und Freunde mit einem feindlichen oder gehässigen Akt. Die Analyse zeigte nun in diesem Fall besonders klar, daß er solche Freundlichkeit schlecht vertrug. Er mußte so sonderbar darauf reagieren, so sehr er unter seiner Undankbarkeit und Unhöflichkeit litt; er mußte sich um die Freundlichkeit bringen und sich unbeliebt machen. Sein Benehmen kam einem Geständnis gleich: ich verdiene diese Freundlichkeit nicht; ich werde euch zeigen, wie schlecht und undankbar ich bin.

Sie wissen, daß diese fremdartige Reaktionsart keineswegs selten ist: so benehmen sich manchmal Kinder, die sich unbewußt schuldig fühlen, Liebesbezeugungen der Erwachsenen gegenüber. Es ist so, als wäre die ganze Aufrichtigkeit, deren sie fähig sind, gerade in jenem undankbaren, feindlichen Akt, der doch nur ein Ausdruck des präexistenten Schuldgefühles ist, enthalten. Vielleicht erinnern Sie sich jener köstlichen Geschichte bei Anatole France, in welcher der greise Erzbischof Charlot seinem Abbé einen fingierten, kirchenrechtlich interessanten Fall als unmittelbar geschehen erzählt, und der Abbé Lantaigne durch Zufall entdeckt, daß ihn seine Eminenz wieder einmal zum Narren gehalten habe. Die Augen zum Himmel gerichtet, ruft der Abbé aus: »Dieser Mann wird also niemals die Wahrheit sagen, außer auf den Stufen des Altars, wenn er die heilige Hostie in seine Hände nimmt und die Worte spricht: *Domine, non sum dignus.*« Ähnlich werden die Zwangskranken der beschriebenen Art das Tiefste ihres Wesens enthüllen, wenn sie ihre Minderwertigkeitsgefühle zeigen und ihr Strafbedürfnis verraten.

Die Bedeutung des Strafbedürfnisses, das Leid als Krankheitsgewinn, die von Freud hervorgehobene Tatsache, daß das Verhalten des Über-Ichs die Schwere einer neurotischen Krankheit bestimmt, lassen neue Probleme erstehen, geben Anlaß zu manchen Unsicherheiten der analytischen Technik. Es besteht kein Anlaß, diese Schwierigkeiten, die sich auch in anderen Zweigen der therapeutischen oder pädagogischen Tätigkeit zeigen, zu verhüllen. Die Analyse ist kein fertiges System und erklärt, daß das Unfehlbarkeitsdogma, das im religiösen Glauben eine so hervorragende Stellung einnimmt und vielleicht einnehmen muß, dem Charakter der Wissenschaft widerstreitet.

Eines dieser schwierigen Probleme ist eben das der Reduzierung des Strafbedürfnisses. Die Haltung des Analytikers dieser psychischen Macht gegenüber ist, möchte man meinen, durch die Prinzipien der Analyse selbst vorgeschrieben: er hat allmählich die verdrängten Begründungen dieses Strafbedürfnisses aufzudecken, unbewußtes Schuldgefühl in bewußtes zu verwandeln. Doch dieser Prozeß geht außerordentlich langsam vor sich, in schweren Fällen würde er jahrelang dauern. Wie sich mit dem Strafbedürfnis des Patienten in der Zwischenzeit abfinden, wie kann man sein Leid mildern? Die Antwort auf diese Frage lautet wenig tröstlich: man kann fast nichts dagegen tun. Es scheint, als müsse ihm ein bestimmtes Maß der Befriedigung auch des Strafbedürfnisses concediert werden.

Eine aktive Therapie im Sinne von Verbot oder Auftrag schadet mehr, als sie Nutzen verspricht. Ein Verbot bestimmter Triebbefriedigung läßt gerade aus Strafbedürfnis das Verbotene anstreben und produziert ein neues Schuldgefühl. Man hat vielleicht eine moralische Schädlichkeit vermieden, aber eine Schädlichkeit durch die Moral erzeugt. Auch wenn der Patient spontan etwas gegen seine Zwangsverbote unternimmt, wird er oft vom Schuldgefühl überwältigt. Man kann öfters die Beobachtung machen, wie Neurotiker aus Strafbedürfnis zu der verbotenen Tat getrieben werden. Aber die Freigabe der Befriedigung des Strafbedürfnisses ist im selben Maße unrichtig; erlaubt sie doch dem Patienten ein Genießen der masochistischen Triebregungen, ein Schwelgen in der Selbstpeinigung oder in der von ihm inszenierten Quälerei durch andere.

Sie wissen, wie sich die Religion gegenüber diesem Strafbedürfnis verhält, sie predigt, »nicht gegen den Stachel zu löcken«, »dem Übel nicht zu widerstehen«. Solange die unbewußten Begründungen des Schuldgefühles nicht aufgedeckt sind, kann auch die Analyse wenig anderes tun als vielleicht den Patienten vor den gröbsten Selbstbeschädigungen schützen und kann ihm nur geringe Hilfsmittel an die Hand geben, dem Übel zu widerstehen. Wie bei so vielen aktuellen Konflikten muß sie den Patienten auf die Zeit nach Beendigung der Analyse vertrösten. Sie handelt also ähnlich wie die französischen Enzyklopädisten, die sich gegen den kirchlichen und staatlichen Zwang nur mit dem Entschluß wehren konnten, dem unsinnigen Gesetz, solange es in Kraft ist, unbedingt zu folgen, aber nicht zu ermüden, dagegen anzukämpfen. In der Zeit, in der der Abbau des Strafbedürfnisses noch nicht gelungen ist, kann der Patient in so schweren Fällen keine andere Haltung einnehmen, als sich dem Leid, dem Zwangsgebot, der Angst zu unterwerfen und den Protest gegen sie nicht aufzugeben.

Zwei wichtige Überlegungen aber schränken den Wert solcher Entscheidung erheblich ein. Man kann dem Patienten nicht angeben, wann er seinem Leid entrissen wird. Sie werden auf den technischen Grundsatz der Terminsetzung in der Analyse hinweisen, aber ich darf Ihnen vielleicht gestehen, daß er mir von nur sehr beschränktem, therapeutischem Wert zu sein scheint. Die Terminsetzung widerspricht eigentlich völlig dem Wesen der Psychoanalyse als eines organischen Prozesses. Der gordische Knoten wurde durch einen Schwerthieb entzweigehauen, aber nur die Dialektik kann behaupten, daß dies eine Lösung sei. Gewaltmaßregeln in der Analyse sind äußerst selten am Platze. Man kann die Terminsetzung unter bestimmten Bedingungen wohl als Auskunftsmittel in der Not gelten lassen, so wie man ja manchmal erfolgreich den Neuling zum Schwimmen bringt, indem man ihn ins Wasser wirft. Aber dies ist sicherlich nicht die beste Art, schwimmen zu lernen. Auch bei Terminsetzungen muß man übrigens beachten, daß sie völlig unbrauchbar sind, einen Widerstand überwinden zu helfen; wenn überhaupt, dürfen sie nur im Zustand positiver Übertragung, möglichst in Übereinstimmung mit dem Patienten, erfolgen.

Sie werden sagen, die Bedingungen für eine solche Terminsetzung seien ja dadurch gegeben, daß die Analyse dem Kranken zum Zwang geworden ist, daß er sich in ihr sozusagen häuslich niederläßt. Aber auch hier wäre sicher der bessere Weg der, in ihm den Entschluß des freundlichen und freiwilligen Scheidens wachzurufen als ihn zu delogieren. Ein anderes Moment bleibt zu bedenken: eine solche Fixierung an den Analytiker ist nicht nur Äußerung einer Liebesregung, sondern auch einer Trotzeinstellung, einer trotzigen Liebe; sie ist aber weit mehr Ausdruck des noch mächtigen Strafbedürfnisses. Die Unselbständigkeit, die Liebesbedürftigkeit des Kranken tritt freilich in den Erscheinungen in den Vordergrund. Aber ich meine, hier wie im allgemeinen sei ein so unersättliches Liebesbedürfnis selbst ein Zeichen des unbewußten Schuldgefühles. Das Schuldgefühl wird ja vom Ich als narzißtische Beeinträchtigung empfunden und der Kranke strebt danach, sein Selbstgefühl durch Geliebtwerden wiederzugewinnen. Nur wer sich schuldig fühlt, ist so übertrieben in seinen Liebesansprüchen: die Liebe soll dazu dienen, das Schuldgefühl zu beschwichtigen. Dies ist kein Widerspruch zu meiner früheren Behauptung, daß das Strafbedürfnis die Liebesbezeugung oft geradezu zurückweisen läßt. Es wäre ja möglich, daß es auf zwei verschiedene Arten reagiert. Tatsächlich ist es so; jene zwei Reaktionsformen entsprechen der Wirkung ökonomischer Faktoren in der psychischen Dynamik. Bei überstarkem Strafbedürfnis wird die Tendenz zur Zurückweisung von Liebe, ja die Tendenz, sich unbeliebt zu machen, vorherrschen; bei geringerem, bereits durch die Analyse ermäßigtem Strafbedürfnis jene übertriebene Liebesbedürftigkeit sich als Ausdruck des moralischen Masochismus verraten. Ich glaube, daß auch bei Kindern die Beobachtung gemacht werden kann, daß eine besonders erhöhte Liebesbedürftigkeit, starkes Bedürfnis, geliebt zu werden, auf ein Schuldgefühl zurückweist. Auch dort hat das Schuldgefühl eine Einbuße des primären Narzißmus zur Folge, den das Kind durch die Sicherheit des Geliebtwerdens wettmachen will.

Die Art der Beendigung der Analyse wird gerade bei Fällen schwerer Neurose oft zum Problem, das in jedem individuellen Fall besonders gelöst werden muß. Vielleicht bieten die frakturierte Analyse, die allmähliche Beschränkung der Analysestunden bessere psychische Möglichkeiten, aber auch diese Auswege sind keineswegs immer angezeigt. Alle diese Fragen hängen wieder mit den Problemen der aktiven Therapie zusammen. Der Vergleich der Analyse mit einem chirurgischen Eingriff, der so viele Beziehungen aufklärt, darf nicht irreführen. Die Analyse kann in anderen Beziehungen mit einer konservativen Therapie verglichen werden. Wenn eine Vergiftung vorliegt, wird es sicher die Sorge des Arztes sein, den Giftherd zu entfernen; aber wenn dieser nicht mehr erfolgreich entfernt werden kann, so wird es sein Bemühen sein, die Antitoxinkräfte des Organismus in ihrem Kampf gegen das eingedrungene Gift zu unterstützen, die Wirkungen der Toxine abzuschwächen, die Bildung von Leukozyten anzuregen usw.

Ein zweiter Faktor, der die Einstellung des Patienten seiner Krankheit gegenüber erschwert, ist eine Veränderung, welche gerade durch die Analyse hervorgerufen wurde, die sich aber oft schwer vermeiden läßt. Wir haben hervorgehoben, daß die Kranken oft erst durch die Analyse erfahren, welches Leid sie ertragen haben und noch immer ertragen. Es ist nun merkwürdig, daß die Nervösen, je weiter die Analyse fortschreitet, desto ungeduldiger gegen ihr früher oft mit heroischer Geduld ertragenes Leid werden. Es ist so, als wenn sie jetzt, da sie ihr Leid bewußter erkennen können, jene Ungeduld, davon befreit zu werden, nachholten, die sie früher nicht gezeigt haben. Der innere Zusammenhang dieser Erscheinung mit der Übertragung ist ganz augenscheinlich: die Anwesenheit einer Person, welche unbewußt einen Elternrepräsentanten vorstellt, und die Erwartung der Hilfeleistung von ihm macht sie ungeduldiger, so wie Kinder ihre Schmerzen um so stärker äußern, wenn die Eltern in der Nähe sind. Es ist aber ebenso klar zu erkennen, daß sie in steigendem Maße intoleranter gegen ihr eigenes Strafbedürfnis werden, da der Krankheitsgewinn durch die Analyse entwertet zu werden droht.

Eine andere Schwierigkeit ist diejenige, welche sich an die Undurchsichtigkeit der Tiefendimension der Neurose knüpft. Manchmal sind Fälle mit lärmenden und besonders gefährlich aussehenden Symptomen keineswegs so hartnäckig und bieten lange nicht die Schwierigkeiten, welche andere Fälle dem Analytiker zeigen, die sich unauffällig geben und bei denen man den Eindruck erhält, die Persönlichkeit des Kranken sei zu einem großen Teil intakt geblieben. Es gibt keine Neurose ohne Beteiligung des Über-Ichs; auch wenn wir die Neurosen als Resultat des Konfliktes zwischen Ich und Es charakterisieren, müssen wir betonen, daß es sich um das Ich, das die Partei des Über-Ichs genommen hat, handelt. Wenn wir uns diese Aussage überlegen, finden wir, daß sie für uns Analytiker eigentlich eine Banalität darstellt, denn das will doch sagen: es gibt keine Neurose ohne Ödipuskomplex. Das Über-Ich ist ja von Freud als Erbe des Ödipuskomplexes gekennzeichnet worden. Wir haben nun keine Hilfsmittel, keinen Maßstab zur Verfügung, der die Strenge des Über-Ichs messen könnte; wir wissen nicht, wann es sich zufrieden geben will. Das Verhalten des Über-Ichs stellt aber den entscheidenden Faktor vor, der unsere Prognose bestimmen muß. Das Verständnis des Charakters und der Wirkungen des Über-Ichs ergibt erst den überzeugendsten Einblick in die *Tiefendimension der Neurose.* Man darf behaupten, daß es darüber hinaus das Verständnis für viele Lebensgestaltungen der Menschen eröffnet und uns im *unbewußten Strafbedürfnis,* das vom Über-Ich ausgeht, eine der *gewaltigsten, schicksalsformenden Mächte des Menschenlebens überhaupt* erkennen läßt.

Wir bemerken häufig, daß sich die Neurose in späteren Stadien der Analyse freiere Äußerungen erlaubt, die in früherer Zeit kaum angedeutet waren. Es sieht so aus, als würden nicht nur die verdrängten libidinösen und feindlichen Gefühle, sondern auch das Strafbedürfnis mehr Mut zur Äußerung bekommen haben. Wir können auch darin erkennen, daß die Intensität des Strafbedürfnisses sich dem Geständniszwang entgegenstellt. Hätten wir nicht diese Tiefendimension der Neurose erkannt, so könnte man oft den Eindruck gewinnen, daß zwei Neurosenformen in derselben Person übereinandergeschichtet wären. Man stünde dann, wie ich bereits erwähnt habe, vor dem Ergebnis, als hätte man den Konflikt zwischen Triebansprüchen und Ichstrebungen bewältigt, aber die tiefere Schicht der Neurose, die den Konflikt zwischen Ich und Über-Ich enthält, bestehen lassen.

In Wahrheit handelt es sich natürlich nur um die eine Neurose, deren Tiefe man nicht ausgeschöpft hat. Das Über-Ich ist ja nur der Erbe des Ödipuskomplexes; man hat dann einfach die Nachhaltigkeit der im Ödipuskomplex wurzelnden Triebregungen nicht beobachtet. Diese Unterschätzung der Tiefendimension der Neurose wird aber auch für den Patienten bedeutsam, denn es ist wichtig, daß dieser die Überzeugung von der tiefgreifenden Wirkung der vom Ödipuskomplex ausgehenden Gefühle erwirbt.

Ich will an einem einzigen Falle zu zeigen versuchen, welche Rolle dieses Moment in der analytischen Behandlung spielt. Ein Patient, der an Schlaflosigkeit, Impotenz, Skrupeln und Arbeitshemmungen litt, hatte vor vielen Jahren mit seinem Vater gebrochen. Der Vater hatte an den Sohn, der sich in der Fremde nur schwer sein Brot erwarb, immer höhere Geldforderungen gestellt und das Geld immer wieder in verfehlten Börsenspekulationen verspielt. Endlich hatte der Sohn, der lange für den Vater harte Einschränkungen auf sich genommen hatte, nach einer neuerlichen Geldforderung alle Beziehungen zum Vater brüsk abgebrochen und dessen »sentimentalen« Appell unbeantwortet gelassen. Bald darauf war der Vater in einem Kurort in Italien gestorben, ohne den Patienten wiedergesehen und ohne sich mit ihm versöhnt zu haben. Im Abschiedsbrief an die Mutter hatte der Vater den Patienten demonstrativ unerwähnt gelassen. Die Analyse führte langsam bis zu den ersten Kindererlebnissen und den Einzelheiten des Ödipuskomplexes zurück, ohne daß sich Wesentliches an den Symptomen des Patienten gebessert hätte. Noch nach einem Jahr in der Analyse sprach er nur mit Spott und Ironie von dem verstorbenen Vater, den er am Anfang erbittert kritisiert hatte. Aber dieser Spott war zu demonstrativ, als daß er für ungekünstelt hätte gelten können. Meine Bemühung, den Patienten davon zu überzeugen, daß seine Symptome in einer unterirdischen Verbindung mit einem unbewußten Schuldgefühl, das dem Vater galt, standen, blieben augenscheinlich erfolglos. Als extremer Rationalist und Skeptiker, der sich häufig genug auch selbst persiflierte, wollte er sich zur Anerkennung der Wirksamkeit solcher Gefühle nicht verstehen, er hatte anfänglich nur Spott für sie übrig.

Einmal aber begann er die Analysestunde mit dem Bericht über ein merkwürdiges Vorkommnis, das sich in der Nacht vorher abgespielt hatte. Er war am Abend im Theater gewesen und hatte dort Nestroys Posse »Einen Jux will er sich machen«

gesehen. In dem Stück kommen zwei komisch gezeichnete Räuber vor, die durch einen unterirdischen Gang in einen Geschäftsladen einbrechen, dabei aber von schrecklicher Angst erfüllt sind. Diese Szene, namentlich aber die Bemerkung, die der eine feige Einbrecher dem anderen zuruft: »Mir scheint's, du zitterst ja!« amüsierte meinen Patienten sehr.

Nach Hause gekommen, hatte er vor dem Einschlafen noch die Zeitung gelesen, dabei an den Fall der Valuta Italiens gedacht, da er fürchtete, finanzielle Verluste dabei zu erleiden. Der letzte bewußte Gedanke vor dem Einschlafen habe dem verheerenden Erdbeben in Yokohama gegolten, über das er gerade gelesen hatte. Er sei plötzlich in der Nacht durch die heftige Erschütterung geweckt worden, die ein vorüberfahrendes Lastauto im Zimmer verursacht habe. Später erkennbare Gründe lassen die Vermutung zur Gewißheit werden, daß er erst einige Minuten nach dem Erwachen das Erzittern des Raumes mit dem Lastauto, das vorüberfuhr, in ursächlichen Zusammenhang gebracht und zuerst einen Augenblick panischer Angst erlebt hatte. Er sei nun aus dem Bette aufgesprungen und habe dem Bett parodistisch jene Worte aus dem Nestroyschen Stück zugerufen: »Mir scheint's, du zitterst ja!«

Die Assoziationen, die diesem Bericht folgten, wiesen nun folgende Richtung auf: als letzter, bewußter Gedanke vor dem Einschlafen das Erdbeben von Yokohama – das Fallen der Lire als vorangehender Gedanke – der Ausbruch des Vulkans in Japan, der Ausbruch des Ätna in Italien – das Grab des Vaters in Italien. Wir brauchen jetzt nur einige naheliegende Zwischenglieder einzusetzen, um den Zusammenhang zu erraten. Es war in jenem Augenblick der Erschütterung des Zimmers eine dunkle Erinnerung an das am Abend vorher Gelesene aufgetaucht, die dem Unbewußten zur Verarbeitung überlassen worden war und nun verdrängte Gedanken für einen Augenblick vorbewußt werden ließ. Die Empfindung, die durch das Beben des Bettes hervorgerufen wurde, erinnerte an ein Erdbeben in Italien, an den Tod des Vaters in diesem Lande, vielleicht auf dem Umweg über das Fallen der Lire, an den Streit wegen des Geldes mit dem Vater und an Todeswünsche des Sohnes.

Lassen Sie mich nun in Schlagworten fortsetzen: das Grab des Vaters in Italien, die Erde bewegt sich, der Vater steigt aus dem Grabe, um ihn zu bestrafen. Die Worte: »Mir scheint's, du zitterst ja!«, die ihn schon in der Aufführung belustigt hatten und jetzt dem Bett galten, waren sicher ursprünglich an sich selbst gerichtet und entsprachen in der selbstparodistischen Art des Patienten einem Befreiungsversuch von jener dunklen, momentanen Angst. Diese Angst aber wird bezeugt durch die Identifizierung mit dem feigen Einbrecher des Stückes, der seine Angst im Zittern verrät, da er in dem unterirdischen Gang ist. Das Zitieren jener Worte entspricht also einer Abwehr aller jener Gefühle, die der wiederauftauchende, animistische Kinderglaube in ihm wachgerufen hatte. Der Skeptizismus hatte damit in ihm wieder die Oberhand gewonnen. Der Gedanke an das Fallen der Lire stellt einerseits die unbewußte Verbindung mit Italien, andererseits mit dem Geld, das der letzte Anlaß zum Bruch mit dem Vater gewesen war, her. Man wird nicht verkennen, daß die parodistisch gebrauchten Worte: »Mir scheint's, du zitterst ja!« endlich die Anerkennung der in der Analyse immer wieder bestrittenen Gewissensangst bringen.

Die Beziehungen der psychischen Vorgänge jener Nacht zu den Symptomen des Patienten werden sofort klar, wenn wir das Erzittern des Bettes mit Kindererinnerungen in Verbindung bringen, in denen Angsterscheinungen aufgetreten waren und die in der Psychogenese der Schlaflosigkeit noch nachzuweisen waren. Die Angst des Einbrechers beim Eindringen in den unterirdischen Gang weist in der Verdichtung der Vorstellungen des väterlichen Grabes und des weiblichen Genitales auf die Kastrationsangst hin, welche die stärkste unbewußte Begründung seiner Impotenz bildete. In diesem psychischen Element sind gleichsam die Abwehrregungen, die der Durchführung des Ödipuskomplexes gelten, komprimiert zusammengefaßt. Die sekundäre Bedeutung dieser Unterwelt als des Reiches der Psychoanalyse wird leicht erkennbar. Sogar der Zug der zwei

Räuber, die einander ähneln, gehört in einen unbewußten Zusammenhang, der uns bekannt war. Der Patient hatte jene Eigenschaften der Selbstironie und selbstkritisierenden Wachheit, deren Besitzer die französischen Psychologen »observateur de soi-même« nennen. Kurz vorher hatte er einen Traum gehabt, in dem zwei einander gleiche Clowns vorkamen, von denen der eine die Bewegungen des anderen nachahmte und parodierte.

Es wird hier auch durchsichtig, wie das Über-Ich die Erbschaft des Ödipuskomplexes übernommen hat, wenn wir den Ausdruck der kindlichen Todeswünsche und des Inzestverlangens – im Eindringen in das Erdinnere symbolisiert – hinter den Vorstellungen als wirksam wiederfinden. Die Impotenz verschwand nach Durcharbeiten dieses psychischen Materials zum erstenmal; desgleichen die Schlaflosigkeit. Freilich ging dieser therapeutische Erfolg zum Teil unter neuen Widerständen verloren, aber ein Teil blieb erhalten und das eigene Erleben ließ den Patienten nie mehr an der Tiefe und Wirksamkeit seiner Schuldgefühle zweifeln, denen er sich bisher spöttisch verschlossen hatte. Der Patient verließ die Analyse geheilt.

Von einer anderen Seite läßt sich Einsicht in die Tiefendimensionen der Neurose gewinnen; es ist dies die Unzerstörbarkeit der nach Liebe strebenden Tendenzen. Wir werden nicht vergessen, daß das Strafbedürfnis sexuelle Bedürfnisse abgelöst hat und den erogenen und femininen Masochismus im Sinne Freuds ebenso befriedigt wie den moralischen Masochismus. Die Herkunft des Strafbedürfnisses aus der infantilen Objektbesetzung entscheidet auch darüber, daß er noch immer verborgenen sexuellen Zielen zustrebt. Die psychische Energie, die sich im Strafbedürfnis und in der Leidensfähigkeit zeigt, würde in manchen Fällen, in aktiver Tätigkeit verwendet, dazu ausreichen, große soziale Erfolge zu sichern.

Die Unzulänglichkeit und der sekundäre Charakter der Adlerschen Theorie der Neurose, die auf dem Machtstreben aufgebaut ist, wird auch darin klar, daß noch der bedeutsamste Krankheitsgewinn, die Befriedigung des Strafbedürfnisses, seine Abkunft aus dem Sexuellen nicht verleugnen kann und noch immer unbewußt auf Erreichung von Liebeszielen gerichtet bleibt. Wir leugnen natürlich nicht, daß auch Machtziele in der Neurose eine Rolle spielen, aber sie treten weit hinter die sexuellen zurück. Es ist in vielen Fällen wirklich die Rachetendenz nachzuweisen, die Absicht, die Krankheit als Schuld der Familie oder der Umgebung darzustellen, aber noch hier bleiben die sexuellen Regungen im Hintergrunde wirksamer als die offener zutage liegenden Tendenzen der Rache oder Schadenfreude. Noch in diesen Rache- und Trotzbestrebungen werden die in die Regressionsform geflüchteten Liebesregungen sichtbar. In vielen Fällen, in denen solche feindselige Absichten sehr deutlich wurden, war doch das unbewußte Bemühen erkennbar, durch das Mitleid die erhöhte Liebe derselben Angehörigen zu erreichen, denen die Kranken die ganze Schuld an der Krankheit zugeschrieben hatten. Das Machtstreben erweist sich in der Analyse oft geradezu als der inadäquate Weg, den die Neurotiker zur Erreichung ihrer Liebesziele eingeschlagen haben und von dessen Verfolgung sie schwer abzubringen sind. Die Theorie des männlichen Protestes als des tragenden Prinzips der Neurose wird durch den Nachweis der Wirkungen des unbewußten Strafbedürfnisses widerlegt.

Die Neurose, die im wesentlichen auf einem Konflikt zwischen Triebanspruch und Strafbedürfnis aufgebaut ist, zeigt, daß das Ich, das dem einen Faktor nachgibt, auch dem anderen in bestimmtem Ausmaße dienen muß. Das Ich verhält sich ähnlich wie jener komische Soldat in einer Posse Nestroys, der ausruft: »Bitt' schön, Herr Hauptmann, ich hab' zwei Feinde gefangengenommen, aber sie halten mich.«

In vielen Fällen läßt sich nachweisen, daß das Maximum an Triebbefriedigung in der Neurose dem Maximum an Befriedigung des Strafbedürfnisses entspricht. Nehmen Sie als Beispiel einen mehr als häufigen Fall der Triebbefriedigung. Die Erfahrung zeigt, daß der Knabe von der Onanie, die er mit den Händen ausführt, zu anderen Onaniepraktiken übergeht. Die Aktion der Hände wird gewöhnlich mehr und mehr ausgeschaltet, rhythmische Bewegungen am Bettuch oder Polster ersetzen die frühere Art der Friktion des Genitales. In der Pubertätszeit wird häufig mit der Polsterunterlage bei der Onanie die Phantasie verbunden, daß diese den Körper eines Liebesobjektes darstelle.

Wir erkennen dann in der Analyse eine Annäherung an jene Situation, die neben den körperlichen, aus dem Inneren des Organismus kommenden Reizen die sexuelle Erregung des Kindes produziert hat, nämlich die phantasierte Situation des Inzestes. Nun kann freilich die Rolle des Polsters in der Phantasie als die eines Ersatzes für den weiblichen Körper ganz bewußt sein, ja sie wird manchmal wissentlich so vorgestellt und mit imaginierten Eigenschaften ausgestattet, aber die dahinter liegende inzestuöse Phantasie bleibt dem Bewußtsein entzogen. Wir sehen also hier immerhin die Annäherung an die ursprüngliche inzestuöse Phantasie, die in der Entstellung wiederkehrt; nicht minder bedeutsam aber erscheint ein anderer Gesichtspunkt: die Hände sind allmählich tabu geworden; ihre Betätigung am eigenen Genitale erscheint verboten. Ihre Aktion ist vom unbewußten Schuldgefühl betroffen worden.

In einem Fall von Zwangsneurose konnte ich diesen Zusammenhang in einem Symptom besonders schön beobachten: die Patientin, ein junges Mädchen, hatte häufig das merkwürdige Gefühl, als gehörten ihre Hände nicht ihr, als wären sie nicht ein Teil ihres eigenen Körpers; sie erschienen ihr völlig fremd und von ihr abgelöst. Dies ereignete sich häufig bei verschiedenen Beschäftigungen wie Briefschreiben, Nähen usw., und verhinderte sie an der Ausführung bestimmter Arbeiten. Also ein Fall von partieller Depersonalisation. Es wurde in der Analyse klar, daß die Patientin mit der Beschreibung ihres Gefühles etwas Richtiges beschrieben hatte: es ersetzte wirklich das affektvolle Staunen darüber, daß diese selben Hände, die da schreiben oder nähen, dieselben sind, die der Patientin in der Erinnerung so peinliche Tätigkeiten, wie es die Onanie war, ausführen hatten können. Nebenbei bemerkt scheinen mir viele Fälle manueller Ungeschicklichkeit von ähnlicher Art: es ist so, als ob die Hände, die so verbotene Aktionen ausführen konnten, durch das Strafbedürfnis auch bei anderen Tätigkeiten in ihrer Funktionstüchtigkeit beeinträchtigt wären. Sie erinnern sich, daß Freud bereits dieselben psychischen Mechanismen in der psychogenen Sehstörung nachgewiesen hat.

Doch kehren wir zu der von uns beschriebenen Situation zurück: in der früher gekennzeichneten Onanieform trifft also die Annäherung an die verpönte Situation mit einem gewissen Ausmaß an Strafvollzug zusammen, wie wir dies nach den analytischen Annahmen erwarten durften. Die Ausschaltung der Hände, bewußt als Mittel zur leichteren Produzierung der erwünschten, libidinösen Phantasie bezeichnet, wird zum Zeichen der Selbstbestrafung, zur unbewußten Darstellung der Kastration. Dort, wo das Symptom den verdrängten Triebregungen das größte Ausmaß von Befriedigung gewährt, wird auch dem Strafbedürfnis am stärksten Genüge geleistet.

Dieses funktionale Verhältnis zwischen dem Ausmaß von Triebbefriedigung und der Befriedigung des Strafbedürfnisses darf man als für die Neurose allgemein geltend ansehen. Es entspricht dem analogen Verhältnis zwischen Verdrängungsaufwand und Versuchungsintensität und rückt z. B. auch die Schutzmaßregel gegenüber den Ersatzbefriedigungen in der Zwangsneurose in eine neue Beleuchtung. Nehmen wir wieder ein Beispiel aus der Neurosensymptomatologie; eine Patientin, junge Witwe, schützt sich vor dem Ausgehen, das sie unbewußt sexuellen Versuchungen aussetzt, dadurch, daß sie die Türe versperrt und den Schlüssel abseits legt. Später muß sie den Schlüssel in ein anderes Zimmer geben; die folgenden Stadien, welche die Verschiebungsvorgänge widerspiegeln, sind nun folgende: der Schlüssel wird dort festgebunden, die Verknotungen der Schnur, welche den Schlüssel festhalten, werden vervielfacht und kompliziert, der Schlüssel kommt in eine Schachtel, die versperrt und festgebunden wird usw. Beim Öffnen der Tür z. B. für einen Besuch oder den Briefträger ergaben sich so einigermaßen schwierige Situationen. Endlich wurde die alte Köchin beauftragt, den Schlüssel einzusperren und gegenüber der

Herrin gesichert zu verwahren. Man möchte sagen, damit war die Gefängnisstrafe wirklich durchgesetzt. Es werden in diesen Vorgängen nicht nur die Verschiebung der Ersatzbefriedigung und der Schutzmaßregel, sondern auch das der Versuchungsintensität entsprechende Ausmaß an Strafbedürfnis klar, das ebenfalls verschoben wird. Aber auch die aktuelle Triebbefriedigung kann zu gleicher Zeit das Strafbedürfnis befriedigen, wie wir dies bei der Onanie, die unbewußt auch den Charakter der Selbstkastration hat, beobachten können. Es wird sich so empfehlen, drei Stadien sorgfältig zu unterscheiden: das Strafbedürfnis, das den Anstoß zur Triebbefriedigung gibt, das Strafbedürfnis in der Triebbefriedigung selbst in der Form der Selbstbestrafung und endlich das Strafbedürfnis, das sekundär auf die Triebbefriedigung rekurriert.

Ein anderer Gesichtspunkt, der an diesen anknüpft, erscheint wichtig. Wie Freud hervorhebt, hat die Verdrängung die ungehemmte Entfaltung der Triebrepräsentanz in der Phantasie und die Aufstauung infolge versagter Befriedigung zur Folge. Die sich dann ergebenden Äußerungsformen sind extremer Natur und erschrecken den Neurotiker durch die Vorspiegelung einer außerordentlichen und gefährlichen Triebstärke. Wir möchten hier hinzufügen, daß dieser Schein auch durch das Strafbedürfnis, das die Triebstärke zu intensivieren scheint, hervorgerufen wird. Dieser reaktiven Wirkung des Strafbedürfnisses geben oft sonst stark in der Triebbefriedigung gehemmte Menschen nach und gelangen zu Taten, die wir nie bei ihnen vorausgesetzt haben. Die Kriminalistik müßte sich diese Betrachtung zu eigen machen, um zu erklären, wieso so oft gerade besonders anständige und den Gesetzen gehorsame Männer und Frauen überraschende Verbrechen begehen. In der Analyse haben wir oft den Ausdruck der Verwunderung von Patienten gehört, wieso sie nur dies oder das hätten tun können, was so gar nicht mit ihren Absichten und ihrem Charakter übereinstimme. Die individuelle Triebstärke verdrängter Tendenzen reicht zur Erklärung nicht aus; wir müssen in den meisten Fällen annehmen, daß sie durch das Strafbedürfnis reaktiv verstärkt wird und so zu Aktionen führt, deren Durchführung der Energie der verdrängten Triebrepräsentanz allein nie gelungen wäre.

Die Weisheit aller Völker verkündet, daß das Verbotene zur Übertretung reizt; aber sie verschweigt, daß der größte Reiz, der vom Verbotenen ausgeht, in der unbewußt vorausgesehenen Befriedigung des Strafbedürfnisses liegt. Dies bildet z. B. die Erklärung für die biblische Erzählung von der Erbsünde. Die Frommen verkünden, das Leid sei die Folge der Sünde als Strafe für sündhaftes Tun. Wenn aber die Strafe der Effekt dieses Tuns ist, so muß sie auch eines seiner wesentlichsten Motive gewesen sein.

Ähnliches kann für die Neurosenpsychologie gelten; auch hier muß die Befriedigung des Strafbedürfnisses eine der geheimen Absichten der Neurose sein, so daß die Erkrankung unbewußt einer Strafe gleichgesetzt wird. Man darf versichern, daß die Antwort auf die Frage nach der *Natur und den unbewußten Begründungen dieser Selbstbestrafung* in den meisten Fällen *den Schlüssel zur Neurose* liefert. Auch in der Aufstellung des anderen erwähnten Gesichtspunktes ist die Religion intuitiv der Psychoanalyse vorangegangen: wir haben früher darauf hingewiesen, daß die Triebverstärkung selbst auf die reaktive Einwirkung des Strafbedürfnisses zurückzuführen ist. Die Religion behauptet, daß die Erbsünde selbst auch den Charakter der Strafe habe, und einer der größten Psychologen des Christentums, Augustinus, erklärt, die Begehrlichkeit, die *concupiscentia* im sexuellen Sinn, sei erst spät als eine Folge der Sünde zur Strafe geworden. Der Tatbestand, den die Theologie hier beschreibt, kann in psychologischer Ausdrucksweise nur folgender sein: das präexistente Schuldgefühl kann oft eine Erhöhung der Versuchungsintensität zur Folge haben. Der Reiz des Verbotenen liegt zum großen Teil darin, daß es das Ziel der durch das Strafbedürfnis reaktiv verstärkten Triebregungen bildet. Ja, in manchen Fällen meint man zu erkennen, daß die Aufhebung des psychischen Druckes des Schuldgefühles durch die verbotene Tat bedeutungsvoller ist als die Triebbefriedigung.

Wir wollen wieder zu den Problemen des Geständniszwanges, die so innig mit den Fragen des Strafbedürfnisses zusammenhängen, zurückkehren. Die Beziehungen zwischen diesen zwei psychischen Erscheinungen scheinen uns jetzt klarer: sie lassen sich in ein paar Sätzen zusammenfassen. Der Geständniszwang ist die durch die Einwirkung des Strafbedürfnisses modifizierte Äußerungstendenz verdrängter Triebregungen. Sein Resultat, das Geständnis, repräsentiert unbewußt eine Strafe und befriedigt ein Stück des Strafbedürfnisses. Bei zu großem Strafbedürfnis kann es nicht zum Geständnis kommen, sondern zu einem Ersatz der ursprünglichen Tat, von der das Strafbedürfnis seinen Ausgang nahm.

Es kann hier nicht der Platz dafür sein, die Veränderungen der analytischen Technik, die sich seit Freuds letzten Forschungen seit drei Jahren herausgebildet haben, darzustellen. Sie werden vor allem durch die Berücksichtigung der Rolle des Über-Ichs in der Neurose bestimmt. Wie mir scheint, muß eine ideale Forderung der analytischen Technik darin bestehen, daß sie die Bedeutung des Symptoms nach beiden Seiten hin erfaßt, das heißt erkennen läßt, wie weit es der Triebbefriedigung und dem Strafbedürfnis Genüge leistet. Auch die Theorie des Geständniszwanges, die ich hier vertrete und die versucht, den Anteil des Über-Ichs an jeder Neurose nachzuweisen, will sich in den Dienst dieser modifizierten Technik stellen.

Wir haben noch zu wenig über die Ausdehnung des Geständniszwanges in der Breitendimension gehört; ich füge deshalb noch folgende fragmentarische Bemerkungen hinzu: die allgemeine Übertragungssucht, die uns nicht nur in der Analyse entgegentritt, dort aber ihre auffälligste Form gefunden hat, steht im Zeichen des Geständniszwanges. Es ist so, als würden wir beständig darauf warten, jemandem unsere geheimen Wünsche und unsere psychischen Reaktionen auf dieselben anzuvertrauen. Wir wissen schon, daß dieser Jemand eine Ersatzperson des Vaters oder der Mutter ist, denen wir zuerst alles gesagt haben. Der Geständniszwang geht aber auch weit über das Gebiet der Triebregungen hinaus: durch die unterirdischen Verbindungen, die unsere Gedanken, Urteile, Pläne und Ideen mit den verdrängten Triebregungen verknüpfen, wird es verständlich, daß sich der Geständniszwang auch auf diese psychischen Produktionen erstreckt. Wir müssen sie einmal unbewußt verraten, wie immer sich auch unser bewußter Wille dagegen sträuben mag. Es wird nicht schwer, das unbewußte Geständnis noch dort zu finden, wo es versteckte Formen annimmt. Die Analyse weist nach, daß noch die Lüge, noch die Pseudologia phantastica ein Stück ungewollter Wahrheit, ein unbewußtes Geständnis darstellt. Auch der Tratsch, das Übermitteln böswilliger Aussagen oder Gerüchte an eine dritte Person, ist ein unbewußtes Geständnis der verborgenen Feindseligkeit der Mittelperson. Ein altes Sprichwort meint, Zurücksagen heiße Beleidigenwollen.

Lassen Sie mich noch einige neurotische Symptome anführen, in denen der Geständniszwang besonders auffällig zutage tritt, so auffällig, daß er sich auch dem Nichtanalytiker aufdrängt. Hierher gehört z. B. das Stottern, das deutlich genug das Geständnis der das Reden beeinträchtigenden Tendenzen darstellt. Einer meiner Patienten stotterte immer, wenn er ein Wort, das mit *f* begann, auszusprechen hatte. Die Analyse zeigte, daß das Stottern von der unbewußten Erinnerung an das Wort »fuck« (englisch = koitieren) ausging, welches das Kind einmal irgendwo gehört und vor den Eltern geheimgehalten hatte. Das Stottern datierte seit dieser Zeit und hatte die psychische Bedeutung eines Geständnisses. Ein anderes, jedem sofort erkennbares Zeugnis des Geständniszwanges liefert die Erythrophobie, die durch das Erröten einen zwanghaften Selbstverrat begeht. Dr. Abraham macht mich darauf aufmerksam, daß sich neben der Erythrophobie so oft entweder eine üppige Phantastik oder eine Pseudologie findet. Der Patient hat also teils dem Zwang zum Lügen – er lügt sich selbst zu etwas anderem um – teils dem Zwang zum Geständnis gehorcht. Wir wissen, daß noch im Umlügen der Geständniszwang verborgenen Ausdruck findet. Sie sehen, daß auch in der Erythrophobie – wie im Stottern – die Interferenz von Geständniszwang und den ihm entgegenstehenden Kräften im Symptom ersichtlich wird.

Die Teilung des Geständnisses in Darstellung der Ziele der verdrängten Triebregungen und Darstellung der Ziele des Strafbedürfnisses ist uns aus den zweizeitigen Handlungen der Zwangsneurose am besten bekannt geworden. Dort fällt die Triebdurchsetzung und die nachfolgende Sühneaktion auseinander. Das Fortschreiten der Neurose zeitigt dann das Resultat, daß die verdrängten Triebregungen am Ende das Krankheitsbild beherrschen, das früher die Reaktionsbildungen im Vordergrund gesehen hat. Bei der Hysterie bekommt man oft den gegenteiligen Eindruck: hier werden für den analytischen Beobachter vorerst die verdrängten Triebregungen und erst später die Gegeninstanzen in ihrer Wirksamkeit deutlich.

Ich habe nur noch einer Abart des unbewußten Geständnisses zu gedenken, die für den ausübenden Analytiker wichtig werden wird und die man als Geständnis in der Abwehr bezeichnen könnte. Die Wortwahl des Patienten, die niemals zufällig ist, wird in solchem Selbstverrat zu einem bedeutsamen Fingerzeig. Ein Beispiel: ich erkläre einem Patienten, der davon erzählte, daß er bei Tisch nach einem Streit mit seinem Bruder mit dem Obstmesser unvorsichtig hantiert hatte, er habe seinen Bruder unbewußt erstechen wollen. Er weist diese Deutung entrüstet ab und fügt hinzu, die Feindseligkeit gegen den Bruder gehöre auch zu den »Stichworten« der Analyse. Er hat mit diesem scheinbar zufällig gewählten Wort nicht nur eine Bestätigung meiner Behauptung geliefert, sondern auch ein unfreiwilliges Geständnis abgelegt. Einen anderen Patienten mache ich darauf aufmerksam, daß ein wichtiger Zug des Traumes, den wir eben analysieren, auf seine Tante Klara, die in seiner Kinderzeit eine große Rolle gespielt hatte, hinweise. Er meint, das scheine ihm gar nicht wahrscheinlich, es sei aber klar, daß usw. Jeder Analytiker weiß, daß kleine Symtomhandlungen, das Spielen mit dem Bleistift, eine ungewöhnliche Handbewegung in demselben Sinne zu unbewußten Geständnissen werden können.

Unsere kurze Übersicht hat gezeigt, daß unterdrückte Triebregungen im allgemeinen dem Äußerungsdrange unterliegen, das Strafbedürfnis sich aber durch den Geständniszwang Gehör verschafft. Erst die Verdrängung hat die notwendige Folge, daß die Triebregungen jetzt nur in der Form des Geständnisses vom Ich akzeptiert werden und der Geständniszwang allgemeine Bedeutung für das Seelenleben erlangt.

Der Geständniszwang in der Kriminalistik

Meine Damen und Herren! Wir haben im Geständniszwang, wie er sich aus dem Äußerungsdrang unter der Einwirkung der Außenwelt und des Über-Ichs entwickelt hat, ein seelisches Phänomen erkannt, dessen Wirkungen im Seelenleben der Gesunden und nervös Erkrankten unsere volle Aufmerksamkeit verdient. Es wäre nun eine lohnende Aufgabe, den Äußerungen dieser seelischen Tendenz in ihren durch mannigfaltige Momente bedingten Variationen nachzugehen, seine Bedeutung auf allen Gebieten des individuellen und sozialen Lebens zu verfolgen. Diese Aufgabe geht aber weit über den Rahmen dieser Vorlesungen hinaus. Da mir eine solche Durchdringung nicht möglich ist, werde ich mich darauf beschränken, in den nächsten Vorlesungen Ihre Aufmerksamkeit auf die besondere Rolle zu lenken, welche der Geständniszwang in der Entwicklung und im psychischen Aufbau unserer wichtigsten sozialen Institutionen spielt.

Es wird sich dabei Gelegenheit geben, auf manche Probleme hinzuweisen, die sich durch die Einführung unserer neuen Gesichtspunkte auf den betreffenden Gebieten ergeben. Ihre Lösung müssen wir freilich den Vertretern der betreffenden Fachwissenschaft überlassen. Auf der anderen Seite werden wir uns erlauben, darauf aufmerksam zu machen, daß die von uns entwickelte Theorie selbst geeignet ist, zur Lösung mancher Fragen der fremden Wissenschaft in entscheidender Art beizutragen.

Das Zusammenwirken einiger äußerer und innerer, im Material selbst liegender Momente veranlaßt mich, die Kriminalistik und Strafrechtswissenschaft zuerst in den Umkreis dieser Betrachtungen zu ziehen. Der enge innere Zusammenhang von Strafbedürfnis als psychischem Phänomen und Strafe als sozialer Institution, von unbewußtem Geständnis als psycholo-

gischem und Geständnis als juristischem Begriff läßt diese Sonderstellung der Kriminologie sofort gerechtfertigt erscheinen.

Überlegen Sie doch: es muß ja einen Sinn haben, daß das Wort
»gestehen« selbst nach Grimm von der Bezeichnung »sich dem
Gericht stellen« abzuleiten ist. Sich dem Gericht stellen heißt
offenbar schon die Tat gestehen, heißt seine Schuld bekennen,
ist selbst schon der Ausdruck des siegenden Strafbedürfnisses.
Als ich für die psychologischen Tatsachen, die ich Ihnen in diesen Vorlesungen beschrieb und die in der Psychoanalyse meine
steigende Aufmerksamkeit erregten, die Bezeichnung Geständniszwang wählte, wußte ich nicht, daß dieser Name ein juristischer Terminus technicus ist, der die Zwangsmittel des mittelalterlichen Strafrechtsverfahrens, durch die man den Angeklagten zum Geständnis bringen wollte, bezeichnen sollte. Aber
diese Tatsache selbst, die mir dann durch die Lektüre einiger
kriminalistischer Werke bekannt wurde, schien mir wie eine
Bestätigung meiner Anschauungen: es mußte so sein, daß, was
sich jetzt als innerer psychischer Zwang darstellt, der umgewandelte Erwerb früheren äußeren Zwanges ist, wie wir dies
in der Psychogenese der Verdrängungsvorgänge beobachten
konnten.

Auch der Geständniszwang früherer Generationen, verglichen
mit dem psychischen Druck, auf dessen Wirkung wir jetzt beim
Geständnis rechnen, gehört in diese Entwicklung, die den Akzent von äußeren Vorgängen auf innere verschiebt.

Es ist leicht zu prophezeien, daß die psychologischen Einsichten der Psychoanalyse in naher Zukunft dazu bestimmt sind,
die Kriminologie und Strafrechtswissenschaft in einschneiden-
der Art umzugestalten. Sie werden diese Wirkung nicht nur
dadurch erreichen, daß sie die alten Probleme in neuem Lichte
erscheinen lassen, sondern auch durch das durch sie bedingte
Auftauchen neuer Probleme, an deren Lösung die Psychoanalyse in größerem oder geringerem Ausmaße mitarbeiten wird.

Die Versuche, die Psychoanalyse zur Lösung kriminalistischer
Fragen heranzuziehen, waren bisher einseitig und nicht mit
jenem Verständnis und jener Sachkenntnis unternommen, die

in Zukunft Ergebnisse von jetzt ungeahnter Bedeutung liefern werden. Immerhin haben schon die durch die Analyse gegebenen methodischen Anregungen auf dem für Richter, Staatsanwälte und Kriminalpsychologen gleich wichtigen Gebiet der Tatbestandsdiagnostik wichtige neue Gesichtspunkte gezeigt. Wie Sie wissen, handelt es sich dabei um die Anwendung von Methoden, die Schuld oder Unschuld einer Person durch Kennzeichen festzustellen, die objektive Geltung beanspruchen dürfen. Die zukünftige Ausgestaltung dieser diagnostischen Assoziationsmethoden wird entscheiden, wie weit sie in der Gerichtspraxis durchgeführt werden sollen und können.

Die Kriminologie aber wird sich entschließen müssen, die analytischen Gesichtspunkte und Methoden in viel weiterem Maße heranzuziehen als bisher, ich meine damit nicht nur die Trieblehre, die Dynamik des Seelenlebens und die Wirkungen unbewußter Gefühle, sondern auch die Äußerungsformen des unbewußten Geständniszwanges, der z. B. in den Fehlleistungen der Menschen zutage tritt.

Die angewandte Seelenkunde wird auch auf kriminalistischem Gebiet den psychischen Wegen des Geständniszwanges ihre Aufmerksamkeit zuwenden müssen. Die Berücksichtigung der zum Selbstverrat führenden unbewußten Tendenzen wird in der Tatbestandsdiagnostik zu praktisch bedeutsamen Resultaten führen.

Sie erinnern sich alle jenes charakteristischen Verschreibens des Giftmörders H., das Freud in den »Vorlesungen zur Einführung in die Psychoanalyse« anführte. H. hatte sich bei der Leitung des Institutes, das ihm die todbringenden Kulturen angeblich zu bakteriologischen Untersuchungen schickte, über die Unwirksamkeit einzelner Sendungen beklagt und an Stelle der Worte »bei meinen Versuchen an Mäusen und Meerschweinchen« geschrieben: »bei meinen Versuchen an Menschen«. Lassen wir die bei diesem Anlaß von Freud diskutierte Frage nach der praktischen Verwendbarkeit eines solchen Verschreibens beiseite; betonen wir nur, daß es sich dabei um ein Geständnis – gleichgültig ob von Phantasien oder Tatsachen – handelt.

Was uns wichtig erscheint ist, daß hier der Gegenwille des Strafbedürfnisses die Intention des Schreibenden störte und zum Verschreiben zwang. Kann man die unbewußt gewünschte Wirkung dieses Geständniszwanges nicht so ausdrücken: Ja, die Kulturen waren bei meinen Versuchen an Menschen zu wenig wirksam? Ich bringe mich hiermit zur Anzeige, ich gestehe, daß ich solche verbrecherische Versuche unternommen habe. Es kann nicht bedeutungslos sein, daß der Mörder seine Beschwerde, die jenes Verschreiben enthielt, gerade an die Leitung der Institution richtete. Gewiß, nur die Leitung war bei einer solchen Beschwerde kompetent, aber war es nicht diese selbe Leitung, der die strenge Aufsicht darüber oblag, daß die gefährlichen Bakterien nicht unrichtiger oder gefahrbringender Verwendung zugeführt werden? Kann es Zufall sein, daß dieses unfreiwillige Geständnis gerade an jene Stelle gerichtet war, die darüber zu wachen hatte, daß die Kulturen nur zu wissenschaftlichen Zwecken herangezogen werden? Ist in jenem Verschreiben nicht auch neben dem unbewußten Wunsch eine Warnung enthalten?

Wüßte man mehr über die psychischen Vorgänge bei jenem Verbrecher – mit anderen Worten: würde sich die Kriminalistik die analytischen Gesichtspunkte zu eigen machen und nicht nur die nackten Tatsachen des bewußten Willens berücksichtigen – man könnte zu einer psychologisch bedeutsamen Hypothese gelangen, die auch strafrechtlich nicht ohne Belang ist. Wir würden nämlich auch dem Umstand, daß es gerade eine Beschwerde über die Unwirksamkeit der Kulturen war, in der das Verschreiben seine Stelle fand, eine bestimmte Bedeutung nicht absprechen. Vielleicht war der psychische Vorgang wirklich der, daß der Verbrecher diese Unwirksamkeit der Kulturen unbewußt als ein böses Omen für sein Vorhaben auffaßte, als eine Warnung nahm, die den Ausgang seines Unternehmens in Frage zu stellen schien. War es nicht, als zeige gerade die Unwirksamkeit der Kulturen, daß sich etwas der Durchführung seines Planes entgegensetzte? Als hätte sich in dieser »Tücke des Objektes« wie in einem Vorzeichen eine Hemmung gegen seine Tat aufgerichtet? Dann aber gewinnt sein Verschreiben noch eine neue Bedeutung. Die Unterdrückung dieses angstvollen Zweifels, hinter dem wir die Gewissensmächte des ehrgeizigen Verbrechers wirksam sehen, war nicht völlig gelungen und sein Verschreiben hat dann wie ein Geständnis das Mißlingen zum Ausdruck gebracht. Der Zynismus, der in der Tatsache der Beschwerde liegt, würde sich eben aus der forcierten Überwindung jener dunklen Gefühle erklären lassen.

Vielleicht erwartete er unbewußt selbst, daß sein Brief die Entscheidung bringen solle, ob er jene verhängnisvollen »Versuche« fortsetzen sollte; vielleicht sollte jenes Geständnis in der Fehlleistung selbst unbewußt die »Frage an das Schicksal« stellen. In dem Selbstverrat lag die unbewußte Hoffnung, noch im letzten Moment von seinem Verbrechen zurückgehalten zu werden. Das Verschreiben zeigt also den unterirdischen, dem Verbrecher unbewußten Kampf zwischen jenen Tendenzen, die ihn zum Verbrechen trieben, und den tieferen Gewissensmächten, und es hat seinen guten Sinn, wenn er die Entscheidung unbewußt den Autoritäten, dem Elternersatz – eben der Leitung des bakteriologischen Institutes – überließ.

Sie sehen, die Beobachtung eines solchen Falles vom analytischen Standpunkt aus bringt eine Reihe interessanter Probleme. Lassen Sie uns von jenem Verschreiben, dem niemand den Geständnischarakter absprechen wird, ausgehen und bemerken, daß solche Fälle scheinbar unbeabsichtigten Selbstverrates nicht vereinzelt sein können, sondern sich regelmäßig, den ehernen Gesetzen des unbewußten Geständniszwanges folgend, wiederholen.

Oder wie anders als durch einen gegen alle bewußten Intentionen durchdringenden Zwang wollen Sie jene unzähligen Fälle erklären, in denen ein mit außerordentlicher Intelligenz und alle Möglichkeiten berechnendem Scharfsinn ausgeführter verbrecherischer Plan gerade an einem geringfügigen Detail scheitert, an das der Verbrecher nicht »gedacht« hat, obwohl er weit unwichtigere Umstände sorgsam erwogen hatte? Es ist später oft interessant zu beobachten, wie sich gerade so ein schwaches Indiz zum entscheidenden Beweismittel ausgestaltet, wie aus dem Sandkorn eine Pyramide wird. Sollten sich nicht unbewußte starke Tendenzen zum Selbstverrat gerade an jenem schwachen Punkt in ihrer Wirksamkeit eingesetzt haben, sich nicht hinter allen diesen »Übersehen« und »Unvorsichtigkeiten« der Geständniszwang verbergen?

Sie haben gewiß kürzlich in den Zeitungen den Bericht über eine kleine Geschichte gelesen, die sich in unserer Stadt abgespielt hat. Ein junger Mann hatte ein Verhältnis mit einer verheirateten Frau, mit der er gewöhnlich die Nacht zubrachte, wenn sich ihr Gatte auf Reisen befand. War es Zufall, daß er den Schlafrock des abwesenden Ehemannes anzog und dabei einen Brief, den jene Dame ihm geschrieben hatte, in dessen Tasche steckte, wo er ihn unachtsam vergaß? Der umgekehrte Fall, daß ein Ehemann einen Brief oder sonst ein verräterisches Objekt, das er von einem illegitimen Verhältnis erhalten hat, in einem seiner Kleidungsstücke vergißt, ist so häufig, daß kluge Ehefrauen eines ausdrücklichen Geständnisses des Seitensprunges entraten können. Sie haben in den Zeitungen unlängst gewiß die Geschichte jenes Mordes verfolgt, den zwei junge Leute, Milliardärssöhne in Chicago, an einem Altersgenossen verübten. Glauben Sie daran, daß es rein zufällig war, daß der eine Mörder nach Ausführung dieses tausendmal überdachten und mit allem Raffinement vorbereiteten Planes seine Brille am Tatort vergaß? Das Benehmen der Knaben in der Gerichtsverhandlung, das mit demonstrativer Frechheit und betontem Trotz die Todesstrafe zu fordern schien, kann unsere Deutung, daß es sich bei dieser Fehlleistung um einen unbewußten Akt des Selbstverrates handelt, nur bekräftigen. Ich glaube daran, daß die methodische Berücksichtigung des Geständniszwanges als psychischen Phänomens der Kriminalistik neue Perspektiven eröffnet.

Gerade auf dem Gebiet der Strafrechtswissenschaft steht übrigens eine eigenartige Erscheinung im Vordergrund der Diskussion, die sich ohne die Annahme eines unbewußten Geständniszwanges nicht verstehen läßt und die schon ihrer Form und

Wirkung nach das beredteste Zeugnis für seine Existenz bildet: ich meine eben das bewußte Geständnis. Das Geständnis in dieser Form ist freilich erst Substrat für seine psychologische Analyse, die es nur als bewußtseinsfähiger Abkömmling des Unbewußten betrachten kann. Erst seine analytische Verfolgung bis zu seinen unbewußten Begründungen ergibt die tiefste Einsicht.

Nun werden Sie vielleicht sagen, es sei nichts Besonderes daran, wenn ein Verbrecher seine Tat gestehe. Sie setzen sich aber mit diesem Urteil in konträren Gegensatz zur Anschauung unserer hervorragendsten Kriminalisten. Ein so bedeutender Fachmann wie Hanns Groß erklärt etwa in seiner »Enzyklopädie der Kriminalistik« das Geständnis »insoferne für ein einzig dastehendes und schwer erklärliches psychologisches Phänomen, als es regelmäßig zum Schaden dessen wirkt, der es abgelegt hat«. Natürlich sind damit nicht jene Geständnisse gemeint, die aus Eifersucht, aus Rache oder um Zeit zu gewinnen abgelegt werden. Die Kriminologen zählen noch eine ganze Reihe von Motiven auf, die im Geständnis wirksam sind, behaupten aber ziemlich einmütig, ein großer Teil der Geständnisse lasse sich nicht auf diese Art erklären und bleibe mehr oder weniger unverständlich. Sie haben dabei jene Geständnisse im Auge, die der Verbrecher freiwillig, einem inneren Druck folgend, ablegt. Solche Geständnisse aus Motiven des Gewissens scheinen, wenn man nicht hysterische oder religiös veranlagte Naturen vor sich habe, den Kriminalisten rätselhaft.

Wenn das wirklich so ist, so möchte man verwirrt einer anderen Tatsache gedenken: es bleibt nämlich unverständlich, wieso dann die Strafrichter und Kriminologen alle ihre Anstrengungen darauf richten, von Verbrechern ein Geständnis zu erlangen. Sie müßten sich doch folgerichtig sagen: es liegt keines jener besonderen Motive wie Rachsucht, Eifersucht usw. vor, der Verbrecher wird sicherlich keinem unbestimmten und mysteriösen Druck des Gewissens folgen, der ihm selbst Schaden bringt und dessen Wirkungen wir nicht verstehen. Eine Erscheinung, die so außerordentlich häufig vorkommt wie das

Geständnis unter Gewissensdruck, braucht seine Rätselhaftigkeit durch ihr häufiges Auftreten freilich nicht einzubüßen; aber diejenigen, die auf ihren Eintritt hinwirken, müßten sich doch, würden wir meinen, darüber klar werden müssen, von welcher Natur sie ist und in welcher Gesetzmäßigkeit sie auftritt. Groß sagt in einem anderen Werk, der »Kriminalpsychologie«, er wisse »eigentlich kein Analogon im psychischen Wesen des Menschen, wo jemand mit sehenden Augen etwas ausschließlich zu seinem Schaden und ohne irgendwelchen wahrnehmbaren Nutzen tut, so wie es bei dieser Art von Geständnissen der Fall ist«. Nun, das wäre für uns Psychologen sicher eine sehr beunruhigende Erscheinung, wenn das Geständnis wirklich so ohne jede Analogie im menschlichen Seelenleben dastünde.

Aber ist es denn so? Wer jemals mit analytischen Kenntnissen die Menschen gut beobachtet hat, hat erkannt, daß die Welt voll ist von Aktionen, welche die Menschen mit sehenden Augen ausschließlich zu ihrem Schaden und ohne wahrnehmbaren Nutzen tun. Wir brauchen uns also keineswegs von der Rätselhaftigkeit des Geständnisses einschüchtern zu lassen; es kann nicht unmöglich sein, auch das Geständnis in den Rahmen der psychischen Vorgänge einzureihen und seinen Sinn zu erkennen. Auch diese Sphinx wird ihr Rätsel ausliefern müssen und seine Lösung wird wie jene andere heißen: der Mensch. Denn die Analyse als die Tiefenpsychologie der menschlichen Vorgänge hat gezeigt, daß es wirklich zahlreiche Analogien zum Phänomen des Geständnisses gibt. Sie hat das Walten eines Gedächtniszwanges nachgewiesen, der den Gesetzen der seelischen Dynamik folgt und das Wesen und die Wirkungen des unbewußten Strafbedürfnisses, dem das Geständnis entspringt, klargestellt. Die Unverständlichkeit des Geständnisses der bezeichneten Art rührt eben daher, daß die Kriminalpsychologie die Psychogenese des Gewissens, des Über-Ichs und der moralischen Faktoren, die unbewußt wirken, noch nicht kennt.

Welche praktischen Folgerungen sich aus den von der Analyse

gegebenen psychologischen Einsichten ergeben, erkennt man daraus, daß ein Geständnis nur dann als Beweismittel für den Kriminalisten dienen kann, wenn das Motiv völlig klargestellt ist. Groß betont, daß es nicht genügt, nachgewiesen zu haben, daß ein Geständnis vorlag, »sondern wir müssen das Geständnis unter Berücksichtigung aller vorliegenden Faktoren begreiflich finden«. Ohne Verständnis für den Instanzenzug des Ichs, des unbewußten Strafbedürfnisses sowie des Geständniszwanges werden gewisse Geständnisse freilich schwer begreiflich sein, zumal der Verbrecher selbst über die unbewußten Vorgänge, als deren Resultat das Geständnis erscheint, ihrem Wesen nach nichts aussagen kann, was zu ihrer Erklärung ausreichen würde. Nur unter den Gesichtspunkten des Geständniszwanges erklären sich die bisher nur auf »krankhafte Neigungen« zurückgeführten falschen Geständnisse und Selbstbeschuldigungen. Derselbe psychische Anspruch auf die Tat sowie das unbewußte Schuldgefühl, das sich auf die endopsychische Wahrnehmung unterdrückter Triebtendenzen stützt, können uns die Vorgänge, die zu solchen falschen Selbstanklagen führen, verständlich machen. Die Objektintrojektion bei der Melancholie sowie die Identifizierung mit einer anderen, ehemals geliebten Person, die im entlehnten Schuldgefühl von Freud nachgewiesen wurde, werden gewiß in einer Reihe von Fällen zur Aufklärung solcher falschen Geständnisse neben den allgemeineren Identifizierungsvorgängen aufgrund derselben unbewußten Tendenzen herangezogen werden.

Ja, wir würden in unseren psychologischen Annahmen weitergehen als die Kriminologen und Strafrichter und uns der Behauptung getrauen, daß viele von den Geständnissen, bei denen ausreichende Motive wie Rachsucht, Prahlerei, Eifersucht usw. leicht erkennbar sind, erst ihre tiefste Motivierung im Strafbedürfnis finden. In jenen Fällen des »trotzigen Geständnisses«, in denen sich der Verbrecher seiner Tat sogar rühmt, brauchen solche Tendenzen aus dem Strafbedürfnis keineswegs zu fehlen. Bevor wir weitergehen und die in der Analyse gemachten Erfahrungen auf einige dunkle Punkte der Verbrecherpsycho-

logie anwenden, werden wir zu betonen haben, daß die folgenden Bemerkungen sich nur auf solche Verbrecher beziehen, welche überhaupt über ein Schuldgefühl verfügen.

Wir werden ferner die Differenzen zwischen der Psychologie
des Verbrechers und des Neurotikers selbst in Rechnung ziehen
müssen. Ihnen entsprechen natürlich die Unterschiede zwischen
der psychologischen Situation des gerichtlichen Verfahrens und
der Analyse. Freud hat diese Unterschiede in seinem Artikel
»Tatbestandsdiagnostik und Psychoanalyse«* scharf formuliert:
beim Neurotiker Geheimnis vor seinem eigenen Bewußtsein,
beim Verbrecher nur vor dem Richter; beim ersteren ein echtes
Nichtwissen, obwohl nicht in jedem Sinne, beim letzteren nur
Simulation des Nichtwissens. In der Psychoanalyse hilft der
Kranke mit seiner bewußten Bemühung gegen seinen Widerstand, denn er hat ja einen Nutzen zu erwarten, die Heilung;
der Verbrecher arbeitet hingegen nicht mit Ihnen, er würde
gegen sein ganzes Ich arbeiten. Freud wußte natürlich besser als
wir, daß er diese Unterschiede absichtlich scharf formulierte,
weil er in einem kurzen Vortrag nicht auf die feineren Überein-
stimmungen und Differenzen eingehen konnte. Tatsächlich sind
diese Unterschiede nur im gröbsten richtig, wie schon manche
Einschränkungen und Andeutungen in Freuds Artikel zeigen.

Beschränken wir uns auf die Erörterung der einen Differenz,
daß der Neurotiker in der Hoffnung auf Heilung mit Ihnen
seine Bemühungen darauf richtet, des Widerstandes Herr zu
werden, der Verbrecher aber nicht mit dem Richter arbeitet, da
er ja sonst gegen seine stärksten bewußten Interessen handeln
würde. Allein wir wissen, daß der Neurotiker die Heilung
zwar wünscht, aber das Aufgeben seiner Krankheitsgewinne
fürchtet. Wir wissen auch, daß ein Widerstand sich gerade
gegen das Gesundwerden richtet. Der mächtige Faktor des unbewußten Strafbedürfnisses kommt also in dieser Unterscheidung nicht zu seinem Recht: tatsächlich ist es ja nachzuweisen,
daß der Verbrecher so häufig unbewußt wirklich mit dem Richter arbeitet, daß er wirklich »gegen sein ganzes Ich arbeitet«.

* GW Bd. 7, S. 3–15.

Unsere neue Auffassung von der psychologischen Natur des Geständnisses ist auch deshalb von praktischer Verwertbarkeit, weil der Untersuchungsrichter in seinem Verfahren damit rechnen darf, daß trotz allen bewußten Bemühungen, sein Geheimnis zu bewahren und sich der Strafe zu entziehen, ein unbewußter Gegenwille im Verbrecher wirksam ist, gerade das zu verraten, was zu verbergen er mit so großem psychischem Aufwand strebt. Vielleicht ist es zum großen Teil diesem Faktor zuzuschreiben, wenn der Verbrecher sich in Widersprüche verstrickt, sich zu unbedachten, aber später bedeutsam werdenden Aussagen über Kleinigkeiten hinreißen läßt und sich bei scheinbar ganz nebensächlichen Gelegenheiten innerhalb des Untersuchungs- und Strafverfahrens selbst verrät.

Freud betont, daß beim Neurotiker ein echtes Nichtwissen um sein Geheimnis, »obwohl nicht in jedem Sinne«, vorhanden ist, beim Verbrecher aber Simulation des Nichtwissens – wir würden gerne auch hier hinzusetzen: »obwohl nicht in jedem Sinne.« Gewiß, der Verbrecher weiß um seine Tat, er weiß, daß er sie vorbereitet und ausgeführt hat und sucht dies vor dem Richter zu verbergen, aber es kann nicht nur Simulation sein, wenn er behauptet, nichts davon zu wissen. Selbst hier müssen wir ihm ein Stück weit Glauben schenken. Wir werden uns vor allem sagen müssen, daß seine Behauptung, er wisse nichts davon, den Charakter des Wunsches hat: er will wirklich nichts davon wissen, will davon ebensowenig wissen wie der Neurotiker von seinen unterdrückten Triebregungen.

Wichtiger aber scheint der folgende Gesichtspunkt zu sein: er weiß wohl, daß er die Tat ausgeführt hat, aber er weiß nicht bewußt, warum er es getan hat und was sie psychisch bedeutet.

Die Kriminalisten werden uns hier freilich den Glauben versagen; sie werden darauf hinweisen, daß doch schon der Charakter der Tat darüber Auskunft gebe: hier liege ein Lustmord vor, hier ein Diebstahl von Geld und dort ein Attentat aus Eifersucht. Der Täter selbst gibt ja, falls er ein Geständnis ablegt, die Motive seiner Tat an. Die Kriminalisten werden auch dem zweiten Teil dieser Behauptung entschieden widersprechen: wie, dieser intelligente Mann, der so viel Scharfsinn in der Ausübung seines Verbrechens bewies, sollte nicht wissen, was ein Mord, ein Notzuchtakt, ein Diebstahl bedeutet? Wird man uns nicht vorwerfen, daß wir die Frage noch mehr komplizieren, statt sie möglichst zu vereinfachen? Allein die Frage wird dadurch nicht einfacher. Gewiß, die bewußten Motive können angegeben werden; ihre Mitwirkung an der Tat stellen wir ja nicht in Abrede. Aber genügen sie auch oder müssen wir nicht noch außerdem andere, verborgenere suchen? Wer würde ernsthaft behaupten wollen, daß Raskolnikoff in Dostojewskis grandiosem Werk jene Wucherin umbrachte, um sich einfach Geld zu verschaffen? Gewiß weiß der Täter, was ein Mord oder ein Diebstahl bedeutet, aber weiß er auch, was er psychisch, was er für *ihn* bedeutet? Sie erinnern sich, daß wir in einer früheren Vorlesung davon sprachen, daß wir nicht wissen, was wir erleben und was wir gerade in den entscheidendsten Ereignissen erleben. Die Reform des Untersuchungs- und Strafverfahrens wird auch an diesem Punkte angreifen müssen.

Die üblichen Fragen nach den näheren Umständen und Motiven der Tat sowie nach der Vorgeschichte des Täters sind in ihrer Unzulänglichkeit für die psychologische Aufklärung der Tat längst jedem tieferen Blick klargeworden. Der Verbrecher könnte auch in dem idealen Fall, daß er alle Fragen wahrheitsgetreu beantworten wollte, nicht das psychologisch Wesentliche und Entscheidende sagen. Denn die Motive der Tat und die entscheidenden seelischen Vorgänge vorher sind zum größten Teil unbewußt. Die eigentümliche psychische Spannung, die der Tat vorausgeht, das Leiden unter den unklaren Impulsen und Gegenströmungen, das drängende Schuldgefühl *vor* der Tat oder die Motive für eine Impulshandlung von verbrecherischer Natur, das sind seelische Erscheinungen, für welche die Kriminalpsychologie nicht das richtige Verständnis haben kann, bevor sie sich die Forschungsresultate der Psychoanalyse zu eigen gemacht hat. Aber auch die Tat selbst geschieht unbewußt, der Täter fühlt starke Affekte, aber vielleicht sind gerade diese nicht die wirklich tiefsten, die zur Entscheidung führen; der Täter weiß um seine Tat, aber er weiß nicht, in welchem unterirdischen Zusammenhang sie mit den seelischen Vorgängen seit seiner frühen Kinderzeit steht und welchen unbewußten Sinn sie verbirgt. Die Tat ging von den Tendenzen des Es aus, das Ich hat sie vielleicht noch nicht zur Kenntnis genommen.

Wir erinnern uns jetzt unserer früheren Erklärung der psychologischen Natur des Geständnisses; wir werden versucht sein zu sagen, die Tat werde im Geständnis partiell wiederholt und jetzt erst setze gleichsam die aktive, psychische Bewältigung dieses traumatischen Ereignisses, der Tat, ein. Dies scheint schon rein sprachlich ein Widerspruch zu sein; wir sagen ja immer: der Täter verübt die Tat, ja, die Tat scheint uns sogar als der stärkste Ausdruck der Aktivität. Vielleicht täuschen wir uns aber darin ebensosehr wie in den meisten naiven Aussagen, die wir über unser Seelenleben machen. Der übergroße Anteil des Es an der Ausführung der Tat schließt zwar die praktische, materielle Aktivität nicht aus, aber er schränkt die psychische Aktivität des Ichs wesentlich ein. Um das schöne Gleichnis Freuds zu benützen: der Reiter hat sich dem durchgehenden Roß überlassen; weiß er, wohin es läuft und warum es gerade diesen Weg nimmt? Vielleicht würden wir richtiger sagen: die Tat geschah durch ihn.

Erst im Geständnis beginnt das Ich die Tat zur Kenntnis zu nehmen, und es ist keineswegs so, daß das Geständnis genügt, um das Ich zu überzeugen. Das Verbrechen bildet vielmehr auch für den Täter ein traumatisches Ereignis, das den psychischen Apparat überschwemmt hat und dessen seelische Bewältigung Zeit und Anstrengungen erfordert. Es klingt vielleicht paradox, aber ist deshalb um nichts weniger richtig, daß Verbrecher manchmal jahrelang brauchen, bis sie wissen, was sie getan haben, was ihre Tat bedeutet.

Eine indirekte Bestätigung dieser Behauptung wird uns durch die Analyse geliefert. Der Unterschied zwischen Neurotiker und Verbrecher fällt freilich schwer ins Gewicht und es wäre unrichtig, ihn zu bagatellisieren, wie es manche Psychologen tun. Aber Sie würden ebenso fehlgehen, wenn Sie ihn nur auf die Differenz zwischen wirklich ausgeführter und phantasierter Tat gründen wollten: die phantasierte oder gewünschte Tat hat im Seelenleben des Neurotikers dieselbe Wirkung wie die ausgeführte. Wir sehen also täglich, daß der Neurotiker von einem unbewußten Schuldgefühl gedrückt ist, das sich auf starken Triebregungen aufbaut, und erst langsam durch die Analyse befähigt wird, nicht nur dieses Schuldgefühl als wirksam zu erkennen, sondern es auch in Zusammenhang mit jenen unterdrückten Regungen zu bringen.

Das Geständnis ist so der Anfang der Bewußtseinserweiterung, die das Verständnis der psychischen Bedeutung der Tat für den Verbrecher bringt. Wir behaupten also, daß viele Verbrecher wirklich nichts zu sagen haben; sie verbergen freilich ein Geheimnis, aber *sie verbergen es auch vor sich selbst*; ihr Gewissen ist noch stumm oder es kann sich noch nicht deutlich genug vernehmbar machen. Es ist mir ein Fall bekannt geworden, in dem ein Mörder sich in der Untersuchung stumm und trotzig benahm und erst später unter dem überwältigenden Eindruck von Dostojewskis »Schuld und Sühne« psychisch zusammenbrach; erst jetzt war er den tiefen Gefühlen der Reue bewußt zugänglich. Es ist klar, daß es sich hier wie in allen diesen diskutierten Fällen um den Unterschied des intellektuellen und emotionalen Erkennens oder Wissens handelt; denn der Verbrecher wußte natürlich genau, daß er einen Mord begangen hatte und was diese Tat sozial bedeutete.

Es möge mir erlaubt sein, die seelischen Vorgänge, die zwischen der vollbrachten Tat und dem abgelegten Geständnis liegen, in Analogie mit analytischen Ausdrücken wie Traumarbeit oder Trauerarbeit unter der Bezeichnung der *Geständnisarbeit* zusammenzufassen. Diese psychische Leistung wird vorzüglich darin bestehen, daß dem Verbrecher vorbewußt wird, was ihn zur Tat trieb, und er in einer bestimmten Art erkennt, was sie bedeutet und warum er sie ausführen mußte. Die Zeit der Geständnisarbeit selbst ist erfüllt von dem Konflikt zwischen dem

Bemühen, vor sich selbst das Verbrechen zu verheimlichen, und der entgegengesetzten Tendenz, es sich einzugestehen und sich darüber klar zu werden. Wir können wirklich den seelischen Prozeß einer solchen gewaltsamen Abdrängung einer unliebsamen Tatsachenreihe vom Bewußtsein einer momentanen Verdrängung gleichsetzen, einem »Wegdenken«, wie es ein Patient einmal nannte.

Dieselbe Spannung beherrscht auch die Beziehungen des Verbrechers der Außenwelt, der Gesellschaft gegenüber. Manche Verbrecher berichten später von dem Widerstreit dieser zwei Strebungen: des Bemühens, allen Verdacht von sich abzulenken, alle Spuren zu verwischen, und einem immer intensiver werdenden Impuls, plötzlich auf der Straße und vor allen Leuten dieses Geheimnis hinauszuschreien oder es in milderen Fällen zumindest einem einzelnen anzuvertrauen, um sich von der schrecklichen psychischen Belastung zu befreien. Die Geständnisarbeit ist also jener psychische Prozeß, der im Vorbewußtwerden der sozialen und seelischen Bedeutung des Verbrechens und im Überwinden aller jener psychischen Faktoren, die sich dem Geständniszwang widersetzen, besteht.

Es ist nicht zu verkennen, daß sich die Geständnisarbeit selbst in unbewußten Ersatzhandlungen des Geständnisses verrät, in Partialgeständnissen, allen jenen Worten und Aktionen, die wir als unbewußte Geständnisse bezeichnet haben und den Abkömmlingen des Verdrängten in der Analyse gleichsetzen können. Der Verbrecher reagiert auch wirklich auf diese unbewußten Partialgeständnisse mit Angst, als hätte er sich durch sie verraten. Man könnte das Wesentliche in den seelischen Vorgängen der Geständnisarbeit in einer uns bereits bekannten Ausdrucksweise als Überwindung der Vorangst beschreiben. Ihr äußeres Ziel wäre demnach das Geständnis selbst, gleichgültig, ob als Aussprechen einem einzelnen gegenüber oder als Bekenntnis vor der Staatsautorität.

Es ist nicht unpassend, die Geständnisarbeit mit jener psychischen Leistung zu vergleichen, welche der Patient in der Analyse vollbringt. Die psychischen Vorgänge im Patienten während der Analyse könnte man als spezielleren Fall der Geständnisarbeit bezeichnen, und in jenen Abkömmlingen des Verdrängten, die uns in der Analyse beschäftigen, erkennen wir unbewußte Partialgeständnisse wieder.

Es bildet keinen Widerspruch, wenn wir sagten, daß der Verbrecher auf die kleinen Zeichen, die wir als unbewußten Selbstverrat erkennen, mit Angst reagiert und sie doch als psychische Entlastung empfindet: Sie haben als allgemeinere Erkenntnis der Analyse gehört, daß etwas für das eine psychische System Unlust, für ein anderes Lust bedeuten kann.

Der ganze seelische Aufwand beim Geständnis wiegt in vielen Fällen wenig mehr gegenüber der Geständnisarbeit, verglichen mit dieser leidvollen, Überwindung erfordernden Leistung; so wenig wie die Strafe, verglichen mit der Pein, die vom Über-Ich ausgeht, in Betracht kommt. Kein irdischer Richter wird die Strenge des Über-Ichs in vielen Personen erreichen. Die Geständnisarbeit wird, um sie in den Ausdrücken der Ichinstanzen zu beschreiben, jene psychische Leistung sein, die es erreicht, daß das Über-Ich dem Ich die Wohltat des Geständnisses erlaubt. Die masochistische Lust am Leiden, an der Tortur durch das Über-Ich in der Zeit der Geständnisarbeit ist späterhin leicht erkennbar. Die Geständnisarbeit dient ja selbst einer partiellen Befriedigung des Strafbedürfnisses. Nur so, durch das Leiden vorher, wird es verständlich, daß der Verbrecher nach dem Geständnis der wirklichen Strafe mit geringer Angst entgegensieht.

Diese partielle Befriedigung des Strafbedürfnisses erklärt in manchen Fällen auch die Tatsache, daß das Geständnis selbst ohne besondere Affektäußerung, ja ohne sichtbare Zeichen von Reue erfolgt. Die Geständnisarbeit selbst bedeutet ja ein Stück Buße und ist unbewußt bereits von allen Gewissensqualen erfüllt. Die Vorangst in diesen Fällen war eben so intensiv, daß ihr gegenüber die Endangst psychisch nicht mehr überbesetzt ist.

> »Sprich mir von allen Schrecken des Gewissens,
> Von meinem Vater sprich mir nicht!«

ruft Don Carlos in Schillers Drama aus; aber im Gedanken an den Vater sind eben alle Schrecken des Gewissens enthalten. Wie Sie wissen, hat die frühe unbewußte Identifizierung mit dem Vater selbst das Wesentlichste dazu beigetragen, daß sich das Gewissen konstituiert hat. Die Gegenüberstellung in jenem Ausruf des Infanten ist also eigentlich eine Gleichsetzung: man kann nicht von allen Schrecken des Gewissens reden, ohne zugleich vom Vater zu sprechen. Die Geständnisarbeit besteht nun darin, daß der Verbrecher alle Schrecken des Gewissens im unbewußten Gedanken an den Vater erlebt, bevor er zum Vaterrepräsentanten geht und seine Tat erzählt. Das Geständnis selbst bedeutet die Überführung der vorbewußten Erkenntnisse aus der Geständnisarbeit in das Bewußtsein mittels der Wortvorstellungen und -wahrnehmungen und ist das Gegenstück zur Tat. Es bringt auch quantitativ annähernd dieselbe psychische Entlastung, welche die Tat dem Strafbedürfnis geliefert hat. Wirklich ist die außerordentliche, in den Tiefen vor sich gehende psychische Arbeit vor der Tat, die von der Kriminalpsychologie noch fast völlig unerforscht geblieben ist und deren Analyse eines der wichtigsten Desiderata der wissenschaftlichen Kriminalistik bildet, nur der Geständnisarbeit, der psychischen Leistung, die zum Geständnis führt, an Intensität zu vergleichen und an Bedeutung für das Seelenleben des einzelnen gleichzustellen. Die beiden psychischen Leistungen stehen auch in einem gewissen quantitativen Verhältnis zueinander, auf dessen Erörterung wir hier nicht eingehen wollen.

Gestatten Sie mir, noch eine kleine Ergänzung zu dem früher Gesagten hinzuzufügen. Die Geständnisarbeit bringt auch jenes Wüten des Über-Ichs gegen das Ich, das wir gewöhnlich als Gewissensbisse bezeichnen. Die in vielen Sprachen erscheinende Bezeichnung »Gewissensbisse« ist selbst eine Metapher, deren Ursprung und Bedeutung keineswegs klar ist.

Die Analyse eines Falles von Zwangsneurose gab mir eine ausgezeichnete Gelegenheit, etwas von dem Sinn dieser Metapher zu erraten. Dem Patienten war während der Analysezeit der Vater gestorben. Außer den Zweifeln, die sich nach einem solchen Ereignis einzustellen pflegen, wie der Frage, ob nichts Wichtiges während der Krankheit des Vaters versäumt wurde, ob der Patient genug hilfsbereit und liebevoll gegenüber dem Vater gewesen war usw., traten angstvolle Träume und peinliche Vorstellungen wie die, daß ein Gespenst oder Skelett in der Nacht in das Zimmer des schlafenden Patienten treten würde, auf. Neben diesen und anderen animistischen Phantasien erschien eine besonders unsinnige, mit großer Angst verbundene Vorstellung. Sie verriet sich zuerst in recht unbestimmter Art: der Patient berichtete, daß er jetzt manchmal, wenn er lesend oder rauchend im Zimmer des Vaters sitze, von der Vorstellung irgendeines Pferdes verfolgt werde. Der vollständige Wortlaut der Zwangsbefürchtung, wie sie später von der Analyse klargestellt wurde und in Träumen Ausdruck erhielt, lautete: das Pferd vom Leichenwagen des Vaters kommt ins Zimmer und will ihn beißen.

Wir werden hier nicht auf die aktuellen Anknüpfungen dieser Idee sowie auf ihre Verbindung mit einer untergegangenen kindlichen Pferdephobie eingehen und wollen nur erwähnen, daß die Zwangsvorstellung durch die Bewußtmachung von Selbstvorwürfen und ihrer im Ödipuskomplex wurzelnden Begründungen bald verschwand. Die Auflösung der Zwangsidee scheint mir bei Heranziehung anderer, Ihnen bekannter Forschungsergebnisse Freuds die Annahme zu bestätigen, daß in den Gewissensbissen die uralte Angst vor dem Gefressen- oder Kastriertwerden wieder erscheint, die sich erst spät in die vieldeutigere, soziale Angst verwandelt hat. So verrät die Metapher Gewissensbisse nicht nur, wie die Analyse jenes Falles regressiv zeigt, ihren Ursprung und ihre latente Bedeutung als archaische Angst vor der kannibalischen Strafe, sondern wirft auch ein Licht auf die primäre Natur des Gewissens. Hier bestätigt sich wieder Freuds große Hypothese vom Ursprung der Religion und Moral, denn es weist auf diese Annahmen hin, wenn gerade die Angst, vom Vater (-totem) gefressen zu werden, den Kern der Gewissensangst, der späteren Angst des Ichs vor dem Über-Ich bildet.

Ich möchte den Anlaß benützen, um Ihnen an diesem Beispiel die Differenz zwischen der kindlichen Angst und ihrer späteren Verwendung durch das Über-Ich vorzuführen. Beispiele dieser Art vermitteln uns bestimmte Annahmen über die Entwicklung der kindlichen Angst zur Gewissensangst, die erst durch die Aufrichtung des Über-Ichs im Ich ermöglicht wurde. In den dunklen Träumen jener Wochen nach dem Tode des Vaters erschien auch immer wieder eine düstere, unheimlich blickende Gestalt, die den Patienten zu bedrohen schien und die mit rätselhaften Zügen ausgestattet war. Es lag nahe, sie mit dem toten Vater zu identifizieren, aber jene charakteristischen, seltsamen Züge blieben dadurch unerklärt. Nach vieler Mühe mußten wir in der mysteriösen Figur – Napoleon erkennen. Der Patient und ich waren in gleichem Maße durch dieses Resultat überrascht; der große Korse hatte den Patienten bewußt niemals besonders interessiert. Die Lösung der Frage, wie Napoleon in den Traum gelangte, schien durch die Anknüpfung an einen Tagesrest, ein Gespräch über Nelson, allein nicht gegeben.

Der Zusammenhang wurde durch eine frühe Kindererinnerung, die am nächsten Tag in einem anderen Zusammenhang auftauchte, hergestellt: der Patient hatte einen bedeutungsvollen Teil seiner Kinderzeit bis zur Zeit, da er zweidreiviertel Jahre alt war, auf einer Insel nahe Sankt Helena zugebracht. Die Bevölkerung hat dort die Erinnerung an Napoleons Aufenthalt auf Helena in der Tradition aufbewahrt, und der Patient erinnerte sich, wie oft seine alte, schwarze Nurse ihm gedroht hatte: »Poni will catch you, if you are'nt a good child.« Eine spätere Erkundigung muß ihm dann die Kenntnis vermittelt haben, daß jener gefürchtete »Poni« mit dem großen Gegner der Engländer identisch war. Der alte Kinderschreck war also hier benützt worden, um die Gewissensangst zu vertiefen, welcher die Erinnerung an einen ungewöhnlich milden und gütigen Vater bewußt energisch widersprach.

Es ist nicht unwichtig, sich gegenwärtig zu halten, daß die Gewissensangst in weitgehendem Maße von dem realen Charakter der Person, der sie einst galt, unabhängig ist, ja manchmal scheint es, als wäre das Über-Ich um so strenger, je schwächer und liebevoller sein Urbild in der Realität gewesen war. Dies wird dadurch erklärlich, daß ja diese Angst an die Stelle einer alten Objektbesetzung getreten ist und sich letzten Endes als verdrängter Liebesanspruch verrät.

Die von uns bereits entwickelte Ansicht, daß ein übergroßes Strafbedürfnis dem Geständniszwang entgegenwirke, läßt auch andere Probleme in einer neuen Beleuchtung sehen. Die Frage des verstockten oder stummen Verbrechers wird unter diesen analytischen Gesichtspunkten einer Revision durch die Kriminalistik unterzogen werden müssen. In vielen Fällen wird sicher neben den von den Kriminalpsychologen so häufig angeführten Motiven wie Trotz, Angst vor Strafe, falsche Einschätzung der Geständnisfolgen, noch jene Intensität des unbewußten Strafbedürfnisses an dem Benehmen des Verbrechers ihren tiefgehenden Einfluß haben.

Lassen Sie mich hier einiges von dem nachholen, was ich in früheren Vorlesungen zu sagen versäumt habe: das Schweigen selbst ist ein Stück negativen Geständnisses und wird von uns unbewußt auch so gewertet. Eine sehr intelligente Patientin äußerte einmal in der Analyse, ihr Schweigen bedeute eigentlich Totsein. Diese Bedeutung hat das Schweigen auch, wie Freud gezeigt hat, in der Darstellung des Todes im Traum und im Mythus. Wir sagen ja auch totschweigen und stellen so das Schweigen dem Töten gleich. Eine der eindrucksvollsten Novellen Arthur Schnitzlers, in der übrigens das Wirken der Geständnisarbeit und das endliche Durchbrechen des Geständniszwanges zu künstlerischer Darstellung gelangt, heißt: »Die Toten schweigen.« Wie nahe die Dichtung hier dem Leben kommt, zeigte mir die Phantasie eines Patienten, der ein Verhältnis mit einer verheirateten Frau hatte. In seinen Tagträumen stellte er sich oft einen Wagenunfall bei einer Ausfahrt mit der Dame vor, bei dem er getötet werden würde. Der eigene Tod wurde in den Phantasien nicht nur zur Sühne, sondern auch zum Geständnis, da er dem betrogenen Gatten das geheime Verhältnis verraten würde. Ein anderer Patient teilte die Menschen ein in solche, mit denen man schweigen könne, und in solche, mit denen man das nicht könne. Den Analytiker rechnete er zur zweiten Gruppe. Wenn der Patient schwieg, fühlte er dies als höchst peinigend und belastend. Von allen anderen psychischen Determinanten, die diesen Fall bestimmen, abgesehen, kann man sagen, daß das Schweigen in der Analyse, selbst Ausdruck des unbewußten Schuldgefühls, von Schuldgefühl gefolgt wurde. Es ist so, als ob das Unbewußte des Patienten sein eigenes Schweigen als Haßsymptom, als Entzug von Liebe beurteile und verurteile, als sei das Schweigen nicht nur Ausdruck sozialer Angst, sondern auch mit sozialer Angst verbunden.

Ebensolche Aufklärung gewährt die Analyse für den Trotz und das freche, herausfordernde Benehmen des Verbrechers; auch hier wird das übergroße Strafbedürfnis als Erklärung dienen, ja man kann sogar behaupten, daß in so scheinbar widersinnigem Benehmen ein noch intensiveres Strafbedürfnis zum Ausdruck dränge als im Schweigen. Denn oft ist das Schweigen selbst ein Zeichen der Vorgänge der Geständnisarbeit und vom Geständnis gefolgt. Das Phänomen des Trotzes oder der Auflehnung aber kommt der Wiederholung der Tat viel näher. Es bildet in seiner kriminalistischen Erscheinungsform nur einen Spezialfall des sonderbaren Benehmens mancher Personen gegen andere, denen gegenüber sie sich schuldig fühlen. Man sollte doch annehmen, daß jemand, der sich gegen einen anderen vergangen hat, sich diesem gegenüber schuldbewußt oder demütig, verlegen oder entschuldigend benehmen wird. Bei einer großen Anzahl von Personen kann man nun jene eigenartige und unerwartete Reaktion beobachten, daß sie sich dem Beleidigten oder Geschädigten gegenüber frech und ungebärdig, ja feindselig betragen. Sie finden dieses sonderbare Benehmen nun keineswegs, wie man glauben könnte, bei rohen und primitiven Naturen, sondern gerade bei solchen, die besonders empfindsam und schamhaft sind. Ja, man wäre manchmal geneigt anzunehmen, daß es gerade mit diesen ihren Eigenschaften irgendwie zusammenhänge.

Als erste Auskunft ergibt sich die, daß diese Personen sich wirklich unbewußt oder vorbewußt schuldig fühlen und als Reaktion gegen dieses Schuldgefühl, das übergroß geworden ist, in das andere Extrem des psychischen Pendelschlages geworfen werden. Solche seelische Vorgänge sind keineswegs ohne Analogie: es ist mir ein Fall bekannt, in dem eine sonst zärtliche, ja vielleicht übertrieben zärtliche Tochter ihre Mutter, wenn diese krank wird, mit Vorwürfen und Anklagen überhäuft und so zu Ausbrüchen ungezügelten Hasses gelangt. Die durch das Andrängen der unterdrückten feindseligen Impulse reaktiv verstärkte Zärtlichkeit schlägt dann in ihr Gegenteil um; die Krankheit der Mutter hat die Besorgnis und Zärtlichkeit auf einen Höhepunkt gebracht, von dem aus die unbewußten Haßtendenzen nun überraschend zum Durchbruch gelangen können. Darauf weist auch die Erklärung hin, welche die Tochter für ihr Verhalten geben kann: die Mutter tue ihr dann so leid und sie sei so besorgt um sie, daß sie sie schimpfen müsse. Was sich so nur als Steigerung der Zärtlichkeit und Besorgnis äußert, sind in Wahrheit die entgegengesetzten Gefühlsregungen der Ambivalenzspannung. Wir sehen auch hier, daß quantitative Faktoren zur Entscheidung über das Ergebnis der Triebentmischung wesentlich beitragen. Ähnlich in den von uns früher beschriebenen Fällen. Wir brauchen in der Aufklärung des sonderbaren Benehmens die Rolle eines eigenartigen Schamgefühles, das selbst tiefere Motive ahnen läßt, sowie die Mitwirkung anderer seelischer Momente nicht zu übersehen. Auch wird man den betreffenden Personen Glauben schenken müssen, wenn sie auf eindringliches Befragen Auskunft geben und sagen, sie wären über die Ruhe des anderen empört gewesen und um so empörter, je weniger er Anstalten treffe, sich zu rächen; die Demut des anderen habe geradezu aufreizend auf sie gewirkt, als würde er durch solchen Verzicht auf die natürliche feindselige Reaktion der Rache und der Bestrafung eine Superiorität in Anspruch genommen haben, die ihm nicht gebühre.

Wir brauchen unsere frühere Erklärung nicht aufzugeben, sondern nur näher zu bestimmen und zu ergänzen; wir werden vor allem bemerken, daß das Zufügen der ersten Beleidigung oder Schädigung selbst aus dem Strafbedürfnis erfolgte; es war schon ein Versuch, das Strafbedürfnis zu placieren und in der Aussicht, selbst beschimpft und geschädigt zu werden, zu befriedigen. Die zweite Reaktion, eben jene Wiederholung der Beleidigung zeigt, daß dieser Versuch mißglückt ist, denn es ist so, als ob der Beleidigte Rache an dem Verletzten nimmt, weil dieser ihm nicht die Strafe zuteil werden ließ, auf die er Anspruch erhebt, und als ob er es den Gekränkten entgelten lasse, daß der Übeltäter so intensive Schuldgefühle fühlen müsse. Er rächt sich an dem Gekränkten oder Beschädigten dafür, daß er ihn gekränkt hat, was wirklich widersinnig wäre, wenn in diesem Falle nicht zwei Voraussetzungen psychischer Art zutreffen. Die erste haben wir schon erwähnt: es ist die große Intensität des präexistenten Strafbedürfnisses. Wir wissen, das Strafbedürfnis ist in diesem Falle so groß geworden, daß es triebhaft zu neuen Übeltaten drängt.

Das Strafbedürfnis aber kann nur dann diese überwältigende Stärke erreichen, wenn man den Beleidigten liebt, das Leid, das man ihm angetan hat, unbewußt als eigenes verspürt, mit anderen Worten: unter den psychologischen Bedingungen der unbewußten Identifizierung. Die wiederholte Kränkung oder Beschädigung wäre also sowohl die unter dem Zwang des Strafbedürfnisses verschärfte Wiederholung der ersten Übeltat als auch die partielle Befriedigung dieses Strafbedürfnisses, da die Kränkung an der durch Objektintrojektion ins Ich gezogenen Person erfolgt. Tatwiederholung und Selbstbestrafung am anderen Objekt fallen hier zusammen. Die zweite Voraussetzung ist, daß die zweite Aktion den Charakter des agierten Geständnisses hat oder das Geständnis durch die Tat ersetzt. Hier brauche ich Sie nur an das früher Gesagte über das Agieren in der Analyse zu erinnern.

Das beschriebene Phänomen, das im Falle des ungebärdigen oder trotzigen Verbrechers vor Gericht vielleicht nur seine auffälligste Erscheinungsform zeigt, ist von seiten der Psychoanalyse noch kaum zum Gegenstand psychologischer Forschungen gemacht worden – überflüssig zu sagen, daß es sich der außeranalytischen Psychologie überhaupt noch nicht als Problem gestellt hat. Vielleicht sind es auch hier eher die Dichter als die Kriminalpsychologen, welche die komplizierten Verschiebungs- und Reaktionsbildungen erfassen, die im menschlichen Seelenleben vor sich gehen. Ich beschränke mich darauf, Ihnen ein einziges Beispiel zu geben, das aus der genialen Menschenkenntnis eines der größten Psychologen stammt. Dostojewski gibt von Fedor Pawlowitsch Karamasoff, dem Vater der Brüder Iwan, Dimitrij und Aljoscha, folgende Charakteristik: Er wollte sich an allen für seine eigenen Schändlichkeiten rächen. Und da fiel ihm auch noch ein, wie man ihn früher einmal gefragt hatte: »Warum hassen Sie denn diesen Menschen so sehr?« und wie er darauf in einem Anfall seiner Narrenschamlosigkeit geantwortet hatte: »Warum? Sehen Sie: er hat mir nichts getan, das ist wahr, dafür aber habe ich ihm eine gewissenlose Gemeinheit angetan und kaum war es geschehen, da haßte ich ihn auch schon gerade deswegen.« Es wird uns hier auffallen, daß jene Tat von dem Täter so selbstverständlich als gewissenlose Gemeinheit gekennzeichnet wird und daß er seinen Haß in die engste zeitliche und ursächliche Verknüpfung mit seiner schlimmen Tat bringt. Er beschreibt offenbar den von ihm gefühlten Zusammenhang, ohne doch fähig zu sein, die unbewußten Verbindungen auffinden zu können.

Kehren wir von hier aus wieder zu den Problemen der Kriminalistik zurück; ich glaube, wir stehen alle unter dem Eindruck, daß die Kriminalpsychologie mit den ihr bisher zur Verfügung stehenden Mitteln und Methoden die schwierigen Fragen, welche ihr das seelische Phänomen des Verbrechens stellt, schwer lösen können wird.

Die neuen Gesichtspunkte zwingen uns, auch einige Augenblicke bei der Geschichte der Strafprozeßordnung zu verweilen. Ist ein überstarkes Strafbedürfnis selbst ein Hindernis des Geständniszwanges, so verstehen wir jetzt auch, warum man sich früher so eigenartiger Mittel bediente, um den Angeklagten zum Geständnis zu bringen. Ich weiß nicht, ob es Ihnen bekannt ist, daß man in der Schweiz noch vor einigen Dezennien den sogenannten Geständnisprügel benützte, mit dem der Delinquent so lange traktiert wurde, bis er ein Geständnis ablegte. Diese Einrichtung ist ein Relikt der im Mittelalter gebräuchlichen Torturen und Pressionsmittel, eben des von außen kommenden Geständniszwanges. Es muß bei aller Barbarei und aller Roheit doch auch ein psychologischer Sinn in diesem grausamen Verfahren der mittelalterlichen Strafprozeßordnung liegen. Es ist so, als ob dem stummen oder trotzigen Verbrecher durch die Schmerzen die Zunge gelöst werden sollte. Die Folterung war ein Stück vorweggenommener Bestrafung, gleichsam eine Partialstrafe, der die andere, eigentliche Strafe folgte. Das Maß des Leidens für den Verbrecher war voll, sein Strafbedürfnis soweit befriedigt, daß er sich zum Geständnis bereit fand. Es kann nur dieses unbewußte Verständnis der seelischen Situation des Verbrechers gewesen sein, was die Anwendung einer uns heute mit Abscheu erfüllenden Maßregel erklärt. Die Verlegung dieses »Geständniszwanges« von außen nach innen, in das Seelenleben des einzelnen hat uns ja, wie ich früher sagte, die Möglichkeit gegeben, von einem unbewußten Geständniszwang zu reden.

Wir werden so von selbst zu der Frage geführt, warum man so viele Mittel anwandte, um den Delinquenten zum Geständnis zu bringen, und zu der anderen, woher die hohe psychologische und kriminalistische Bewertung des Geständnisses stammt. Die Praxis des Untersuchungs- und Strafrichters zeigt, daß man noch immer mit allen erlaubten Mitteln ein Geständnis vom Angeklagten zu erlangen sucht. Die »peinliche Frage«, wie das Mittelalter die Folterung nannte, ist noch nicht völlig verschwunden; sie hat nur ihre Gestalt geändert: der Zwang ist jetzt so sanft geworden, so sehr in das psychische Gebiet verlegt, daß man ihn kaum mehr so nennen kann. Jede Überrumpelung oder Überlistung des Angeklagten ist verboten, aber es wird alle Mühe aufgewendet, um das Bekenntnis der Schuld zu erlangen.

Kann es der Wert des Geständnisses als Beweismittel sein, der so große Anstrengungen rechtfertigt? Gewiß nicht; denn das Geständnis allein kann ja, wie wir gehört haben, nicht als Beweismittel dienen. Es ist natürlich von großem Wert, aber es gibt einerseits falsche Geständnisse, andererseits Fälle, in denen durch Zeugenaussagen und Indizien genügend Beweismittel vorhanden sind, die es dem Richter und den Geschworenen erlauben, eine Entscheidung auch dann zu fällen, wenn kein Geständnis vorliegt – und solche richterliche Entscheidungen ergehen auch wirklich in einer großen Anzahl von Fällen. Es müssen neben den von den Kriminalisten und Strafrechtslehrern angeführten Momenten andere vorhanden sein, die dem Geständnis eine psychologische Ausnahmestellung einräumen.

Wir ahnen, welche diese Faktoren sind, und können sie uns deutlicher machen, wenn wir uns vorstellen, was das Geständnis für den Verbrecher selbst und für die urteilende Gesellschaft unbewußt bedeutet. Das Geständnis heißt für den Verbrecher, daß sein Gewissen Stimme gewonnen hat, daß er sich durch die gesprochene Wiederholung der Bedeutung seiner Tat bewußt wird, daß er beginnt, sein stummes, der Gesellschaft unzugängliches Schuldgefühl in ein dem normalen näheres zu verwandeln und, da er ein Stück seines Strafbedürfnisses frei geäußert hat, er sich auch für strafwürdig erklärt. Ist so das Geständnis nicht die Vorbereitung des Urteils, ja ist in ihm nicht verborgen das Urteil des Verbrechers selbst über seine Tat enthalten?

In diesen Zügen aber muß auch das verborgen sein, was für die anderen, Richter, Geschworene und Zuhörer, die psychische Bedeutung des Geständnisses ausmacht. Die Gesellschaft fühlt sich vom Leugnen und Schweigen des Verbrechers bedrückt wie durch eine gewaltige unheimliche Anklage, wie wenn es das Recht des Urteilens selbst, das die Gesellschaft für sich in Anspruch nimmt, in Frage stelle. Der Übeltäter erleichtert dem Gericht seine Aufgabe, ja nimmt sie ihm bereits unbewußt vorweg, indem er gesteht; ist doch das Geständnis selbst ein Ausdruck des Strafbedürfnisses.

Es muß aber in der Einstellung des Gerichtes gegenüber dem

Geständnis etwas Berechtigtes verborgenen Ausdruck finden. Man hat gesagt, daß in jeder Anklage, die die Gesellschaft wegen eines Verbrechens erhebt, eine Selbstanklage enthalten sei, da die Gesellschaft an dem Zustandekommen des Verbrechens mitschuldig sei. Das Geständnis bringt auch diese Anklage gegen die Gesellschaft, die den Armen schuldig werden läßt und ihn dann der Pein überläßt, zum Ausdruck. Die Anklage des Verbrechers, die dieser »Kollektivschuld der Gesellschaft« gilt – wie es der berühmte Strafrechtslehrer Franz v. Liszt genannt hat – ist im Geständnis implicite enthalten. Bedeutet das Geständnis so eine Entlastung des Strafbedürfnisses und zugleich seine partielle Befriedigung, so muß man sagen, daß es auch das Strafbedürfnis der Gesellschaft befriedigt und entlastet wie der tragische Held in seinem Untergang das Strafbedürfnis des Publikums befriedigt. Hier wäre also der Grund für die kathartische Wirkung des Geständnisses auf seine Zuhörer zu suchen. Niemand, der je einer Schwurgerichtsverhandlung aufmerksam gefolgt ist, wird diese Beschreibung der seelischen Vorgänge im Zuhörerraum unwahrscheinlich finden. Man könnte sagen, Richter wie Zuhörer erwarten das Geständnis des Verbrechers, wie um einen schweren Bann zu brechen, wie um eine Möglichkeit des Vergleiches mit dem eigenen Seelenleben, eine Möglichkeit unbewußter Identifizierung zu erhalten. Das Geständnis, das auch die Anklage gegen die Gesellschaft formuliert, bricht diesen Bann und erlaubt es, sich für einen Augenblick unbewußt mit dem Verbrecher zu identifizieren, die eigenen seelischen Vorgänge mit den seinen zu vergleichen und die Triebregungen in ihm und sich selbst zu verurteilen.

Hier ist auch der Platz, einer Abart des Geständnisses zu gedenken, das die Möglichkeit einer solchen unbewußten Identifizierung einschränkt; ich meine des affektlosen Geständnisses. Der Verbrecher bekennt wohl seine Tat, zeigt aber keine Zeichen von Reue, keine Anzeichen dafür, was diese Tat in seinem Seelenleben bedeutet. Wie läßt sich diese Erscheinung in unserem Zusammenhang einreihen? Dies wird leicht gelingen, wenn wir uns des Zusammenhanges zwischen Verdrängung und Geständnis erinnern. Wir wissen, daß Vorstellung und Affektbetrag einer Triebrepräsentanz verschiedene Schicksale haben können. Die Vorstellung kann erhalten geblieben sein, der Affekt ist verdrängt worden. Im Geständnisvorgang lassen sich analoge Verhältnisse erkennen. Der Verbrecher, der völlig affektlos, wie ein Polizeibericht seine Tat erzählt, wäre etwa jenem Neurotiker zu vergleichen, der gerade das Wesentliche seiner Krankheit so sagt, daß jeder Affektindex dabei vermißt wird. Wir können dann diesen Affekt oft als verschobenen wiederfinden; das Strafbedürfnis wird bei solcher Affektverschiebung gewiß einen bestimmenden Einfluß haben.

Die Gesellschaft erweist sich auch dankbar für das Geständnis, mit dem sie der Verbrecher vom eigenen, unbewußten Schuldgefühl entlastet, indem sie darauf mit einer Milderung ihres Urteils über seine Tat reagiert. Das Geständnis stellt ja für den Verbrecher selbst den ersten Schritt auf dem Rückweg zur Gesellschaft dar; durch seine Ablegung findet er die erste Möglichkeit, wieder zur Gesellschaft zurückzukehren, außerhalb deren Grenzen er sich durch seine Tat gestellt hat. Auch die richtenden Instanzen reagieren auf diese Wiederannäherung, auf diese erste Bemühung um Versöhnung mit der Sozietät, indem sie das Geständnis formell als Milderungsgrund betrachten. Der Untersuchungs- oder Strafrichter ist in diesem ganzen psychischen Prozeß, als dessen Veräußerlichung und Vergröberung uns der gerichtliche erscheint, unbewußt der typische Vaterrepräsentant, der verurteilt und verzeiht, der richtet und wiederaufrichtet.

Im Geständnis hat sich der Verbrecher der Gemeinschaft gegenüber zu seiner Untat bekannt, wie einmal das Kind zu seinem Schlimmsein gegenüber dem wirklichen Vater oder dessen Stellvertreter. So wie aber das Geständnis des Kindes unbewußt eine neue Liebeswerbung darstellt, einen Versuch, das verlorene Objekt wiederzugewinnen, so zeigt der Übeltäter, indem er sich im Geständnis als strafwürdig bezeichnet, die Absicht, sich wieder der Gesellschaft einzureihen.

Die psychoanalytische Strafrechtstheorie

Meine Damen und Herren! Wir haben bereits darauf hingewiesen, daß die analytischen Resultate uns auch vor neue Probleme in der Strafrechtswissenschaft stellen. Es handelt sich
nicht um ein solches Problem, aber um einen wichtigen, neuen
Gesichtspunkt, wenn die Analyse in der Lage ist zu beweisen,
daß es Urteil und Strafe auch außerhalb der Gerichte gibt, daß
es eine Bestrafung sozusagen in eigener Regie gibt, die so viele
Beamte und Hilfsorgane überflüssig macht.

Die Kriminalpsychologie hat freilich registriert, daß manche
Verbrecher sich selbst bestrafen, daß mancher Selbstmord zur
Sühnung eines Verbrechens verübt wurde. Aber darum handelt
es sich uns nicht; dies sind ja nur vereinzelte, äußere Anzeichen
psychischer Vorgänge, die nicht immer so lärmvoll zum Ausdruck gelangen. Es müßte auch zu den Aufgaben der Kriminalpsychologie gehören, die Verbindung des Seelenlebens des Verbrechers mit dem der nicht zu Verbrechern gewordenen Menschen zu erforschen. Die Analyse der psychischen Vorgänge
beim Neurotiker bietet dafür eine der lohnendsten Gelegenheiten, vielleicht die beste und jetzt auch die zugänglichste.

Die Krankheit selbst dient zu einem wichtigen Teil dem Strafbedürfnis, und das Leiden an ihr hat auch deutlich Strafcharakter. Aber es sind nicht nur Krankheitssymptome, die auf solche
psychische Selbstbestrafung hinweisen; wir wissen, wie häufig
kleinere Handlungen wie Fehlleistungen des Alltagslebens,
Übersehen – die Analoga zur »Fahrlässigkeit« der Juristen –
Ausdruck der Straftendenzen darstellen. Auch nichtneurotische
Personen strafen sich so unbewußt durch zeitweilige Entbehrungen oder Entzug von Vergnügungen, durch eine Beeinträchtigung der Genuß- und Leistungsfähigkeit. Diese Art von
innerem Strafvollzug ist auch keineswegs auf Erwachsene
beschränkt: bereits Kinder zeigen die Erscheinungen von einem

bestimmten Alter und einer bestimmten Entwicklungsstufe an. Um nur ein Beispiel zu geben: eine englische Patientin berichtet aus ihrer Kinderzeit, daß sie, nachdem sie zuerst im Erlernen der deutschen Sprache ausgezeichnete Fortschritte gemacht hatte, sich von einer bestimmten Zeit an völlig unfähig fühlte, diese Sprache weiter zu lernen. Es ist nun wichtig zu erwähnen, daß ihr Vater ihr Lehrer im Deutschen gewesen war und sie mit ihm häufig zärtliche oder scherzhafte Gespräche in dieser Sprache, welche die Mutter nicht verstand, geführt hatte. Nach einem gewissen Ereignis der Kleinen war sie »self-conscious« geworden, das heißt, sie hatte vorbewußt erkannt, auf welchen tieferliegenden Gefühlsregungen ihre zärtlichen Beziehungen zum Vater ruhten, und von da an versiegte ihre Fähigkeit zur deutschen Konversation. Es war in ihr der Gedanke aufgetaucht, die deutschen Gespräche mit dem Vater mit solchen in einer kindlichen Geheimsprache, in der häufig sexuelle Themen zwischen Kindern erörtert werden, zu vergleichen. Solches geheime Einverständnis mit dem Vater aber schien ihr gegen die Mutter, die ja nicht Deutsch konnte, gerichtet und deshalb verboten. Sie hatte sich mit Unfähigkeit, Deutsch zu lernen, bestraft, und zwar gerade, weil ihr die deutsche Unterhaltung mit dem Vater Vergnügen gemacht hatte. Es war so, wie wenn das Sprechen eine weit weniger harmlose, gemeinsame Betätigung vertreten hätte.

Doch wenden wir uns zu den Selbstbestrafungen neurotischer Erwachsener. Ich habe mir angewöhnt, mir in jeder Analyse neurotisch Erkrankter die Frage vorzulegen, wie und wodurch sich der Patient bestraft hat und darf bekennen, daß mir die oft erst spät erfolgende Beantwortung dieser Frage jedesmal ein wertvolles Stück Aufklärung und Einsicht in die psychische Struktur und in die unbewußten Begründungen der Neurose gewährt hat. Vergessen Sie nicht, daß die Beantwortung dieser Frage uns zugleich einen der wichtigsten Krankheitsgewinne erkennen läßt.

Ich will Ihnen einige herausgegriffene Beispiele solcher unbewußten Selbstbestrafungen, die zugleich das Leben der betref-

fenden Personen im Tiefsten bestimmten, erzählen: Ein Patient
verbringt sein Leben in leidvoller Isolierung, die den Verkehr
mit Menschen fast völlig unterbindet. Man möchte sagen, er
habe sich zu Einzelhaft verurteilt. Ein anderer arbeitet mit
höchster Intensität und Ausdauer an bestimmten Arbeiten, die
ihm nichts bedeuten und ihm keinen Nutzen bringen können;
sein interner Urteilsspruch war offenbar Zwangsarbeit. Er trug
gleichsam einen geheimen Stempel: *Travaux forcés*. Ein masochistischer Patient litt unter der zwanghaften Vorstellung, daß
sich ein Heer von Lanzen gegen seine Augen richtet. Die Analyse ergibt, daß diese Vorstellung von einer Züchtigung ausging, die der Patient als kleiner Junge vom Vater mit einem
Bergstock, auf dem sich eine eiserne Spitze befand, wegen seiner
Widerspenstigkeit erhalten hatte. Das Symptom ließ im Zusammenhang mit später eintretenden Phantasien keinen Zweifel darüber, daß die gefürchtete und erwünschte Bestrafung
die Blendung war, die sich leicht als Ersatz der Kastration
erkennen ließ. Der Zusammenhang zwischen phantasierter Tat
oder verbotenem Wunsch und der Bestrafung, also der »Straf-
grund«, wie es die Juristen nennen würden, ist fast immer unbewußt und kann in ausgeführter Analyse regelmäßig aufgedeckt werden.

Eine Unterscheidung, die sich der analytischen Beobachtung
der neurotischen Selbstbestrafung aufdrängt, verdient gewiß
hervorgehoben zu werden: ein gewisses Ausmaß eines unbewußten Strafvollzuges läßt sich bei allen Kranken feststellen,
aber bei vielen nimmt die Angst vor der Strafe selbst Strafcharakter an. Die Angst hat dann nicht nur die Natur einer
Schutzmaßregel vor der drohenden Selbstbestrafung, sie übernimmt vielmehr alle Funktionen derselben, wie wir dies deutlich in der psychischen Dynamik der Phobien bemerken, welche
eine so erhebliche Einschränkung des Patienten bedingen. Auch
die ausgedehnten Zwangshandlungen, durch die sich der Neurotiker vor dem verbotenen Tun schützt, gewinnen Strafcharakter: sie zwingen ihn, Zeit und Energie auf jene kleinen Aktionen
zu verwenden und sich durch Einbußen an psychischer Bewe-

gungsfähigkeit zu strafen. Wir werden den Anteil der Ersatzbefriedigung in den Symptomen sicher nicht unterschätzen,
aber mit dem Stärkerwerden der Versuchung wächst auch die
in Strafform umgesetzte Abwehr. Dasselbe gilt für das
Zwangsdenken.

Der Unterschied zwischen der latenten Selbstbestrafung, die
tief in das Leben und die Schicksalsgestaltung des einzelnen
eingreift, und ihrer Variation in der Form der Angst ist sicher
bemerkenswert, aber es ist zu betonen, daß er auf keine Differenz in der psychischen Intensität des Erlebens zurückgeht,
sondern die Einwirkung bestimmter äußerer und innerer Determinanten widerspiegelt. Wenn ich einen Vergleich gebrauchen darf: Auch Balzac hatte wie sein großer Zeitgenosse Napoleon den brennenden Ehrgeiz, die Welt zu bezwingen und zu
beherrschen, wie die Konzeption der »Comédie humaine« zeigt.
Es war keine Differenz der Triebstärke, sondern in anderen
Umständen begründet, daß er dies auf einem anderen Felde
versuchte. Wirklich hat er einmal unter ein Bild Napoleons
das stolze Wort geschrieben: »Ce qu'il n'a pu achever par
l'épée, je l'accomplirai par la plume.«

Als gutes Beispiel des Strafcharakters der Angst darf ich vielleicht folgendes aus der Analyse einer Zwangsneurose anführen: Der Patient litt an der blasphemischen Idee, daß er Gott
eine Ohrfeige geben muß. Wenn die Idee auftauchte, sah er
gewöhnlich das Gesicht eines alten Mannes, das er mit dem
Gottes verglich, am Plafond und eine Hand, die sich diesem
schlagend näherte, visionär vor sich. Viel später und in anderem Zusammenhang kam er wie beiläufig auf ein Gefühl zu
sprechen, das ihn seit langer Zeit peinige, eine Art Zwangsbefürchtung, die sich schwer beruhigen ließ und oft den Charakter panischer Angst mit allen körperlichen Sensationen wie
Herzkopfen, Zittern, Schweißausbruch annahm. Es war die
Angst, der Plafond könne einstürzen und ihn unter sich begraben. Der Zusammenhang der Angst mit der Zwangsidee war
unbewußt geblieben. Ein anderer Patient fühlte einen schweren
Druck auf der Brust und beschrieb diese peinliche Empfindung

so, als wäre ihm ein schwerer Stein auf die Brust gewälzt. Die Verbindung dieser Sensation mit der Vorstellung vom Grabstein des Vaters war leicht herzustellen. Hier hat also die Strafe die Form einer körperlichen Sensation angenommen wie in einem hysterischen Konversionssymptom. Die Bedeutung des unbewußten Strafbedürfnisses für die Psychogenese der hysterischen Beschwerden ist kaum noch gewürdigt worden.

Eine Organempfindung als Strafausdruck läßt auch folgender Fall erkennen: Ein Patient hatte merkwürdige, schwer zu beschreibende Empfindungen am Hals und Nacken, als wenn ihn etwas einschnüre. Einmal kam er auf ein Schauspiel »The Bells« zu sprechen, dessen Aufführung mit Sir Henry Irving ihm einen tiefen Eindruck hinterlassen hatte. Der Inhalt des Stückes ist der, daß ein Wirt, der vor vielen Jahren einen polnischen Juden ermordet und beraubt hatte, sich beständig vom Läuten der Kirchenglocken, die in der Stunde der Tat zufällig erklungen waren, verfolgt glaubt und sich erhängt. Der Patient hatte ein andermal in höchst unbestimmter Art von den unangenehmen Gefühlen gesprochen, die das Hören der Töne von Kirchenglocken in ihm erweckten. Die unbewußte Identifizierung mit jenem Mörder in »The Bells« war aufgrund der verdrängten Todeswünsche gegen den eigenen Vater klar. Der Vater des Patienten war durch seinen Beruf mit der Kirche verbunden, und die Töne der Kirchenglocke waren einmal von großer Bedeutung für den Patienten gewesen, da sie ihn an Kirchengang und Gottesdienst mahnten.

Es mag uns in Erstaunen setzen, daß die Strafe, die der Neurotiker unbewußt über sich verhängt, meistens keine einfache ist, sondern sich nach vielen Richtungen erstreckt. So hatte sich der Patient, von dem ich eben sprach, nicht nur mit einer ganzen Reihe von Symptomen bestraft, er litt auch sehr unter seiner, von ihm unbewußt herbeigeführten Lebensgestaltung, die ihn an ein fernes Land band und ihm nicht erlaubte, seine Meinungen und sein Wesen frei erkennen zu lassen. Er war so nicht nur verurteilt, seinen Lieben fern zu bleiben, sondern sich auch immer wieder zu verstellen; gegen Ende der Behandlung beschrieb er einmal sein Schicksal spontan als »a lifelong imprisonment like the man with the iron mask«. Ich hatte einen Patienten, der sich fast jede Lebensäußerung bis auf das Atmen und Denken verbot; er war wirklich ein »lebender Leichnam«.

Die komplizierten Strafen, die z. B. Zwangsneurotiker sich auferlegen, sprechen laut genug von ihrem Sühnebedürfnis; sie sind den kombinierten Strafen zu vergleichen, welche unsere Justiz über Übeltäter verhängt. Sie unterscheiden sich von ihnen durch mehrere Momente: sie hängen ihrer Beschaffenheit und ihren Mechanismen nach aufs innigste mit den verbotenen Regungen zusammen. Es wird aber – und dies ist das zweite Moment – dieselbe Regung mit vielfachen Strafen belegt; es wäre etwa so, wie wenn ein Richter einen Diebstahl mit Arrest, mit Ehrverlust, Fasten an gewissen Tagen und anderen Straferschwerungen belegte. Ein Neurotiker wird sich etwa für denselben verpönten Wunsch mit Waschzwang, mit der Ausführung eines bestimmten, beschwerlichen Zeremoniells, mit Isolierung usw. bestrafen.

Wir sehen, es gibt auch Strafen außerhalb des Gerichtes sowie Gesetze, die kaum weniger unerbittlich jede verbotene Tat, ja jeden verbotenen Wunsch bestrafen, Gesetze, die mit einer grausamen Logik und einer automatischen Präzision arbeiten, die alle irdische Gesetzgebung weit hinter sich lassen.

Sie werden nun sagen, das sei alles für das psychologische Verständnis der Neurose sehr interessant, aber was kann die Strafrechtswissenschaft daraus zur Förderung ihrer Disziplin schöpfen? Ich meine, es sei Verschiedenes. Vor allem müßte sie die Tatsache eines solchen psychischen Gerichtshofes selbst, der über eigene Gesetze verfügt und Strafen besonderer Art verhängt, überraschen. Es ist vorauszusehen, daß dieses Gericht einmal in ferner Zeit dem äußeren scharfe Konkurrenz machen, ja es vielleicht ersetzen können wird.

Es mag ferner überraschend sein zu hören, daß die Analyse die Bestrafung in allen Fällen, die sie Gelegenheit hat zu untersuchen, regelmäßig auf verdrängte Wünsche aus dem Ödipuskomplex zurückzuführen gezwungen ist, als würde es nur Verbrechen, die aus dieser Quelle stammen, geben. Es müßte die Kriminalpsychologen reizen nachzuforschen, wieweit dieser unbewußte Zusammenhang auch beim Verbrecher nachzuweisen ist, ob auch hier eine unterirdische Verbindung zwischen den Urverbrechen der Kinderzeit und der Tat des erwachsenen Verbrechers besteht, welchen Einfluß die individuelle Verarbeitung des Ödipuskomplexes auf die Entwicklung des später zum Verbrecher Gewordenen hatte.

Ich würde sogar meinen, die Rechtsgeschichte, die historische Rechtswissenschaft könne aus den Erforschungen der unbewußten Vorgänge beim Neurotiker manches Nützliche lernen. Denn im Seelenleben des Neurotikers hat sich manches Archaische erhalten, hier sind Quellen für eine jeder Erinnerung entzogene Zeit, in die kein Blick des Rechtshistorikers zu dringen vermag. Die Analyse hat in Freuds »Totem und Tabu« und in Storfers Untersuchung »Zur Sonderstellung des Vatermordes« selbst die ersten Schritte in dieser Richtung getan.

Und sollten die Beschlüsse dieses inneren Gerichtshofes bei Berücksichtigung aller einschneidenden Differenzen, nicht besser Auskunft geben über die Anschauungen der Menschen, welche Verbrechen und Vergehen sie strafbar finden und auf welches Strafausmaß sie erkennen? Sollte man aus diesen Erkenntnissen nicht bestimmte Folgerungen ableiten können, die freilich keinen Einfluß auf das Strafrecht selbst haben mögen, aber für eine künftige Verhütung der Verbrechen, also für die Kriminalpolitik, wie es die Strafrechtswissenschaft nennt, wichtig werden könnten? Man wird freilich die wichtigen Unterschiede zwischen Verbrecher und Neurotiker bei solcher Heranziehung der Neurosenpsychologie für kriminalpsychologische Untersuchung sorgsam beachten müssen: die Differenzen in den Hemmungseinrichtungen, das Überwiegen der sexuellen Regungen in der Neurose und der eigensüchtigen und asozialen im Verbrechen und andere Momente. Es scheint ja, als würde die Neurose einen weitgehenden Schutz gegen das Verbrechen bedeuten. Die Resultate der analytischen Forschung nötigen jedenfalls zu einer gründlichen Revision der alten, ganz auf dem Boden der Bewußtseinspsychologie stehenden Vorstellungs- und Willenstheorie, auf der die heutige Strafrechtswissenschaft aufgebaut ist. Allgemeiner gesprochen: der wissenschaftliche Fortschritt wie menschliche Überlegungen fordern in gleichem Maße, daß Strafrechtslehrer, Berufs- und Laienrichter, Verteidiger und Staatsanwälte eine gründliche psychologische Vorbildung erhalten, die ihnen in beschämendem Maße abgeht, wie dies die einsichtigsten unter ihnen selbst beklagen.

Lassen Sie mich dieses Thema abbrechen und zu unseren strafrechtlichen Erörterungen zurückkehren. Die Strafrechtsgeschichte belehrt Sie darüber, daß ursprünglich die Gesellschaft, die Gemeinschaft der Stammesgenossen über einen Verbrecher zu urteilen hatte, der Einzelrichter fungiert später als Vertreter der Gemeinschaft. Aber es läßt sich unschwer ein Zustand in prähistorischer Zeit rekonstruieren, in dem der Hordenhäuptling über alle Macht und das Strafrecht verfügte wie später der *pater familias* des römischen Rechtes über die Herdgenossen. Der Übergang zum Strafrecht der Gemeinschaft wird sich wohl in der Brüderhorde vollzogen haben. In manchen Neurosen erkennt man sehr deutlich, wie die soziale Angst das Schuldgefühl gegenüber der Gesellschaft oder der »public opinion« auf die Angst vor dem Vater zurückführt.

Die Übertragung in der Analyse erweist sich manchmal als vorzügliches Mittel zum Verständnis anderer Probleme des Strafrechtes. Einer meiner Analysanden war ein sehr intelligenter Jurist, der an Zwangsneurose erkrankt war und den Fragen seiner Wissenschaft starkes Interesse entgegenbrachte. Die Analyse ging bis zu einem gewissen Zeitpunkt ungestört; der Widerstand setzte in einer besonderen Art ein: er drückte sich in der Analyse anscheinend ferneliegenden Zwangsgrübeleien aus. Es war nun erstaunlich, wie geschickt der Patient unbewußt ihn beschäftigende Fragen aus dem Übertragungsbereich in diesem Zwangsdenken in den juristischen Jargon übersetzte. Es wurde z. B. bald klar, daß er die Widerstände, die eine kurze Unterbrechung der Analyse in ihm erregte, in der gedanklichen

Bewältigung des Urlaubsproblems in der Angestelltenversicherung ausdrückte usw. Das uns hier Interessierende waren Zwangsgedanken, die sich um Probleme des Strafrechtes drehten: wenn er mir etwas verheimlichte, wurde die strafrechtliche Behandlung der Hehlerei in seinen Grübeleien zum Mittelpunkt, der *dolus eventualis* mußte zur Darstellung der Zweifel, ob etwas bewußt oder unbewußt sei, dienen und die Probleme der Fahrlässigkeit waren unbewußt der Tummelplatz seiner Zweifel an der psychischen Determiniertheit seiner Fehlleistungen. Das Ausmaß seines Strafbedürfnisses brachte er zum Ausdruck in den ausgedehnten, an den Paragraphen des Bürgerlichen Gesetzbuches orientierten Zwangsgedanken, welche Strafen die betreffenden Übeltäter in den phantasierten Fällen erhalten sollten. Selbstanklage und Selbstverteidigung erschienen wechselnd in diesen zwanghaften Überlegungen. Erst als es mir gelang, an einigen ausgezeichneten Fällen die Verbindung aller, auch der geringfügigsten Einzelheiten seiner Strafgesetzprobleme, die er seinem gegenwärtigen Studienmaterial scheinbar wahllos entnahm, mit unbewußten Gefühlen und Gedanken aus der Übertragungssphäre herzustellen, ging er zu unmittelbareren Widerstandsäußerungen über. Die strafrechtliche Widerstandsform, die Art, wie die Übertragungsszene hier zum Tribunal wurde, ermöglichte regressiv eine Art Darstellung der Psychogenese des Strafrechts, wobei die »Masse zu zweit« die Gesellschaft ersetzen mußte.

Es kann für die Strafrechtstheorie nicht gleichgültig sein, daß die unbewußten Selbstbestrafungen der Neurotiker durchaus auf dem Grundsatz der Talion aufgebaut sind. Das Stück untergegangenen Seelenlebens, das in den psychischen Vorgängen der Neurotiker den Beobachter immer wieder in Erstaunen setzt, wird auch im Strafbedürfnis nachweisbar. Wenn wir einige der unbewußten Selbstbestrafungen der Nervösen überblicken, gelangen wir zu befremdenden Strafarten, welche die moderne Strafgesetzgebung nicht kennt; Kastration, Lebendigbegrabenwerden, Eingemauertwerden, Ersticken, Fesselung und verschiedene qualvolle Todesstrafen gehören hierher. Die körperlichen Sensationen dienen oft zur Darstellung verschiedener Torturen; ein Patient verglich seinen Zustand selbst mit der zur Kontinuität gewordenen Situation des Königsmörders Ravaillac, der von Pferden zerrissen wurde. Der Vater des Patienten hatte wirklich mit Pferdezucht zu tun. Wir sehen also, das Unbewußte, das seine eigenen Gesetze hat, verfügt auch über Strafen, die aus der Kindheit der Menschheit stammen. Wir erinnern uns da zur rechten Zeit, daß die Strafe selbst keine primäre, soziale Institution ist und auf die ursprünglichere Rache zurückgeführt wird. Es mag hier die Bemerkung am Platze sein, daß auch die Rachephantasien der Neurotiker selbst deutlich archaischen Charakter haben, der auch in der Lockerheit der Objekte, gegen welche sich die Racheaktionen richten, deutlich wird, wie dies Rank gezeigt hat.

Es kann nicht unsere Aufgabe sein nachzuweisen, wieviel noch von diesen Anschauungen im Strafgesetz unserer Zeit nachwirkt und wie viele Rechtsgrundsätze sich auf das Talionsprinzip zurückführen lassen. Es bleibt dies eine lohnende Aufgabe für die Juristen, die dabei am besten von der Untersuchung des Grundsatzes: *fiat justitia, pereat mundus* ausgehen könnten.

Wir sind zu bestimmten Gesichtspunkten gelangt, die uns die Strafe selbst als psychologisches Problem erscheinen lassen; es ergibt sich von hier die Möglichkeit für die Analyse, in dem Streit der Strafrechtstheorien ihre Stimme abzugeben. Unter einer Strafrechtstheorie versteht man die Beantwortung der Frage nach dem Rechtsgrund und dem Zweck der Strafe. Wir können wieder nicht in die Diskussion aller Strafrechtstheorien eingehen und wollen nur betonen, daß die Strafe dazu da ist, wichtige Lebensinteressen der Menschen zu schützen und eine bestimmte seelische Wirkung auf den Verbrecher auszuüben.

Daraus aber ergibt sich, daß jede Strafrechtstheorie unvollständig und unzulänglich ist, die nicht auf psychologischer Grundlage ruht. Der Strafzweck ist vor allem ein psychologischer, gleichgültig, ob die Strafe auf den Verbrecher oder auf die Gemeinschaft wirken soll, gleichgültig, ob der Strafzweck in Schutz, Abschreckung, Vergeltung oder sonstwie gesucht wird. Hier hat also die Psychologie mitzuentscheiden.

Glauben Sie nicht, daß eine solche Mahnung unzeitgemäß ist! Soll ich Ihnen eine berühmte Strafrechtstheorie, die sich noch immer bei manchen Gelehrten einer gewissen Beliebtheit erfreut, als abschreckendes Beispiel anführen? Nach Hegel ist die Strafe die dialektische Verwirklichung des Rechtsbegriffes; das Verbrechen steht im Widerspruch mit sich selbst und ist daher nichtig. Es ist Schein und das Wesen dieses Scheines ist, daß er sich selbst aufhebt. Die Strafe ist die Offenbarung der Nichtigkeit des Verbrechens, die Konstatierung seiner Scheinexistenz. Die Quintessenz der Hegelschen Strafrechtstheorie ist klar und anschaulich in dem Satz zusammengefaßt: die Strafe ist Negation der Negation des Rechtes, mithin Position, Wiederherstellung des Rechtes. Niemand von uns wird es wagen, den Hegelianern unter den Strafrechtslehrern ihre dialektischen Fähigkeiten abzusprechen.

Wenn wir uns nun ernster zu nehmenden Theorien zuwenden, so wird die ältere, heute bereits überwundene Theorie der rechtlichen Vergeltung noch immer die Aufmerksamkeit des Psychologen auf sich ziehen. Die Vergeltung ist ihr zufolge das oberste Prinzip des Strafrechtes. Das Strafgesetz ist nach Ansicht von Kant, des berühmtesten Anwaltes der Vergeltungstheorie, ein kategorischer Imperativ. Wer tötet, tötet sich selbst. Das Maßprinzip des Strafrechtes ist also die Talion. Wir wissen schon, was diese Anschauung psychologisch bedeutet: sie ist die in eine Straftheorie verwandelte Darstellung der tiefwurzelnden Gesetzgebung des Unbewußten. Hierher gehören auch alle Theorien, welche die Strafe auf den Rachetrieb als eine Äußerung des Selbsterhaltungstriebes zurückführen. Auch die Vergütungs- und Ersatztheorien, welche die Ausgleichswirkung der Strafe betonen, sowie die Vertragstheorien kann man leicht als intellektualisierte oder dem Kulturfortschritt angepaßte Abkömmlinge der alten Vergeltungstheorie erkennen.

Wir haben gesehen, daß diese Theorien tief im Triebhaften, Unbewußten der Menschen wurzeln. Wenn Strafe sein muß, wenn sie wirklichen Strafcharakter haben soll, so kann sie sich triebgemäß nur auf das Talionsprinzip stützen. Die Vergeltungstheorie hat also den Vorzug der Geschlossenheit und der psychologischen Folgerichtigkeit, sie widerspricht aber allen Fortschritten der Kultur und Humanität. Die Vergeltung als Strafzweck ist einfach eine Triebdarstellung als Theorie.

Von diesen Theorien unterscheiden sich die Präventionstheorien in wesentlicher Art. Die Generalpräventionstheorien erklären, die Strafe strebe die Abschreckung aller durch die Strafdrohung an. Die berühmte Theorie des psychischen Zwanges von Feuerbach, die Jahrzehnte hindurch die Gesetzgebung beherrschte, gehört hierher: sie stellt die Strafdrohung und den Strafvollzug als den psychischen Zwang auf, der die Verbrecher abhalten solle. Die Spezialpräventionstheorien werden im wesentlichen die Abschreckung des einzelnen konkreten Verbrechers zum Ziel haben.

Lassen Sie uns bei diesen Theorien einige Augenblicke verweilen. Es wird uns sofort klar, daß der Strafe hier ein neuer psychologischer Zweck zuerkannt wird. Auch ein zweites Moment fällt hier auf: die Rolle der Gesellschaft, der Gemeinschaft, auf welche die Strafdrohung abschreckend wirken soll. Wenden wir uns zuerst diesem Moment zu: man hat aus ihm den Einwand abgeleitet, es sei absurd, daß die Strafe nicht auf den Verbrecher, sondern auf einen Dritten oder auf die Gesellschaft wirken solle. Der Einwand ist natürlich berechtigt, solange man die Strafe nur als Prävention in der Richtung gegen die Gesellschaft auffaßt. Aber kommt hier nicht deutlich die Doppelfunktion, die man der Strafe zugeschrieben hat, zutage? Hier wird das Janushaupt der Strafe sichtbar; es ist sowohl dem Verbrecher als auch der Gesellschaft zugewendet. Wenn wir es gut überlegen, sieht es aus, als habe sich die Generalpräventionstheorie mit der sozialen Aufgabe, die Spezialpräventionstheorie mit der individuellen beschäftigt, aber erst beide zusammen bilden ein Ganzes. In der Vergeltungstheorie war der Strafzweck eindeutig; er galt dem Verbrecher allein und war eine Vergeltung für eine begangene Tat, für ein Verbre-

chen, das der Vergangenheit angehörte. In den Präventionstheorien liegt der Zweck der Strafe in der Zukunft: er soll in
der künftigen Abschreckung bestehen. Was soll es bedeuten,
daß die Gemeinschaft hier in der Begründung des Strafzweckes
erscheint? Verliert damit die Strafe nicht ihren eigentlichen
Charakter und wird zu einer Präventivmaßregel?

Ich meine, der angeführte Strafzweck der Abschreckung aller
vom Verbrechen weist deutlich genug in die Richtung, in der
wir die Gründe für das Auftreten der Gesellschaft im Straf-
zwecke zu suchen haben. Es kann nur so sein, daß die Menschen
vorbewußt erkannten, daß keine tiefe Kluft sie vom Verbrechen trennt, daß wir latent alle Keime zum Verbrecher in uns
tragen. Das muß das eigentlich wirksame Motiv für die Änderung des Strafzweckes bilden. Das heißt aber mit anderen
Worten, daß die Gemeinschaft ihren Teil der Schuld am Verbrechen zu erkennen beginnt. Wenden wir uns nun der Wirkung auf den Verbrecher zu, die in den Spezialpräventionstheorien erscheint. Es ist klar, daß hier die angeführten
Momente in gleichem Maße gelten: die Strafe ist aus einer Ver-
geltungsmaßregel eine Schutzmaßregel geworden. Hat sie damit nicht aufgehört, Strafe zu sein? Die Kriminalisten geben
meistens die nur relative Wirksamkeit dieser Maßregel zu, ja
manche Fachleute versichern sogar, die Strafe verbessere die
Verbrecher nicht und schrecke sie nicht ab. Man hat einen anderen gewichtigen Einwand gegen die Präventionstheorie formuliert: die Strafe kann nicht abschrecken, denn die meisten Verbrechen werden in der Hoffnung der Verheimlichung, also der
Straflosigkeit begangen. Das Argument ist sicher für das bewußte Seelenleben berechtigt, aber wir werden seine Schlag-
kraft nicht so hoch einschätzen, wie es gewöhnlich geschieht,
weil das Unbewußte nach unseren Annahmen solche Vorsicht
nicht kennt; die Realitätsprüfung gehört ja zu den Aufgaben
des Ichs.

Wenn Sie sich nun die Sachlage überlegen, so werden Sie erkennen, daß wir uns in einer merkwürdigen Situation befinden.
Wir mußten der Vergeltungstheorie zugeben, daß sie in Über-

einstimmung mit den mächtigen unbewußten Vorstellungen der Menschen steht. Die Schutztheorie aber sagt unseren bewußten Begriffen mehr zu. Sie verwischt freilich den Charakter der Strafe und verwandelt sie in eine Schutzmaßregel der gefährdeten Gesellschaftsordnung; vielleicht bezeichnet sie nur ein Übergangsstadium, das die Strafe durch andere bessere Schutzmaßregeln ersetzt. Es bleibt uns nur übrig, eine neue Grundlage der Strafe zu suchen: ihre Voraussetzung wird sein, daß sie aus lebendiger Menschenbeobachtung und -kenntnis stammt und die neuen Ergebnisse der psychologischen Forschung benützt. Diese Theorie ist durch die analytischen Resultate Freuds vorbereitet. Wir können uns hier nur auf ihre Grundzüge beschränken. Die neue psychologische Fundierung des Strafzweckes wird von der analytischen Erforschung des präexistenten Schuldgefühles, die wir Freud verdanken, ausgehen. Es besteht für uns kein Zweifel mehr, daß bei den Verbrechern, für welche die Strafgesetzgebung eigentlich bestimmt ist, ein mächtiges unbewußtes Schuldgefühl bereits vor der Tat bestand. Dieses Schuldgefühl ist also nicht Folge der Tat; es ist vielmehr deren Motiv: seine Steigerung läßt den Menschen eigentlich erst zum Verbrecher werden. Das Verbrechen wird als eine psychische Erleichterung empfunden, weil es das unbewußte Schuldgefühl an etwas Reales und Aktuelles knüpfen kann. Die Tat dient der Unterbringung dieses übergroß gewordenen Schuldgefühles. Anders ausgedrückt: das Verbrechen wird begangen, um den verpönten Triebregungen eine Ersatzbefriedigung zu gewährleisten und das unbewußte Schuldgefühl zu begründen und zu entlasten.

Aus diesen Forschungsergebnissen Freuds ergibt sich eine neue psychologische Fundierung der Strafe, eine psychoanalytische Strafrechtstheorie: *die Strafe dient der Befriedigung des unbewußten Strafbedürfnisses, das zu einer verbotenen Tat trieb.* Wir wissen, daß die Wurzeln dieses präexistenten Schuldgefühles im Ödipuskomplex zu suchen sind. Wir tragen dann der Doppelfunktion der Strafe Rechnung, wenn wir hinzufügen, *die Strafe befriedige auch das Strafbedürfnis der Gesellschaft*

durch deren unbewußte Identifizierung mit dem Verbrecher.
Diese kathartische Wirkung der Strafe sowie der Identifizierungsprozeß lassen so wirklich die seelischen Vorgänge im Strafprozeß in die Nähe der antiken Tragödie rücken: die tragische Schuld des Helden und sein Untergang lösen dieselben Gefühle aus. Es sei übrigens angemerkt, daß die psychologische Theorie von Kohler, die sich auf die läuternde Macht des Schmerzes beruft, der hier vertretenen Ansicht am nächsten steht, sich von ihr aber noch immer sehr wesentlich unterscheidet. Wie immer die analytische Theorie von der Strafrechtswissenschaft aufgenommen werden wird, die bisher unbeachtete, von Freud entdeckte Tatsache, daß das präexistente Schuldgefühl zur verbotenen Tat drängt, wird in der künftigen Diskussion des Strafzweckes die zentrale Stellung einnehmen müssen. Wenn irgendwo, so ist hier der Ort, vom Recht, das mit uns geboren, zu reden.

Wir wollen es nicht verabsäumen, der analytischen Theorie der Strafe einige Bemerkungen hinzuzufügen: vor allem wollen wir betonen, daß mit ihr nichts über die dauernde oder auch nur zeitweilige Notwendigkeit der Strafe, nichts zu ihrer Rechtfertigung als Institution gesagt werden soll. Die Existenz des Strafbedürfnisses ist unzweifelhaft, aber es kann nicht bewiesen werden, daß die gerichtliche Strafe das einzige oder auch nur das adäquate Mittel zu seiner Befriedigung darstellt. Es ließen sich prophylaktische Maßnahmen denken, die das Überstarkwerden des Strafbedürfnisses hintanhalten könnten, und es wären therapeutische Mittel möglich, welche den Abbau dieses Bedürfnisses auf andere Art herbeiführen. So gibt die analytische Strafrechtstheorie nur eine psychologische Erklärung der Strafe, keine Norm. Sie ist eigentlich in der Entwicklung des Strafrechtes selbst vorbereitet: dieses hat sich immer mehr und mehr von der Beurteilung der Tat zur Beurteilung ihrer Motive gewendet. Der Übergang zur Bestrafung der Motive macht aber eine Veränderung in den Motiven der Bestrafung zur Notwendigkeit.

Es ist sofort ersichtlich, welche psychologischen Verbindungen unsere dargestellte Anschauung mit der alten Vergeltungstheorie hat, indem sie nicht nur die bewußten Tendenzen als bestimmend für den Strafzweck anerkennt, sondern auch die unbewußten Vorgänge berücksichtigt. Sie unterscheidet sich von ihr, die nichts als eine wissenschaftlich formulierte Darstellung der Tendenzen des Unbewußten war, dadurch, daß sie nicht die Talion selbst, sondern das ihr zugrunde liegende Strafbedürfnis in ihren Mittelpunkt stellt. Sie gründet sich nicht wie die Vergeltungstheorie auf ein moralisches oder rechtliches Prinzip, nicht auf eine ethische Norm, sondern auf die psychischen Tatsachen, aus denen sich diese ableiten. So berücksichtigt sie zwar die unbewußten Vorgänge, aber zu psychologischen Zwecken, und gibt sich ihnen nicht gefangen, wird nicht ihr gefügiger Ausdruck.

Wir erkennen in der alten Vergeltungstheorie in moderner Einkleidung die alte Tabugesetzgebung der Wilden wieder, die automatisch nach dem Talionsprinzip wirkt. Aber das Tabugesetz ist selbst ein unbewußtes Geständnis der Gemeinschaft. Sie zeigt darin, daß sie dieselben Regungen wie der Verbrecher verspüre und sich deshalb von ihm befreie; sie gibt, wie Freud in »Totem und Tabu« bemerkt, durch die Strafe den Vollstreckern nicht selten Gelegenheit, unter der Rechtfertigung der Sühne dieselbe frevle Tat nun ihrerseits zu begehen. Dasselbe gilt von den Präventionstheorien: in ihnen erscheint die Infektionsfähigkeit der Tabuübertretung noch klarer und unzweideutiger, da sie der Abschreckung dienen. In ihnen liegt das stärkste Bekenntnis dessen, daß die Lust, das Tabuverbot, jetzt die Satzungen des bürgerlichen Gesetzbuches, zu übertreten, in unserem Unbewußten fortlebt und die Menschen, die dem Tabu oder dem Gesetz folgen, eine ambivalente Einstellung gegen die vom Tabu Betroffenen, wir würden sagen, zum Verbrecher haben. Die Strafrechtstheorie greift so in der Abschreckungshypothese der Strafe auf die uralte Annahme der Zauberkraft, die dem Tabu zugeschrieben wird, zurück. Sie gibt darin zu, daß das Verbrechen, der Ersatz für die Tabuübertretung, als Beispiel ansteckend sei und sucht sich durch

Drohungen dagegen zu schützen. Sie sehen, der Unterschied zwischen Vergeltungs- und Schutztheorie ist doch nicht so groß, als wir anfänglich annahmen. Unsere analytische Strafrechtstheorie geht auf die unbewußten Motive der Tabugesetzgebung selbst zurück.

Wir können auch leicht einsehen, wo die Schwächen der Abschreckungstheorie liegen. Sie können kaum durch den Hinweis auf das bewußte Streben nach Straflosigkeit, das beim Verbrechen hervortritt, aufgedeckt werden. Denn wenn unsere Theorie richtig ist, wirkt diesem Streben das unbewußte Strafbedürfnis energisch entgegen. Aber eine andere Überlegung zeigt gerade bei Berücksichtigung der analytischen Gesichtspunkte den tieferliegenden Fehler der Präventionstheorie: die Strafe, die nach der geltenden Anschauung als wirksamstes Abschreckungsmittel des Verbrechens angesehen wird, wird unter bestimmten Bedingungen, die in unserer Kultur außerordentlich häufig sind, zum unbewußten und gefährlichsten Reiz dazu. Die verbotene Tat entlastet ja ein überstarkes Schuldgefühl. Wir sehen so, daß die Abschreckungstheorie im Kern unaufrichtig ist: die Aussicht auf Strafe schreckt den Verbrecher nicht ab, sondern treibt ihn unbewußt gerade zur verbotenen Tat. Die analytische Theorie mag die Strafe noch immer nicht rechtfertigen, aber sie gibt sich aufrichtig, wenn sie erklärt, der Strafzweck sei die Befriedigung des Strafbedürfnisses des Täters: ihm geschehe, was er unbewußt begehrt. Sie wird freilich für Verbrecher, die keine moralischen Hemmungen entwickelt haben, nicht in Betracht kommen, aber für diese ist die Strafe überhaupt keine geeignete Maßregel, am wenigsten eine der Abschreckung.

Wir haben früher bemerkt, daß die Abschreckungs- sowie die ihr verwandten Theorien den Strafcharakter in der Strafe vermissen lassen. Sie streben alle, ohne es zu wissen, in die Richtung einer Entwicklung, die zur Abschaffung der Strafe überhaupt führt und an ihrer Stelle vorbeugende oder prophylaktische Maßregeln setzen will. Wir haben schon betont, daß die Bedeutung, welche die neueren Theorien der Gesellschaft im

Strafzweck einräumen, eine Art Schuldbekenntnis, ein unbewußtes Geständnis der Gemeinschaft darstellt. Die Abschreckungshypothese hat ja deutlich die Gleichartigkeit der verbotenen Impulse beim Verbrecher wie bei der strafenden Gesellschaft zur Voraussetzung. Eine solche Erkenntnis zeigt aber die Richtung, in der sich das Strafrecht entwickeln muß, nämlich die auf endliche Aufhebung der Strafe überhaupt.

Wir konnten die Entwicklung der Strafgesetze studieren: sie sind ursprünglich Tabuverbote, deren Übertretung sich automatisch – meistens durch den Tod des Schuldigen – bestraft. Nur wo diese automatische Strafe nicht eintritt, vollzieht der Stamm kollektiv die Bestrafung. Der Staat, der später an die Stelle der Stammesgemeinschaft getreten ist, bestraft den Verbrecher ursprünglich nach dem geheiligten Prinzip der Talion. Die Abmilderung der Strafe im Strafgesetz sowie die Erweiterung der Grenzen des Zulässigen legen ebenso deutlich wie die neuen Strafrechtstheorien für eine stärker werdende Tendenz zur Abschaffung der Strafe Zeugnis ab. Das will freilich nur bedeuten, der äußeren, durch das Gesetz vorgeschriebenen Strafe; es liegt in dieser Tendenz, die Hemmungen des Individuums zu verstärken und ihn dem eigenen Gewissen zu überlassen. Dieses Ziel wäre eine Rückkehr zur ursprünglichen Tabugesetzgebung, freilich auf einer höheren Stufe: die äußeren Verbote der Tabugesetzgebung, die sich gegen starke Impulse richteten, sollen innerer Erwerb werden, der zur Verwerfung dieser Regungen führt. Die Entwicklung verfolgt auch hier die Richtung von außen nach innen.

Auch unsere analytische Strafrechtstheorie steht im Dienste dieser psychischen Entwicklung. Sie verlegt ja das Schwergewicht auf die unbewußten Triebkräfte, die den Verbrecher zur Tat drängten. Damit wird der provisorische Charakter unserer Theorie evident; sie kann nur so lange gelten, als das überstarke präexistente Strafbedürfnis gerade nur zur verbotenen Tat führen muß. Die Menschheit wird nun dieses Schuldgefühl lange noch nicht verlieren, aber es wäre möglich, daß es andere Abfuhrmöglichkeiten erhält. Damit wäre eine der stärksten

Triebkräfte des Verbrechens zwar noch immer nicht beseitigt, aber einer anderen Verwendung zugeführt.

Es gibt einige Forscher, die schon jetzt behaupten, daß mit dem strengen Determinismus der neuen Naturwissenschaft auch die Grundlage des Strafrechtes zusammengebrochen sei. Sie erklären, die Basis des ganzen Strafrechtssystems, die Lehre von der Willensfreiheit, sei erschüttert und prophezeien, daß die Begriffe von Schuld und Unschuld vom Angesicht der Erde verschwinden werden und die irdische Strafe ihnen folgen müsse. Mutige und aufrichtige Gelehrte wie Dimitrij Drill üben radikale Kritik an der sozialen Institution der Strafe selbst und vergleichen den Staat, der das heutige Strafsystem handhabt, mit einem Menschen, der Beschädigungen an einer Maschine durch neue Beschädigungen gutmachen will. In der Strafrechtswissenschaft ist eine wachsende Tendenz bemerkbar, das Verbrechen nicht nur nach seiner Bedeutung als mit Straffolge ausgestattete Tatsache, sondern auch als wichtige Erscheinung des sozialen Lebens zu betrachten und zu studieren. Der Fortschritt der Kriminalpolitik, die sich mit der Erforschung der individuellen wie kollektiven Faktoren des Verbrechens beschäftigt, sowie die von den Kriminalisten verlangte Verschiebung der Grenzen zwischen Strafrechtswissenschaft und Kriminalpolitik sind Zeichen jener Entwicklungsrichtung.

Es werden gewiß außerordentlich einschneidende soziale Änderungen eintreten müssen, ehe eine solche Ersetzung der Strafe durch eine andere Maßregel eintritt. Innerhalb dieser Veränderungen wird der Geständniszwang der Gesellschaft gewiß seine bedeutsame Rolle spielen; der wachsende Mut zur Aufrichtigkeit über die eigenen psychischen Vorgänge, zum Abwerfen der konventionellen Masken, die Bewußtseinserweiterung der Gemeinschaft kann nicht ohne Einfluß auf die Beurteilung des Verbrechers und die Einschätzung der Strafe bleiben.

Aber auch in dem Übergangsprozeß von der Strafe zu einer anderen sozialen Institution wird das Geständnis eine wichtige Funktion zu erfüllen haben. Das erkennen wir, wenn wir seine

steigende Bedeutung innerhalb der Strafprozeßordnung verfolgen. Die Ersetzung des Alten durch das Neue geht meistens
so vor sich, daß sich das Neue zuerst an ein Stück Hergebrach-
tes anlehnt, mit ihm verlötet erscheint, um sich dann von ihm
abzulösen, seine Existenz selbständig weiter zu führen und
schließlich das Alte zu ersetzen. Wir können eine primitive
Rechtsordnung rekonstruieren, in der das Geständnis überhaupt
keinen Platz hatte: die Strafe traf den Übeltäter, ehe er Gelegenheit zum Geständnis hatte, mit der Schärfe des Schwertes.
Als das Geständnis Berücksichtigung fand, war es noch immer
aufs innigste mit der Strafe verbunden, wie wir das im äußeren
Geständniszwang, der Folter des Mittelalters, sehen. Die Milderung des Urteils durch das Geständnis sowie dessen besondere
Stellung im Strafprozeß leiten zu einer Entwicklungsperiode
über, in der sich das Geständnis vielleicht isoliert erhält und
schließlich selbst an die Stelle der Strafe treten kann. Natürlich
würde das Geständnis insbesondere als die wirksamste Prophylaxe des Verbrechens Bedeutung gewinnen, da es die mil-
deste Art der Befriedigung des Strafbedürfnisses darstellt, die
zugleich den unterdrückten Triebregungen eine Ausdrucksmög-
lichkeit gewährt. Wir bemerken hier, daß der unbewußte Geständniszwang auch auf kriminalistischem Gebiet noch bedeutsame psychologische Verwertungen finden kann.

Alles das ist freilich Zukunftsmusik. Es ist lediglich eine Frage
des Optimismus oder Pessimismus, ob Sie sich dem Glauben
hingeben können, daß eine sehr ferne Zeit, die milde auf dies
Heute blicken wird, die Strafe abschaffen wird. Vielleicht wird
wirklich eine solche Zeit kommen, deren Strafbedürfnis geringer ist als das unserer Gegenwart, und die Mittel, die sie zur
Verhütung des Verbrechens findet, werden sich zur Strafe verhalten wie der Regenbogen zu dem vorangehenden, verheerenden Gewitter. Aber vielleicht gehört dies in das Reich der
Utopie. Ich könnte Ihnen auch nicht ernsthaft widersprechen,
wenn Sie meinen, eine solche Aussicht auf eine fernliegende
Zukunft sei wenig geeignet, die Menschen über die Unzulänglichkeit der gegenwärtigen sozialen Einrichtungen zu trösten.

Der berühmte englische Naturforscher Thomas Henry Huxley schrieb einmal den recht vernünftigen Satz: »Welche Kompensation für seine Leiden hat das Eohippus (das Urpferd) in der Tatsache, daß Millionen Jahre nach ihm einer seiner Nachkommen das Derby gewinnen könnte?«

Der Geständniszwang in Religion, Mythus, Kunst und Sprache

Meine Damen und Herren! Wir haben uns vielleicht zu ausführlich mit den psychologischen Problemen der Kriminalistik und der Strafrechtswissenschaft beschäftigt; ich kann Ihnen dafür versprechen, daß ich mich bei der Klarlegung der Bedeutung des Geständniszwanges innerhalb der anderen sozialen Einrichtungen kürzer fassen werde.

Eine der großen Institutionen der Gemeinschaften, innerhalb deren der Geständniszwang immer entscheidendere Siege feiert, ist die Religion. Sie ist eine der stärksten Bollwerke, welche die Menschheit zum Schutze und zur Abwehr der am stürmischsten zur Befriedigung drängenden Impulse aufgebaut hat. Die Formen der Religionsübung und der religiösen Lehre, Ritual und Kult, Dogmen und Mythen sind voll von unbewußten Geständnissen der Sünde, der Auflehnung und der revolutionären Regungen, die der von der Religion geforderten Demut und blinden Unterwerfung widersprechen und Zeugnis von dem erbitterten Kampf ablegen, den der Gläubige gegen den Triebansturm führt. Von den Hymnen, die in den babylonischen Keilinschriften gefunden wurden, und den Inschriften auf den Denksteinen, die der Aufseher Nofer-Abu einer ägyptischen Göttin in Theben errichtet hat, bis zu den religiösen Konfessionen Tolstois und Kierkegaards dringt ein einziges großes Geständnis zum Himmel, der sich in ehernem Schweigen über allem Menschenleid spannt. In der Religion bekennt sich die Menschheit selbst in der Form der Buße und Sühne zu den unvergänglichen Wünschen, die sie bewegen. Die Frommen gestehen in ihren Gebeten und Anrufungen, daß sie alle Sünder sind. Auch auf dem Gebiet der Religion gibt es Gebote und Verbote, Strafen und Bußen, wie auf dem des Rechtes.

Auch das Phänomen des Geständnisses im Strafverfahren findet sein Gegenstück in der Beichte des Bußsakramentes. Die Entstehung der Beichte innerhalb der Religion ist selbst ein starker Beweis für die Wirksamkeit des Geständniszwanges, wie er sich unter den säkulären Veränderungen des Strafbedürfnisses entwickelt hat. Ich nehme an Sie wissen, daß die Beichte keineswegs nur dem Christentum eigen ist, sondern als Sündenbekenntnis schon im antiken Babylon, in Persien, Ägypten und Palästina erscheint, daß der Buddhismus eine Beichte in unserem Sinne kennt und Ansätze dazu schon in den Religionen vieler primitiver Völker zu finden sind. Vergessen Sie nicht, daß die Beichte nur einen Teil des Bußvorganges bildet. Glauben Sie nicht, daß der Vergleich des Bußsakramentes mit einem Gerichtsverfahren meiner Phantasie entsprungen ist; die Gläubigen selbst gebrauchen ihn häufig. Sie lesen etwa, um ein gutes Beispiel zu zitieren, in der »Katholischen Moraltheologie« von Professor Johann Pruner folgenden Satz: »Das Bußsakrament ist eingesetzt in Form eines Gerichtes, und zum Gericht gehört auch eine Anklage. Es ist aber ein Akt der Barmherzigkeit Gottes, daß niemand ein Recht hat, beim Bußgericht als Kläger aufzutreten, außer dem Schuldigen allein.« Aber auch das große Strafgericht am Ende der Zeiten, das vom ägyptischen Totengericht bis zu den eschatalogischen Vorstellungen des Christentums in den Religionen nachzuweisen ist, gehört zu jenen religiösen Vorstellungen, die zeigen, wie nahe religiöses Leben und Recht einander stehen.

Das religiöse Ritual zeugt durch seinen Reaktionscharakter im allgemeinen von der Wirksamkeit verdrängter, revolutionärer und feindseliger Triebregungen; die Beichte aber ist jene Einrichtung, in der sich der Geständniszwang seinen unzweideutigsten religiösen Ausdruck geschaffen hat. Ja sogar das zwanghafte Moment hat schließlich in der Beichtpflicht seine Objektivierung gefunden. Auch hier erkennen wir deutlich den inneren Zusammenhang von Geständniszwang und Strafbedürfnis, da der Beichte regelmäßig die Buße oder Sühne folgt. Die Beichtkinder heißen in der Sprache der Kirche wirklich Pönitenten, und überall dort, wo die Religion noch ihre großartige Macht über die Seelen hat wie im mittelalterlichen Christentum, verhängt sie über den Sünder nach der Beichte schwere und drückende Strafen. Eine gerechtfertigte Strenge empfiehlt die Kirche noch heute, da ihre Mission auf Erden ihrem Ende entgegengeht, als eine überaus dankenswerte seelische Wohltat für das Beichtkind. Ohne solche Strenge wäre dessen Seelenheil auf das schwerste gefährdet. Die psychische Entlastung, welche die Beichte dem Gläubigen gewährt, ist unbestritten und durch die psychologischen Gesichtspunkte, die wir für den Geständniszwang gezeigt haben, leicht in ihren seelischen Bedingtheiten zu verstehen.

Auch hier läßt sich zeigen, welche Rolle die Befriedigung des Strafbedürfnisses spielt; als Anzeichen der Verschiebung von der Strafangst auf die Geständnisangst finden wir die Angst vieler Gläubigen vor der Beichte wieder. Manche Priester und Nervenärzte berichten von den schweren Angsterscheinungen vieler Gläubiger vor der Beichte. Jeder Analytiker kennt jene Fälle von Zwangsneurose, in denen der Zweifel, ob der Patient nicht »unwürdig« zur Beichte gegangen ist, manifest im Vordergrund steht und die Angst, ob er nichts verschwiegen, ob er alles gebeichtet hat, sich zu qualvoller Intensität steigern kann. Sie sehen, daß sich auch auf religiösem Gebiet ein überstarkes Strafbedürfnis dem Geständniszwang widersetzt. Luther rühmt sich in seinem Sendschreiben an die zu Frankfurt, daß er »die Gewissen von der unerträglichen Last des bepstlichen Gesetzes erlöset und freigemacht habe, darinnen geboten ist, alle Sünden zu erzelen und solche Angst angerichtet wird in den blöden Gewissen, daß sie verzweifeln, so daß also die Beichte eine große, ewige Marter war«. Die Beichtpflicht des Katholizismus ist so dem äußeren Geständniszwang des Mittelalters vergleichbar. Aber auch den wesentlichen Teil der Geständnisarbeit in der Form der Gewissenserforschung und der Reue hat die Kirche als notwendige Vorbereitung des religiösen Geständnisses, der Beichte, zur Pflicht gemacht. Dieser imperative Charakter der Beichte und der Gewissenserforschung zeigt noch deren ursprünglichen Zusammenhang mit der Buße oder Strafe.

Vergleichen Sie die schweren Strafen, welche die Kirche des Mittelalters dem Sünder nach der Beichte auferlegte, mit den vom Priester der Jetztzeit vorgeschriebenen Bußen wie etwa dem zwanzigmaligen Hersagen des Rosenkranzes, so werden Sie diese Wandlung nicht nur mit dem Schwinden der kirchlichen Macht hienieden erklären können, sondern die Entwicklungslinie wiederfinden, die wir in der Strafgesetzgebung verfolgt haben. Der psychische Akzent verschiebt sich hier wie dort von der Strafe auf das Geständnis, von der Buße auf die Beichte. Tatsächlich zeigt ein genaueres Studium der Kirchen- und Dogmengeschichte mit aller wünschenswerten Deutlichkeit, daß von den drei Teilen, aus denen das Bußsakrament des Katholizismus besteht, nämlich Reue *(contritio),* Beichte *(confessio)* und Genugtuung *(satisfactio),* die Beichte immer wichtiger wurde. Oft fällt die Strafe ganz weg; die milde Ermahnung des katholischen Priesters oder die einfache Formel, die der buddhistische Mönch nach der Beichte dem Sünder sagt: »Nimm dich künftig in acht!«, lassen, verglichen mit den ins Leben einschneidenden Strafen früherer Perioden, auch das vorläufige Ziel der religiösen Bußhandlung ahnen, nämlich die Beichte an die Stelle der Buße treten zu lassen. Die Religionswissenschaft läßt uns aber auch in ihrer Verbindung mit den Forschungsresultaten der Psychoanalyse die Stellung der Beichte innerhalb der religiösen Entwicklung verstehen; von der automatisch einsetzenden Strafe für Verletzung eines Tabu über die Reinigungszeremonien zur Kirchenstrafe und schließlich zur Beichte geht der Weg von außen nach innen. Auch hier tritt immer mehr das Geständnis an die Stelle der Buße. Diese Entwicklungstendenz erkennt man am besten, wenn man erfährt, daß die Kirche in ihrer Frühzeit dem Sünder die öffentliche Beichte als Bußübung anbefohlen hat. Der moderne Protestantismus setzt wirklich die Auseinandersetzung mit dem eigenen Gewissen an die Stelle der äußerlichen Beichte und bereitet so unbewußt die künftige Entwicklung vor, welche über die Beichte selbst hinausgehen und die Religion durch andere Institutionen ersetzen wird.

Wir haben im Strafrecht eine wachsende Tendenz konstatieren können, die Bestrafung mehr den Motiven als der Tat zuzuwenden. Eine analoge Erscheinung ergibt sich aus der Geschichte der Beichtpraxis; noch unter Leo dem Großen, im fünften Jahrhundert, bezog sich die Beichte nur auf schwere Sünden, welche der Pönitent begangen hatte; jetzt auch auf sündhafte Zustände und Gedankensünden.

Wie das Geständnis vor Gericht, wird auch die Beichte als Milderungsgrund, als Grundlage der Verzeihung der beleidigten Gottheit angesehen. »Ego te absolvo«, sagt der Priester und hat damit nicht nur erklärt, daß er den Besserungswillen des Pönitenten erkannt hat, sondern daß dieser wirklich nun »freigesprochen«, von der Schuld losgesprochen wird. Wir haben gesehen, daß der Vorgang der Analyse, die man so oft mit der Beichte verglichen hat, ohne die Unterschiede sehen zu wollen, zum großen Teil dadurch befreiend wirkt, daß die verdrängten Triebe erkannt und gerade dem gezeigt werden, gegen den sie gerichtet waren. Ein wesentliches Stück dieses psychischen Prozesses, der freilich unbewußt bleibt, finden Sie in religiöser Form in der Beichte wieder, denn die Sünde ist ein Vergehen gegen Gott, und ihm oder seinem irdischen Stellvertreter werden die Sünden bekannt. Ich brauche Ihnen, die die Analyse kennen, ja nicht auseinanderzusetzen, welche einschneidenden Differenzen den Vergleich zwischen Beichte und Analyse als ungerechtfertigt erscheinen lassen. Ich habe in einer vorbereiteten Arbeit versucht, diese Unterschiede darzustellen und ihre psychologische Bedeutung zu würdigen. Der Priester weiß ebensogut oder vielmehr ebensoschlecht wie der Richter, warum er soviel Wert auf die Ablegung des Geständnisses legt. Der Beichtende gibt dadurch seine isolierte Stellung auf; er ersetzt sein unbewußtes Schuldgefühl durch ein vorbewußtes; nur die Analyse gewährt auch die Verwandlung des vorbewußten Schuldgefühles in ein bewußtes.

Auch das Moment der verborgenen Liebeswerbung in der Beichte oder im Sündenbekenntnis und in der »offenen Schuld«, wie es Luther nannte, werden Sie nicht vermissen. Die Gläubigen zeigen ja Gott: Sieh, wie schwach, wie der Sünde ergeben wir sind, verzeih' uns und liebe uns trotzdem, wie ein Vater auch seinen schlimmen Kindern verzeiht! Ich habe in meinen »Problemen der Religionspsychologie« an einem Beispiel aus der Liturgie des Judentums, dem Kolnidre, diese psychischen Mechanismen in ihren Wirkungen darzustellen versucht. Der Sünder empfiehlt sich so in der Beichte der Gnade Gottes wie der Verbrecher in seinem Geständnis unbewußt an das Wohlwollen des Richters appelliert; die Absolution des Pönitenten bereitet die Wiederaufnahme in die eine Herde, von der er sich verirrt hatte, die Rückkehr des verlorenen Sohnes in das Vaterhaus vor wie das Geständnis des Verbrechers die Rückkehr in die Gemeinschaft. Tatsächlich wurde das Sündenbekenntnis ursprünglich vor der Gemeinde abgelegt, aus der der Sünder ausgeschlossen worden war, und als Bedingung seines Wiedereintritts betrachtet. Das Bild des Vaters im Himmel, an das sich das Beichtkind wie der Betende im Sündenbekenntnis wendet, zeugt selbst davon, daß die Beichte ihren Ursprung auf das dem irdischen Vater abgelegte Geständnis zurückführt.

Ich wüßte einen noch gewichtigeren Beweis für die wachsende Bedeutung des Geständnisses in der religiösen Entwicklung anzuführen: ist es Ihnen noch nie aufgefallen, daß die Religion selbst sich vom Kult der Götter zum Bekenntnis zu ihnen entwickelt hat? Es muß doch einen Sinn haben, daß wir jetzt so häufig statt Religion Konfession sagen, von der Religion als von einem Glaubensbekenntnis sprechen, nicht wahr? Wenn wir die Religionszugehörigkeit eines Menschen bezeichnen wollen, sagen wir z. B., er bekenne sich zur katholischen Religion oder er sei israelitischer Konfession. Ich weiß schon, daß man einen Unterschied zwischen Religion und Konfession zu machen gewöhnt ist, aber gerade das weist darauf hin, daß die Bezeichnungen Bekenntnis und Konfession nicht zufällig in diesem Sinne verwendet werden. Ist es nicht so, wie wenn die Kirche anstelle des lebendigen Glaubens nur das Bekenntnis, das Geständnis des Glaubens gesetzt hat? Nun, die Theologie wird Ihnen da nur ungenügende Aufklärung geben können. Aber wenn Sie die Geschichte der religiösen Entwicklung unter analytischen Gesichtspunkten studieren, werden Sie folgendes finden: das Glaubensbekenntnis, das Credo, hat sich historisch aus der Taufformel entwickelt, in der der Täufling ursprünglich auch das Gelübde abgelegt hat, dem Teufel und seinen Werken zu entsagen und sich Gott zuzuwenden, nicht mehr an die Teufel, wie die Christen die heidnischen Götter wenig liebenswürdig nannten, sondern an Gott zu glauben. Sie finden Spuren dieser ursprünglichen, von der Liturgiegeschichte nachgewiesenen, später untergegangenen Renuntiationsformel noch im christlichen Ritual. Aber dies heißt doch wohl das Geständnis, daß man früher dem Teufel gedient habe. Sie vergessen auch nicht, daß der Täufling vor der Taufe eine Beichte ablegen mußte, in der er alle seine »Teufelswerke« gestehen mußte. Die Bezeichnung Glaubensbekenntnis ist dann nur mehr auf den positiven Teil der Formel übergegangen, aber Sie verstehen, daß es die Beichte der eigenen Sünden war, die in dieser Bezeichnung nachklingt. Sie sehen, daß sich hier der Geständniszwang auf den Glaubensinhalt verschoben hat, also auf das Gebiet des Denkens übergegriffen hat. Der Glaube an die Dogmen ist nun Objekt des Geständniszwanges geworden, eine Periode, die jede Religion in ihren Endprozessen erlebt. Der Protestantismus hat sich auch gegen diesen von ihm »Bekenntniszwang« genannten Begriff erhoben und damit die Auflösung der Religion in Europa weiter gefördert.

Der moderne Protestantismus will nichts von diesem äußeren Bekenntniszwang wissen und stellt auch die Glaubensprozesse unter die Entscheidung der inneren Faktoren. Die Entwicklung des Glaubensbekenntnisses aus der Beichte stellt uns also ein Beispiel der Verlegung des Geständniszwanges auf das Gebiet der Denkvorgänge dar. Die alten Glaubensbekenntnisse, wie sie auf den großen kirchlichen Synoden formuliert wurden, enthalten noch immer die Zurückweisung der ketzerischen Glaubensinhalte mit der Formel »Anathema sit«. Sie erweisen auch hier ihre Abkunft aus der Verurteilung der eigenen Sünde des Zweifels und der Ketzerei. Das Gegenstück zu der religiösen Erscheinung des ketzerischen Glaubensbekenntnisses, dessen letzte, manifeste Form nicht mehr das Geständnis, sondern nur mehr eine positive Aussage enthält, finden Sie in der Beichte wieder, die der antike Ägypter vor den 42 Totenrichtern abzulegen hat. In der Halle der zwei Wahrheiten hat der Tote vor Osiris als Gerichtsherr eine Art Beichtlitanei vorzutragen, die sich im 125. Kapitel des Totenbuches findet und mit den Worten beginnt: »O Weitschreitender, der aus Heliopolis kommt, ich habe keine Sünde getan. O Feuerumarmer, der aus Tura kommt, ich habe nicht geraubt. O Langnasiger, der aus Schmun kommt, ich habe nicht gestohlen.« Das Sündenregister zählt alle Sündenmöglichkeiten auf sozialem wie persönlichem Gebiet auf, ähnlich wie die Beichtlitanei in den babylonischen Sühneriten.

Man hat diese Art Beichte als »Unschuldsbeichte« oder »confession négative« bezeichnet. Die Analyse zeigt uns viele solche Fälle von negativem unbewußtem Geständnis. Nur ein Beispiel: eine Patientin, welche die Analyse wegen zwangsneurotischer Symptome aufsucht, beginnt in der ersten Stunde mit der Beteuerung, daß sie eine anständige Frau sei, sie habe sich in sexueller Hinsicht nie etwas zuschulden kommen lassen, ihrem verstorbenen Mann nie die Treue gebrochen, nie Versuchungen nachgegeben usw. Dann geht sie zur Erzählung ihrer »unsinnigen« Zwangszweifel über: sie werde von Zweifeln gequält, ob der Rauchfangkehrer, der Zimmermaler, der Bäckerbursch, als sie zufällig in ihrem Hause waren, sie nicht angestoßen oder berührt haben. Sie trage nur zum Zwecke der Selbstberuhigung gegen solche Zweifel kompliziert verschlossene Reformhosen, lasse sich von einer Freundin immer wieder versichern, daß kein Mann sie »angestoßen« habe, sie müsse schließlich die Uhr und ein Blatt Papier neben sich liegen haben, um sich in Zwischenräumen von wenigen Minuten durch bestimmte, niedergeschriebene Zeichen davon zu überzeugen, daß sie indessen keine Berührung von einem Mann erfahren habe usw. Wir haben keinen Grund, ihrer »confession négative« zu mißtrauen, aber sie schließt ein sehr positives, unbewußtes Geständnis ein.

Die Art ihrer neurotischen Zweifel und Schutzmaßregel zwingt uns zu der Annahme, daß sie mit unbewußten sexuellen Versuchungsphantasien verschiedener Art ringt.

In ähnlicher Art wie in der »confession négative« wird im Glaubensbekenntnis die psychische Betonung vom Geständnis des sündhaften Glaubens auf das Bekenntnis des wahren Gottes verlegt. Die Tatsache dieser Verschiebung sowie die Verwendung der Bezeichnungen Konfession und Glaubensbekenntnis für Religion scheinen uns selbst dafür zu sprechen, daß das Geständnis hier in positiver Gestalt immer mehr in den Vordergrund der Religion tritt.

Der Mythus, welcher der Religion vorangegangen war, steht weniger im Zeichen des Geständniszwanges, ja seine ältesten Gestaltungen werden überhaupt frei von dessen Einwirkung sein. Sie fallen ja in eine Zeit, wo die Verdrängung der Triebregungen sowie das Strafbedürfnis noch in ihren Anfängen stehen, und so kann sich der Mythus erlauben, Triebregungen, die später unterdrückt wurden, sich frei äußern zu lassen. Aber die Versagung war bereits vorhanden und wirksam: der erste Mythus ging ja nach Freud von dem einzelnen aus, der sich von der Masse losgelöst hatte und in der Phantasie die Realität im Sinne seiner Wünsche umgeformt, sich in die Rolle des Vaters versetzt hatte. Mit der Konsolidierung des Über-Ichs und der Steigerung des Strafbedürfnisses unter den Einflüssen des Schuldgefühles und der Vatersehnsucht wird auch der Mythus umgestaltet: neben dem gewaltigen Leitmotiv der Wunschdurchsetzung erscheinen nun crescendo die Untertöne der Reue und des Wunsches nach Rückgängigmachung der Tat. Der Herosmythus wird zum religiösen: er weist die Anzeichen jener Umformungen auf, die seinen primären Sinn durch Entstellungen, Verschiebungen und Verdichtungen undurchsichtig gestalten und eine Reduktion auf seinen latenten Inhalt durch die Psychoanalyse notwendig machen. Sein Charakter als Darstellung der Wunscherfüllung als Säkulartraum der jungen Menschheit bleibt erhalten, aber daneben tritt auch die Wunscherfüllung des auf jene Tendenzen reagierenden Strafbedürfnisses in seine Gestaltung ein: der junge siegreiche Held, Gott oder göttliche Heros, erleidet ein tragisches Schicksal. Ödipus erfüllt die stärksten Wünsche der Kindheit, er tötet den Vater und heiratet die Mutter, aber die Strafe folgt der Tat. So wird im Laufe der vom säkularen Verdrängungsfortschritt bestimmten Entwicklung auch dem Mythus endlich das Zeichen des Geständniszwanges aufgeprägt; die Menschheit bekennt sich in ihm am unverhülltesten zu ihren tiefsten Impulsen.

Die Kulturgeschichte hat gezeigt, daß der Ursprung der meisten Künste eng mit dem Mythus verknüpft ist. Auch die Kunst, die anfänglich magischen Zwecken diente und eine der großen Wunschkompensationen der Menschheit darstellt, ist dem Geständniszwang nicht entzogen. Die Dichtung, die vom egozentrischen Tagtraum ausgeht und die Wünsche des Ichs erfüllt darstellt, wird mehr und mehr auch zur Darstellung der diesen Wünschen widerstrebenden seelischen Kräfte. Die Wendung von der Erzählung rein materiellen Geschehens zur Darstellung der seelischen Vorgänge der Personen im Drama und Roman mag selbst ein Ausdruck dieser Gegenströmungen sein und die psychologisierende Darstellung der modernen Dichtung zeigt bereits die Wirksamkeit des Geständniszwanges. Die Dichter haben diesen Geständnischarakter ihrer Produktion seit jeher erkannt und anerkannt. Ich brauche Sie nur an Goethe zu erinnern, der seine Werke »Bruchstücke einer großen Konfession« genannt hat. Ibsen hat mit noch stärkerem Akzent die Mitwirkung des Strafbedürfnisses in der Dichtung hervorgehoben: » . . . Dichten heißt Gerichtstag halten über das eigene Ich.« Die Tragödie ist ein unbewußtes Geständnis und der Beifall der Hörer wird zum Zeichen der Aufhebung der Isolierung, zum Zeichen der Absolution. Die Katharsis des Aristoteles beruht im wesentlichen auf Befreiung von latentem Schuldgefühl. Die psychologische Bedeutung der *Geständnislust* innerhalb der »Seligkeit des Gestaltens« und des künstlerischen Genießens ist bisher fast unbeobachtet geblieben. Der Übergang von der direkten Charakterisierung zur indirekten in der Dichtung steht mit der Zurückdrängung der freien Triebäußerung und der

Herrschaft des unbewußten Geständniszwanges in intimem Zusammenhang; er spiegelt das Leben selbst wider. Vergleichen Sie etwa die Selbsterklärung der Personen eines alten Dramatikers, die »Voilà comme je suis«-Technik der Charakterisierung, wie sie ein Kritiker nicht unzutreffend genannt hat, mit der Charakterisierung der Personen von Ibsen. Auch Hjalmar Ekdal spricht gelegentlich über seinen Charakter, aber er zeigt darin nur, wie er sich sieht, nicht wie der Zuhörer oder Leser ihn objektiv sehen soll. Ja die Selbstcharakteristik dient sogar der indirekten Charakterdarstellung, sie weist auf die Differenz zwischen der Selbstbeurteilung und dem objektiven wirklichen Charakter hin. Wir würden sagen, diese Äußerungen seien selbst Ausflüsse des unbewußten Geständniszwanges, die einer analytischen Deutung und Vertiefung bedürfen. Sie lächeln heute über die ungelenke Manier primitiver Dramatiker und Erzähler, ihre Personen sich selbst charakterisieren und ihre seelischen Vorgänge erklären zu lassen. Sie ziehen es vor, diesen Charakter selbst aus den unbewußten Anzeichen in Worten und Taten zu erkennen und die psychischen Prozesse, die in den betreffenden Personen vorgehen, aus knappen Andeutungen zu erraten, ganz so wie Sie es im Leben gewöhnt sind. Auch dort werden wir uns als Menschenbeobachter bewußte Selbstcharakteristiken gefallen lassen, aber sie nicht für das objektive Abbild der Person selbst halten, sondern annehmen, daß das Wesentliche ihres Charakters ihr unbewußt geblieben ist und es hinter dem Selbstzeugnis suchen. Wir benehmen uns also im Leben ähnlich wie in der Analyse, indem wir dem unbewußten Geständniszwang des anderen mehr Vertrauen schenken als seiner bewußten Selbstdarstellung. Wir werden im Leben wie in der Dichtung in den Einzelheiten der bewußten Selbstcharakterisierung wesentliche Züge des unbewußten Charakters intuitiv fühlen oder zu erraten suchen.

Wenn wir so dem bewußten Selbstzeugnis im allgemeinen keine Objektivität zuschreiben können und es selbst nur als Mittel für die Erkenntnis des wirklichen Charakters verwenden, so müssen wir doch manchmal einen Ausnahmefall von dieser

Regel gelten lassen. Die Personen in den Werken der großen russischen Romanciers wie Tolstoi oder Dostojewski, geben z. B. in Zuständen gesteigerter Erregung Selbstcharakteristiken, Geständnisse dessen, was sie denken und fühlen, wozu es sie treibt und was sie hemmt, die wir als aufrichtig ansehen und bei denen wir erkennen, daß sie ein großes Stück Wahrheit enthalten. Aber es ist bezeichnend, daß diese Selbstdarstellungen in ihrer oft erschreckenden, selbstquälerischen Aufrichtigkeit meistens unter dem Druck des Strafbedürfnisses erfolgen, daß sie selbst eine Art Selbstbestrafung in Worten darstellen. Wenn aber eine Person ein Geständnis dieser Art ablegt, gleichsam die eigene Häßlichkeit vor allen Leuten nackt zeigt, so kann das nur einer Überwältigung des Ichs durch das Über-Ich entsprechen; der moralische Masochismus ist übermächtig geworden. Wir glauben also diesen Geständnissen, die dazu dienen, die Personen von einem sie drückenden Schuldgefühl zu befreien; sie sagen die Wahrheit, aber es ist nicht die ganze Wahrheit. Sowohl die tiefsten Voraussetzungen als die entscheidendsten Motive ihrer Geständnisse sind ihnen ebenso unbewußt wie deren latente Bedeutung; wir sind also auch bei diesen Ausnahmefällen darauf angewiesen, die unbewußte Fortsetzung des Geständnisses zu suchen und nach seinen seelischen Motiven zu forschen, wollen wir über den Charakter und das Verhalten dieser Personen ins klare kommen. Tiefer eindringende Untersuchungen werden leicht erweisen können, wie der unbewußte Geständniszwang auch die Entwicklung der Malerei und Plastik sowie der Musik in ihrer Stoffwahl und in ihrer Gestaltung bestimmt.

Ich habe bereits erwähnt, daß der Witz und der Humor sich besonderer Techniken bedienen, um das Verdrängte – sogar unter Lustgewinn – wieder dem Ich zuzuführen und daß also die Produktion eines Witzes sowie unser Lachen über ihn ebenfalls zu den unbewußten Geständnissen gehört, da, wie Freud nachgewiesen hat, wir weder wissen, worüber wir eigentlich lachen, noch zu welchen unterdrückten Triebregungen wir uns im Witz bekennen.

Die Sprache selbst müßte uns etwas Bedeutsames über das Wesen des Geständniszwanges zu sagen haben. Freilich würden wir den Umkreis des Begriffes Sprache erweitern müssen, wenn wir solche Aufklärung von ihr erwarten. Wir müßten nicht nur den Ausdruck von Gedanken und Gefühlen in Worten, sondern auch in Gebärden, Mienen, Besonderheiten des Blickes und der Stimme sowie der Schrift unter dem Begriff der Sprache verstehen dürfen. Dies ist ja das Material, mit dem wir Analytiker arbeiten; nichts anderes mehr steht uns zur Verfügung, um unsere wissenschaftlichen Forschungen darauf zu bauen. Aber ist dies nicht genug? Gehen wir nur auf die Wortsprache genauer ein. Es besteht für uns kein Zweifel, daß die Sprache ursprünglich nur ein Mittel zur Äußerung der menschlichen Bedürfnisse gewesen ist; dies ist sie ja mehr oder minder auch geblieben. Wenn Sie in ein fremdes Land reisen, dessen Sprache Sie nicht sprechen, wird Ihr erstes Bemühen sein, vor allem jene Ausdrücke sprechen und verstehen zu lernen, die sich auf Ihre persönlichen Wünsche und deren Befriedigung beziehen. Es ist in erster Linie den Wirkungen der Verdrängungsmächte zuzuschreiben, wenn die Sprache aus einem Mittel, Gedanken auszudrücken, nach dem Talleyrandschen Wort zum Mittel wurde, um Gedanken zu verbergen. Da aber ihre alte, vital bedingte Funktion erhalten blieb, ohne die Gegenstrebungen überwältigen zu können, entwickelte sich die Sprache zu einem Kompromißausdruck, der nun beiden seelischen Tendenzen gerecht zu werden bemüht ist. Durch die fallweise Einschaltung von Techniken der Andeutung, der Verschiebung und Ersetzung, insbesondere der Abmilderung und der Euphemismen, kann sie dieser Aufgabe genügen, zumal wir Blicke, Gebärden und andere Ausdrucksmittel zu ihrer Unterstützung heranziehen.

Die Sprache verfügt so mit zunehmender Differenzierung über alle Mittel des feinen Spieles, das sich um Ausdrücken und Verbergenwollen dreht, ja es gelingt ihr sogar der Kunstgriff, durch das demonstrative Verbergen das auszudrücken, was verborgen werden soll. Hier kommen wir schon dem unbewußten

Geständnis näher; aus dem unverhüllten Ausdruck der Bedürfnisse ist ihr verstecktes Bekenntnis geworden.

Wir werden dadurch selbst auf den merkwürdigen Bedeutungswandel hingewiesen, den Worte wie »gestehen« oder »bekennen« in der Sprachgeschichte durchmachen; diese Veränderung kann nicht bedeutungslos für die Begriffe hinter den Bezeichnungen sein. Gestehen heißt ursprünglich etwas Mit-Sicherheit-sagen, Für-das-Gesagte-einstehen. »Ihr Herr'n gesteht, ich weiß zu leben«, heißt es noch in Goethes »Faust«. Polykrates ruft dem Freunde zu: »Gestehe, daß ich glücklich bin!« Ähnlich ergeht es mit dem Wort »bekennen«. Es bedeutet ursprünglich bezeugen, etwas Mit-vollem-Gewicht-sagen. »Der Zar, des Sohn ich mich bekenne«, läßt Schiller seinen Demetrius sagen. Das heißt doch: ich gebe mich als Zarensohn zu erkennen, ich behaupte, der Sohn des Zaren zu sein. Noch Luther gebrauchte das Wort eindeutig in diesem alten Sinn: »gleichwie wir in der Taufe eitel Wasser bekennen«. In diesen Wortverwendungen ist noch keineswegs jener speziellere Sinn, den wir heute mit den Worten »bekennen« und »gestehen« ausdrücken, enthalten. Wie steht es denn mit dem Wort »Beichte«, das wir ja als Synonym für Geständnis verwenden? Das Wort kommt von einem altdeutschen *pijehan,* das einfach »reden« bedeutet; aus dem althochdeutschen *pijiht* entwickelte sich ein mittelhochdeutsches *begīht, bīhte,* das wir in unserem modernen Wort »Beichte« wiedererkennen. Das lateinische Wort *confiteor* bedeutet wie das deutsche »bekennen« oder »gestehen« ursprünglich auch nur etwas Mit-Nachdruck-sagen. Es ist doch eine klare Überraschung, die uns unser Ausflug in das sprachwissenschaftliche Gebiet gebracht hat. Alle diese Worte, die wir für die Mitteilung von Verbotenem, von Sünde gebrauchen, bekennen, gestehen, beichten, hatten ursprünglich den Sinn des nachdrücklichen Sagens, des Redens überhaupt. Dieser Bedeutungswandel ist selbst ein Zeugnis für den säkularen Verdrängungsfortschritt: aus der Äußerung, die primär der Triebbefriedigung dienen wollte, wurde ein Geständnis. Die speziellere Bedeutung durch die sprachliche Begriffsverengerung weist auf das in der Kulturentwicklung wachsende Strafbedürfnis der Menschen hin: das Reden überhaupt, das nachdrückliche Sagen wurde allmählich mit dem Geständnis identifiziert. Aber ist dieser Bedeutungswandel nicht selbst ein Beweis für den von uns behaupteten Weg, der von der Äußerungstendenz zum Geständniszwang führt? Wir wollen von dem, was unser Wünschen und Sehen ausmacht, reden, denn wenn man nicht davon reden kann, welchen Sinn hat denn das Sprechen sonst? Das allein kann die Bedeutung des Spruches sein: Wes das Herz voll ist, des geht der Mund über. Aber wenn das Herz voll ist von unerfüllten Wünschen, deren Äußerung verboten ist, dann schafft es sich eben unbewußt Ausdruck, das unbewußte Geständnis. Es ist also so, als wäre das Sprechen noch immer vornehmlich Ausdruck unserer Bedürfnisse und, was es zum Geständnis umformt, ist eben, daß auch die Befriedigung des Schuldgefühles zu unseren psychischen Bedürfnissen hinzugekommen ist. Wenn wir ganz aufrichtig gegen uns sein wollen – und ich sehe nicht ein, warum wir das nicht sein sollten – müßten wir gestehen, daß wir eigentlich nur von dem sprechen wollen, was wir wünschen und was uns bedrückt, und lieber schweigen wollen, wenn uns ein überstarkes Schuldgefühl am Reden hindert und uns nicht einmal das Geständnis unserer Triebregungen gestattet. *The rest is silence.* Die extremste Form solchen Schweigens in seiner latenten Bedeutung haben wir beim Verbrecher konstatiert. In einer jener kleinen Beobachtungen, die den hervorragenden Psychologen zeigen, hat Dostojewski einmal geschildert, daß alles Reden des Verbrechers auf das Geständnis ziele und das übrige falsch und nichtig klinge. Raskolnikoff sagt seiner Mutter, die ihn kurze Zeit nach dem Mord besucht: »Wir werden schon Zeit haben, uns auszusprechen.« Nachdem er dies gesagt hatte, wurde er wieder verlegen und erbleichte, »wieder durchzog eine kurze Empfindung in toter Kälte seine Seele, wieder wurde es ihm vollkommen klar, daß er soeben eine furchtbare Lüge gesagt hatte, daß er nie wieder sich aussprechen könne, daß er nie mehr, niemals mehr und mit niemanden überhaupt *sprechen* dürfe«. Einer meiner Patienten, der einen wütenden Selbsthaß entwickelte, klagte immer wieder darüber, daß er seine eigene Stimme nicht hören könne, daß sie ihm falsch und niederträchtig klinge, und zog es schließlich vor, wirklich lange Zeit zu schweigen.

Aber noch wenn wir schweigen und nichts sagen wollen, zwingen uns unbekannte Mächte zu unbewußten Geständnissen. Noch unser Schweigen ist beredt und wird zur Anklage und Selbstanklage. Es ist so, als protestiere etwas in uns gegen den Zwang, der uns verbietet, unsere stärksten Regungen auszusprechen, und als ob dieser Zwang eben jenen Gegenzwang, der zum unbewußten Geständnis drängt, erstehen lasse.

Zur Entstehung des Gewissens

Meine Damen und Herren! Die analytische Theorie, welche die Psychogenese und die Entwicklung des Strafbedürfnisses klargestellt hat, kann nicht ohne Einfluß auf die Wissenschaft der Ethik bleiben. Wir sehen hier von der normativen Ethik ab, deren Fragwürdigkeit und historische Bedingtheit heute fast allgemein anerkannt wird; wir meinen, die analytischen Funde lassen die Geschichte der Moral und einige ihrer wichtigsten Probleme in einem neuen Licht erscheinen und lösen Widersprüche, welche bisher unüberbrückbar schienen. Das psychologische Problem des Gewissens gehört hierher. Die lange Reihe von Untersuchungen über die Natur des Gewissens lassen erkennen, wie hoch die Bedeutung des Gewissens als psychologisches Phänomen eingeschätzt wird. Es erscheint auch, wenn man von Monographien wie denen von Paul Rée und Ebbinghaus absieht, in jedem System der Ethik von Sokrates bis auf Paulsen und Wundt, in der katholischen ebenso wie in der protestantischen Moraltheologie.

Wir wollen von dem sprachlichen Ausdruck ausgehen, wobei wir uns wichtige Aufschlüsse aus Wundts »Ethik« holen. Das Wort Gewissen weist unmittelbar auf ein Mitwissen hin. Das Präfix *Ge-* ist ursprünglich mit dem lateinischen *con* identisch. Gewissen ist die direkte Übersetzung des lateinischen *conscientia*, das sich als Wurzel der Bezeichnungen für Gewissen in so vielen modernen Sprachen erhalten hat. Die »Stimme des Gewissens« verdankt nach Wundt sicherlich einem mythologischen Gedanken ihre Entstehung; die Sprache, welche das Wissen ein Mitwissen nannte, hat darunter ursprünglich ein göttliches Mitwissen verstanden. Wundt sagt wörtlich: »Der Affekt und das Urteil, die sich mit dem Bewußtsein der Motive und Tendenzen des Handelnden verbinden, gelten hier nicht als dessen eigene psychische Akte, sondern als Vorgänge, die von einer fremden, auf sein Bewußtsein rätselhaft einwirkenden Macht herrühren.« Wie erklärt sich aber eine solche Zuerkennung an die Macht der Götter? Wundt meint, der Gedanke bewege sich hier wie so oft im Zirkel. Zuerst objektiviere der Mensch seine eigenen Gefühle und dann suche er aus den so entstandenen Objekten wiederum seine Gefühle zu erklären. Es ist zuzugestehen, daß die Bewußtseinspsychologie hier alles gesagt hat, was sie über das Thema sagen konnte, aber das ist noch immer kläglich genug.

Ich möchte Ihnen nun gerne Gelegenheit geben, diese Erkenntnis der alten psychologischen Betrachtung mit denen der Psychoanalyse zu vergleichen. Günstige Umstände erlauben es mir, dabei von einem konkreten Beispiel auszugehen, das gleichzeitig wichtige Beziehungen zwischen den Funktionen des Gewissens und dem Geständniszwang zeigt.

Mein Sohn Artur, dem der folgende Beitrag zur Psychologie des Gewissens zuzuschreiben ist, ist jetzt acht Jahre alt.[1] Wie mir scheint, ist er ein ziemlich normales Kind, intellektuell gut, aber nicht über den Durchschnitt begabt, impulsiv und heiteren Temperaments, ohne besondere Neigung zur Nachdenklichkeit. Er spielt lebhaft und gerne, ist manchmal so schlimm wie andere Buben und liest nur, wenn er muß. Zu seinen Eltern zeigt er großes Vertrauen und unterhält sich freimütig mit ihnen. Er stellt, wie ich glaube, ein typisches Großstadtkind einer bestimmten sozialen Schicht ohne ausgeprägte Besonderheiten dar. Als er mit mir einmal spazierenging, trafen wir einen bekannten Herrn, der sich mir anschloß und im Laufe des Gespräches sagte, eine »innere Stimme« habe ihn von etwas zurückgehalten. Artur fragte mich, nachdem der Herr uns verlassen hatte, was das sei, die innere Stimme, und ich antwortete zerstreut: »Ein Gefühl.« Am nächsten Tag entwickelte sich ein Gespräch, das Artur begann und das ich wortgetreu nach der Niederschrift

1 Diese Angabe bezieht sich auf das Jahr 1923, aus dem die hier verwerteten Notizen stammen. Die hier folgenden Ausführungen sind im wesentlichen in einem Artikel »Psycho-Analysis of the Unconscious Sense of Guilt« im *International Journal of Psychoanalysis* (Oktober 1924) publiziert.

vom Abend desselben Tages wiedergebe: »Papa, jetzt weiß ich schon, was die innere Stimme ist.«

»Nun, sag' es!«

»Ich bin schon daraufgekommen. Die innere Stimme ist der Gedanke von einem.«

»Was für ein Gedanke?«

»No, weißt du, zum Beispiel so: manchmal gehe ich oft, *(sic)* ohne den (!) Händen zu waschen, zu Tische, dann ist so ein Gefühl, als sagte mir jemand: wasch' dir die Hände. Und wenn ich manchmal abends mich niederlege, so spiele ich mit dem Gambi (er hat diese Bezeichnung für Penis seit früher Kinderzeit beibehalten) und da sagt mir die innere Stimme: spiel nicht mit dem Gambi! Wenn ich es weiter mache, dann sagt mir wieder dieselbe Stimme: spiel nicht!«

»Ist das wirklich eine Stimme?«

»Nein, es ist ja niemand da. Das Gedächtnis sagt mir's ja.«

»Wieso das Gedächtnis?«

Artur zeigt lebhaft auf seinen Kopf: »No, die Gescheitheit, das Gehirn. Wenn du zum Beispiel am vorderen Tag (er meint, am Tage vorher) sagst: ›Wenn das Kind laufen und fallen wird‹ und ich laufe den nächsten Tag, dann sagt mir der Gedanke ›Lauf nicht!‹« (Das Beispiel knüpfte an etwas Aktuelles an: der Knabe war, nachdem er oft gewarnt wurde, nicht so wild zu laufen, vor einigen Tagen gefallen und hatte sich am Knie so beschädigt, daß eine eitrige Wunde entstanden ist und er jetzt einen Verband trug. Er hatte von den Eltern Vorwürfe wegen seines Ungehorsams gehört.)

»Wenn du aber doch läufst?« fragte ich.

»Wenn ich aber doch gelaufen bin und falle, dann sagt mir die Stimme: ›Hab ich dir nicht gesagt, daß du fallen wirst?‹ Oder wenn ich einmal die Mama ärgere, auch wenn ich dich ärgere, so sagt mir das Gefühl: ärgere die Mama nicht!«

Wir wurden hier unterbrochen. Als ich einige Minuten später wieder ins Zimmer trat, begann Artur spontan:

»Jetzt weiß ich aber, was die innere Stimme ist! *Es ist ein Gefühl von sich selbst und die Sprache von einem anderen.*«

»Was heißt das: die Sprache von einem anderen?«

Artur machte eine zweifelnde Miene und meinte nachdenklich: »Nein, das ist nicht wahr.« Nach kurzer Pause sagte er lebhaft: »Es ist aber doch wahr! *Was du zuerst geredet hast!* Zum Beispiel: die Mama hat mich einmal zum Greißler[1] geschickt und du hast mir gesagt: ›Gib acht, daß kein Auto kommt!‹ Und wenn ich nicht achtgegeben hätte, hätte mir die Stimme gesagt: ›Gib acht, daß kein Wagen kommt!‹ Hat jeder Mensch eine innere Stimme?«

»Ja.«

»Nicht wahr, die innere Stimme kommt nicht zur äußeren Stimme? Doch nicht? Aber doch schon! Ich kann das nicht so sagen, weil ich es nicht so weiß. Eines von den beiden wird schon sein. Die innere Stimme, wenn man wirklich eine hat, kommt nicht zur äußeren Stimme, nur wenn man redet davon.«

Am nächsten Nachmittag begann er wieder: »Papa, die innere Stimme ist eigentlich, wenn man etwas getan hat und dann Angst hat. Zum Beispiel wenn ich den Gambi angerührt hab', so hab' ich die Angst, ich weiß nicht, welche Angst. Ich weiß aber doch, Angst, weil ich das getan habe. Es ist halt so ein Gefühl!«

Etwa eine Stunde später fragte er: »Nicht wahr, Papa, die Diebe haben zwei innere Stimmen?«

»Wieso zwei?«

»No, die eine, die sagt ihnen, sie sollen stehlen, und die andere sagt ihnen, sie sollen nicht stehlen. Aber nein, nur die, welche sagt: ›Nicht‹ ist die *eigentliche* Stimme.«

Seit jenem Gespräch waren etwa acht Monate vergangen; das Kind hatte nur zweimal die innere Stimme seither erwähnt. Einmal sagte er spontan: »Wenn die Mama der Großmama nicht gefolgt hat, so hat sie auch eine innere Stimme, die sagt, sie soll der Großmama immer folgen. Und wenn sie das nächste Mal nicht gefolgt hat, so hat sie Angst.« Ein anderes Mal fragte er: »Nicht wahr, man hat nicht immer eine innere Stimme? Nur wenn man's braucht.«

1 Wienerisch: Gemischtwarenhändler.

Als ich mich erkundigte: »Wann braucht man sie denn?« erklärt er: »Wenn man etwas Schlechtes tun will.«

Bevor wir in die Diskussion dieser Kinderaussage eingehen, wollen wir uns gegenwärtig halten, worin ihre Bedeutung liegt. Die Psychoanalyse, die von Anfang an die psychischen Mächte, die dem Ich entstammen, in ihrer Wirkung als Verdrängungsfaktoren gewürdigt hat, hat sich erst spät der Analyse dieser verdrängenden Strömungen selbst zugewendet. Die Resultate ihrer Rekonstruktion der Entwicklungsgeschichte des Ichs scheinen zuerst kaum weniger befremdend als ihre Theorien über die Sexualität.

Der Wert der vorliegenden Kinderaussage wird vornehmlich der sein, daß sie einen glänzenden Beweis für die Richtigkeit der analytischen Annahmen über die Entstehung und Entwicklung einzelner Ichinstanzen bietet und daß hier in statu nascendi gezeigt werden kann, was die Analyse in der Rückverfolgung seelischer Vorgänge beim Erwachsenen rekonstruieren mußte. Ein beträchtlicher Teil der psychischen Prozesse, die später unbewußt sein werden, ist hier noch bewußtseinsfähig, ein anderer Teil ist freilich schon auf dieser Stufe dem Bewußtsein entzogen. Ich erinnere Sie auch daran, daß die Scheidung zwischen bewußt und unbewußt beim Kind nicht so scharf durchgeführt werden kann wie beim Erwachsenen. Das Bewußte hat nach Freud beim Kind noch nicht alle seine Charaktere gewinnen können, es ist noch in Entwicklung begriffen und verfügt noch nicht völlig über die Fähigkeit, sich in Sprachvorstellungen umzusetzen. Die Unbefangenheit, Lebendigkeit und von Widerständen ungehemmte Natürlichkeit, mit der der Kleine seine Aussagen über sein Seelenleben macht, erhöht zwar ihre wissenschaftliche Beweiskraft als die einer festgehaltenen Selbstbeobachtung eines wichtigen Stückes der infantilen Ichentwicklung, das sich sonst der Aufmerksamkeit der Erwachsenen entzieht, allein wir haben auch die notwendige Begrenztheit der psychologischen Verwertung dieser Kinderaussagen zu betonen.

Diese Grenzen werden vornehmlich aus zwei Momenten abzuleiten sein: das Kind zeigt kein allgemeines theoretisches, nur dem Verständnis und der Erklärung seelischer Vorgänge zugewendetes Interesse. Es hat einen ihn befremdenden Ausdruck (»innere Stimme«) zufällig gehört, möchte verstehen was er bedeute, und vergleicht nun die seelische Situation, welche jener Herr geschildert hat und die der Knabe gewiß nur teilweise verstehen konnte, mit ähnlichen Erfahrungen aus psychischen Prozessen, von denen ihm Erinnerungsreste erhalten geblieben sind. Darüber hinaus geht sein Interesse praktisch nur so weit, als er sich über die Wirkungsweise dieser »inneren Stimme« klarwerden will. Seine Fragen zeigen, daß er das, was er introspektiv bei sich gefunden hat, mit dem vergleichen will, was ich, der Erwachsene, ihm darüber sagen kann. Gewiß ist dieses psychologische Interesse für sein Alter ein bemerkenswertes, seine Begabung für Selbstbeobachtung keine alltägliche, aber es ist nicht zu erwarten, daß er systematisch die Fäden verfolgt. Das wiederholte Zurückkehren zu den ihn bewegenden Fragen, das Emportauchen derselben Probleme nach längeren Zeitintervallen zeigt indessen von seinem Bemühen, Klarheit über seine seelischen Vorgänge zu gewinnen; es ist selbstverständlich, daß diesem Bestreben enge Grenzen gesetzt sind. Auf der anderen Seite meinte ich, seine Aufmerksamkeit nicht künstlich auf Fragen lenken zu dürfen, für die er nicht reif ist und die nicht in ihm selbst laut geworden waren. Ich beschränkte meine Äußerungen also – in einer der Analyse ähnlichen Art – auf vorsichtige Fragen und Aufforderungen, nur das näher zu erklären, was er mir selbst gesagt hatte. Dies war auch der einzige Weg, alle Suggestion auszuschließen.

Dieser Sachlage entsprechend werden Sie die Auskünfte des kleinen Jungen, sowohl was den Umfang als auch was die Tiefe der hier auftauchenden Probleme betrifft, zu bewerten haben.

Das zweite Moment ist ein sprachliches; das Kind kämpft hier mit einer Materie, die es schwer bewältigen kann. Sein Wortschatz ist beschränkt und seine Wortwahl kann natürlich unseren Ansprüchen auf Präzision nicht genügen. Für die schwierigen Begriffe, die er diskutieren will und deren Abgrenzung und

Bestimmung auch uns Erwachsenen so viele Schwierigkeiten bereiten, reichen begreiflicherweise seine sprachlichen Fähigkeiten nicht aus. Sie bemerken gewiß, wie unsicher er in der Bezeichnung dessen, was er sagen will, ist, wie er die »innere Stimme« bald als Gedanke, bald als Gefühl fassen will und wie er sich bemüht, die Bezeichnung »Sprache von einem anderen« in seiner Definition näher zu präzisieren als das, was ich zuerst geredet habe. Es ist übrigens erstaunlich, wie ihn das Bedürfnis nach Klarheit zu immer schärferer Formulierung antreibt. In der Überwindung der Unzulänglichkeiten seiner Kindersprache ist ihm da ein kleines Kunststück gelungen.

Versehen wir nun die Aussagen des Kleinen mit einer Art psychoanalytischen Kommentars, der die in der Analyse regressiv gewonnene Anschauung von der Ichentwicklung zum Vergleich heranzieht, so können wir folgendes sagen: Das Kind erklärt sich die »innere Stimme«, die wir als die zensurierende Instanz des Gewissens erfassen können, zuerst als »den Gedanken von einem«. Es ist charakteristisch, daß ihm, da er Beispiele zur Erklärung sucht, jene zwei einfallen, die sich auf das Waschen und auf die Unterlassung des Spielens mit dem Penis beziehen. Die innere Stimme entfaltet also ihre Wirkung als hemmender Faktor auf dem Gebiete der Analerotik und der Onanie für ihn am auffälligsten. Es kann nicht zufällig sein, daß gerade diese beiden Beispiele ihm zuerst einfielen; die enge Beziehung des neurotischen Waschzwanges zur infantilen Analerotik und zur onanistischen Betätigung, wie sie die Analyse bei Erwachsenen aufzeigt, wird hier in ihren seelischen Voraussetzungen aus der Kinderzeit bestätigt. Das weitere Beispiel zeigt wieder, wie sich die zensurierende Instanz für die Einhaltung des Realitätsprinzipes gegenüber den Tendenzen zur Lustbefriedigung geltend macht. Während er läuft, wird sich die selbstkritisierende Instanz warnend einmengen, und der Gedanke nach dem Fall (»Hab' ich dir nicht gesagt, daß du fallen wirst?«) zeigt bereits, daß er das Fallen vorbewußt erwartet hatte, daß es die vorausgesehene Selbstbestrafung für seinen Ungehorsam war.

An dieser Stelle ist es ihm bereits möglich, die »innere Stimme«

als die Erinnerung an etwas Gehörtes, an eine Warnung oder Ermahnung des Vaters zu agnoszieren, und diese Erkenntnis wird während der wenigen Minuten, in denen er allein war, so weit klar, daß sie sich zu der Definition gestalten kann, daß die »innere Stimme« ein Gefühl von sich selbst und die Sprache von einem anderen ist. Diese Definition ist ganz korrekt und kann als Rückübersetzung der analytischen Anschauung über die Entstehung des Gewissens und des unbewußten Schuldgefühles in die Kindersprache angesehen werden. Das Kind hat da eine ganz respektable psychologische Leistung vollbracht. Vergleichen Sie seine Definition mit der analytischen Theorie, so ergibt sich folgendes: Freud hat bereits in seinem Aufsatz »Zur Einführung des Narzißmus« die Entstehung einer zensurierenden Instanz, die das Aktual-Ich am Ichideal mißt, geschildert. Die Anregung zur Bildung eines Über-Ichs geht von dem durch die Stimme vermittelten kritischen Einfluß der Eltern aus, an die sich erst später der der Erzieher, Lehrer und anderer Personen angeschlossen hat. In seinem Buch »Das Ich und das Es« hat Freud diesen Faden weiter verfolgt; es wird darin gezeigt, daß das Über-Ich sich im Anschluß an die primäre Identifizierung des Kindes mit dem Vater bildet und daß sich das infantile Ich für die Verdrängungsleistung, die von ihm erwartet wird, dadurch stärkt, daß es dieselben Hindernisse, die ihm früher der Vater entgegengestellt hat, in sich selbst aufrichtet. Es lieh sich dazu gewissermaßen die Kraft vom Vater. Das Über-Ich erweist sich so als »Erbe des Ödipuskomplexes«. Die Spannung zwischen den Ansprüchen des Über-Ichs und den Leistungen des Ichs wird als Schuldgefühl empfunden.

Wir sehen im Falle Arturs diesen Prozeß in den ersten Stadien; wir sehen den primären Niederschlag der Identifizierung mit dem Vater, können verfolgen, wie sich hier noch die Spannung zwischen den fortwirkenden Ansprüchen des Vaters und den aktuellen Leistungen des Kindes als Schuldgefühl äußert. Wir können beobachten, wie sich das Vetorecht des Über-Ichs aus den Mahnungen und Verboten des Vaters entwickelt. Der kategorische Imperativ des Über-Ichs ist hier noch in seiner Entstehungsgeschichte aus dem Vaterkomplex klar ersichtlich. Das Über-Ich ist in seiner Genese hier gleichsam mit Händen zu greifen. Wenn das Kind das Schuldbewußtsein auf »ein Gefühl von sich selbst und die Sprache von einem anderen« zurückführt, so ist es regressiv den richtigen Weg gegangen. Das »Gefühl von sich selbst« hat sich eben unter dem nachwirkenden Einfluß der kritisierenden, warnenden, verbietenden »Sprache von einem anderen«, nämlich der Stimme des Vaters, entwickelt. (»Was du zuerst geredet hast«.) Es liegt hier nahe, die Psychogenese der religiösen Gefühle der Massen mit der Ausbildung des individuellen Gewissens durch Einbeziehung der richtenden Vaterinstanz ins Ich zu vergleichen: »Gott ist gleichsam das moralische Gesetz selbst, aber personifiziert gedacht« (Kant, Vorlesungen über philosophische Religionslehre). Auch die Kirche selbst erklärt das Gewissen – und dies ist ja die innere Stimme Arturs – als »die Stimme Gottes im Menschen«, also als die forttönende, fortwirkende Stimme des erhöhten Vaters im Individuum.

Wir haben durch die Analyse gelernt, die Stimmen, die bei der Symptomatologie der paranoiden Erkrankungen eine so deutliche Rolle spielen, zu verstehen. Sie wissen, daß diese Kranken Stimmen hören, die in der dritten Person zu ihnen sprechen und ihr Tun und Lassen unaufhörlich beobachten und kritisieren. Diese kritische Instanz führt uns nach Freud auf die elterliche Kritik zurück und die Entwicklung des Gewissens wird von den Kranken regressiv reproduziert, indem sie die Stimmen nun wieder in die Außenwelt, von der sie kamen, zurückprojizieren. Es ist charakteristisch, daß die Stimmen, welche die Kranken hören, in dritter Person über sie sprechen; man meint hier die Spur der beobachtenden Pflegepersonen, die miteinander über das Kind sprechen, verfolgen zu können, die später durch andere Personen und schließlich durch die Gesellschaft (die »öffentliche Meinung«) ersetzt werden wird. Andererseits ist darin ein deutlicher Hinweis auf die Entstehungszeit jener beobachtenden Ichinstanz, die sich aus der primären Identifizierung mit dem Vater entwickelt und sich in der Institution des Gewissens im Ich konstituiert hat, enthalten; es muß die Zeit gewesen sein, wo das Kind von sich noch in dritter Person sprach, aber das Ich schon den Gegensatz zwischen dem eigenen Triebleben und der von außen wirkenden Aufforderung zur Triebunterdrückung mehr oder minder deutlich erfassen konnte.

Die psychoanalytische Erklärung der Psychogenese des Stimmenhörens in der Paranoia führt uns wieder zu den Problemen zurück, die in dem kleinen Jungen aufgetaucht sind. Er fragt sich nämlich, ob »die innere Stimme zur äußeren kommt«. Dies kann nur den Sinn haben: ob die innere Stimme nicht zur äußeren werden kann. Nach einigen Zweifeln kommt er zu dem Schluß, daß die innere Stimme nicht zur äußeren Stimme »kommt«, d. h. also, daß die zensurierende Instanz sich nicht als äußere Stimme manifestiert, »nur wenn man redet davon«. Die Stimmen der Paranoiden geben ein anderes Beispiel eines solchen äußeren Lautwerdens der inneren Stimme, die einmal wirklich äußere Stimme war. Wir können nach Freuds Ausführungen die Bedeutung vorbewußter Wortvorstellungen auch bis zum Über-Ich verfolgen, das seine Abkunft aus Gehörtem verrät. Diese Wortvorstellungen als Erinnerungsreste an Wahrnehmungen sind isoliert sogar dem Bewußtsein, dem das Über-Ich entzogen ist, oft zugänglich. Wir beobachten, wie oft sich Menschen an von den Eltern gebrauchte Sprichwörter, Vergleiche, Redensarten erinnern und sie zitieren (»Mein Vater pflegte zu sagen«). Sie haben in den letzten Vorlesungen einen anderen bedeutsamen Fall solchen Lautwerdens der »inneren Stimme« erkannt, das Geständnis oder die Beichte. Hier kommt wirklich so wie in der Analyse »die innere Stimme« zur »äußeren«, wie Artur sagt.

Wir erkennen auch in den Monologen, die manche Menschen mit sich führen, teilweise ein Lautwerden der zensurierenden oder kritisierenden Ichinstanz, insoferne solche Monologe häufig mehr oder minder scharfe Selbstkritik, Selbstbeobachtungen, Warnungen, Vorsätze usw. enthalten. Wenn wir regressiv die Genese des Gewissens und die Rolle der Identifizierung mit den früheren Objektbesetzungen berücksichtigen, erkennen wir in dieser Art von Monologen gleichsam umgearbeitete Neuauflagen früherer Dialoge. Sie können in den phantasierten Dialogen, welche manche Patienten außerhalb der Analysestunde mit dem Analytiker führen, diese Entwicklung verfolgen; Sie werden dabei auch bemerken, wie sich allmählich eine neue, innere Kontrollstation in dem Patienten aufbaut. Die Vermittlungsrolle vorbewußter Wortvorstellungen als Erinnerungsreste scheint sogar über das oben Gesagte weit hinaus zu gehen und sich bis in die Anfänge der Denkprozesse fortzusetzen. Die Bedeutung der Eltern für diese Entwicklung ist offenbar. Gestatten Sie mir hier eine Bemerkung Feuerbachs aus dem »Wesen des Christentums« zu zitieren, welche die von der Analyse aufgezeigte Entwicklung unter die Gesichtspunkte der Phylogenese zu rücken scheint: »Zum Denken gehören ursprünglich zwei. Erst auf dem Standpunkt einer höheren Kultur verdoppelt sich der Mensch, so daß er jetzt in und für sich selbst die Rolle des anderen spielen kann. Denken und Sprechen ist darum bei allen alten und sinnlichen Völkern ein und dasselbe; sie denken nur im Sprechen, ihr Denken ist nur Konversation. Gemeine Leute, das heißt nicht abstrakt gebildete Leute verstehen noch heute Geschriebenes nicht, wenn sie nicht *laut* lesen, nicht aussprechen, was sie lesen. Wie richtig ist es in dieser Beziehung, wenn Hobbes den Verstand des Menschen aus den Ohren ableitet.« Sie erkennen, wie nahe diese Bemerkungen Feuerbachs den psychoanalytischen Annahmen kommen, zu denen wir in unseren Untersuchungen über den Geständniszwang gedrängt wurden. Hier wird der Unterschied des Gedachten und des Gesprochenen, dem in der analytischen Therapie so große Bedeutung beigelegt wird, klar. Manches rätselhaft scheinende Gebot und Verbot der Zwangsneurose, manche absurd scheinende Zwangsvorstellung und manches sonderbare Symptom der Hysterie wird sich auf eine solche unbewußt gewordene und vom Unbewußten benützte Rede des Vaters (der Mutter) zurückführen lassen und erhält erst in diesem Zusammenhang seine analytische Erklärung. Freud hat bereits ausgeführt, daß die Besetzungsenergie dieser Inhalte des Über-Ichs nicht von der Hörwahrnehmung selbst herrührt, sondern von den ersten Objektbesetzungen des Es. Diese unbewußten Inhalte sind nun verschiedenartig: Warnungen, Verbote, Gebote, Mahnungen, aber auch Begriffe und Abstraktionen, die für das Ichideal des einzelnen und der Gesellschaft eine besondere Bedeutung erlangt haben. Es bleibt zu beachten, daß der Respekt und die hohe Einschätzung, die wir bestimmten moralischen Anschauungen entgegenbringen, nicht ihrem absoluten Wert, sondern eben den unbewußten ersten Objektidentifizierungen und Objektbesetzungen zuzuschreiben ist, das heißt also insbesondere der unbewußten Nachwirkung der Liebe, die wir früh den Menschen entgegenbrachten, welche uns jene Anschauungen vermittelten. Ja, man kann sogar behaupten, die Tenazität gewisser Moralbegriffe, die sich überlebt haben, hänge von der Unsterblichkeit solcher frühen Objektidentifizierung ab.

Freud hat uns verstehen gelehrt, daß frühe Konflikte des Ichs mit den Objektbesetzungen des Es sich in Konflikt mit dem Über-Ich fortsetzen können. Wir konnten in Arturs Fall schon früh die Anzeichen dieses Konfliktes des Ichs und des sich bildenden Über-Ichs, das sich in der »inneren Stimme« äußert, beobachten. Der einfachste und allgemeinste Fall eines solchen Konfliktes wird durch den Gegensatz zwischen den Triebanforderungen des Es und den von Objekten des Es ausgehenden Verdrängungsansprüchen gegeben sein. Konflikte solcher Art ergeben sich schon zu einer Zeit, wo das Ich ohnmächtig den beiden es bedrängenden Instanzen ausgeliefert scheint. Ich habe andernorts eine kleine Szene aus dem Leben Arturs, als er drei Jahre alt war, erzählt, welche die Kontinuität des bereits damals gefühlten Gegensatzes zeigt. Das Kind war damals trotz Ermahnungen schlimm gewesen und von seiner Mutter bestraft worden. Als man ihm Vorwürfe machte, erklärte er schluchzend: »Bubi *will* schon brav sein, aber Bubi *kann* nicht brav sein.« Nichts anderes als diesen in so frühem Alter gespürten und so naiv ausgesprochenen Konflikt meint der Apostel Paulus, wenn er schmerzvoll ausruft: »Ich tue nicht, was ich will, sondern was ich nicht will, das tue ich.« Vor fast sechzehn Jahrhunderten schrieb der Punier Augustinus, den die Kirche den Heiligen nennt, in seinen »Confessiones« die merkwürdigen Zeilen: »Es befiehlt der Geist dem Körper und findet sofort Gehorsam, es befiehlt der Geist sich selbst und findet Widerstand . . . Der Geist befiehlt sich, zu wollen, der Geist, der gar nicht befehlen könnte, wenn er nicht wollte, und doch tut er nicht, was er befiehlt. Aber er will nicht ganz, deshalb befiehlt er auch nicht ganz . . . *Ich war es, der wollte, ich, der nicht wollte.*« Augustinus hatte schon als Jüngling zu dem Herrn gefleht: »Gib Keuschheit, Herr, aber nur nicht gleich!«

Hatte Artur die »innere Stimme« früher regressivgenetisch als »ein Gefühl von sich selbst und die Sprache von einem anderen« erklärt, so zeigt er am nächsten Tag bereits, daß er dem Wesen der »inneren Stimme« näher kommt. Er definiert in seiner unbeholfenen Art die zensurierende Instanz als: »wenn man etwas getan hat und dann Angst hat.« Wir erkennen bereits hier, daß er sich um das Verständnis des Schuldgefühles, der Gewissensangst, bemüht. Das Beispiel, das er zur Erklärung heranzieht, ist sicher das für ihn bedeutsamste: die Verknüpfung der Onanie mit Angst. Freud wies darauf hin, daß sich hinter der Gewissensangst die unbewußte Fortsetzung der Kastrationsangst verbirgt. Die Kastrationsangst war der Kern, um den sich die spätere Gewissensangst ablagert. Es wird so erklärlich, daß man in manchen Analysen von Neurosen den Eindruck erhält, als könne die Kastrationsangst geradezu als Gradmesser des Schuldgefühles erscheinen. Es ist so, als habe das Schuldgefühl im Versagen der Funktionen des Penis oder den damit verknüpften Vorstellungen den adäquaten Ausdruck gefunden.

Wenn wir den Aussagen Arturs weiter folgen, erkennen wir, daß er nach Analogie schließt, auch die anderen Menschen müßten eine innere Stimme haben und, falls sie dieser Vertretung der einstigen Objektbesetzung nicht folgen, ebenfalls Angst verspüren. (Es muß aus der realen Beobachtung stammen, daß er das Beispiel seiner Mutter in ihrer Beziehung zu seiner Großmutter wählt.)

Die Identifizierung mit dem Vater, auf der im wesentlichen die Konstituierung des Über-Ichs beruht, kann man übrigens in den Spielen der Kinder noch deutlicher beobachten. Artur suchte einen Hund, den wir später erhielten, zu verschiedenen kleinen Künsten abzurichten und gebrauchte in seinen Dressurversuchen mit Vorliebe die Ausdrücke des Lobes und Tadels, der Ermunterung und Ermahnung, die ihm gegenüber gebraucht worden waren. Viel früher schon konnte man aus allerlei Anzeichen die Objektintrojektion in ihrer Verknüpfung mit dem Schuldgefühl in den Spielen des Kindes verfolgen. Das Kind war, als es noch nicht fünf Jahre alt war, einmal in der Spielschule allzu lebhaft gewesen und hatte zur Strafe für kurze Zeit in der Ecke, dem Winkel des Schulzimmers, stehen müssen. Als wir davon erfahren hatten, neckten wir ihn oft damit und nannten ihn mit scherzhaftem Spottnamen »Artur Winkelsteher«. Darüber ärgerte er sich sehr, er protestierte lebhaft gegen diese Bezeichnung. Wir beobachteten indessen, daß er denselben Spottnamen auf imaginierte Kinder anwendete. Es war so, als habe er seine Eigenschaft auf ein fremdes, im Spiel imaginiertes Objekt projiziert und bestrafe es jetzt mit dem kränkenden Beinamen. Die Entlastung des Schuldgefühles durch solche Projektion ist uns durch Freud verständlich geworden. Es war deutlich, daß sich das Kind in seinen Spielen mit dem Vater oder ihn repräsentierenden Instanzen identifiziert hatte und so die Schwäche und Unzulänglichkeit des Ichs zeitweise überwand.

Aus jener Zeit stammt eine Aufzeichnung, die folgendes besagt: Artur spielte, von der Spielschule zurückkehrend, in seinem Zimmer in Anwesenheit seines Fräuleins Polizeimann und hatte anscheinend eine größere Anzahl von Missetätern, die er einvernahm, vor sich. Er fragte also einen imaginären Verbrecher mit strenger Miene: »Was haben Sie getan?« dann einen zweiten: »Und was haben Sie angestellt?« und so weiter. Schließlich wandte er sich an den letzten der in seiner Phantasie anwesenden Frevler mit Worten, die das Fräulein aufhorchen ließen: »Und du, Artur Winkelsteher? Ah, ich weiß schon. Du hast einen Revolver gestohlen. Du wirst eingesperrt!« Das Fräulein unterbrach ihn hier, indem sie erstaunt rief: »Aber, Artur, du hast doch keinen Revolver gestohlen!« »O ja! Da!« sagte der Kleine lebhaft und zog einen kleinen Blechrevolver, den er vormittags aus der Spielschule mitgenommen hatte, aus seiner Tasche. Wir haben seither nichts von dergleichen Neigungen bei dem Kinde beobachten können. Aber es spricht für die psychische Nachwirkung der damaligen Erfahrung, wenn Artur sich jetzt danach erkundigt, ob die Diebe zwei innere Stimmen haben. Wir können auch in dieser kleinen Szene das Wirken jener psychischen Instanzen, die zur Konstituierung des Über-Ichs entscheidend beigetragen haben, studieren.

Wir haben gesehen, daß das infantile Ich später seine Konflikte zwischen ursprünglich von außen kommenden Verdrängungsanforderungen und eigenen Triebtendenzen gleichsam in eigener Regie in der Form der Unterwerfung des Ichs unter das Über-Ich zu lösen bestrebt ist. Es entspricht der Ableitung des Über-Ichs aus der Introjektion des Vaters, wenn Artur nun die Rolle des Polizisten, eines typischen Vertreters der richtenden Autorität, spielt und sich selbst beschuldigt. Hier ist der Übergang von der Objektidentifizierung zur Konstituierung des zensurierenden Über-Ichs deutlich zu beobachten; im Spiel wird der ganze Prozeß von der bereits erreichten Stufe aus – unter dem Einfluß eines aktuellen Anlasses – regressiv reproduziert. Wie hier der Polizist, den Artur vorstellt, dem Ich, das im Spiel auf ein imaginäres Objekt nach außen projiziert erscheint, gegenübersteht, so ähnlich wird sich später das Über-Ich dem Ich gegenüber verhalten. Wir könnten aus diesem psychischen Verhalten in so früher Zeit und der erstaunlich wachsamen Selbstbeobachtung, deren Resultate wir drei Jahre später beobachten konnten, vielleicht zu der Befürchtung gelangen, daß das Über-Ich das Ich später nicht sehr tolerant behandeln wird, daß also eine erhöhte Disposition zu neurotischer Erkrankung vorauszusetzen ist. Die Ableitung des Über-Ichs aus den frühen

Objektbesetzungen rechtfertigt es, wenn Freud behauptet, daß die Strenge des Über-Ichs, das sich als Gewissen oder als unbewußtes Schuldgefühl manifestiert, von der größeren oder geringeren Intensität des Ödipuskomplexes und von der Art und dem Zeitpunkt seiner Verdrängung abhänge.

Es ist klar, daß die geschilderte Spielszene die gefürchtete Bestrafung antizipiert, daß sie vom unbewußten Strafbedürfnis inspiriert ist und dieselben Zwecke verfolgt, die wir in der Völkerpsychologie als magische bezeichnen müßten. Daneben sind die Buß- und Selbstbestrafungstendenzen in der Projektion deutlich erkennbar. Das Kind spielt die Szene der Einvernahme, um ihr ihre Schrecken zu nehmen; gleichzeitig erfüllt das Spiel die Selbstbestrafungstendenzen. Die mächtigsten Motive, die im Spiel sichtbar werden, sind sicher solche, die gerade aus der Objektidentifizierung stammen; entspricht das Schuldgefühl der Angst vor dem Liebesverlust, so soll das Geständnis, das in dem Spiel liegt, diesem Verlust vorbeugen, beziehungsweise ihn rückgängig machen. Wir stoßen also auch in der Analyse dieser Kinderszene und des in ihr enthaltenen Geständnisses auf die Tatsache, daß das Geständnis das Strafbedürfnis befriedige und entlaste. Es ist unzweifelhaft, daß der Effekt, den das Spiel hatte, einen Rückschluß auf sein Motiv zuläßt; das Spiel wird zu einem Ersatz der Beichte; das Geständnis erfolgt ja dann wirklich. Es scheint mir sicher, daß diese latente Bedeutung des Spieles sich nicht auf diesen Einzelfall beschränken kann. Die Beobachtung würde ergeben, daß viele Kinderspiele unbewußt dargestellte Geständnisse sind. Das »gespielte Geständnis« verdient wirklich die Aufmerksamkeit der Psychologen und Pädagogen.

Hier ist der Ausgangspunkt für eine Betrachtung, die uns zum Wesen der Psychoanalyse zurückführt: Man kann die Psychoanalyse darstellen, indem man als das Charakteristische ihrer Prozesse die Rückführung der Konflikte zwischen Über-Ich und Ich auf ihren Ursprung, auf frühe Konflikte des Ichs mit den Objektbesetzungen des Es beschreibt. Der Reduktion dieser in höheren Regionen spielenden Kämpfe auf die Schwierigkeiten in der Bewältigung des Ödipuskomplexes folgt die Lösung der Konflikte auf dem ursprünglichen Felde durch die Übertragung. Wir sind uns darüber klar, daß die seelischen Mächte, die wir in der Analyse zu Hilfe rufen, ihre Stärke selbst aus den Fortwirkungen jener früheren Objektbesetzungen des Es beziehen. Es ist deutlich genug, daß in der Analyse eine regressive Reproduktion der Psychogenese des Über-Ichs erscheint; indem der Analytiker für den Patienten allmählich unbewußt die Stelle des Über-Ichs einnimmt, erfährt dessen Strenge schon durch diesen Übertragungsprozeß eine Abmilderung. Gelangt man so zur Charakteristik der Psychoanalyse als einer Methode zur Bewältigung der aus dem Ödipuskomplex stammenden Gewissensangst, so wird es klar, daß auch die Antriebe, die in der Analyse beim Patienten auf den Boden der Übertragung wirken, einem Wiederaufleben jener Tendenzen, die damals zur Bewältigung verwendet wurden und sich als unzulänglich erwiesen, zuzuschreiben sind. Das Kind, das die angstvolle Spannung des Schuldgefühles verspürt, wird zuerst gewiß geneigt sein, diese Spannung dadurch zu besiegen, daß es den Eltern klagt und ihre Hilfe in Anspruch nimmt. Es liegt nun in den Besonderheiten der infantilen Konflikte und dem dadurch bedingten Charakter des Unbewußten der psychischen Vorgänge, wenn sich dieser naturgegebene Weg als ungangbar erweist, gleichsam verschüttet ist und erst in den Übertragungsvorgängen der Psychoanalyse wieder freigelegt und beschritten werden kann. Es läßt sich auch verstehen, daß sich das Schuldgefühl, das am Vaterkomplex erworben wurde, nur in der Übertragung auf einen Vaterersatz löst.

Worauf es beruht, daß die Rückverwandlung der »inneren Stimme« in eine äußere – um die Terminologie des kleinen Artur zu verwenden – psychische Wirkungen von so außerordentlicher Tiefe und Nachhaltigkeit hervorzurufen vermag, habe ich Ihnen in diesen Vorlesungen unter den Gesichtspunkten des unbewußten Geständniszwanges darzustellen versucht.

Zur Kinderpsychologie und Pädagogik

Meine Damen und Herren! Wenn ich mich getrauen sollte, eine Vermutung darüber zu äußern, auf welchen Gebieten die hier vorgetragene Theorie praktische Bedeutung gewinnen könnte, so würde ich besonders drei solcher Gebiete hervorheben: die analytische Praxis, die Kriminalistik und die Pädagogik. Die Wichtigkeit der Gesichtspunkte des Geständniszwanges für die Kinderpsychologie und die Pädagogik ergibt sich schon daraus, daß das Strafbedürfnis, dem eine so hervorragende Bedeutung für den Geständniszwang zukommt, bereits in der Kinderzeit deutlich seine Wirksamkeit entfaltet. Die Pädagogen könnten Ihnen darüber sicher Interessantes und Beweisendes erzählen; ich will mich auf eine Beobachtung beschränken, die in jeder Kinderstube leicht gemacht werden kann. Dort werden Sie manchmal sehen können, daß Kinder sich das Beste bei Tische, das, was sie am liebsten essen, für zuletzt reservieren. Diese Gewohnheit scheint zuerst das ins Aktive umgewandelte Wiedererleben der Erziehung zur Realität darzustellen und aus den Gesichtspunkten des Wiederholungszwanges zu erklären. Aber auch die Befriedigung des unbewußten Strafbedürfnisses ist in diesem Zwischending von Spiel und Gewohnheit deutlich zu erkennen. Das Aufheben des Besten für das Ende ist nur die Andeutung eines Verzichtes, das heißt, daß bei Verstärkung des Strafbedürfnisses leicht der endgültige Verzicht auf das Beste die Reservierung ablösen kann. Es handelt sich in dieser kleinen Gewohnheit um ein belanglos scheinendes Zwangssymptom der Kinderzeit. In der Analyse eines Falles einer schweren Zwangsneurose lernte ich verstehen, in welchem tiefen Zusammenhang jene kleine Kindergewohnheit mit den Zwangsverzichten des Erwachsenen stand, die ihm schließlich kein Vergnügen mehr erlaubten und ihn lebensunfähig machten.

Wir sehen auch, wie sich Kinder manchmal Vergnügungen versagen, Liebe zurückweisen, als würden sie sie nicht verdienen, erhöhtes Liebesbedürfnis zeigen, um ihr Schuldgefühl zu beruhigen, wie sie schlimm und trotzig werden, um Strafe zu erhalten, ganz wie Erwachsene, und sehen in allen diesen Zügen Äußerungen des unbewußten Geständniszwanges. Es müßte Aufgabe des Erziehers werden, diese Äußerungen zu verstehen und in einer den Zielen der Erziehung entsprechenden Art auf sie zu reagieren. Er müßte erkennen, daß das Kind aus Strafbedürfnis schlimm wird und dessen Strafbedürfnis nicht befriedigen, sondern auflösen; er müßte aber vor allem darauf bedacht sein, kein unnötiges Strafbedürfnis im Kinde zu erzeugen. In einem schönen Aufsatz hat August Aichhorn auf den therapeutischen und erzieherischen Wert der Aussprache im analytischen Sinne in der Erziehung dissozialer Kinder in Besserungsanstalten hingewiesen. Wenn Sie die lehrreichen Ausführungen Aichhorns lesen und die von ihm gegebenen Beispiele studieren, werden Sie erkennen, daß die Aussprache bei diesen Kindern immer den Sinn des Geständnisses haben wird. Ich fasse es als Bestätigung der hier vorgetragenen Theorie auf, daß Aichhorn mit intuitivem Gefühl die Aussprache, das Geständnis an die Stelle der erwarteten Strafe treten ließ.

Das Geständnis – diesmal im bewußten Sinne – wird in der Erziehung als prophylaktische und therapeutische Maßregel zu immer größerer Bedeutung gelangen. Es ist aber notwendig, daß der psychische Weg zum Geständnis den Eltern oder Erziehern gegenüber frei bleibe. Das beste und natürlichste Mittel, um diese Möglichkeit zur pädagogisch wertvollen Wirklichkeit zu machen, ist noch immer das, eine Atmosphäre von Liebe und Vertrauen zwischen Eltern und Kindern zu schaffen. Schließlich ist es doch die Liebe, die große Lehrmeisterin der Menschheit, welche auch das unbewußte Strafbedürfnis überwindet.

Ich bedaure, zu wenig Erfahrung in der Pädagogik zu besitzen, um die neuen Perspektiven verfolgen zu können, die sich dem Erzieher durch die Theorie des unbewußten Geständniszwanges ergeben. Ich ziehe es deshalb vor, Ihnen Züge aus der seelischen Entwicklung eines kleinen Mädchens mitzuteilen, in welcher dem Geständniszwang eine besondere Bedeutung zufiel. Es soll damit keineswegs die Wiedergabe einer Kinderanalyse unternommen werden, es handelt sich eben um einzelne herausgegriffene Züge, die freilich einen mehr oder minder typischen Charakter haben. Die psychischen Prozesse der Kinderzeit wurden erst viele Jahre später in der Analyse der zur Frau gewordenen in ihren Zusammenhang eingereiht.

Die kleine Lotte erkrankte in ihrem achten Lebensjahr an einer Zwangsneurose. Sie mußte abends vor dem Schlafengehen immer beten, daß etwas, das sie für den nächsten Tag fürchtete, nicht eintreffe. Zuerst ein Gebet, dann zwei, und später vermehrten sich die Ursachen, deretwegen gebetet werden mußte, sowie die Anzahl der Gebete, die nötig waren, um das Gefürchtete abzuwenden. Es kam so zu einer hochgradigen Schlaflosigkeit. Den Hauptanlaß zu diesem Zwangsbeten aber bildeten Stuhlbeschwerden folgender Art: es bestand eine starke Obstipation und es war zu einem kleinen Einriß am After gekommen, wodurch die Defäkation dem Kind starke Schmerzen verursachte. Die Folge war, daß sie den Stuhl aus Angst vor den Schmerzen zurückhielt; die Obstipation wurde dadurch immer ärger, die Rhagade bei jeder schließlich doch erfolgenden Entleerung frisch aufgerissen. Es war ein circulus vitiosus entstanden, aus dem das Kind natürlich keinen Ausweg fand. So begann sie abends ein eigenes Gebet dafür zu beten, es möge ihr die Stuhlentleerung am nächsten Tag nicht wehe tun oder ausbleiben. Bald wurden mehrere Gebete notwendig; es traten auch noch andere Ursachen hinzu, für die gebetet werden mußte. Dieser Zustand fand dadurch ein Ende, daß eines Tages die Stuhlentleerung ganz unmöglich wurde, weil steinharte Kotballen vorlagen, die nicht entleert werden konnten, wobei das Kind von Übelkeiten befallen wurde. Es mußte eine digitale Zerkleinerung der vorliegenden Kotmassen vorgenommen werden, wonach es zur Entleerung eines großen Kotballens kommen konnte, was unter sehr heftigen Schmerzen geschah. In der Folge wurden die Rhagade und die Obstipation behandelt und die körperlichen wie psychischen Symptome schwanden.

Im selben Jahr besuchte unsere Kleine eine Turnstunde, in der sie sich, besonders im Klettern auf langen Stangen, sehr geschickt erwies. Dabei empfand sie sexuelle Lustgefühle und sie eilte nach dieser Entdeckung immer sehr, um noch vor Beginn der Stunde auf diesen Stangen emporklettern zu können. Sie preßte das Genitale gegen die Stange, bis es zum Orgasmus kam. Diese so tiefempfundene Lust, fast schon an Schmerz grenzend, machte ihr Angst und sie fragte sich oftmals plötzlich, ob das nicht eine Krankheit sei. Das Phänomen war ihr nicht erklärlich, da sie sich damals nicht erinnerte, früher ähnliche Lustgefühle gehabt zu haben, oder die in ihrem dritten bis vierten Jahr stattgefundene onanistische Betätigung und die damit verbundenen Lustgefühle mit diesen in keinen Zusammenhang zu bringen wußte. Sie hatte damals in der Form onaniert, daß sie beide Hände gegen ihr Genitale preßte, doch geschah dies nicht allzulange, da diesen Akten durch das Verbot der Mutter bald ein Ende gesetzt wurde. Beim Onanieren selbst war sie nie ertappt worden. Eines Tages aber, als sie mit ihrer Schwester von ihrer Mutter Abschied nahm, um auszugehen, hatte diese, scheinbar unvermittelt, gesagt, sie sollten nur ja niemals ihre Hände am Genitale haben, denn davon könne man schwer krank werden und es könne dazu kommen, daß man operiert werden müsse. Diese Szene blieb Lotte mit besonderer Deutlichkeit eingeprägt; das Kind empfand damals Angst und nur vereinzelte Male kam das Onanieren noch vor, um bald ganz unterlassen zu werden.

Das Verbot der Mutter wirkte nachhaltig und rief heftige Schuldgefühle hervor, nachdem sie das Onanieren aufgegeben hatte. Als es dann in der Turnstunde wieder auftrat, wurde sie durch den plötzlich auftauchenden Gedanken gestört, die intensiv emfundene Lust sei bestimmt eine Krankheit. Aber die Mutter hatte ihr einmal nicht nur mit Krankheit und Operation gedroht, sie hatte beides selbst vor ihr erlitten. Eine ganz frühe Erinnerung an die Mutter wies auf Wiedersehensfreude hin, die sie mit der Mutter empfand, da diese kurze Zeit abwesend gewesen war. Man erzählte, die Mutter sei krank gewesen und im Sanatorium operiert worden. Dies war sogar keine vereinzelte Erinnerung. So bestand ein sicher festgestelltes, ähnliches Wiedersehen mit der Mutter, nachdem sie krankheitshalber weggewesen war, als Lotte sechs Jahre zählte. Hatte die Mutter jene Strafe vor ihr erlitten, die sie ihr angedroht, mußte sie sich auch jenes Verbotene, die sexuelle Lust, vor ihr verschafft haben.

Es ist klar, woher dieses Schuldgefühl seine Intensität bezieht; die Onanie der Kinderzeit selbst war aus den Erregungen der Ödipussituation hervorgegangen. Wir wollen nur hervorheben, daß Lotte die damalige Drohung der Mutter, die sich auf die Folgen der Onanie bezogen hatte, wahr werden läßt: sie wird wirklich krank und es kommt zu einer Operation – das Strafbedürfnis des Kindes hat seine Befriedigung erhalten. Der latente Zusammenhang zwischen der Wiederaufnahme der Onanieaktionen im Turnen und den Stuhlbeschwerden wird uns deutlich. Es ist so, als habe die dicke Kletterstange einen besonders großen, den väterlichen Penis ersetzt und als werden die Stuhlbeschwerden zum Zeichen des analen Zurückhaltens dieses großen Genitales. Die Stuhlbeschwerden weisen aber auch in eine andere Richtung. Die anale Sexualtheorie der Frühkinderzeit wirkt hier nach, und das Zurückhalten des Stuhles erhält so die Bedeutung der Angst vor der Geburt als Folge der verbotenen Sexualbetätigung. Die Ähnlichkeit jener Stuhlbeschwerden mit den Wehen und der letzten, operativ durchgeführten Entleerung mit einer Geburt wird Ihnen wohl aufgefallen sein; unsere Rekonstruktion führt zu diesem eindeutigen Ergebnis. Das kleine Mädchen hat den Sinn der Krankheit, das Fernbleiben der Mutter wohl erraten und in Zusammenhang mit der Geburt gebracht. Die objektive Nachprüfung des Sachverhaltes durch Anfrage bei der Mutter ergab wirklich, daß es sich damals um einen Abortus gehandelt hatte. Durch die Strebungen des Ödipuskomplexes war die Identifizierung mit der Mutter zum Ziel der Wünsche des kleinen Mädchens geworden. Mit der Erreichung dieses Zieles waren aber Schmerzen verbunden.

Wir wollen hier nur einige Züge hervorheben, die uns nicht nur für das Seelenleben der kleinen Lotte bezeichnend erscheinen, z. B. den nachträglichen Gehorsam gegenüber der Mutter, der in Krankheit, Schmerzen und Operation zugleich das Strafbedürfnis der Kleinen befriedigt. Die Stuhlbeschwerden, die so zum Geständnis und zum Ausdruck des Strafbedürfnisses wurden, zeigen aber auch, daß in der Strafe selbst die alten verbotenen Aktionen wiederkehren: die infantile Stuhlverstopfung und die Onanie in ihrer analen Form. Dieselben Züge des Kompromisses weist übrigens auch die Onaniebetätigung dieser Zeit selbst auf, die lustvolle und schmerzliche Situationen hervorruft. Es scheint sehr wahrscheinlich, daß die Schmerzqualität nicht nur auf Rechnung des erotischen, sondern auch des moralischen Masochismus zu setzen ist. Der Hinweis darauf, daß die unbewußten Momente des Trotzes und des Strafbedürfnisses als Krankheitsgewinne der Kinderneurosen oft mit- und gegeneinander wirken, zeigt, daß unser Fall repräsentative Bedeutung beanspruchen darf. Auf den zwanghaften Charakter des Gebetes und seiner Beziehungen zum analen Zwang werde ich später eingehen.

Wir verfolgen die psychische Entwicklung der kleinen Lotte weiter. Vorher, in der Volksschulklasse, bestand bei ihr eine Tendenz, kleine Streiche zu begehen, plötzliche, unvorbereitete Handlungen nach Art der Impulshandlungen, denen intensive Scham- und Schuldgefühle folgten. Dazu gehörte z. B. plötzliches Nachahmen einer Tierstimme während der Unterrichtsstunde, was strenge Verweise von seiten der Lehrerin zur Folge hatte, oder ein Jahr später Drehen einer langen Nase dem Vater eines kleinen Mitschülers gegenüber, scheinbar ganz unmotiviert, da sie diesen Herrn bis dahin niemals gesehen hatte. Es bestand der Impuls, gegen den nächsten, der bei der Tür hereinkommen würde, »eine lange Nase zu machen« und »wenn's der Herr Lehrer selber wäre«. Alle Streiche waren zu dieser Zeit gleichartig ohne Vorsatz, von impulsivem Charakter. Jeder solchen verbotenen Handlung folgte unmittelbar der Drang, sie der Mutter zu bekennen. Sie empfand gleich nach

Ausführung der Tat ein so quälendes, drängendes Schuldgefühl, eine Angst, die ihr den Atem raubte, daß sie auf dem Heimweg von der Schule, wenn die Untat gerade dort verübt worden war, oft stehenbleiben mußte, um Atem zu holen, weil sie zu ersticken fürchtete. Dabei sprach sie sich selbst Trost und beruhigende Worte zu, denn sie wußte genau, daß diese ganze Qual ein Ende haben werde im Augenblick, da sie ihr Vergehen der Mutter gestanden haben würde. Angst vor Strafe konnte dabei keine wesentliche Rolle spielen, denn das Gefühl der Erleichterung, das völlige Schwinden aller dieser drängenden, quälenden Schuld- und Angstgefühle erfolgte sofort, nachdem alles gestanden war, noch ehe eine Antwort, ein Zanken oder gar eine Strafe erfolgen konnte. Letztere fiel, wenn sie überhaupt erfolgte, so gering aus, daß Furcht vor Bestrafung als Motiv für die Angst gewiß nicht in Frage kam.

Wir sehen also bereits hier, zwei Jahre vor der manifesten Erkrankung des Kindes, ein Strafbedürfnis am Werk, das sich aus einem starken, präexistenten Schuldgefühl ableitet. Jene impulsiven Handlungen, die wir als Kinderunarten bezeichnen könnten, waren dazu bestimmt, ein Substrat für jenes dunkle Gefühl zu schaffen und durch die Strafe das Strafbedürfnis zu befriedigen. Solche kleine Handlungen, die dem Trotz und dem Strafbedürfnis zugleich dienen, werden durch die Zivilisierungstendenzen der Schule und der Erziehung eher gefördert als gehemmt, wenn das Strafbedürfnis übergroß geworden ist. Es ist zu bedenken, daß der Zwang, der ursprünglich von den Eltern ausging und sich zum inneren Verbot entwickelte, später manchmal seine Intensität gerade auf die Gegenströmungen verschiebt; er wird zum Zwang, gerade das Verbotene zu tun. In der Zwangsneurose ist dieser Verschiebungsvorgang häufig zu beobachten. Der Zwang des ursprünglichen Verbotes wird zum zwanghaften Gegengebot der Neurose. Einer meiner Patienten wurde von Zwangszweifeln verfolgt, die etwa lauteten: Was würde er tun, wenn ihn sein Chef zwinge, mit dessen Frau zu koitieren oder wenn ihn jemand zwinge, sich plötzlich nackt auszuziehen usw. Sie sehen, wie sich hier ein verbietendes: »Du darfst nicht« in ein imperatives »Du mußt« verwandelt hat. Wir können diese durch Reaktion auf ein übermächtiges Schuldgefühl zwanghaft gewordene Triebdurchsetzung in den Fällen von Zwangsonanie und Zwangskoitus beobachten; die Analyse kann nachweisen, daß hier oft ein gewaltsames Durchbrechen alter, starker psychischer Verbote erfolgt ist. So läßt sich die geheime Wirksamkeit des Über-Ich und des von ihm ausgehenden Strafbedürfnisses in der forcierten und zwanghaften Art der Triebbefriedigung erkennen; es gibt wirklich Lebemänner aus Verzweiflung, aus Lebensüberdruß. Auch der Exzeß entsteht als Befreiung von einem übermächtig gewordenen Schuldgefühl, dessen Nachwirkung noch in der Orgie selbst aufzuweisen ist. Sie erinnern sich, daß Freud das Fest als einen gebotenen Exzeß, als den feierlichen Durchbruch eines Verbotes gekennzeichnet hat. Wir meinen, daß nicht nur die zeitweilige Freigebung des sonst Verbotenen die festliche Stimmung erzeugt, sondern daß das mit Schuldgefühl verbundene, geheime Festhalten jenes Verbotes, das noch in der feierlichen Forderung des Festes nachklingt, die Festesfreude reaktiv verstärkt. Es wird in der Analyse klar, daß das Abgewehrte, das zwanghaft gefordert wird, einmal das Objekt eines Verbotes war, das in der Reaktion kraft inneren Gegenzwanges zum Gebot wurde. Ich glaube, daß diese psychischen Mechanismen für einen großen Teil der Impulshandlungen die Erklärung liefern. Das zwanghafte Tun des Verbotenen führt uns wieder zu der zwanghaften Intensität des Strafbedürfnisses zurück, das alle bewußten Abwehrkräfte überwindet.

Der impulsive und zwanghafte Charakter der kleinen verbotenen Aktionen des Kindes erklärt sich also nicht nur durch die unterdrückten Regungen des Spottes oder der Feindseligkeit, sondern auch durch deren reaktive Verstärkung durch das Strafbedürfnis. Es ist vergleichsweise so wie im religiösen Zeremoniell, wo oft das Verbotene gerade im Namen der Religion gefordert wird. Wir dürfen auch einige Schlüsse aus den Zwangserlebnissen der Kleinen ziehen. Ihre Ausführung kann als eine Tat bezeichnet werden, die zwischen überlegter, vorbereiteter Aktion und Impulshandlung liegt. Vergleichen Sie diese Zwangsgelübde mit den in der Religion erscheinenden Gelübden, so ergibt sich folgender Tatbestand: das religiöse Gelübde besteht im allgemeinen in einer außerordentlichen Verdrängungsleistung, welche gerade den stärksten Triebregungen dem Gott zuliebe abgerungen wird (sexuelle Keuschheit, Enthaltung von Speisen usw.). Doch kommen in der Religion Gelübde vor, welche den sonst unterdrückten Triebregungen vollste Befriedigung in Aussicht stellen und gerade die Ausführung des sonst Verbotenen fordern. Die Gelübde zur Tötung einer bestimmten Anzahl von Menschen gehören z. B. hierher. Vergleichen Sie etwa das kindliche Zwangsgelöbnis Lottes, dem nächsten, der die Tür öffnet, die Zunge zu zeigen, mit der Erzählung im Buche der Richter, worin Jephta Gott gelobt, das Wesen zu opfern, das ihm bei der Heimkehr zuerst entgegentreten würde, und dann die leibliche Tochter opfert. Wir kommen noch auf das agierte Geständnis, das im Schlimmsein des kleinen Mädchens erkennbar ist, zurück.

Der Wendepunkt im Leben der kleinen Lotte ist nun folgender: Im Alter von zwölf Jahren beging Lotte einen Diebstahl, der für sie von großer Bedeutung wurde. Das Kind pflegte zu jener Zeit nach der Schule in Begleitung einer kleinen Mitschülerin bei einem Gemischtwarenhändler ein Gabelfrühstück zu kaufen. Eines Tages erzählte die Mitschülerin auf dem Heimweg lächelnd, sie habe heute bei der Händlerin ein Zuckerl genommen, ohne daß es bemerkt wurde, und beide unterhielten sich sehr über den Streich. Dies gab den Anstoß zum Diebstahl des Mädchens. Von da ab wurde auch von Lotte täglich so ein kleiner Diebstahl begangen, und zwar in der Form, daß sie ein Zuckerl in der hohlen Hand versteckte, ein zweites sichtbar zwischen zwei Fingern der Verkäuferin vorwies und nur letzteres bezahlte. Das Stehlen verursachte dem Kind ein ganz besonderes Vergnügen und, obgleich es ihm bei der Erziehung, die es gehabt, als ein ganz unerhörtes Verbrechen erscheinen mußte, empfand es während der Zeit der Ausübung dabei kaum ein Schuldgefühl. Allerdings verwertete Lotte zur Entschuldigung bei sich selbst ein Gespräch der Verkäuferin, das sie zufällig mitangehört, in dem diese sich rühmte, wie viele Süßigkeiten sie verschenke, und das nahm das Kind zur willkommenen Ausrede: Lotte sagte sich, der Händlerin liege gar nichts daran, sie stehe nicht um die Sachen usw.

Ein Ende fanden die Diebstähle, als sie von der Verkäuferin entdeckt wurden. Die beiden Mädchen schämten sich unbeschreiblich, betraten nie mehr das Geschäft und gelobten sich, niemals einem Menschen davon etwas mitzuteilen. Dieses Gelöbnis wurde wenigstens von seiten Lottes vollkommen gehalten. Ja, es hätte dieses Gelöbnisses eigentlich gar nicht bedurft, denn sie empfand damals durchaus keinen Drang, das begangene Unrecht einzugestehen.

Jene Zwangsimpulse hörten mit einem Schlage auf, als die Diebstähle begangen wurden, und machten Streichen von völlig anderem Charakter Platz. Es waren beabsichtigte, gut vorbereitete und wohl durchdachte Streiche, dazu angetan, die Lehrer möglichst zu ärgern, bei kleinstem Risiko ertappt zu werden. Niemals mehr regte sich das Verlangen, irgendeine dieser Untaten zu Hause zu gestehen. Die Diebstähle bildeten den Wendepunkt, denn schon während sie diese verübte, bestand kein Schuldgefühl mehr. Die Erleichterung des Schuldgefühles in diesem Fall wurde wohl mithervorgerufen durch den Umstand, daß die Diebstähle nicht allein verübt wurden, sondern eine kleine Mitschülerin ihre Mitwisserin und sogar Vorgängerin dabei war.

Das Leben Lottes bis zum Beginn der Analyse verlief nun sozusagen im Zeichen des verstärkten Strafbedürfnisses, das sie immer wieder dazu drängen wollte, sich einen Schaden zuzufügen. Es war bemerkenswert, daß sie sich eine Lebensfreude oder die Ausnützung einer glücklichen Konstellation erst gestattete, wenn sie sich zuerst empfindlich gestraft hatte. Diese Umkehrung einer geläufigen Reihenfolge: Triebbefriedigung – Strafe in: Strafe – Triebbefriedigung ist bei Neurotikern keineswegs selten. Es sieht dann so aus, als ob jeder Lust die Strafe voranginge, als wäre die Erlaubnis zu einem Stück Lebensgenuß erst durch den Strafvollzug gewährleistet. Die Erklärung für eine so befremdende Einstellung liegt in der Wirksamkeit eines starken, präexistenten Strafbedürfnisses.

Von den zahlreichen Problemen der Kinderpsychologie, die in einer Diskussion dieses Analysefragmentes zu erörtern wären, wollen wir in bewußter Einseitigkeit nur jene hervorheben, in denen das Strafbedürfnis und der Geständniszwang die zentrale Rolle spielen. Wir haben die Entwicklung der kleinen Lotte von der Frühzeit an verfolgt und beobachten können, wie das Aufgeben der Onanie, die selbst durch das Zusammenwirken von Triebandrang und Strafbedürfnis zustande kam, alte Schuldgefühle aus dem Ödipuskomplex mobilisierte und wie das daraus resultierende Strafbedürfnis in jenen kleinen Impulshandlungen nach Befriedigung drängte. Die Personen, denen diese aggressiven Handlungen galten, waren im Grunde dieselben – oder Ersatzpersonen – von denen die Strafe erwartet oder ersehnt wurde, dieselben also, denen das unbewußte Schuldgefühl galt. Dieser Gesichtspunkt ist wichtig, weil er allgemeinere Geltung beanspruchen darf: auch die Erwachsenen benehmen sich meistens gegen die Personen, denen gegenüber sie sich unbewußt schuldig fühlen, schlecht, um Strafe zu provozieren. In der Analyse gelangt man häufig zu dem Ergebnis, daß *der Konflikt des Patienten mit einer Person oft ein Zeichen des Strafbedürfnisses gegen dieselbe* darstelle. Meine Überzeugung von der Richtigkeit dieses Satzes hat sich durch vielfache Nachprüfung in der Analyse so sehr gefestigt, daß ich mich, besonders wenn der Patient von Konflikten oder feindseligen Regungen gegen nahe Familienmitglieder und Freunde berichtet, immer frage: warum fühlt er oder sie sich schuldig gegenüber dieser Person? So ist noch in der Aggression gegen jemanden ein Ausdruck präexistenten Schuldgefühls, ein unbewußtes Geständnis erkennbar. Vielleicht bedarf es übermenschlicher Milde, um in Erkenntnis dieser verborgenen Motive allen Übeltätern zu verzeihen, weil sie nicht wissen, was sie tun. Der Gesichtspunkt des unbewußten Strafbedürfnisses wird auch für die Beurteilung der Widerstände in der Analyse wichtig: bestimmte Widerstandsformen z. B. dienen unbewußt dazu, den Ärger des Analytikers zu erregen, mit dem Triebziele, bestraft zu werden. Die Projektion der Unzufriedenheit des Patienten mit sich selbst auf den Analytiker im Widerstand dürfte Ihnen bekannt sein. Es ist so, wie wenn der Patient mit dem Analytiker unzufrieden würde, weil dieser ihn dazu gebracht hat, mit sich selbst unzufrieden zu werden, besser gesagt: sich seiner Unzufriedenheit mit sich selbst bewußt zu werden.

Die Impulshandlungen des kleinen Mädchens zeigen in ihrem zwanghaften Charakter bereits die Spuren der Einwirkung des unbewußten Strafbedürfnisses in mehrfacher Richtung. Vergleichen Sie etwa die Gelübde, irgendeinen unartigen Streich auszuführen, mit den Gelübden von Zwangsneurotikern, auch von zwangsneurotischen Kindern: gewöhnlich dienen solche Gelübde dazu, einer zwanghaften Triebregung einen äußeren Zwang, der ihr den Zugang zur Motilität sperrt, vorzuschieben. Daneben ist die Absicht, sich für eine vorhergegangene Durchbrechung eines Verbotes zu bestrafen, im Gelübde deutlich erkennbar. Hier, in den Zwangsgelöbnissen der kleinen Lotte wird der umgekehrte psychische Vorgang zu beobachten sein: das Mädchen erwehrt sich des inneren, übergroßen Druckes des Strafbedürfnisses durch ein Gelübde, eine Unart zu begehen. Wir wissen schon, daß die Verübung dieser Unart eine Entlastung des Strafbedürfnisses bedeutet, aber es ist auch klar, daß dieses die Triebbefriedigung wesentlich erhöht. Die durch das Strafbedürfnis reaktiv gesteigerte Befriedigung ist ein dem moralischen Masochismus gemeinsamer Zug. Sie erklärt die Lust, die in den schwarzen Messen, in den Satansbünden zum Taumel, zum »schmerzlichsten Genuß« wird. Die Durchbrechung des Verbotes, bei der die Triebintensität durch das Strafbedürfnis in die Höhe getrieben wurde, bietet eine Befriedigung, welche sonst auf keinem Wege zu erreichen ist. Diese Möglichkeit der Genußsteigerung durch das Strafbedürfnis läßt die Psychoanalyse der Perversionen in neuer Beleuchtung erscheinen. So wird in den Praktiken der sexuell Perversen

gerade die Abweichung vom Normalen unbewußt zur Trieb-
intensivierung verwendet, weil sie unbewußt mit dem Strafbedürfnis zusammenhängt. In den Phantasien und Praktiken
der Perversen werden Sie unschwer manche erkennen, welche
auf die Rechnung des unbewußten Schuldgefühls zu setzen sind
und ihrerseits ein unbewußtes Geständnis in unserem Sinne
darstellen. Die Ihnen bekannten Triebvorgänge der Verkehrung in das Gegenteil sowie der Wendung gegen die eigene
Person werden sich besonders dazu eignen, jenes mitwirkende
Moment der Befriedigung des unbewußten Strafbedürfnisses
zu verdecken. Sie haben die Verkehrung der Aktivität in Pas-
sivität als Triebschicksal verstehen gelernt; gerade für das unbewußte Schuldgefühl kommt daneben der Verkehrung einer
ursprünglich auf das Ich gerichteten Aktivität in eine auf das
fremde Objekt gerichtete Aktivität besondere Bedeutung zu.
Denken Sie an die Rolle, welche diese Vorgänge in der Psychogenese der Homosexualität, des Sadismus und des Voyeurtums
spielen. Diese Momente sind nicht nur für die Psychologie der
Perversionen wichtig; auch die Kriminologie wird ihnen Beach-
tung schenken müssen; sie hat allzulange übersehen, bei wie vielen Verbrechern die Tat nicht aus hemmungslosem Triebnachge-
ben, sondern als Durchbruch aus einem überstarken, psychischen
Druck, der sich jetzt sekundär gegen ein fremdes Objekt richtet,
entsteht. Gerade die besonders auffälligen und krassen Einzelheiten eines Verbrechens weisen manchmal in diese Richtung.
Wenn wir die Linie, die von den ersten kleinen Handlungen in
der Schule, dem Wiederauftreten der Onanie bis zu dem Diebstahl und den Streichen der Vorpubertät führt, verfolgen, können wir zwei wichtige Beobachtungen daranknüpfen. Die erste
geht davon aus, daß die Streiche und Unarten der Frühzeit
impulsive, sozusagen unbewußte Aktionen waren, die der späteren Zeit aber gut überlegte und wohl vorbereitete. Dieser
Unterschied spiegelt einen anderen wider, der uns beim ersten
Anschein paradox erscheinen muß: das kleine Mädchen war
dem Verstehen der Motive ihrer Streiche, solange sie impulsiven oder zwanghaften Charakter hatten, näher als später, da

sie überlegt und überdacht waren. Später traten rationalisierende und sekundäre Motive auf, welche die ursprünglichen, aus den Triebneigungen und dem Strafbedürfnis stammenden Motive verdeckten. Das Zurücktreten der wesentlichen Motive im Bewußtsein war also mit dem Vorschieben neuer Motive, mit Vorbereitung und Überlegung eng verknüpft. Es erhebt sich hier das für die Kriminalistik bedeutsame Problem, daß Verbrechen, die lange vorbereitet und überlegt waren und für die der Verbrecher sehr ausführliche Erklärungen geben kann, in ihren tiefsten psychischen Motiven schwerer erfaßbar sind als Affektverbrechen.

Dieselbe Linie von den harmlosen Unarten im sechsten Jahr bis zu den sozial ernster zu nehmenden Diebstählen im zwölften Jahr läßt auch erkennen, daß das Strafbedürfnis, dem die Strafe versagt blieb, immer drängender wurde, bis es zu jener ernsteren Ersatzhandlung führte. Es erscheint mir möglich, daß die Psychologie mancher Verbrecher, die von leichterem Vergehen zu schwereren Verbrechen fortschreiten, unter diesen Gesichtspunkten klarer wird, so sehr andere Momente diesen Verlauf auch beeinflussen mögen. Es bestand ein Strafbedürfnis, das nach einem Substrat suchte und das unbefriedigt blieb. Es erweckt die Versuchung, die verbotene Handlung oder vielmehr eine Ersatzhandlung immer wieder zu begehen; diese ergibt ein neues Strafbedürfnis – ein verhängnisvoller circulus vitiosus, den man wirklich den »Fluch der bösen Tat« nennen könnte. In ihm erscheint die triebhafte Kraft des Strafbedürfnisses sehr deutlich. Sie wird auch in der Steigerung der Schwere des Verbrechens erkennbar: das geringere Vergehen genügt nicht mehr, es befriedigt als Ersatzhandlung weder die gesteigerten Triebansprüche noch das Strafbedürfnis. So muß der Verbrecher zu immer asozialeren Taten fortschreiten, um schließlich eine Handlung zu begehen, die an Schwere dem Frevel der Ödipustat wenigstens nahekommt und das unbewußt gewünschte Ausmaß von Strafe rechtfertigt. Die verbotene Aktion als Resultat des drückenden Schuldgefühles wird sekundär zu seinem Motiv. Dies bildet keinen Widerspruch zu der Behauptung, daß die Tat eine psychische Entlastung bedeutet. Denn diese Entlastung ist nur eine partielle und kurzlebige und weicht neuem Schuldgefühl, das wieder zur verbotenen Aktion drängt, wenn seine Intensität eine gewisse Höhe überschritten hat.

Nicht nur die Kriminalistik, sondern auch die Erziehungswissenschaft und die praktische Pädagogik werden sich die neuen analytischen Einsichten in die Wirkungsart des Strafbedürfnisses aneignen müssen. Zwischen dem unartigen und dem entarteten Kind bestehen nur graduelle Unterschiede. Die neuen Forschungsergebnisse werden besonders bei der schwierigen Aufgabe, dissoziale und verwahrloste Kinder der Gesellschaft wiederzugewinnen, verwertbar werden.

Das Analysebruchstück, mit dem wir uns beschäftigt haben, kann uns aber auch einiges Lehrreiche über die Wirkungen des Geständniszwanges im kindlichen Seelenleben vermitteln. Jenen ersten Unarten in der Schule, wie Tierstimmenimitation und Fratzenschneiden war, wie wir gehört haben, ein außerordentlich starker Geständniszwang – hier im Sinne eines neurotischen Zwanges – verbunden. Die Angsterscheinungen, die sich bis zu Atembeschwerden steigerten, zeigen, daß das zu Gestehende nicht jene kleinen Dummheiten waren, sondern ernstere Dinge, welche die Geständnisangst rechtfertigten. Alle drängenden und quälenden Angst- und Schuldgefühle schwanden sofort, wie vom Winde verweht, nach dem Geständnis. Aber die Tatsache, daß die Streiche fortgesetzt wurden, beweist, daß das Geständnis nur eine partielle Entlastung des Strafbedürfnisses gebracht hatte. Dies ist auch verständlich, da das Geständnis sich ja nur auf jene kleine Untat beziehen konnte, deren Ersatzcharakter klar ist. Das Kind konnte über den tiefen Zusammenhang des kleinen Vergehens mit jenen unbewußten Tendenzen, die nach anderen Zielen drängten, keine Auskunft geben. Weder nach dem Diebstahl noch nach den späteren Streichen von vorbereiteter Art regte sich mehr ein bewußter Drang zum Bekenntnis; man möchte sagen, das Gewissen war stumm geworden.

Wir erkennen in unserem Fall auch den Zusammenhang zwischen dem Geständniszwang und dem Drang zum Herausgeben des Stuhles, wobei es zu einer Verschiebung des Zwanghaften gekommen war, welches das Kind bei der Defäkation fühlte. Die Angst vor dem Stuhlgang, das Zurückhalten des Stuhles und das schließlich erfolgende Loswerden desselben entspricht völlig der Angst am Heimweg nach ihren ersten Streichen, dem hastigen Erzählen und Reden über die Missetat zu Hause und der darauffolgenden Erleichterung. Das Zwangsbeten, in dessen Mittelpunkt die Sorge wegen des Stuhles steht, hat, wie Freud in seiner Arbeit über eine infantile Neurose gezeigt hat, ebenfalls das Zwangsmoment aus den Defäkationssensationen übernommen. Es wird an diesem Beispiel auch ersichtlich, was den eigentlichen Charakter des Gebetes überhaupt ausmacht: es ist ein unbewußtes Geständnis an Gott, der die Eltern vertreten hat. Wir sind schon früher auf den Zusammenhang von Geständniszwang und Defäkationszwang, Zurückhalten des Geständnisses und Analtrotz eingegangen. Es ist leicht zu erraten, daß der Geständniszwang mit dem kindlichen Defäkationszwang nach Stuhlzurückhaltung verglichen werden kann. Hier werden wohl auch die letzten Wurzeln seines zwanghaften Charakters zu suchen sein; die Angstlust des Kindes bei der analen Zurückhaltung findet sich in den psychischen Vorgängen der Geständnisangst und der Geständnislust wieder. Wir erinnern nur mit einem Wort daran, daß das Hergeben des Stuhles vom Kind als Ausdruck der Liebe gewertet wird, und weisen auf den unbewußten Zweck des Geständnisses hin, der in der Wiedergewinnung der Gesellschaft besteht. Die analytische Beobachtung zeigt Ihnen übrigens, daß die Vernachlässigung der Reinlichkeit, der Schmutz selbst zum unbewußten Zeichen des Schuldgefühles wird, das noch in der neurotischen Reaktionsform des Waschzwanges seinen Geständnischarakter beibehält. Die religiösen Riten antiker Völker, welche den Angehörigen von Toten die Pflege des eigenen Körpers verboten, ja Unreinlichkeit zur Pflicht machten, bestätigen indirekt den in der Neurosensymptomatologie gefundenen psychologischen Zusammenhang von Unreinlichkeit und unbewußtem Schuldgefühl. Die Bedeutung der exhibitionistischen Lust, die sich so gerne sekundär mit masochistischen Neigungen verbindet, ist im Geständniszwang so unverkennbar, daß sich ihre Erörterung in diesem Zusammenhang erübrigt. Der Hinweis auf die Arbeiten von Abraham über den oralen Charakter wird genügen, um Sie daran zu erinnern, welche Beziehungen sich zwischen bestimmten Charakterzügen aus Verschiebungsvorgängen auf oralem Gebiet und dem Geständniszwang ergeben. Der von Abraham betonte Gegensatz von Retentions- und Entleerungslust muß für die Theorie des Geständniszwanges bedeutungsvoll werden.

Ein neuer Gesichtspunkt, den wir aus der Analyse des Diebstahles des Kindes gewinnen, eröffnet uns den Ausblick auf neue Probleme. Wir haben früher darauf hingewiesen, daß die kleine Lotte nach dem Diebstahl keinerlei Drang zum Geständnis mehr verspürte wie in der vorangegangenen Zeit. Dafür mögen mehrere Momente bestimmend gewesen sein, eines aber wird als ausschlaggebend anerkannt werden müssen: die Gesellschaft der Mitschülerin. Schuldgefühl ist ja nach Freuds Beschreibung »soziale Angst« und die Tatsache, daß die Freundin von dem Diebstahl wußte, mußte den Geständniszwang abmildern wie die »Masse zu zweit« das Strafbedürfnis. Von hier führt eine Gedankenreihe zur Psychologie der Verbrecherbande. Es ist von analytischen Gesichtspunkten aus leicht zu verstehen, daß das Strafbedürfnis durch das Bandenwesen sehr abgeschwächt wird: die Gemeinschaft hebt das Schuldgefühl auf, da sie das Verbrechen sogar befiehlt. Die staatliche Autorität (Polizei, Gericht), die sonst als Vaterersatz fungiert, wird hier durch den Führer ersetzt, an den das einzelne Mitglied der Bande in Liebe und Bewunderung gebunden ist. Daß der Anführer einer Bande seiner psychologischen Funktion nach wenigstens zeitweise durch eine Idee ersetzt werden kann, wird beim politischen Verbrecher zur Realität. Die bekannte Verschwiegenheit der Mitglieder einer solchen Verbrecherbande und die Schwierigkeit, sie zum Geständnis und zur Angabe der anderen Mitglieder zu bringen, ist in der unbewußten homosexuellen Bindung der einzelnen aneinander und an den Führer begründet. Es wird bei der psychologischen Würdigung dieser Tatsache zu beachten sein, daß das Strafbedürfnis und mit ihm der Geständniszwang durch das Aufgehen in eine Gemeinschaft gemildert, ja aufgehoben wird, was immer diese Gemeinschaft sein mag. Ich will nur noch auf die interessante psychologische Konstellation bei jenen Verbrechern hinweisen, deren Eltern selbst Verbrecher waren, welche die Kinder früh an ihren Delikten teilnehmen ließen. Auch hier hat sich ein (negatives) Über-Ich gebildet. Man kann auch bei diesen Verbrechern Anzeichen späterer Identifizierungsversuche (mit Lehrern, Priestern usw.) konstatieren, denen gegenüber sich indessen die ersten Objektintrojektionen als resistent erwiesen. Es kommt manchmal in diesen Fällen zur Bildung mehrerer Über-Ichs und zum Konflikt zwischen primärem und sekundärem Über-Ich. Hier aber eröffnet sich ein Weg zu einigen Fragen des kollektiven Lebens, die wir das nächstemal unter den Gesichtspunkten des Geständniszwanges erörtern wollen.

Der soziale Geständniszwang

Meine Damen und Herren! Wir haben bemerkt, welche psychische Wirkung das Geständnis auf das Individuum hat. Die Entlastung vom Strafbedürfnis und der Neuerwerb von Liebe ist nicht die einzige Wirkung dieser Art. Auch der Zerfall der Persönlichkeit wird durch das Geständnis aufgehoben, die Kommunikation zwischen dem Ich und dem ihm entfremdeten Ichanteil wird wiederhergestellt. Um ein Bild, das ein Patient einmal galgenhumoristisch verwendete, zu gebrauchen: der polizeilich nicht gemeldete Aftermieter des Seelenlebens hat sich zur Polizei begeben und gemeldet und ist dort legal als Mitbewohner anerkannt worden. Das Geständnis läßt den einzelnen sehen, was er in sich nicht sehen wollte; wir haben schon gesagt, daß dies eine entschiedene Kränkung des bewußten Selbstgefühles mit sich bringt, aber gerade zur Stärkung der unbewußten Ichbesetzung werden kann.

Wenn wir aber uns selbst lieben, setzen wir nur in eigener Regie fort, was wir seit unserer Kinderzeit von außen erfahren haben: die Liebe, die man uns gewidmet hat. Wir sind unbewußt niemals allein, denn das Ich ist selbst ein Niederschlag unserer frühesten und bedeutsamsten Identifizierungen. Wenn es wahr ist, was die Dichter verkünden, daß alles Leid Einsamkeit und alles Glück Gemeinsamkeit ist, so muß das Gefühl der Einsamkeit das ursprünglichere des Verlassenwerdens von den Eltern, des Liebesverlustes bei den Eltern oder beim Über-Ich ersetzen und es müßten sich noch Spuren dieser Herkunft des Gefühles finden lassen. Dafür scheint die analytische Beobachtung zu sprechen, daß das Einsamkeitsgefühl der endopsychischen Wahrnehmung der eigenen Liebesunfähigkeit entstammt, die sich als unbewußtes Schuldgefühl äußert.

Hier mag eine der Wurzeln der Arbeitstherapie der Neurosen, die so häufig und eindringlich empfohlen wird, liegen: jede

Arbeit ist ein soziales Tun und bringt neben der Ersatzbefriedigung unbewußter Impulse auch eine partielle Befriedigung des Strafbedürfnisses, Beschwichtigung des Schuldgefühles. Erinnern Sie sich der Genesiserzählung, in der Jahwe Adam und Eva nach dem Sündenfall mit Arbeit strafte und in der die Arbeit, eben das Bebauen des Erdbodens, also ein Ersatz der verbotenen Tat war? Der Sühnecharakter der Arbeit bedingt neben der sexuellen Ersatzbefriedigung die Befreiung von sozialer Angst, als welche Freud das Schuldgefühl beschrieben hat. Die schweren Arbeitshemmungen, die uns in der Analyse so oft beschäftigen, zeigen unzweideutig die Verschiebung einer Störung der Sexualität; sie lassen aber ebenso klar erkennen, daß sich die Patienten die Arbeit als Form der psychischen Bewältigung des Schuldgefühles nicht gestatten und wegen der Tiefe ihres Strafbedürfnisses nicht gestatten können.

Wir sind vom Symptom der Neurotiker ausgegangen. Das Symptom ist seinem Wesen nach ein unbewußtes Geständnis verdrängter Triebregungen. In manchen Symptomen, wie z. B. im hysterischen Anfall, in der Zwangshandlung, in der phobischen Angst wird der Charakter des neurotischen Symptoms als der eines agierten, dargestellten Geständnisses besonders klar. Die von Freud beschriebene negative therapeutische Reaktion in der Analyse gehört in diesen Zusammenhang. Der Leidenscharakter der Symptome gestattet es, sie mit anderen, uns bereits bekannten Phänomenen zu vergleichen. Es ist Ihnen nicht entgangen, daß derselbe unbewußte Selbstverrat, der in den neurotischen Symptomen zum Ausdruck kommt, sich auch in den vielfältigen Aktionen der Selbstschädigung, des Gegen-das-Ich-Arbeitens zeigt, das so viele kleine und große Malheure produziert. Der Radfahrer, der einem bestimmten Hindernis ausweichen will und gerade daran zu Fall kommt, der Bittsteller, der sich durch ein »zufälliges« Wort um den erhofften Erfolg bringt, der junge Mann, der um ein Mädchen wirbt und eine folgenschwere Ungeschicklichkeit begeht, sie sind alle dem unbewußten Strafbedürfnis verfallen. Ich stelle mir gerne vor, daß alle jene hämischen, boshaften und schadenfrohen Geister und Kobolde unserer Märchenwelt — denken Sie an Puck in Shakespeares heiterem Spiel — Personifikationen jener geheimen, psychischen Tendenzen sind, die sich gegen das Ich richten. Sie wissen, daß die Unfälle und die »unbeabsichtigten« Selbstmorde zu jenen Vorfällen gehören, in denen sich der stumme Todestrieb erfolgreich des unbewußten Strafbedürfnisses der Menschen bedient, um seine Ziele zu erreichen. Es wäre noch so vieles über dieses Thema zu sagen, aber die Zeit drängt und wir wollen wieder zur Erörterung des Geständniszwanges zurückkehren.

Die psychologische Entwicklungsgeschichte der Menschheit belehrt uns darüber, welche Stellung wir dem Geständniszwang in ihr einzuräumen haben. Antriebe aus äußeren und inneren Notwendigkeiten haben zusammenwirkend zur Unterdrückung und Verdrängung der stärksten Triebregungen geführt. Was einst durch Machtmittel von außen aufgezwungen worden war, wurde im Laufe der Jahrhunderttausende innerer Erwerb. Wenn wir die ursprünglichen Maßregeln, durch welche die Durchbrechung der Tabuverbote gesühnt wurden, mit unseren heutigen Gesetzen vergleichen, so werden wir feststellen, daß die Strafen, die von außen auferlegt wurden, grausamer, oft lebenszerstörender Art waren. Die äußeren Strafen haben sich gemildert, aber das innere Strafbedürfnis ist gewachsen und ist durch die säkulare Verdrängung strenger und intensiver geworden. Es wirkt jetzt auf die Lebensgestaltung der Menschen genauso grausam und lebenszerstörend ein wie ehedem die äußere Strafe. Das Geständnis ist ein psychischer Vorgang, der entstanden ist, um eine Entlastung von dem übergroßen Druck des unbewußten Strafbedürfnisses der Menschheit herbeizuführen.

Sie wissen schon, es handelt sich um ein präexistentes Schuldgefühl, das einmal im Laufe der Menschheitsgeschichte erworben wurde. Die ersten Reaktionen der Menschheit auf das Urverbrechen, die Ermordung des Urvaters, stellen große unbewußte Geständnisse dar und die mächtigen sozialen Institutionen, die sich auf diesen Reaktionsbildungen aufbauen, weisen alle die Spuren derselben Regungen auf, welche jene frühen

Geständnisse viel deutlicher zeigten; auch sie sind unbewußte Geständnisse der Gesamtheit. In diesem Licht gesehen, stellt sich die Entwicklung der Menschheit als ein großartiges Ringen um die Bewältigung des Ödipuskomplexes dar und bietet so die kollektive Analogie zum Leben des einzelnen, zum biologisch bedingten Entwicklungs- und Reifeprozeß des Individuums. Großartige Triebdurchbrüche wie Kriege, Revolutionen, religiöse und nationale Verfolgungen, aber auch Feste und Orgien bringen gewaltige und gewaltsame Triebeinbrüche in das gesicherte Reich des säkularen Verdrängungsfortschrittes. Die Menschen, die am Kulturbau arbeiten, müssen sich dabei etwa benehmen wie die Juden beim Bau des zweiten Tempels, die mit der einen Hand die Ziegel aufeinanderschichteten und mit der anderen das Schwert hielten, um die störenden Feinde abzuwehren. Die Bedeutung des *Vaterideals* und des *Mutteridols*, die ich bereits anderen Ortes als Gegensatz aufgestellt habe, wächst in diesem kulturellen Prozeß ins Gigantische, denn an sie sind für immer die Anforderungen des Strafbedürfnisses und des Triebandranges gebunden.

Wir könnten sagen, daß, so viele und so mächtige Tendenzen sich auch dem Geständniszwang hemmend in den Weg stellen, er am Ende doch siegreich bleibt und sie alle überwindet. Was so für das individuelle Leben zutrifft, spiegelt sich auch in der Menschheitsentwicklung wider. Wenn wir die drei Denksysteme, welche die Menschheit im Laufe der Zeiten hervorgebracht hat, betrachten, so erkennen wir, daß in der animistischen Periode noch die elementare Äußerungstendenz der Triebregungen herrscht. Aber in ihren späteren Stadien treten bereits Schuldgefühl und Strafbedürfnis auf und bereiten so die folgende Entwicklung zur Religion vor. Die Projektion feindlicher Tendenzen und die Dämonenabwehr auf der Stufe der animistischen Weltanschauung sind Zeugnisse dieser Einwirkung. Der Mythus und die Kunst, die sich auf animistischen Voraussetzungen aufbauen, stellen starke Wünsche, denen die Realität versagend entgegengetreten ist, dar, aber später lassen sie auch die hemmenden Mächte zu Worte kommen, bis auch diese in der veränderten Form inneren Einspruches und psychischer Gegenströmungen selbst zum Gegenstand des Mythus und der Kunst werden. Die Religion ist selbst ein unbewußtes Geständnis der starken Impulse, zu deren Abwehr sie entstanden ist; ihre Entwicklung führt aber in ihren Endstadien regelmäßig zum Problem des Gewissens, zur Erkenntnis der großen Triebtendenzen und der gegen sie gerichteten Hemmungen, also zum Geständnis. Wir haben in Sündenbekenntnis und Beichte ein Resultat der Wirkung des unbewußten Geständniszwanges erkannt. Diesen religiösen Geständnissen reiht sich das wissenschaftliche an: die unbewußten Triebströmungen und das unbewußte Gewissen werden selbst zum Forschungsobjekt. In dem besprochenen Zusammenhang dürfen wir sagen, daß sich die Analyse als letztes wissenschaftliches Mittel jenen großen Bestrebungen zugesellt, die im Laufe der Menschheitsgeschichte der Bewältigung des Triebandranges und des durch den säkularen Verdrängungsfortschritt gesteigerten Strafbedürfnisses dienten. Die Kunst, das Recht, die Sitte und die Religion waren unbewußte soziale Geständnisse gewesen. Die Analyse – kulturgeschichtlich betrachtet – das erste bewußte Geständnis der Gesellschaft, das die triebhaften Grundlagen, auf denen die Gemeinschaft selbst ruht, einer psychologischen Untersuchung unterwirft. Wir meinen, es setze den Wert der Analyse nicht herab, wenn wir behaupten, die Dämonenabwehr in der animistischen und die Beichte in der religiösen Kulturentwicklung haben sich mit primitiven und gefühlsmäßigen Mitteln um jene Aufgaben bemüht, welche die Psychoanalyse mit wissenschaftlichen Methoden der Lösung näherbrachte. Wir werden uns nicht darüber verwundern, daß die Menschheit so lange brauchte, bis sie erkennen konnte, von welchen tiefsten Mächten sie getrieben und gehemmt wird und auf welchen psychischen Grundlagen sie ruht. Das Leben des einzelnen und die Entwicklung der Menschheit zeigen jenen typischen Vorgang des viel späteren, nachträglichen Verständnisses, den Hebbel einmal in dem psychologisch wahren Satz beschrieb, er habe sein Ziel früher erreicht als erkannt.

Die Psychoanalyse erweist sich als soziales Geständnis vor allem durch die Heranziehung des unbewußten Seelenlebens als des eigentlichen Bereiches wissenschaftlicher Psychologie. Ihre Arbeit, welche die psychische Oberfläche nur berücksichtigt, soweit sie als Ausdruck tieferliegender Vorgänge erscheint, unterscheidet sich von der nur die obersten Schichten des Seelenlebens behandelnden Psychologie wie die moderne Dermoplastik von der alten Taxidermie. Gestatten Sie, daß ich diesen Vergleich ein wenig ausführe: die alte Taxidermie war eine primitive Methode, Nachbildungen von Tieren für zoologische Sammlungen herzustellen. Der Ausstopfer stopfte den Tierbalg voll mit Stroh, Heu oder Werg, wobei er dem Körper durch eiserne Stäbe Halt verlieh. Das Material war unzulänglich, und der Ausstopfer brauchte keine Kenntnis der Anatomie und der biologischen Eigenart des Tieres zu haben. Es schadete wenig, wenn sich die Tierhaut nicht gänzlich dem Material anpaßte. Die Nachbildung des Tieres war fertig, wenn sein Balg kunstgerecht mit Füllmaterial ausgefüllt war. Dies war die Methode der alten Taxidermie. Der Dermoplastiker geht anders vor. Er schafft Nachbildungen der Tiere auf Grund sorgfältigen Studiums des Tieres selbst. Das minutiöse Studium der Muskulatur mit ihren Verschiebungen und Kontraktionen, genaue Kenntnis der Anatomie, der Formveränderungen des Tieres in der Bewegung, seines Knochen- und Muskelbaues sind unerläßliche Voraussetzungen seiner Arbeit. Daß daneben Formensinn und -gedächtnis ausgeprägt sein müssen, versteht sich von selbst. Es werden genaue Modelle des abgehäuteten Tieres angefertigt, wobei jede Sehne und jeder Skelettvorsprung berücksichtigt wird. Das, was unter der Haut ist, wird für den Dermoplastiker wichtiger als die Haut. Nur so gelang es, naturtreue Nachbildungen herzustellen und unseren zoologischen Sammlungen eine neue Grundlage zu schaffen. Das Ergebnis des Zwiespaltes zwischen Wollen und Können der alten, oberflächlichen Methode hat Professor Leuckart mit drastischen Worten in seiner Antrittsrede gezeichnet, als er vor vielen Jahren in Gießen die Leitung des zoologischen Museums übernahm: »Ein Zoologe kann im hiesigen Museum Wundertiere sehen, wie sie kaum in alten Märchenbüchern beschrieben sind, Affen mit Schafsköpfen und Ziegenleibern und Tauben mit dem Aussehen eines Habichts sind hier sehr gewöhnlich ... Und mit solchen Präparaten soll man einem Schüler die Zweckmäßigkeit der Tierformen lehren! Als ob es nur darauf ankäme, Farbe und Form der Haare und der Federn zu demonstrieren!« Ähnlich sieht es in unseren psychologischen Museen aus, den Lehrbüchern der Psychologie und Psychiatrie, welche sich bestreben, die Oberflächenschicht möglichst gut zu schildern.

Die Psychoanalyse schafft als Tiefenpsychologie die Voraussetzungen für tiefgreifende soziale und psychische Veränderungen. Als soziales Geständnis zeigt sie der Menschheit, wie es mit dem menschlichen Triebleben aussieht, wie dieselbe Menschheit, die sich zu der unterirdischen Gewalt ihrer Triebregungen nicht bekennen will, von ihr gelenkt wird. Sie weist aber auch nach, wie die Gesellschaft selbst über ihre verborgenen Neigungen und Tendenzen urteilt und wie sie sie verurteilt. Sie bereitet den Abbau der verdrängten Triebgewalt ebenso wie den des Strafbedürfnisses vor und führt sie beide zum Bewußtsein. »Pecca fortiter!« rief Luther dem unter Gewissensdruck zusammenbrechenden Christen seiner Zeit zu. Die Analyse hat keine Ratschläge dieser Art zu geben; sie bleibt Wissenschaft, die nicht unmittelbar praktischen Tendenzen zu dienen hat, aber sie zeigt, wie die verdrängten Triebregungen und das Strafbedürfnis wirken.

Freud hat darauf aufmerksam gemacht, daß die Psychoanalyse eine große, narzißtische Kränkung der Menschheit darstellt. Jeder Tag zeigt Ihnen, daß die Menschheit von falscher Selbsteinschätzung erfüllt ist, die seltsam zu ihren unbewußten Minderwertigkeitsgefühlen kontrastiert. Die Selbstgerechtigkeit der Menschen steht in auffallendem Gegensatz zu dem geheimen Selbstgericht, das sie über sich halten. Das soziale Geständnis der Analyse hat eine Kulturmission, die dahin geht, daß die Menschheit die Wahrheit zu sehen sich getraut: *to face the music,* würden die Engländer sagen. Sie beruft sich nicht auf moralische Gründe, sondern sie zeigt die *psychotherapeutische Wirkung der Wahrheit.*

Der unbewußte Geständniszwang aber beweist, daß die Verstellung und die Lüge eine Last sind und tief im menschlichen Seelenleben eine Sehnsucht nach Wahrheit wirkt. Durch das wissenschaftliche Geständnis der Analyse wird, möchte man hoffen, auch der moralische Mut zur Aufrichtigkeit in der Gemeinschaft wachsen. Dazu gehört es aber, sich zu seinen Trieben und zu den Gewissensmächten, die ihnen entgegenstreben, zu bekennen; *sich zu sich selbst zu bekennen.* Das Durchdringen der Psychoanalyse müßte das Ende des seelischen *make belief* des einzelnen und der Gesellschaft bedeuten.

Die Analyse unterwirft sich also zum ersten Mal bewußt dem verborgenen Geständniszwang der Menschheit. Sie wissen bereits, welches affektive Hindernis sich dem Durchsetzen des Geständniszwanges beim einzelnen entgegenstellt: ein überstarkes Strafbedürfnis, welches sich nicht an dem bisher gefühlten Leid genug sein läßt. Dies ist aber auch der stärkste Widerstand, den die Analyse als kollektives Geständnis in der Welt gefunden hat. Freud hätte mit Recht sagen können, daß *die Psychoanalyse am übergroßen Strafbedürfnis der Menschheit gerührt habe, das sich die Entlastung des Geständnisses noch nicht erlauben will.*

Die Analyse wird aber auch die Menschen in anderer Richtung bescheidener machen. Sie überzeugt sie davon, daß den verborgenen Mächten des Seelenlebens kein bewußtes Gegenstreben gewachsen sei. Das tiefe Wort: »Fata ducunt volentem, trahunt nolentem« wird von ihr durch neue Einsichten, zu denen wir auch die Theorie des unbewußten Geständniszwanges rechnen können, aufs neue bestätigt.

Meine Damen und Herren! Ich will noch einmal darauf hinweisen, daß der Geständniszwang in unserem Sinne nicht nur als solcher unbewußt ist, sondern auch seinen tiefsten Motiven nach unbewußt bleibt. Es steht damit wie mit dem Gewissen, dessen unbewußte Funktion uns Freud gezeigt hat und das nach seiner Bezeichnung das Gewisseste sein sollte, dessen wir uns zu rühmen haben. Es ist keine Wortspielerei und greift auf verborgene, psychologische Zusammenhänge zurück, wenn so auch der Begriff des Wissens selbst der Analyse zum fragwürdigen wird, wenn sie auch hier Probleme sieht, welche die alte Psychologie nur geahnt hat und manchmal nicht einmal geahnt hat. Ich glaube, daß die Analyse Sie davon überzeugt hat, daß es wirklich zwei Arten von Wissen gibt: ein bewußtes, mit dem wir zu arbeiten gewohnt sind, und ein unbewußtes, das oft überraschende Wirkungen im Seelenleben entfaltet und das die Analyse in weitem Umfange zum bewußten Besitz des einzelnen machen kann. Es besteht also ein tiefer Unterschied zwischen dem Wissen, das wir durch Lernen, Hören, Lesen, und jenem, das wir durch Erleben erwerben. Streng genommen verdient nur die zweite Art den Namen eines Wissens, das uns nicht entrissen werden kann, weil es mit unserem Erleben verwachsen ist. Freud hat betont, daß das Gehörthaben und das Erlebthaben zwei ihrer psychologischen Natur nach ganz verschiedene Dinge sind, auch wenn sie den nämlichen Inhalt haben. Ich habe Ihnen bereits einiges von meinem kleinen Sohn erzählt; gestatten Sie, daß ich ihn hier wieder zitiere. Als Artur die erste Volksschulklasse besuchte, neckte ich ihn einmal mit der Erkundigung, woher er denn so sicher wisse, daß zwei und zwei gleich vier seien. Ich ließ seine Auskunft, er wisse es vom Lehrer und aus dem Rechenbuch, scherzhaft nicht gelten, indem ich auf die Möglichkeit des Irrtums auch dieser unantastbaren Autoritäten hinwies. Von der Frage nach den zuverlässigen Quellen seines Wissens bedrängt, rief der kleine Junge schließlich ungeduldig aus: »Aber ich weiß es doch *bei mir!*« Hier ist der Unterschied zwischen Wissen von außen und innerer Überzeugung in kindlich unbeholfener, aber plastischer Art gekennzeichnet.

Ich wollte Ihnen hier nichts Fertiges und Abgeschlossenes vorlegen, sondern nur Anregungen geben, die Sie vielleicht verarbeiten können, Erfahrungen mitteilen, die zu bestimmten Anschauungen drängen, und Sie bitten, in Ihren eigenen Beobachtungen die von mir vertretene Theorie der Wirksamkeit des unbewußten Geständniszwanges zu überprüfen. Ich habe Sie auch daran erinnert, wie wenig ein Wissen wert ist, das sich nur auf Gehörtes gründet, und würde deshalb wünschen, daß Sie das hier Gehörte mit Ihren Eindrücken und Erfahrungen vergleichen und mich freuen, wenn das eigene Erleben Sie dann dazu führte, »es bei sich zu wissen«.

der zukünftigen Entwicklung des Kapitals in hohem
Maße abhängt. Wie wenig auf diesen Wegen die wesentlichen Dinge greifbar und ausdrückbar gemacht werden,
das ist leicht einzusehen. Sie und ihre Voraussetzungen sind nach wie vor als gegeben betrachtet ...
Verhältnisse sind es und bleiben es.

Franz Alexander und Hugo Staub
Der Verbrecher und seine Richter

Ein psychoanalytischer Einblick in die Welt
der Paragraphen

Vorwort

Ein Arzt und ein Jurist versuchen in diesem Buche, das psychoanalytische Wissen für das Verständnis des kriminellen Menschen zu verwerten. Sie gehen dabei von der Überzeugung aus, daß der Verbrecher, ebenso wie der Neurotische und der Gesunde, das legitime Objekt psychoanalytischer Untersuchungen bildet. Auch dieser Versuch soll zeigen, daß die Psychoanalyse nicht lediglich eine Therapie seelischer Erkrankungen, eine Heilungsmethode unter vielen anderen ist – was häufig angenommen wird –, sondern daß die Psychoanalyse die Wissenschaft des seelischen Apparates ist. Jedes wissenschaftliche Gebiet, das mit den seelischen Vorgängen des Menschen zu tun hat, ist eo ipso das eigenste Anwendungsgebiet der Psychoanalyse. Die Verfasser hoffen mit ihrem Versuch, wenn nicht mehr, so wenigstens die Anregung für die Entwicklung einer psychoanalytischen Kriminologie gegeben zu haben, die neben der neu entstehenden psychoanalytischen Pädagogik und Ethnologie Freuds Lehre für ein neues Gebiet unserer Kultur nutzbar machen soll.

So ist dieses Buch nicht allein an den psychoanalytischen Therapeuten gerichtet, es wendet sich in erster Linie an die Juristenwelt und den Gerichtsarzt. Weil aber die Rechtspflege unter verständlicher und erwünschter Kontrolle der Öffentlichkeit steht, so richten wir uns gleichzeitig an diese breitere Öffentlichkeit. Der Psychoanalytiker vom Fach wird daher im Buch manche elementare Darstellung wiederfinden, wenn wir auch bestrebt waren, selbst die rein psychoanalytischen Gebiete wie Traumdeutung, Fehlhandlung und neurotische Symptombildung von dem besonderen Standpunkt der Kriminologie aus zu beleuchten. Dieser neue Gesichtspunkt mag vielleicht auch dem engeren Gebiet der Psychoanalyse manche Anregung geben können.

Unsere Darstellung ist das Ergebnis einer vierjährigen theore-

tischen und praktischen Zusammenarbeit, die in der psychoanalytischen Bearbeitung einzelner besonders geeigneter Kri-
minalfälle bestand und auch forensisch bei Strafverteidigungen
verwertet werden konnte. Den ersten Kriminalfall haben wir
1925 psychoanalytisch untersucht. Aus der analytischen Bearbeitung der Fälle gewannen wir unsere theoretischen Einsichten, zu deren Illustrierung wir nur einige besonders markante
Kriminalgeschichten mitteilen.

Im Anhang versuchen wir, durch sozial-psychologische Überlegungen die affektiven Schwierigkeiten zu beleuchten, die der
praktisch-juristischen Verwertung unserer Ergebnisse noch ent-
gegenstehen.

Berlin, im Herbst 1928   Die Verfasser

Einleitung

Die Bestrebung der Psychoanalyse, den seelisch Erkrankten zu
verstehen und ihm dadurch zu helfen, bedarf heute keiner
Rechtfertigung mehr. Noch vor einigen hundert Jahren gehörte
die Hysterie nicht zum Wirkungskreis des Arztes, sondern zu
dem des Richters: Die hysterische Frau wurde zur Hexe erklärt
und bestraft. Die Strafe war hart, härter als die eines heutigen
Mörders. Es ist nicht unmöglich, daß in der Zukunft auch der
Kriminelle diesen Wechsel in seiner Behandlung erfahren wird.
Das Erscheinen des ärztlichen Sachverständigen, des Psychiaters, im Gerichtssaal bei »zweifelhaften« Fällen ist der erste
Schritt auf diesem Wege. Eine tiefere Kenntnis des Seelenlebens
des Verbrechers wird den Kreis dieser zweifelhaften Fälle
mächtig ausdehnen. Unsere Bestrebung, den Kriminellen zu
verstehen, bedarf jedoch heute noch einer Rechtfertigung. Der
Verbrecher bedeutet doch eine Gefahr für die Gesellschaft, das
einzige Interesse, das er zu verdienen scheint, ist, ihn unschäd-
lich zu machen und durch seine Bestrafung ein abschreckendes
Beispiel zu statuieren. Es erscheint zunächst als eine luxuriöse
Verschwendung wissenschaftlichen Eifers, allzu eingehend in
seine Persönlichkeit einzudringen. *Tout comprendre c'est tout
pardonner.* Es haftet dem Psychologen, der den Verbrecher
verstehen will, folglich sich zunächst auf seinen Standpunkt
stellt oder, wie wir es in unserer Wissenschaft gern ausdrücken,
sich mit ihm identifiziert, der Verdacht an, dem Kriminellen
helfen zu wollen. Und so gerät der Psychologe in den Verdacht
der Illoyalität gegenüber der Gesellschaft.
Da die Autoren dieses Buches sich im folgenden diesem Verdacht in reichlichem Maße aussetzen werden, soll ihnen erlaubt
sein, zunächst zu beweisen, daß das psychologische Verständnis
des Kriminellen nicht in erster Reihe dem Kriminellen hilft,
sondern dem Interesse der Gemeinschaft dient.
Diese Rechtfertigung wird uns zwar von unserer eigentlichen

Aufgabe ablenken, sie wird uns jedoch grundsätzliche Gesichtspunkte für die Notwendigkeit einer psychoanalytischen Kriminologie liefern.

Wir dürfen mit dem zunächst nicht bewiesenen Satz beginnen, daß jedes Urteil, das gemeinhin als gerecht empfunden wird, das psychologische Verständnis des Täters, d. h. die Kenntnis seiner Motive, voraussetzt. Die gleiche Tat kann, je nach ihren Motiven, von uns gebilligt oder verurteilt werden. Den Feind im Kriege zu ermorden wird gepriesen, den Angreifer in Notwehr zu töten, wird zugebilligt, in verständlichem Affekt ein Menschenleben zu vernichten, wird manchmal verziehen, der Raubmörder wird einstimmig verurteilt. Die bloße Tat ist überall die gleiche, unsere verschiedene Beurteilung gilt lediglich den verschiedenen bewußten Zielsetzungen und den verschiedenen affektiven Motiven des Täters. Ohne die Motive zu kennen, kann man zu einer Tat überhaupt nicht Stellung nehmen. Ja selbst die Hauptfrage, ob eine Tat überhaupt als kriminell zu werten ist, hängt von der psychologischen Diagnose ab. Diese zentrale Bedeutung der Psychologie beim Richten wird uns später eingehend beschäftigen. Ihre Vorwegnahme erfolgt nur zur Feststellung, daß das Gefühl der Gerechtigkeit eines Urteils an die richtige Beurteilung der Motive der Tat gebunden ist.

Im Falle des Kriminellen, vor dem die Gesellschaft geschützt werden soll, erscheint damit allein das allzu eifrige Suchen nach psychologischem Verstehen doch noch nicht gerechtfertigt. Wir entschuldigen unsere Absicht, uns mit dem Seelenleben des Kriminellen so eingehend zu befassen, mit dem Bestreben, ihm eine gerechte Beurteilung zu verschaffen. Aber wozu dieses überspannte Bedürfnis nach theoretischer Gerechtigkeit im Falle des offenbar gesellschaftsfeindlichen Kriminellen? Es scheint, daß wir doch den Kriminellen gegenüber der Gesellschaft schützen und nicht umgekehrt, wie wir soeben noch behauptet haben, den Interessen der Gesellschaft dienen wollen. Nur wenn die als gerecht empfundene Beurteilung des Kriminellen wirklich der Gemeinschaft dient, ist der scheinbare Widerspruch gelöst. Wir wollen uns eindeutig ausdrücken und unterwerfen uns freiwillig dem folgenden Verhör, mit dem ein Anwalt der Gesellschaft die Autoren zur Verantwortung ziehen könnte:

– »Warum wollt Ihr unbedingt den Kriminellen verstehen? Es ist viel wichtiger, ihn zu fassen und die Gesellschaft von ihm zu befreien. Könnt Ihr Euren psychologischen Eifer nach Verstehen nicht auf wertvollere Objekte verschwenden? Dieser große Eifer scheint doch nur den Zweck zu haben, dem Verbrecher zu helfen.«

– »Nicht dies ist unser erstes Ziel. Wir wollen den Kriminellen verstehen, um ihn so beurteilen zu können, daß dieses Urteil allgemein als gerecht empfunden wird. Und wir behaupten, daß unser Bestreben in erster Reihe der Gesellschaft dient, weil das Gefühl der Gerechtigkeit zu den psychologischen Grundlagen jeder Gesellschaftsbildung gehört und weil seine Verletzung auf die Gemeinschaft zersetzend wirkt. Jener, heute noch schwach organisierte Teil des Ichs – von Freud ›Über-Ich‹ genannt –, der die Bereitschaft des Menschen zum sozialen Zusammenleben bedingt, verliert seine Macht über die asozialen Anteile der Persönlichkeit bei der Verletzung des Rechtsgefühls.«

Wir rechtfertigen uns auf diese Weise allerdings mit einer zunächst unbewiesenen Behauptung, und unsere Aufgabe besteht nun darin, ihre Richtigkeit zu erweisen. Mit dieser Behauptung haben wir uns die Erörterung dreier bisher ungelöster Probleme aufgeladen.

1. Was ist das Gefühl der Gerechtigkeit, das dem Juristen als »Rechtsgefühl« geläufig ist (nicht: was ist Gerechtigkeit in abstracto), und welche soziale Bedeutung kommt ihm zu?

2. Was ist Kriminalität und wer ist kriminell?

Nach der Beantwortung dieser beiden ersten Probleme drängt sich unausweichbar die Frage auf:

3. Was soll mit dem Kriminellen geschehen?

Die erste Frage enthält die Voraussetzung und gleichzeitig die Rechtfertigung unseres nicht ohne weiteres selbstverständlichen

Vorhabens, uns mit der Persönlichkeit des Kriminellen eingehender, als es bisher je geschehen ist, zu befassen; ein Vorhaben, das, wie jedes psychologische Verstehenwollen, eine weitgehende Einfühlung in die Persönlichkeit des Kriminellen voraussetzt. Erst wenn wir den sozialen Wert einer als gerecht empfundenen Beurteilung des Kriminellen bewiesen haben, wird uns der Leser ohne Widerstand in den Hauptteil unserer Arbeit, die Erforschung und das Verstehen der kriminellen Persönlichkeit, folgen. Wenn wir dann noch zum Schluß die praktische Frage, was mit dem Kriminellen geschehen soll, kurz berühren, so tun wir das nur zögernd, weil ihre Beantwortung nicht lediglich von wissenschaftlicher Erkenntnis, sondern vor allem von praktischen Erwägungen abhängt. Immerhin wird unsere Arbeit dartun, daß die heutige Art der Behandlung des Kriminellen, die Strafe, einer kritischen Nachprüfung bedarf.

ERSTER TEIL

Die Theorie des Verbrechens

Der Kampf ums Recht

Als grob empirische Beweise für die zersetzende Wirkung, die Fehlurteile auf jede soziale Organisation haben, können geschichtliche Tatsachen in beliebiger Form angeführt werden. Sowohl Fehlurteile, die in Verurteilungen wegen nicht begangener Taten bestehen, wie auch solche, deren Ungerechtigkeit auf einem Mißverhältnis zwischen Vergehen und Buße beruht, wirken aufreizend auf die Massen, die dann nicht mehr gewillt sind, die bestehende Ordnung und ihre Gesetze anzuerkennen. Die massenpsychologische Wirkung von Fehlurteilen ist die *Empörung* und die Abnahme einer bereits erreichten sozialen Anpassung. Triebeinschränkungen, die der Mensch mit Rücksicht auf seine Mitmenschen sich auferlegt hat, werden, unabhängig davon, ob sie auf Einsicht, d. h. freiwilliger Unterwerfung oder auf sozialer Unterdrückung beruhen, durch Verletzung des Gerechtigkeitsgefühls erschüttert. So sehen wir am Anfang sozialer Umwälzungen als auslösendes Moment, jedoch keineswegs als Ursache, die Häufung von Fehlurteilen. Man könnte sagen, das *chronische* Gefühl der Ungerechtigkeit wegen sozialer Unterdrückung, das nicht die dynamische Kraft besitzt, die revolutionäre Auflehnung in Handlung umzusetzen, wird bei *akuter* Verletzung des Rechtsgefühls durch Fehlurteile zur Empörung gesteigert und erst diese Empörung bildet den Boden für die revolutionäre Tat, den Durchbruch bisher eingeschränkter Triebe. Die Fehlurteile verwandeln den *chronischen*, jedoch noch *statischen* Zustand der Verbitterung in den *akuten* und *dynamischen* Zustand der Empörung. So beginnt die Französische Revolution mit der Häufung von Fehlurteilen, aber auch jede Meuterei auf Grund von harten, ungerechten Strafen, die Reformation mit der korrupten Absolution der

Reichen in der katholischen Kirche. Bei jeder Revolution gilt der erste Gang der revoltierenden Massen den Gefängnissen, um die Verurteilten zu befreien.

Zwei psychologische Wirkungen können demnach als allgemein gültige Folgen der Verletzung des Rechtsgefühls formuliert werden:

1. Das massenpsychologische Interesse für die Ungerechtigkeit. Jeder einzelne empfindet die Unbill, die einem der gleichen sozialen Schicht Angehörenden widerfährt, als eigene Sache. Offenbar beruht diese massenpsychologische Wirkung der Ungerechtigkeit auf der Grundlage der Identifizierung: »Jedem von uns könnte das gleiche zustoßen.«

2. In jedem einzelnen Mitglied derselben sozialen Gruppe erfolgt eine Störung des bisher mehr oder weniger stabilen Gleichgewichtes zwischen Triebeinschränkung und Triebspannung zugunsten der bisher gehemmten Triebe. Es erfolgt eine Regression von Triebeinschränkung zum Triebdurchbruch.

Während die massenpsychologische Wirkung des verletzten Gerechtigkeitsgefühls ohne weiteres verständlich ist, bedarf der regressive Vorgang einer eingehenden Untersuchung. Die psychoanalytische Theorie der Ich-Entwicklung wird uns helfen, diesen Vorgang zu verstehen.

Triebeinschränkungen werden im allgemeinen auf Grund von Unlustbefürchtungen und von positiven Lusterwartungen vorgenommen. Sie bedeuten die Anpassung der subjektiven Triebansprüche an die objektiven Gegebenheiten der Realität. Man verzichtet auf gewisse Triebbefriedigungen entweder, weil die Befriedigung nicht möglich ist, oder weil sie mehr Unlust zur Folge hätte als der Verzicht. Oft genügt es, gewisse Triebbefriedigungen aufzuschieben, die Spannung eine zeitlang zu erdulden, um dadurch eine Unlust, die die sofortige Befriedigung nach sich ziehen würde, zu vermeiden, oder um durch den Aufschub die Triebbefriedigung vor äußeren Störungen zu sichern. Freud hat diesen Vorgang die Entwicklung vom Lustprinzip zum Realitätsprinzip genannt. Das Realitätsprinzip bedeutet also ein verbessertes, an die Gegebenheiten der Realität angepaßtes Lustprinzip. Triebe drängen nach Abfuhr, nach Befriedigung. Die Realität setzt ihnen Widerstände entgegen, das Realitätsprinzip besteht in einer zweckmäßigen Anpassung der Triebansprüche an die gegebenen Befriedigungsmöglichkeiten. Es ist selbstverständlich, daß die Verzichte nur so weit gehen, wie es gerade nötig ist. So entsteht ein Gleichgewichtszustand zwischen Triebverzicht und Befriedigung, der gestört wird, wenn neuer Triebverzicht verlangt wird.

Die gesamte Erziehung beruht auf diesem Prinzip. Sie ist eine systematisch geleitete Anpassung der ursprünglich asozialen Triebansprüche des Kindes an die Anforderungen der Erzieher. Ebenso wie die Anpassung an die physikalische Realität steht auch die Anpassung an die Sozietät im Zeichen der Entwicklung vom Lustprinzip zum Realitätsprinzip. Den unlustvollen Erlebnissen, die dann entstehen, wenn unsere Triebhandlungen die Eigenheiten der Natur nicht berücksichtigen, entspricht auf dem Gebiet der Erziehung, überhaupt auf dem sozialen Gebiet, die Strafe. Der Lustprämie geglückter Befriedigungen, dem Lohn für geleistete Triebeinschränkungen entspricht in der Erziehung die Liebe derjenigen, die von uns die sozialen Triebeinschränkungen fordern. Angst vor Strafe und Hoffnung auf Geliebtwerden sind also die beiden sozialen Regulatoren des Trieblebens. Zu dieser einfachen Formulierung kam Freud in seinen letzten zusammenfassenden Arbeiten über das menschliche Triebleben. (»Das Ich und das Es« und »Hemmung, Symptom und Angst«.)

Die psychologische Bedeutung der Strafe ist von Freud und seinen Schülern eingehend dargestellt. Sie ist die Nachbildung des Verhältnisses der unpersönlichen Natur zum Triebleben. Der Umwelt nicht angepaßte Triebhandlungen haben Unlust zur Folge. Der strafende Erzieher übernimmt diese Unlust verursachende Rolle der unpersönlichen Natur.* Dem übermütig umhertollenden Kinde, das sich an der Tischkante eine Beule schlägt, wird dieses Mißgeschick vom Erzieher als Strafe ge-

* Vgl. Alexander, Psychoanalyse der Gesamtpersönlichkeit, *Internat. Psychoanalyt. Bibl.*, Bd. XXII, Wien 1927.

deutet und in der körperlichen Züchtigung aktiv nachgebildet.

Nur der zweite Faktor, die Hoffnung auf Geliebtwerden oder, was dasselbe bedeutet, die Angst vor Liebesverlust, bedarf einer eingehenderen Erörterung als er bisher in der psychoanalytischen Literatur erfahren hat. Während die Triebeinschränkungen, die aus Angst vor Strafe vorgenommen werden, auf einem Machtwort beruhen, bedeutet die Einschränkung, die man um geliebt zu werden, leistet, einen stillschweigenden Vertrag, eine Art Liebeshandel. Dieser Vertrag lautet etwa: »Ich nehme gewisse Triebeinschränkungen auf mich, die du von mir verlangst. Ich verzichte also dir zuliebe, um von dir geliebt zu werden. Den Nutzen dieser Liebe erkenne ich in erster Reihe in der Sicherheit, die sie mir gewährt.« Das Geliebtwerden enthält neben seinem eigenen Lustwert die Sicherheit gewisser erlaubter Triebbefriedigungen, und folglich ist es mit dem Gefühl der Sicherheit überhaupt engstens verknüpft. Dieser Liebeskontrakt besteht also in dem Umtausch von Triebbefriedigungen gegen Geliebtwerden, das selbst einen eigenen Lustwert hat.

Dieser Tauschhandel zwischen Liebe und Verzicht beginnt in der frühesten Kindheit. Die Liebe ist eine Gabe, die das Kind zuerst von der Mutter erhält. Milch, Wärme, Sorgfalt sind die ersten greifbaren Äußerungen der Mutterliebe. Doch der mütterliche Instinkt versteht es, mit der Dosierung und Entziehung dieser Liebesgaben auf das kindliche Triebleben einen bestimmenden Einfluß zu gewinnen. Liebe zu spenden und zu entziehen, darin besteht die große Macht der Mutter, mit der sie das Kind zu Triebverzichten zwingen kann. Erst später kommt das väterliche Erziehungsmotiv, die Strafe, als direkte Zufügung von Unlust zur Geltung. So erweist sich die Mutter eher als Lustquelle, der Vater als erster Vertreter des harten Realitätsprinzips. Erst wenn das Kind die vollständige Abhängigkeit von der Mutter allmählich verliert und immer mehr zu einem selbständigen Wesen wird, reicht das Erziehungsprinzip der Liebesprämie und Entziehung von Liebe nicht mehr aus, und es tritt die Strafe als unmittelbare Zufügung von Unlust an ihre Stelle. Je unabhängiger das Kind von der Mutter wird, um so mehr verliert das Geliebtwerden an Bedeutung, da das Kind nun allein für seine Lustbefriedigungen sorgen kann und nicht mehr ausschließlich auf das Geliebtwerden angewiesen ist. Jetzt erst wird das Machtwort der Strafe als hemmender Faktor nötig.

Angst vor Strafe und vor Liebesverlust – auch das ist ja nur eine besondere Form der Strafe – sind die beiden Erziehungsfaktoren, sie bleiben auch später für den Erwachsenen die hauptsächlichsten Regulatoren des Trieblebens. Der Triebverzicht aufgrund bewußter Einsicht spielt neben diesen beiden emotionalen Momenten – wie die analytische Erfahrung zeigt – eine recht bescheidene Rolle. Das Streben nach Lust und nach Vermeidung von Unlust ist die elementare Grundlage aller Anpassungen.

Diese Überlegungen enthalten die stillschweigende Berücksichtigung der Tatsache, daß bei jeder Triebeinschränkung eine mächtigere triebeinschränkende Außenwelt den schwächeren Triebansprüchen gegenübersteht, mag diese einschränkende Instanz Natur, Erzieher, sozialer Führer oder stärkere soziale Klasse heißen. Dieser Prozeß der Triebeinschränkung, die Anpassung an eine mächtigere einschränkende Instanz, führt zu einem Gleichgewichtszustand, in dem der sich einschränkende seelische Apparat gerade nur das unbedingt nötige Quantum an Verzicht leistet, um dafür die größtmögliche Sicherheit für die übrigen Triebbefriedigungen zu erhalten. Jeder soziale Rechtszustand bedeutet einen solchen Gleichgewichtszustand zwischen Triebverzicht und zugesicherten Befriedigungen, eine Art Vertrag zwischen triebeinschränkenden Instanzen und Triebansprüchen des einzelnen. Der überaus empfindliche gefühlsmäßige Regulator dieses Gleichgewichtszustandes ist das Gefühl der Gerechtigkeit. Es ist keineswegs auf der Kenntnis der Rechtsbestimmungen aufgebaut, was Ihering im »Kampf ums Recht« bereits klar erkannte, es ist ein rein instinktiv funktionierender Indikator, etwa mit der Angst oder, wie

Ihering meint, mit dem Schmerz vergleichbar. Wie die Angst die drohende Gefahr signalisiert, so reagiert der Gerechtigkeitssinn auf jede Bedrohung der erlaubten Triebbefriedigungen, die durch Triebverzichte so bitter erkauft wurden. Der Mensch empfindet mit einer erstaunlichen Genauigkeit, wenn seine erworbenen Rechte – und jedes Recht ist einmal erworben worden – irgendwie bedroht oder geschmälert werden, und reagiert auf den Rechtsbruch auch seinerseits sofort mit der Kündigung des Vertrages, mit Aufhebung der bisher geleisteten Triebeinschränkungen. Und so entsteht die Regression von Triebhemmung zum Triebdurchbruch.

Die Empfindlichkeit des Rechtsgefühls, dessen Verletzung fähig ist, Massen zu entzünden, erklärt sich noch besonders daraus, daß der Vertrag zwischen einer schwächeren und einer stärkeren Partei geschlossen wurde. Das Ich, das den Triebverzicht nur mühsam dem Drängen seiner Triebanforderungen abringt, bringt der mächtigeren Instanz – der Gemeinschaft – dieses Opfer nur in Erwartung einer Gegenleistung, deren Wesen wir in dem Geliebtwerden erkannt haben. Die sozialen Äußerungen dieses Geliebtwerdens sind Anerkennung, Achtung, die ganze Stufenleiter von der jedem Bürger zustehenden persönlichen Freiheit bis zu den höchsten Auszeichnungen. Diese Gegenleistungen erleichtern das Ertragen der Einschränkung persönlicher Souveränität. Und um diese Gegenleistungen werden der ungerecht Behandelte und mit ihm alle Gemeinschaftsgenossen, denen das gleiche widerfahren könnte, betrogen. Der Triebverzicht wurde also für nichts geleistet. So entsteht die Empörung mit dem trotzigen Entschluß, sich für alle geleisteten Verzichte in schrankenlosem Ausleben der bisher eingeschränkten Triebe schadlos zu halten.

Darum wirkt es so aufreizend, wenn der Unschuldige durch ein Fehlurteil wie ein Verbrecher behandelt wird, aber auch, wenn in der Härte eines Urteils die Willkür des Machthabers zum Vorschein kommt. Dichter bearbeiten gern die besonders empörende Situation, in der gerade dem Rechtschaffenen, der in der Erwartung auf den endlichen Sieg der Gerechtigkeit lange geduldig schweigt, ein Unrecht widerfährt. Doch diese trotzige Geduld eines Michael Kohlhaas enthält die unheimliche Stille vor dem Sturm. Hinter ihr verbergen sich die Gewitterwolken sich aufbäumender Triebe.

Der Kleistsche Held ist ein tragisches Opfer dieses gesetzmäßigen Vorganges der Triebregression bei verletztem Rechtsgefühl. Die Korruptheit der Machthaber erschüttert die Macht ihrer inneren Vertreter, der hemmenden moralischen Kräfte, und so wird der Mensch zum Spielball der entfesselten Triebe. Michael Kohlhaas, der Rechtschaffene, der Unrecht lange genug ertragen hat, wird zum Plünderer, Räuber und Mörder, nachdem seine Hoffnung auf Wiedergutmachung des an ihm verübten Unrechts endgültig schwindet. Mit der Erschütterung seines Vertrauens zu den weltlichen Autoritäten schwindet gleichzeitig auch die Macht seines Über-Ichs. Das Volk sieht aber in ihm den Vorkämpfer der Gerechtigkeit. Nur Luther erkennt hinter dem Gewand dieses Rechtsfanatismus den Haß, der seine Handlungen im Grunde bestimmt.

Aber es ist keine Willkür dichterischer Phantasie, kein literarisch-technischer Kniff, um die Gemüter zu bewegen, und auch kein Zufall, wenn gerade dem besonders Rechtschaffenen solches Unrecht widerfährt. Er ist ja ein Vorkämpfer der abstrakten Idee der Gerechtigkeit, des *fair play,* und sein tapferes Festhalten an der Idee, das zähe Einhalten jener Seite des Vertrages, die *ihn* verpflichtet, ist das stärkste Hindernis gegen die Willkür der Machthaber, die nun ihrerseits auch gezwungen sind, den Vertrag zu halten. Wenn das Unrecht geschehen soll, so muß der zäheste Verteidiger des Rechts zunächst beseitigt werden. Und so wird er zum heldenhaften Verteidiger jenes unsichtbaren Vertrages zwischen Individuum und Gesellschaft, den die geschriebenen Gesetze, so ausführlich und umständlich sie auch verfaßt sein mögen, nur sehr unvollständig wiedergeben, jenes Vertrages, der dem Individuum den Rest seiner Freiheit als Lohn für die geleisteten Triebverzichte zusichern soll. Scheinbar ein Vorkämpfer des Rechts, ist er in Wirklichkeit ein Vorkämpfer der Freiheit. Er harrt beim Gesetz aus, um die andere Partei ins Unrecht zu setzen und dann die Hemmungen des Gesetzes abstreifen zu können.

In den tiefsten Schichten unserer Persönlichkeit, in unserer ursprünglichsten Sehnsucht nach uneingeschränkter Triebbefriedigung fühlen wir alle mit ihm. Seine ungerechte Verurteilung gibt uns die Berechtigung, auch unsererseits die drückenden Fesseln abzustreifen. Die psychologische Wirkung dieser so gern phantasierten Situation zeigt am klarsten, daß der in Gesellschaft lebende Mensch im tiefsten Innern nur darauf lauert, daß die andere Partei als erste den *contrat social* bricht und ihm dadurch die Rückkehr zu seinem ursprünglichen, im Grunde nie aufgegebenen Individualismus ermöglicht.

So erweist sich das Gerechtigkeitsgefühl hinter seiner Maske des Verteidigers des absoluten idealen Rechts als eine infolge der Härte der Realität bescheiden gewordene Form des Lustprinzips, das verzweifelte Wachen des Individuums über den Rest seiner so arg beschnittenen persönlichen Freiheit.

Die Justizkrise der Gegenwart

Wir haben in dem Rechtsgefühl eine der Grundlagen des sozialen Zusammenlebens erkannt. Man kann es als eine Art innerpsychischen Regulators bezeichnen, dessen Vorhandensein gewisse, im Interesse der Gemeinschaft erforderliche Selbsteinschränkungen automatisch gewährleistet. Seine Verletzung führt, wie wir dargelegt haben, über Verbitterung zur Empörung, in welcher der Mensch nicht mehr im gleichen Maße wie bisher zu freiwilligem Triebverzicht gewillt ist. Die Aufrechterhaltung der sozialen Ordnung in einem solchen Zustande würde daher nur noch durch äußere Machtfaktoren herbeigeführt werden können. Hinter jedem Staatsbürger müßte ein Schutzmann stehen. Die technische Undurchführbarkeit einer lediglich durch äußeren Zwang aufrechterhaltenen Ordnung beweist ohne weiteres die ökonomische Bedeutung der freiwilligen Bereitschaft zur Einordnung, die, wie wir gesehen haben, auf der Unversehrtheit des Gefühls der Gerechtigkeit aufgebaut ist. Das ungestörte Vertrauen der Allgemeinheit zu den Einrichtungen der Rechtspflege und zu ihren Trägern ist das Zeichen dafür, daß das Gerechtigkeitsgefühl der Allgemeinheit mit den Anforderungen der Staatsführung im Einklang steht.

Die Beurteilung dessen, was als Crimen zu gelten hat und was mit dem Kriminellen geschehen soll, wird zwar den spezialwissenschaftlich vorgebildeten Juristen überlassen, die Ausübung der Rechtspflege jedoch geschieht unter dauernder Kontrolle und regster Anteilnahme der Öffentlichkeit. Kaum ein anderer Vorgang des öffentlichen Lebens wird mit so verdächtiger Eifersucht verfolgt wie das Arbeiten der Justizmaschine. Solange jedoch durch die Macht des Staates und die Autorität der Rechtswissenschaft der Glaube an die Unfehlbarkeit des Richters unerschüttert ist, können auch Denk- und Urteilsformen, die sachlich und wissenschaftlich bereits überholt sind, sich halten, ohne das allgemeine Gerechtigkeitsgefühl allzusehr ins Wanken zu bringen. In einer Zeit aber, in der schon die außerordentlich gestiegenen sozialen Anforderungen, denen der einzelne gegenübersteht (Krieg, Wirtschaftsnot, Arbeitslosigkeit, Spätkapitalismus), ein besonders eifersüchtiges Wachen über den verbliebenen Rest persönlicher Freiheit zur Folge haben, in einer Zeit, in der – zumindest in Europa – die bisherigen formalen Autoritäten und Ideologien erschüttert sind, in der die Herrschaft eines einzelnen nur durch Diktatur, durch nackte Macht und nicht mehr, wie früher, durch innere moralische Mächte, wie Religion und Loyalität, aufrechtzuerhalten ist, ist auch die Rechtspflege ihrer Glaubensstützen beraubt. Durch keine moralischen oder affektiven Autoritäten mehr gestützt, steht sie in ihrem nackten, sachlichen Aufbau, in der Dürftigkeit ihrer Inhalte, in der Überlebtheit ihrer Einrichtungen, entblößt vor der Kritik der Allgemeinheit. Die Folge hiervon ist die allgemeine Justizkrise, deren volle Auswirkung im wesentlichen nur noch durch den äußeren Zwang staatlicher Einrichtungen und durch die Indolenz der Massen gehemmt wird.

In solcher Lage aber ist es zeitgemäß und an der Zeit, die

Grundlagen der Rechtsprechung schleunigst und gründlich zu revidieren.

Wir haben bereits darauf hingewiesen, daß eine Tat nur dann beurteilt werden kann, wenn neben der Kenntnis des Tatbestandes auch die Motive des Täters verstanden werden. Solange die Psychologie als exakte Wissenschaft unbekannt war, stellte die Anforderung einer solchen individuell-psychologischen Beurteilung jedes einzelnen Falles den Richter vor eine unlösbare Aufgabe. Das Urteil wäre von persönlicher Meinung, Geschmack, intuitiver Menschenkenntnis und sozialer Einstellung des Richters abhängig. Um diese Mängel, die eine außerordentliche Unsicherheit in die Rechtspflege hineintragen würden, nach Möglichkeit zu beheben, sind in der modernen Strafjustiz drei Einrichtungen getroffen worden.

1. Aufstellung kasuistisch geordneter objektiver Tatbestände, die darauf abzielen, die individuell-psychologische Beurteilung des Falles möglichst auszuschalten. Wir wollen das als die *pseudo-exakte Bestrebung* der Jurisprudenz bezeichnen.

2. Einführung der Laiengerichte, das Eingeständnis des Versagens der pseudo-exakten objektiven Justiz und die Wiedereinführung der Psychologie in der Form einer *laienhaften Beurteilung* nach dem gesunden Menschenverstand.

3. Heranziehung der ärztlichen Sachverständigen, ein Versuch, die *sogenannte wissenschaftliche Psychologie* in der bisher bekannten Form der *Psychiatrie* zu Hilfe zu rufen.

Wir werden im folgenden darlegen, warum diese drei Methoden völlig versagen mußten bei dem Versuch, die heutige, ihrer autoritären Stützen beraubte und der öffentlichen Kritik in besonders starkem Maße exponierte Justiz aus ihrer gegenwärtigen kritischen Lage herauszuführen.

Die heutigen Strafgesetzbücher basieren im allgemeinen auf dem Prinzip, sämtliche als kriminell bezeichneten Handlungen in bestimmten kasuistisch geordneten Formen abstrakt zu erfassen. Die Aufgabe des Richters besteht darin, die fragliche Einzeltat möglichst eindeutig in eine dieser Kategorien einzureihen. Auf diesem Wege wird angestrebt, die als unsicher und unexakt empfundene persönliche Beurteilung des Falles durch den Richter auszuschalten und das Urteil möglichst aus einer geglückten paragraphenmäßigen Qualifizierung automatisch abzuleiten.

Wenn so auch die Gesetzgebung gehofft hat, in weitem Umfange die Frage, ob eine einzelne Handlung als Delikt zu werten ist, dem Urteil der richtenden Personen durch Objektivierung der Tatbestände zu entziehen, so ist es dennoch in keinem Rechtssystem möglich, die kriminelle Tat als ein objektives, von der Person des Täters abstrahiertes Geschehen zu werten. Vielmehr liegt jedem Richterspruch neben der Feststellung des objektiven Geschehens ein psychologisches Urteil zugrunde. Richten ohne Psychologie ist nicht denkbar. Um jedoch auch die psychologische Beurteilung von der persönlichen Einstellung des Richters unabhängig zu machen, wird die Psychologie nach der gleichen Methode in abstrakte Formeln gezwängt. Grob psychologische Bewertungen geben bei gleichem objektiven Geschehen den Ausschlag für die kriminalistische Beurteilung der Einzelhandlung (Mord und Totschlag, Vorsatz und Fahrlässigkeit, gewinnsüchtige Absicht oder deren Fehlen oder dgl.). Zu welchen absurden Ergebnissen diese pseudo-exakten Unterscheidungen führen können, zeigt eine Bestimmung des portugiesischen Strafrechts, nach der eine Tötung dann als vorbedachter Mord zu werten ist, wenn festgestellt werden kann, daß die Tötungsabsicht schon wenigstens 24 Stunden vor Ausführung der Tat bestanden hat.* Die Willkür psychologischer Bewertung soll ausgeschaltet werden, darum wird sie durch die Pseudo-Exaktheit toter Zahlen ersetzt.

Alle bisherigen Rechtssysteme haben in ihren pseudo-exakten Bestrebungen nur zu einem geringen Teil erreicht, die lebendige psychologische Beurteilung des Falles durch eine in abstrakte Formeln gekleidete Psychologie zu ersetzen. Dagegen haben sie zur Folge gehabt, daß das Interesse für ein wirklich psycho-

* Artikel 325, Portugiesischer Code Penal. Vergleichende Darstellung des Deutschen und Ausländischen Strafrechts. Besonderer Teil, Band V, Seite 48. Berlin 1906-1909.

logisches Verständnis des Täters sich abschwächte. Zu viel Psychologisieren macht eben die Aufgabe, die Tat in eine der vorhandenen vorbestimmten Kategorien ohne weiteres einzureihen, unmöglich. Die Psychologie mußte also dem Richter bei der Urteilsfindung eher hinderlich sein. Aber selbst die wenige Psychologie, die für die Beurteilung jedes Einzelfalles unvermeidlich ist, macht schon diese Einreihung in die vorhandenen Schemata fast zur Unmöglichkeit. Die Folge ist eine spitzfindige Judikatur, die versucht, den engen Rahmen der Schemata durch Erfinden immer neuer abstrakter psychologischer Tatbestände zu erweitern und durch scholastische, rein deduktive, logische Jonglierkünste die Zugehörigkeit einer Tat zu einer bestimmten Kategorie zu beweisen. So wird die heutige Justiz eine geheime Technik des gelehrten Richters, sie entfernt sich weit von dem Verständnis des gewöhnlichen Menschen und von dem gesunden Menschenverstand.

Die Flucht des Richters in die pseudo-exakte Welt der Paragraphen, dieser oft geradezu verblüffende *horror* des Juristen vor jedem Versuch eines Verständnisses der menschlichen Motive bedeutet eine Flucht vor persönlicher Verantwortung. Wenn es gelingt, ein bestimmtes Delikt mit Hilfe des geschriebenen Rechts möglichst passend unter einen Paragraphen zu stellen, ist das eigene Gerechtigkeitsgefühl beschwichtigt. Die Verantwortung für eine Ungerechtigkeit trägt dann das unpersönliche geschriebene Gesetz. Diese Flucht vor der Psychologie ist nur dadurch zu verstehen, daß es eine wissenschaftliche Psychologie der Einzelpersönlichkeit bisher nicht gegeben hat, daß vielmehr das Verständnis menschlicher Handlungen bisher lediglich von der Intuition des einzelnen abhing und somit in der Hauptsache das Privileg der Dichter und Künstler gewesen ist. So wird es begreiflich, wenn der Richter vor der Scylla des Geheimnisses menschlicher Motive schaudernd in die Charybdis der Paragraphen flieht, die ihm wenigstens die Verantwortung für eine unlösbar erscheinende Aufgabe abzunehmen bereit sind.

Um die allgemein erkannte Lebensfremdheit der scholastischen

Jurisprudenz ein wenig zu mildern, den von Paragraphen geplagten gelehrten Richter ein wenig zu entlasten und dem Gerechtigkeitsgefühl wenigstens durch Zulassung intuitiver, triebhaft gefühlsmäßiger psychologischer Beurteilung ein wenig entgegenzukommen, hat man die individuell-psychologische Beurteilung des Einzelfalles durch verschiedene Hintertüren wieder hereingelassen. Dem Richter wird bei Bemessung der Strafe, durch die Einrichtung des bedingten Strafaufschubes, durch eventuellen Erlaß der Strafe, die Möglichkeit gegeben, den besonderen psychologischen Umständen des Einzelfalles wenigstens in geringem Umfange Rechnung zu tragen. Sodann hat man, um die Starrheit der Paragraphenherrschaft ein wenig auszugleichen, die Laiengerichte geschaffen. Es ist ein paradoxes, in den Wissenschaften sonst nicht bekanntes Eingeständnis eigener Ohnmacht, daß der Fachmann durch den Laien korrigiert werden muß. Immerhin bedeutet die Einführung der Laienjustiz einen wesentlichen Fortschritt. Dem Laien ist die Möglichkeit verschlossen, vor der Verantwortung in die Welt der Paragraphen zu fliehen, weil er diese glücklicherweise nicht kennt. Er muß der Verantwortung ins Auge schauen, er muß urteilen, und dieses Urteil kann, wie jedes Urteil, nur auf psychologischem Verstehen des Täters beruhen. Die Last der Verantwortung, aus eigener unsicherer Intuition reale Folgen ziehen zu müssen, wird für die Laien dadurch gemildert, daß man sie nicht einzeln, sondern kollektiv richten läßt und in den meisten Rechtssystemen überdies dadurch, daß ihr Einfluß bei der Urteilsfindung begrenzt wird, daß die gelehrten Richter unter dem Schutze der Paragraphen einen Teil ihrer Verantwortung wieder von ihnen nehmen. Es ist nicht verwunderlich, daß der Versuch, die Blindheit der Paragraphenwelt durch die lahme Intuition des Durchschnittslaien stützen zu wollen, zu einem Ausweg aus der Justizkrise nicht führen konnte.
Als Ergebnis aus alledem folgt die Tatsache, daß man, wenn man überhaupt zu einer kriminellen Tat in irgendwelcher Weise und mit irgendwelcher soziologischen Begründung Stellung nehmen will, dies nur tun kann mittels individueller psy

chologischer Beurteilung des Einzelfalles. Das gilt unabhängig von jeder Strafrechtstheorie und unabhänig auch von der Form der Maßnahmen, die dem Täter gegenüber zu ergreifen sind. Wenn auch die Autoren allen heute geltenden Formen der Bestrafung wie überhaupt dem Begriff der Strafe selbst kritisch gegenüberstehen, so glauben sie dennoch, sich mit der Diagnostik der kriminellen Handlung befassen zu dürfen, da diese unabhängig ist von den zu treffenden Maßnahmen. Im Gegenteil, die Diagnose bildet die einzige zuverlässige Grundlage für die zu ergreifenden Maßnahmen. Etwas muß ja mit dem Kriminellen geschehen, und was mit ihm geschehen soll, ist abhängig von der psychologischen Beurteilung des Falles.

Die Rolle der Psychologie in der Beurteilung des Täters

Dem komplizierten Vorgang jeder Rechtspflege liegt das folgende einfache sozialpsychologische Schema zugrunde:
Die Gesellschaft fragt zwar den Täter: »*Was hast Du getan? –*«, stellt diese Frage jedoch im wesentlichen nur, um festzustellen:
»Warum hast Du das getan?
Hast Du für uns oder gegen uns handeln wollen?
Bist Du gefährlich oder nützlich für uns?
Bist Du nur deshalb gefährlich, weil unfähig, die Folgen Deiner Handlungen zu übersehen? Bist Du krank? (psychiatrische Diagnostik) oder
Stellst Du Dich außerhalb unserer Gesellschaft?«
Und endlich:
»Hast Du etwa wohlwollend handeln wollen und nur Unglück gehabt?«
Wir behaupten, in diesen wenigen Fragen das Grundgerüst jeglichen Strafrechts unterbringen zu können. Jedes Strafrechtssystem, auch das mit objektiven Normen versehene, bezweckt demnach die Feststellung der Motive. Richten verlangt eben Psychologie.

Wir haben bereits dargetan, daß alle bisherigen Rechtssysteme in größerem oder geringerem Umfang dieser Forderung Rechnung tragen, und daß gerade der Fortschritt des Strafrechts in einer immer größeren Lockerung der objektiven Normen durch Einlaß der Psychologie besteht. Liszt ist der erste, der den Satz, nicht die Tat, sondern der Täter solle bestraft werden, zur Grundlage seiner Strafrechtstheorie machte. Wenn trotzdem Volk und Kriminaljustiz sich immer weiter voneinander entfernen, und wenn trotzdem heute eine allgemeine Vertrauenskrise gegenüber der Strafjustiz festzustellen ist, so dürfte das, wie der Inhalt dieses Buches dartun wird, zu einem wesentlichen Teil darauf zurückzuführen sein, daß die Forderung Liszts nicht erfüllt werden *kann*, weil die Psychologie, die in der Strafjustiz verwendet wird, keine Psychologie des lebendigen Menschen ist. Die bisher angewandten psychologischen Methoden befassen sich nicht mit der Erkenntnis der Einzelpersönlichkeit, sondern vermitteln bestenfalls generelle psychologische Erfahrungen oder Einsichten, meist überhaupt nur abstrakte Konstruktionen. Man kennt und verwendet eine Psychologie des Wollens, der Gefühle, des Gedächtnisses, der Reizreaktion usw., hat jedoch keine Kenntnis von den realen Motiven, von den tatsächlichen Gefühlen, kurz vom lebendigen Menschen.

Es haftet diesen Methoden daher ein ähnlicher Mangel an wie der Objektivierung der Tatbestände. Objektive Tatbestandsnormen sind auch im Verein mit konstruktiven abstrakt-psychologischen Thesen nicht geeignet, uns eine bildhafte unmittelbare Erkenntnis der Einzelpersönlichkeit und ihrer Motivation zu verschaffen. Die Psychologie des Individuums, die Erkenntnis der tieferen Beweggründe einzelner menschlicher Handlungen hat erst die psychoanalytische Wissenschaft zum Gegenstand ihrer Forschungen gemacht. Die Psychoanalyse erhebt daher den Anspruch, bei der Beurteilung des kriminellen Täters mitzusprechen, sie glaubt, diejenigen Methoden vermitteln zu können, die zum vollen Verständnis der Handlungen krimineller Personen führen.

Die Psychologie *vor* Freud hat ihre Aufgabe, das Verständnis des Täters zu vermitteln, schon deshalb nicht erfüllen können, weil sie als eine abstrakte, eher philosophische und konstruktive Wissenschaft die Persönlichkeit des Einzelindividuums nicht zu erfassen vermochte. Vor allem aber war ihr die Grundtatsache jeder Psychologie, die erst Freud entdeckt hat, unbekannt: daß die menschliche Persönlichkeit keine homogene Einheit ist. Das bewußte Ich – der ausschließliche Gegenstand jeder bisherigen psychologischen Untersuchung – ist nur ein geringer Teil des Psychischen. Es ist über dem großen Reservoir der unbewußten Triebe, Motive und Vorstellungsinhalte gelagert und in weitestem Umfange von diesen abhängig. Diese von der psychoanalytischen Wissenschaft entdeckte Grundtatsache kann in ihrer Bedeutung für die Kriminalistik etwa wie folgt formuliert werden: Der Angelpunkt jeden Verhörs, »*warum* hast Du dies oder jenes getan«, kann von dem Befragten nur zu einem Teil beantwortet werden, und zwar nur für jene Motive, die dem bewußten Teil seiner Persönlichkeit zugänglich sind. Die oft dynamisch viel wirksameren unbewußten Motivationen sind ihm unbekannt. Demnach kann er selbst eine kausal vollgültige Erklärung seiner Tat gar nicht geben.* Diese eine Tatsache genügt bereits, um zu erweisen, daß das Strafprozeßverfahren eine grundlegende Umwälzung erfahren muß. Die ganze Technik des Verhörs, das Suchen nach eindeutigen, bewußten Motivationen, das Aufspüren von Widersprüchen, das Bestreben, dem Täter diese Widersprüche als Unwahrhaftigkeit auszulegen und die moralische Bewertung seiner Persönlichkeit davon abhängig zu machen, ist, im Lichte der Psychologie gesehen, unzulässig, weil unwahr.

Nicht der Richter, der die Widersprüche in der Aussage feststellt, sondern meistens der Täter, der sich in Widerspruch verwickelt, hat recht, weil ja die meisten menschlichen Handlungen tatsächlich aus widerspruchsvollen Motiven begangen werden. Nicht das »entweder-oder«, sondern das »sowohl-als-

---

* Vgl. auch Reik, *Geständniszwang und Strafbedürfnis,* in diesem Band, S. 11 ff.

auch« ist geltend im Seelenleben. Wenn der Täter beim Verhör imstande wäre, die volle Wahrheit zu sagen, d. h. wenn er selbst alle seine Motive kennen würde, *so müßte er bei jedem Verhör in Widerspruch geraten.*

Menschliche Handlungen sind immer *überdeterminiert*, die verschiedenen Determinanten (Motive) oft *widerspruchsvoll.*

Die Psychoanalyse zeigt, daß man denselben Menschen zur gleichen Zeit bewußt lieben und unbewußt hassen kann oder umgekehrt. Man mordet also auch gleichzeitig aus Haß und Liebe, man stiehlt gleichzeitig aus Gewinnsucht und unbewußten, nicht auf Vorteil abzielenden zwanghaften Luststrebungen. Und dieselbe Überdeterminiertheit gilt ebenso für die kriminellen wie auch für die sozial anerkannten Handlungen. Der Kolonialsadist hat als dünne Rationalisierung für das Ausleben seiner Grausamkeit die Aufgabe, durch strenge Zucht Wilde zu sozialen Menschen zu erziehen. In ähnlicher Weise, freilich in anderem Mischungsverhältnis, findet man die beiden entgegengesetzten Tendenzen, den bewußten sozialen Willen zur Erziehung und den grausamen Beherrschungstrieb bei allen Erziehungspersonen wirksam. In der Härte des Gefangenenaufsehers, in der Zucht des Feldwebels, in der Strenge des Lehrers und Erziehers wirken die beiden entgegengesetzten Tendenzen, von denen jedoch nur die eine, die soziale Komponente, der bewußten Persönlichkeit zugänglich ist, während die andere, dissoziale, ins Unbewußte verdrängt ist und unbemerkt zur Geltung kommt. Warum sollte der sich rechtschaffen erscheinende Mensch hinter seinen bewußten Motiven, die seine Handlungen scheinbar hinreichend erklären, auch die unbequemen, unbewußten Motive erkennen? Nur wenn die bewußte Motivation nicht ausreicht, wenn die unbewußten Tendenzen zu stark zum Ausdruck kommen, kommt der Verdacht auf, daß vielleicht noch etwas Unbekanntes hinter den bewußten Motiven stecken mag.

So kann der paradoxe Fall vorkommen, daß eine kriminelle Tat aus unbewußten nichtkriminellen Motiven und eine soziale Tat aus dissozialen Motiven entsteht. Der Psychoanalytiker weiß nur zu gut, daß bei sozial höchst wichtigen und geachteten Berufen, wie denen des Chirurgen oder Staatsanwaltes, eine domestizierte sadistische Komponente eine wichtige Rolle spielt und oft ausschlaggebend gewesen sein mag für die Wahl des Berufes. Bei dem Arzt erlaubt das Vorherrschen menschlicher Hilfeleistung das unbemerkte Ausleben des Sadismus, dem Staatsanwalt erlaubt die Bestrebung, die Staatssicherheit zu schützen, die Realisierung der unbewußten Neigung, dem anderen Leid zuzufügen.

Ebenso wie jede soziale Handlung von vielen, teilweise kriminellen psychischen Determinanten mitbestimmt wird, hat jede kriminelle Handlung mehrere, großenteils dem Täter unbewußte Motive. Nur die inhaltliche Kenntnis der Gesamtheit der Motive und die Kenntnis ihrer relativen Stärke und Wirksamkeit vermittelt uns aber ein volles Verständnis der Tat.

Die bisherige Psychologie wie auch die oberflächliche Menschenkenntnis des Laien erfaßt aus dieser komplizierten Fülle von unbewußten und bewußten Motiven nur den nächstliegenden Teil der bewußten Motivation, meistens also nur eine dünne Schicht von Rationalisierungen, in den seltensten Fällen die dynamisch wirksamsten Motive. Dem Staatsanwalt, dem Richter, dem Laien und dem ärztlichen Sachverständigen stand bisher nur diese Oberflächenpsychologie zur Verfügung. Kein Wunder also, daß psychologisch richtige, das allgemeine Rechtsgefühl befriedigende Urteile nur in glücklichen Ausnahmefällen vorkommen und die allgemeine Vertrauenskrise der Justiz immer weiter um sich greift. Nur jene extremen Grenzfälle, in denen das kriminelle Motiv das bewußte Ich eindeutig beherrscht und dadurch für die Tat praktisch allein ausschlaggebend ist, oder die seltenen Fälle, in denen ein soziales Motiv vorherrschend ist für eine kriminelle Handlung (Tötung des unheilbar Kranken aus Mitleid), können mit Hilfe der dürftigen Bewußtseinspsychologie kausal einigermaßen richtig und darum für den praktischen Bedarf hinreichend verstanden werden. Alle verwickelteren Fälle aber bleiben unaufgeklärt, trotz der verzweifelten Versuche, psychologisch sachverständige

Ärzte und neuerdings sogar Dichter zur Aufklärung der Motive heranzuziehen. Das Gerechtigkeitsgefühl der Allgemeinheit bleibt dabei unbefriedigt. Wenn auch niemand dem Ausdruck geben kann, was ihn unbefriedigt läßt und warum, so besitzt doch jeder ein inneres Wahrnehmungsorgan, mit dem er unbewußt das Unbewußte des anderen versteht oder wenigstens fühlt. Das Gefühl der Unzufriedenheit entsteht, weil das Urteil das Unbewußte des Täters nicht berücksichtigt hat. Man spürt, daß der Täter für etwas Konstruiertes, das er subjektiv nicht begangen hat, verurteilt wird. Er meinte mit seiner Tat etwas anderes, nicht das, was ihm unterschoben wurde. Doch dieses »etwas anderes« bleibt begrifflich unfaßbar und unaussprechbar, weil es dem Unbewußten angehört. Die Psychoanalyse vermag dieses dunkle Etwas wissenschaftlich zu fassen. Nur der Einlaß der Psychoanalyse in den Gerichtssaal wird daher das dort herrschende Dunkel aufhellen und den einzigen Ausweg aus der Justizkrise zeigen.

Der Arzt als gerichtlicher Sachverständiger konnte diese Aufgabe jedenfalls nicht leisten. Wir werden auf seine meist so nichtssagende Rolle im Gerichtssaal noch zurückkommen. Wir stimmen mit Wilmans* überein, wenn er im Einklang mit einer Reihe namhafter Psychiater dem heutigen Richter die Fähigkeit abspricht, die Persönlichkeit des Täters so zu erfassen, wie es für das Urteil nötig wäre. Aber wir glauben nicht, daß der heutige Psychiater ohne tiefenpsychologische Schulung dazu fähig ist. Es ist fraglos ein gewisser Fortschritt, wenn Aschaffenburg, Wilmans, Bonhoeffer, Leppmann und andere Psychiater zur Ansicht gelangt sind, daß ein großer Teil solcher Rechtsbrecher, die keine eindeutige psychiatrische Diagnose zulassen, die sogenannten »Grenzfälle«, als seelisch Kranke zu betrachten sind. Sie bezeichnen diese Fälle gern als geistig Minderwertige, psychopathische Persönlichkeiten, hysterische oder epileptische oder zyklothyme Charaktere oder zusammenfassend als Grenzzustände und haben die größten Schwierigkeiten,

* Wilmans: *Die sogenannte verminderte Zurechnungsfähigkeit*, Berlin 1927.

sie eindeutig abzugrenzen und diagnostisch exakt zu erfassen.*
Aber wenn auch, eher durch den psychiatrisch erfahrenen Blick
als auf Grund von exakter psychologischer Kenntnis, die auf-
fallendsten Fälle als krank erkannt werden, so ist ohne tiefenpsychologische Erfahrung ein tieferes Verständnis dieser Persönlichkeiten und ihrer Handlungen unmöglich. Wie Histologie
ohne Mikroskop, so ist Psychologie ohne Psychoanalyse nicht
denkbar. Aber immerhin ist es zu begrüßen, daß neben dem
lange vorherrschenden kriminal-biologischen Gesichtspunkt,
der nach bei den meisten Kriminellen nicht vorhandenen groben, biologisch greifbaren Merkmalen sucht, allmählich auch
die Kriminalpsychologie zum Wort kommt. Wenn auch diese
Psychologie bisher nur die Oberfläche zu erfassen vermochte,
so kommt doch bei manchen Autoren neben der flachen einsei-
tigen Intelligenzprüfung die Berücksichtigung des für die
Handlungen bedeutsameren emotionalen Lebens zum Ausdruck. Der Psychoanalytiker kann jedoch mit der grob-psychiatrischen Feststellung einer »psychopathischen Persönlichkeit«,
zu der der heutige Gerichtsarzt im besten Falle fähig ist,
nicht zufrieden sein, weil er ja imstande ist, hinter diesen allgemeinen wissenschaftlichen Bezeichnungen die wirksamen psychologischen Mechanismen im *einzelnen* anzugeben. Aber es
kann nicht genug betont werden, daß ein großer, vielleicht der
größte Teil dieser Grenzfälle ohne Tiefenpsychologie nicht einmal als solche erkannt werden können.

Die Forderung Liszts, daß das Gericht nicht zur Tat, sondern
zum Täter Stellung nehmen soll, mußte bis heute, so lange, als
Freud nicht die Erforschung der Persönlichkeit zu einer exakten

---

* Die Unzuverlässigkeit der grob-psychiatrischen Diagnostik zeigt ein
neuerdings vorgekommener Fall. Ein angesehener Gerichtspsychiater hatte
einen chronischen Betrüger und Hochstapler zweimal für unzurechnungsfähig erklärt, in einer dritten Verhandlung aber für zurechnungsfähig, obwohl sich am klinischen Bild nichts geändert hatte. Er
hatte sogar seine früheren Gutachten vergessen und sie trotz eindring-
licher Vorhalte abgeleugnet. Uns erscheint dieser Vorfall nicht weiter
erstaunlich, da solchen Gutachten, die ohne analytische Kenntnis der
Persönlichkeit erstattet werden, jede exakte wissenschaftliche Grundlage
fehlt.

Wissenschaft entwickelt hatte, ein frommer Wunsch bleiben. Der Einlaß der Psychoanalyse in den Gerichtssaal wird den ersten Schritt zur Verwirklichung dieser Forderung bedeuten.

Die Kriminalität als allgemein menschliche Erscheinung

Wir haben bereits darauf hingewiesen, daß die Bestrebung, biologisch determinierte Verbrechertypen dem Normalmenschen gegenüberzustellen, die große Anzahl der mehr oder weniger Dissozialen nicht erfaßt. Die relativ kleine Zahl degenerativer Persönlichkeiten, die auf Grund vererbter Anlagen oder aus pränatalen Entwicklungshemmungen zur sozialen Anpassung unfähig sind, ist für die Kriminalität nicht charakteristisch. Die Mehrzahl der Kriminellen ist vielmehr in ihrem körperlichen und groben seelischen Aufbau dem normalen Menschen gleich, die Abweichung zwischen den beiden ist eine Entwicklungstatsache, die von dem späteren Lebensschicksal meist in viel stärkerem Maße abhängig ist als von der Erbmasse, d. h. der größte Teil der Kriminellen hätte sich bei anderem Lebensschicksal zum normalen Menschen entwickeln können. Die Bestrebung Lombrosos und seiner Schule, eine scharfe Grenze zwischen Kriminellen und Normalen aufzufinden, entspringt aus dem narzißtischen Wunsch des Wissenschaftlers, sich und seine normalen Mitmenschen von den Kriminellen als von einer biologisch durch leicht erkennbare körperliche Merkmale unterschiedlichen Rasse eindeutig abzutrennen. Jeder Versuch, diese Trennungslinie zu verwischen, trifft auf denselben affektiven Widerstand wie etwa die Abstammungslehre Darwins, der den menschlichen Hochmut dadurch verletzt hat, daß er den Menschen in die Tierreihe versetzte. Die psychoanalytische Erforschung des unbewußten Seelenlebens führt zu der Einsicht, daß jener Teil des Menschen, in welchem er sozial angepaßt ist, ein spätes und relativ labiles Entwicklungsprodukt ist, während sich in dem quantitativ und dynamisch mächtigeren Kern der Persönlichkeit Normale und

Kriminelle nicht unterscheiden. Der Mensch kommt als kriminelles, das heißt sozial nicht angepaßtes Wesen auf die Welt und behält in den ersten Lebensjahren seine Kriminalität in fast vollem Umfange. Seine eigentliche soziale Anpassung beginnt erst mit der Überwindung des Ödipuskomplexes in der von Freud beschriebenen Latenzperiode, die nach dem 4. bis 6. Lebensjahr beginnt und mit der Pubertät endet. Erst hier trennt sich die Entwicklung des Gesunden von dem Kriminellen. Während es dem Normalen gelingt, hauptsächlich in der Periode der Latenz, seine genuinen kriminellen Triebregungen teilweise zu verdrängen und von der Motilität auszuschließen, zum anderen Teil im Sinne der Sozietät umzuwandeln, mißglückt dem Kriminellen dieser Anpassungsvorgang in größerem oder geringerem Umfange.

Der Kriminelle setzt seine natürlichen unangepaßten Triebe, ebenso wie das Kind es möchte, wenn es nur könnte, in Handlungen um. Für die verdrängte, also unbewußte Kriminalität des Normalmenschen bleiben dagegen nur einige sozial harmlose Ventile wie das Traum- und Phantasieleben, das neurotische Symptom und dann einige Übergangsformen bereits weniger harmloser Befriedigungsmöglichkeiten wie Duell, Boxsport, Gladiatoren- und Stierkämpfe, bis zu dem freien Ausleben verdrängter Kriminalität im Kriege. Kein besserer Beweis für die allgemeine Kriminalität könnte erbracht werden als das gewagte Experiment, der spanischen Nation ihre Stierkämpfe, den Amerikanern ihren Box- und Rugbysport, dem alten Europa seine Soldatenspiele oder der Welt die Strafjustiz zu nehmen. Die generelle Kriminalität des heutigen Menschen benötigt gewaltige grobkörperliche Abfuhrwege, um sie von der Verwendung im Kampf aller gegen alle abzuwenden.

Eine teilweise motorische Beherrschung der kriminellen Regungen und ihre Ableitung in andere, sozial unschädlichere Wege unterscheidet allein die sozial angepaßten Moralmenschen von den Kriminellen. Diese Beherrschung und die domestizierten Ableitungen der ursprünglich asozialen Tendenzen werden erst im Laufe der Erziehung der Einzelpersönlichkeit erworben.

Kriminalität ist also im allgemeinen kein Geburtsfehler, sondern ein Erziehungsdefekt, abgesehen von Grenzfällen, die besonders berücksichtigt werden müssen. Diese Verhältnisse werden durch ein Gedankenexperiment klar, indem man sich eine Welt vorstellt, in der die Kinder zwischen dem 2. und 6. Lebensjahr in ihrer psychischen Kraft dem Erwachsenen so überlegen wären, wie heute die Erwachsenen den Kindern, und die ersteren alle ihre Phantasien in Handlungen umsetzen könnten. Diese Riesenkinder Gullivers würden im Zwergenlande der Erwachsenen eine Welt der reinprozentigen Kriminalität verwirklichen.

Die erste Beziehung, die der neugeborene Mensch zur Umwelt erwirbt, ist ein uneingeschränkter Bemächtigungsdrang. Dieser Bemächtigungsdrang, der sich in der kannibalischen Betätigung des Säuglings an der Mutterbrust, dem partiellen Auffressen der Mutter durch das Kind äußert, ist der Inhalt der von der psychoanalytischen Trieblehre als *oral-sadistische* Stufe bezeichneten ersten Entwicklungsphase des Menschen. Die prägenitale Sexualität des Säuglings befriedigt sich in der Mundzone während der Saugtätigkeit an Mutterbrust, Flasche oder Daumen.

In dieser Phase fehlt naturgemäß noch jegliche Spur der späteren sozialen Beziehungen, das heißt, irgendeine Neigung zur Berücksichtigung der Interessen anderer.

Störungen während dieser Triebphase, insbesondere Erziehungsfehler bei der Entwöhnung, können trotzdem die Erziehbarkeit zur Sozietät beeinträchtigen. Menschen, die bei jeder Beeinträchtigung ihrer Wünsche zu Gewalttätigkeiten neigen, die auf jeden Aufschub eines Lustgewinnes mit unbezwingbarer Ungeduld reagieren, waren häufig oral verwöhnte Kinder, bei denen sich übermäßig langes Gewähren der Säugeperiode später bitter rächt.* Die Entwöhnung muß ja einmal stattfinden und trifft bei solchen Verwöhnten auf den trotzigen Widerstand gegen das Aufgeben eines wohlerworbenen Gewohnheits-

* Vgl. Abraham, »Psychoanalytische Studien zur Charakterbildung«, *Internat. Psychoanalyt. Bibl.*, Bd. XVI, Wien 1925.

rechtes. Abraham und Alexander* wollen die letzten Wurzeln der Kleptomanie in Störungen dieser Periode suchen.

Die erste Nötigung zur Anpassung an die Anforderungen der Erwachsenen erfährt das Kind bei der sogenannten Reinlichkeitsdressur.

Die an exkrementelle Vorgänge gebundene Lustbefriedigung, die ebenso an das Zurückhalten der Exkremente wie an ihr Herauspressen geknüpft ist, wird ebenso wie die koprophile Neigung des Kindes durch die Anforderung der Erwachsenen an Ordnung, Reinlichkeit und Zucht beeinträchtigt. Die wesentliche Folge dieses Einbruchs in die ursprünglichen Triebtendenzen besteht darin, daß die Souveränität des Kindes, aus den exkrementellen Vorgängen zu der Zeit, in der Art und in dem Maße Lust zu gewinnen, wie es ihm beliebt, beeinträchtigt wird. Einer der Wesenszüge dieser analen Erotik besteht in einer Art von Machtgefühl, in einem Gefühle der Unabhängigkeit des Lustgewinns von anderen, weil ja die Exkremente selbsthergestellte Produkte sind, im Gegensatz zu der mit dem Gefühl der Unsicherheit verknüpften immer wegnehmbaren Mutterbrust oder Flasche, an deren Stelle sie als Lustquelle getreten sind. Im Gegensatz zu diesen dem Zugriff der Erwachsenen ausgesetzten lustspendenden Objekten der oralen Erotik ist die im Körperinneren verborgene Kotstange dem Machtbereich der Erwachsenen entzogen. Die starke Betonung des Unabhängigkeitsdranges, des Trotzes, der Selbstherrlichkeit in der analen Phase – von Freud zuerst in dem Eigensinn des Anal-Erotikers erkannt – ist, was in der psychoanalytischen Literatur noch wenig berücksichtigt wurde, eine Art Überkompensierung der schlechten Erfahrungen aus der oralen Phase, in der das Kind in seinem Lustgewinn von der Willkür der Mutter abhängig war.

Aus Furcht vor Strafe oder Tadel der Erwachsenen lernt das Kind die Beherrschung und Regulierung seiner Sphinktertätigkeit. Das erste Verbrechen, das alle Menschen ausnahmslos be-

* Alexander, »Kastrationskomplex und Charakter«, *Internat. Ztschr. für Psychoanalyse.* VIII. 1922.

gehen, ist die Übertretung der Reinlichkeitsgebote. Und unter dieser Herrschaft der Kriminaljustiz der Kinderstube lernt der Mensch die Repressalien der Umwelt gegen seine ursprünglichen Triebregungen zum ersten Male kennen. Mit Recht spricht Ferenczi* von der *Sphinktermoral* als dem Anfang und der Grundlage jeglicher Moral.

Für gewisse unzugängliche Kriminelle, die in einer trotzigen Ablehnung der Sozietät verharren, könnte das Vorbild ein auf seinem Töpfchen thronendes Baby sein, das allen Beeinflussungen einen unzugänglichen Widerstand entgegensetzt und triumphierend sich in dieser souveränen Situation dem Erwachsenen überlegen fühlt.

In dem Augenblick, wo das Kind zum ersten Male die Hemmungstätigkeit seines Sphinkters selbständig vornimmt, hat es den ersten entscheidenden Schritt zur Anpassung an die Umwelt getan. Es hat in einem Teile seiner Persönlichkeit eine Hemmungsinstanz aufgerichtet, die von dem übrigen Teil seiner Persönlichkeit dasselbe verlangt, was bisher die Außenwelt von ihm verlangt hat. Es hat sich also in einem Teil seiner Persönlichkeit mit den Anforderungen der Erziehungspersonen identifiziert. Im Gegensatz zu der späteren Identifizierung mit der *Person* des Erwachsenen könnte man hier von einer Partialidentifizierung mit einer *Anforderung* sprechen.

Auch Störungen dieses Anpassungsvorganges können die Grundlage für Störungen in der echten sozialen Anpassung werden, da diese Reinlichkeitsdressur für spätere Triebeinschränkungen vorbildlich wird.

Die von Freud, Jones und Abraham beschriebenen analen Charakterzüge enthalten in ihren Übertreibungen einen großen Teil der dissozialen und kriminellen Eigenschaften. Der Ausdauer und Beharrlichkeit, diesen Sublimierungsergebnissen des infantilen analen Trotzes entspricht in ihren asozialen Übertreibungen die starrsinnige Verbohrtheit mancher Rechtsbrecher. Der Eigensinn des analen Charakters steigert sich bei den

---

* Ferenczi, »Zur Psychoanalyse von Sexualgewohnheiten«, *Internat. Ztschr. f. PsA.* Bd. XI, 1925.

meisten Kriminellen zu selbstherrlichem, unzugänglichem Trotz gegenüber der gesamten Menschheit.

Im Verlaufe der Entwicklung erweitert sich das Interesse des heranwachsenden Kindes immer mehr und beginnt neben der Richtung auf die eigenen Körpervorgänge eine Beziehung zur Umwelt zu bekommen. Die Triebe, die in ihrem psychischen Inhalt in den eben beschriebenen beiden Entwicklungsphasen, der oralen und analen Stufe, auf die Ernährungs- und Stoffwechselvorgänge gerichtet waren und auch ihren Lustgewinn aus diesen Vorgängen erhalten, nähern sich in ihrem Inhalt erstmalig der Stufe des Erwachsenen, indem sie auf Objekte der Außenwelt gerichtet werden. Die ersten Objekte bilden naturgemäß die Familienmitglieder, und so wird die Beziehung des Kindes zu Vater, Mutter und Geschwistern das Zentralproblem der weiteren Kindheitsentwicklung. Die psychische Bewältigung dieser Beziehungen ist, wie die gesamte therapeutische Erfahrung der Psychoanalyse in dreißigjähriger empirischer Forschungsarbeit eindeutig gezeigt hat, schlechthin entscheidend für die gesamte spätere Entwicklung des Menschen. Die Art, wie das Kind die aus dieser Situation entstehenden Konflikte überwindet, bestimmt, ob es gesund oder seelisch krank wird, ob sein Verhalten sozial angepaßt oder kriminell wird. Es soll schon an dieser Stelle hervorgehoben werden, was unsere spätere Darstellung erweisen wird: daß Psychoneurose und Kriminalität soziale Anpassungsdefekte sind, die sich weniger in ihrem psychologischen Inhalt, als vielmehr in ihrer Dynamik unterscheiden. Beide, Neurotiker und Verbrecher, sind an dem Unvermögen gescheitert, ihre konfliktvollen Beziehungen zu der Familie in sozialem Sinne zu lösen. Was der Neurotische in für die Umgebung harmlosen Symptomen symbolisch zur Darstellung bringt, führt der Kriminelle in realen Handlungen aus. Dieser wichtige Umstand eröffnet uns die methodologische Möglichkeit, den psychischen Inhalt der kriminellen Tat aus der Psychoanalyse der Neurosen zu verstehen.

Freilich werden wir hierbei auf die grundlegende Frage stoßen, welche Umstände dafür verantwortlich sein mögen, daß der eine sich mit der kriminellen Phantasie und ihrer Ersatzdarstellung im neurotischen Symptom begnügt, während der andere auf die Überführung in die Motilität nicht verzichten kann. Diese Frage betrifft die Ökonomie und die Struktur des seelischen Apparates, sie ist eine Frage der relativen Stärke sozialer Hemmungsinstanzen gegenüber dem Druck restlicher nicht domestizierter Triebansprüche. Somit müssen wir zur Klärung dieses Problems die letzten Errungenschaften der psychoanalytischen Forschung über den strukturellen und dynamischen Aufbau der Persönlichkeit heranziehen.

Es ist offenbar, daß zum Verständnis der Kriminalität die Kenntnis der Entstehung des sozial angepaßten Teiles des Ichs aus dem großen homogenen Reservoir des mitgebrachten ursprünglichen asozialen Trieblebens, dem Es, erforderlich ist.

Die beiden bereits beschriebenen prägenitalen Anpassungsvorgänge bedeuten nur eine Vorbereitung auf die erste große Anforderung, die Objektbeziehungen zu Eltern und Geschwistern in sozialem Sinne umzuformen.

Die für das Kind zu lösende Aufgabe besteht darin, die ursprüngliche, geschlechtliche Anziehung zu dem Elternteil des anderen Geschlechts mit seinen Beziehungen zu dem gleichgeschlechtlichen Elternteil in Einklang zu bringen. So gerät der kleine Sohn unter dem Druck seines zwar nicht immer bewußt ausgedrückten, in der Triebrichtung aber eindeutig vorhandenen Sexualverlangens nach der Mutter, das die objektlosen oralen und analen Lustbestrebungen bereits abgelöst hat, in eine sexuelle Rivalitätseinstellung gegenüber dem Vater als Sexualkonkurrenten.

Die Angst vor dem stärkeren und mächtigeren Vater tritt als Kastrationsangst in Erscheinung, hemmt die aktiv männlichen Bestrebungen und verstärkt so die biologisch vorgebildete, auf der Bisexualität und der oralen Fixierung beruhende Bereitschaft zur passiv femininen Anlehnung an den Vater.

Dieselbe Person wird so gleichzeitig feminin geliebt und als Konkurrent gehaßt, das Kind gerät in den Ambivalenzkonflikt.

Einen Ausweg aus dieser konfliktvollen Ambivalenzsituation findet das Kind in dem Bestreben, dem Vatervorbild gleichzuwerden, sich mit ihm zu identifizieren. Diese Identifizierung bedeutet einmal, daß das Kind in seiner Phantasie hofft, in sexueller Hinsicht an die Stelle des Vaters zu treten; diese Identifizierung hat aber auch zur Folge, daß der Vater auch mit seiner verbietenden Funktion in die Persönlichkeit des Kindes aufgenommen wird.

Durch die Introjektion des Vatervorbildes entsteht innerhalb der Persönlichkeit des Sohnes eine Teilpersönlichkeit, die gegenüber seinen ursprünglichen Trieben die hemmenden Anforderungen des Vaters vertritt. Das Gleichwerden mit dem Vater in seiner sexuellen Rolle bleibt schon aus biologischen Gründen eine Hoffnung auf die Zukunft, die *hemmenden* Anforderungen werden *sogleich* wirksam. So erscheint uns die erste echte soziale Anpassungstatsache als ein Kompromiß zwischen Lusterwartung und Verbot. Eine Triebeinschränkung gelingt in der Erwartung auf späteren gesicherten Lustgewinn. Dieser, für das dem Lustprinzip unterworfene Seelenleben des Kindes so ungünstige Kompromiß wird nur unter dem Druck der Angst akzeptiert, der Angst vor Unlust, die bei Befriedigung verbotener Triebansprüche unausweichbar eintritt. Eine volle Identifizierung mit dem Vater ist ja nicht möglich, gänzlich an seine Stelle zu treten, verhindert die biologische Unmöglichkeit und die Kastrationsangst. So kann nur die Identifizierung mit der hemmenden Funktion und mit gewissen sublimierten Eigenschaften gelingen. Als Trost bleibt die Hoffnung auf spätere völlige Identifizierung (»Wenn ich einmal groß sein werde . . .«) und für die Gegenwart die Liebe als Belohnung für den Triebverzicht.

Der Wunsch, geliebt zu werden, spielt nach Freud bei den Mädchen eine größere Rolle als beim Knaben, der sich zur Anpassung in erster Linie aus Angst vor dem strafenden Vater bereitfindet. Unsere Untersuchungen beschränken sich im wesentlichen auf das männliche Geschlecht, da dieses in der Kriminalität und überhaupt in der Gesellschaftsbildung bisher die entscheidende Rolle gespielt hat. Die Ergebnisse sind jedoch im Prinzip auch auf die Frau anwendbar.

Die Angst vor dem Vater, der Wunsch, von ihm geliebt zu werden und das Bestreben, ihm als Vorbild zu gleichen, sind also die Triebfedern für die Identifizierung in ihrer hemmenden und vom Sohne erwünschten Konsequenz. Diese durch Identifizierung entstandene Instanz, die gleichzeitig eine Hemmungsfunktion und ein Ideal darstellt, unterscheiden wir als Über-Ich, den sozialen Anteil der Persönlichkeit, von dem übrigen Ich.

Zusammenfassend läßt sich die Differenzierung des Über-Ichs von den übrigen Teilen der Persönlichkeit als ein Vorgang beschreiben, der dem Lustprinzip unterworfen ist. Angst vor Strafe und Liebesverlust, also Vermeidung realer Unlust, und die Hoffnung auf positiven Lustgewinn im Geliebtwerden, auf Lustbefriedigungsmöglichkeiten durch Gleichwerden mit den Erziehern sind die Triebfedern der Über-Ich-Bildung.

Das Ergebnis dieser Differenzierung im Ich besteht darin, daß ein Teil des Ichs der Umgebung, den Eltern und späteren Erziehungspersonen, in ihren sozialen Anforderungen gleichgeworden ist und als Über-Ich dem ursprünglichen Triebleben hemmend gegenübersteht. Die Beziehungen zwischen dem Über-Ich und dem übrigen Teil der Persönlichkeit sind also eine Nachbildung des Verhältnisses zwischen Kind und Erziehungspersonen. Der frühere Konflikt zwischen Eltern und Kind hat sich so in einen inneren Konflikt zweier Teile der Persönlichkeit, des Über-Ichs und des Ichs, verwandelt. An Stelle der Realangst (Kastrationsangst) tritt die Gewissensangst, die verinnerlichte Angst des Ichs vor seinem Über-Ich. Und in gleicher Weise verinnerlicht sich der Wunsch, von den Eltern geliebt zu werden, in dem Bestreben, mit dem eigenen Gewissen in Einklang zu stehen.

Für alle Psychoneurosen wie für den größten Teil der Kriminellen ist charakteristisch, daß diese Einverleibung des Über-Ichs unvollkommen bleibt. Es mißlingt die Zusammenfassung des Ichs und Über-Ichs zu einem einheitlichen Gebilde, das

Über-Ich bleibt mehr oder weniger ein Fremdkörper, es bleibt eine Spannung zwischen dem Ich und Über-Ich, in der das Ich bestrebt ist, seine Unabhängigkeit gegenüber dem Über-Ich wieder zu erlangen, dem Drängen der ursprünglich unangepaßten Triebtendenzen des Es nachzugeben. Diesem Streben nach Unabhängigkeit steht nun aber neben der Realität die Anforderung des Über-Ichs drohend entgegen.

Am besten läßt sich dieses fremdkörperartige Dasein des Über-Ichs in der Persönlichkeit des Kindes während der Entwicklungszeit des Über-Ichs beobachten. Es läßt sich eine Periode feststellen, in der das Über-Ich noch in einer weitgehenden Abhängigkeit von seinen realen Vorbildern steht. Anna Freuds glänzende Beobachtungen an Kindern* zeigen uns, daß in dieser Übergangsperiode das Kind in Gegenwart der Eltern sich moralisch im Sinne der erzieherischen Anforderungen benimmt, dem Druck seines Über-Ichs Folge leistet, um gleich darauf, wenn es allein ist, in seinen ursprünglichen asozialen Zustand zurückzufallen. Auch wir haben kürzlich Gelegenheit gehabt, diese Erscheinung bei einem dreijährigen Kinde zu beobachten, das, von dem Töpfchen aufstehend, seinen Kot entzückt beobachtete und ausrief: »Ach, das riecht so fein«, im nächsten Augenblick aber sich besinnend und die Mutter schuldbewußt ansehend hinzufügte: »Ach nein, pfui!« In dieser Zeit, in der das Über-Ich anfängt, ein Teil der Persönlichkeit zu werden, aber noch nicht fest in das Gefüge der Persönlichkeit einverleibt ist, sieht man am besten die Bestrebung des Ichs, diese lästige Hemmungsinstanz immer wieder loszuwerden. Nur unter dem ständigen erzieherischen Druck der Eltern erfolgt mit der Zeit eine völlige Introjektion. Eine gewisse Abhängigkeit des Über-Ichs von den realen Vorbildern bleibt aber bei den meisten Erwachsenen zeitlebens bestehen. Sinkt das Vertrauen in die Autoritäten, so wird auch die innere Macht des Über-Ichs erschüttert. Der Mensch, der auch dann rechtschaffen bleibt, wenn die Welt untergeht, wenn um ihn herum die ganze

---

* Anna Freud, *Einführung in die Technik der Kinderanalyse*. Wien 1927.

Menschheit die sozialen Schranken durchbricht, stellt sicherlich nicht die Regel dar.

Erst jetzt können wir unsere früheren Ausführungen über die Rolle des Gerechtigkeitsgefühls ergänzen. Wir sahen, daß bei Verletzung des Rechtsgefühls die Triebeinschränkungen nachlassen und ein regressiver Durchbruch verdrängter Bestrebungen erfolgt. Wir verstanden, daß das Unrecht vom Ich als eine Art Vertragsbruch empfunden wird. Die mächtigen einschränkenden Instanzen haben ihrerseits ihre Versprechungen nicht gehalten, und so braucht das Ich auch seinerseits nicht weiter Verzicht zu leisten. Jetzt verstehen wir den näheren Ablauf dieses Vorganges. Die wichtigsten, grundlegenden Verzichtleistungen, die ersten sozialen Triebeinschränkungen des Ichs, werden unter dem Druck des Über-Ichs geleistet. Das Über-Ich ist der innere Vertreter der die Einschränkungen fordernden Realität, und seine hemmende Macht bleibt, wie wir gesehen haben, mehr oder weniger abhängig von der Beziehung des Ichs zu den Autoritätspersonen. In demselben Maße, wie das Vertrauen des Ichs zu den realen Autoritätspersonen schwindet, verliert auch das Über-Ich als deren Repräsentant im Ich seine Macht über das Triebleben. Wir können also die eingangs erwähnten regressiven Vorgänge beim verletzten Gerechtigkeitsgefühl dahin präzisieren, daß beim Rechtsbruch *das Über-Ich seine hemmende Macht über das Ich verliert* und dieses nun *ungestört den Tendenzen des Es nachgeben* kann. Bemerkenswert bei diesem Vorgang, wie bei jeder Regression, ist seine Neigung nach Ausdehnung. Der Rechtsbruch mag sich auf irgendeine Kleinigkeit beziehen, wir sehen in dem reaktiven Triebdurchbruch oft die ältesten grundlegendsten kulturellen Schranken überrumpelt. Michael Kohlhaas, dem zwei Pferde widerrechtlich zurückbehalten wurden, leitet daraus das Recht zu Mord und Totschlag ab. Die Psychologie der Kinderzeit klingt aus diesem Verhalten: »Wenn die Eltern Unrecht begehen dürfen, dann darf ich alles tun.« Wir sehen wieder, wie widerwillig der seelische Apparat die kulturellen Schranken auf sich genommen hat.

Wir werden später noch dartun, daß nur die entwicklungsgeschichtlich ältesten Triebeinschränkungen, die zu den Grundlagen der Gesellschaftsbildung gehören, also hauptsächlich die dem Ödipuskomplex angehörenden Tendenzen, lediglich durch das Über-Ich, unabhängig von äußeren Verboten, gehemmt werden. Den größeren Teil der Triebverzichte leistet der heutige Kulturmensch noch ähnlich wie das Kind hauptsächlich aus Angst vor Vergeltung. Diese hemmende Angst wird durch eine dünne Schicht moralischer, noch keinesfalls fest organisierter innerer Hemmungen, die von den allerjüngsten Teilen des Über-Ichs ausgehen, unterstützt. Die Ausbreitungstendenz des Triebdurchbruchs kommt nun darin zum Ausdruck, daß bei einem relativ geringfügigen Rechtsbruch seitens der Autoritäten selbst die tieferen, scheinbar bereits fest organisierten, im Ich aufgenommenen Hemmungen bedroht werden. So konnten wir bei einem politischen Verbrecher, der seinem Gefühl nach zu Unrecht eingesperrt war, während der Gefangenschaft deutliche Inzestträume mit Pollution feststellen. Selbst die Inzestschranke wurde durch das erlittene Unrecht aufgehoben, als ob der Gefangene sich gesagt hätte: »Wenn der Vater (der Staat) mich auf diese Weise behandelt, brauche ich seine Vorrechte nicht mehr zu beachten und kann mir die Mutter nehmen.«
Diese Methode, die das Kind so gerne anzuwenden pflegt, um den moralischen Einfluß der Eltern zu schwächen, verwenden die Neurotiker und die neurotischen Verbrecher ihrem Gewissen gegenüber, um dem Ich freie Hand in der Befriedigung der asozialen Tendenzen zu verschaffen. Wie einer der Autoren an anderer Stelle es ausgedrückt hat: sie bestechen oder entwaffnen ihr Gewissen dadurch, daß sie freiwillig Leid auf sich nehmen.
Alle Formen der Psychoneurose beruhen auf diesem Bestechungsmechanismus, sie sind Kompromißleistungen des Ichs, um gleichzeitig den verpönten Tendenzen des Es wie auch den Über-Ich-Anforderungen gerecht zu werden. Dieselben Mechanismen, die bei der Neurosenbildung beschrieben wurden und deren Wesen darin besteht, daß trotz Vorhandenseins einer

sozialen Instanz in der Persönlichkeit die unangepaßten Tendenzen des Es zu einer Ersatzbefriedigung gelangen, sind auch bei dem überwiegenden Teil der Kriminellen wirksam. Der Unterschied besteht allein darin, daß die Befriedigung, die das neurotische Symptom gewährt, keine vollwertige Handlung und nur von subjektiver Bedeutung ist, und daß das neurotische Leiden den Sinn einer selbstverhängten Strafe hat, während die kriminelle Befriedigung der Triebe eine reale Tat gegen die Außenwelt und seine Folge, die Strafe, ein von außen verursachtes Leiden bedeutet. Die Neurose ist somit als ein späteres Entwicklungsprodukt, als eine intrapsychische Nachbildung des gesamten kriminellen Geschehens – Vergehen und Buße – anzusehen.

Sowohl die Neurose wie auch die Kriminalität bestehen aus zwei Phasen, einer der Realität oder dem Über-Ich nicht entsprechenden Befriedigung und aus einer Strafe, der Leidenskomponente, als Reaktion der Gesellschaft, bzw. des Über-Ichs auf die Befriedigung.

Die an Zahl so ausgedehnte Gruppe von Kriminellen, die in ihrem seelischen Aufbau eine innere Verwandtschaft mit den psychoneurotisch Erkrankten aufweist, also den neurotischen Konflikt zwischen asozialen und sozialen Strebungen verrät, wollen wir als *neurotische Verbrecher* bezeichnen. Mit diesem Ausdruck meinen wir also alle Kriminellen, deren Tat auf ähnlichen unbewußten Vorgängen beruht wie jene, die auch zur Neurosenbildung führen können. Die moderne Psychiatrie bezeichnet diese Kriminellen gern als psychopathische Persönlichkeiten, als hysterische und epileptische Charaktere, die nach Ansicht Aschaffenburgs und anderer Psychiater einen bedeutenden Teil der gesamten Rechtsbrecher ausmachen. Sie unterscheiden sich vom Psychoneurotiker allein dadurch, daß dieser die Spannung zwischen unbewußten Tendenzen und verdrängenden Kräften im neurotischen Symptom – autoplastisch – darstellt, während der erstere die gleiche Spannung durch Handlungen – alloplastisch – in die Realität überführt. Wir werden noch eingehend zeigen, daß bei dieser Art von Kriminellen die heutige Reaktion der Gesellschaft, die Strafe, weder abschreckend oder hemmend noch bessernd wirken kann, daß sie vielmehr lediglich eines der Verführungsmomente zur Kriminalität ist, also die Kriminalität geradezu fördert.

Wenn eine Gruppe der Kriminellen dadurch gekennzeichnet ist, daß eine übergroße Spannung zwischen sozialen Anforderungen und Triebtendenzen vorhanden ist, das heißt, die sozialen Vorbilder nicht organisch im Ich verschmolzen sind und dem Ich fremd gegenüberstehen, so weist eine andere ebenfalls praktisch bedeutsame Gruppe Krimineller diese Abweichungen von der Norm in ihrem seelischen Aufbau nicht auf. Diese Gruppe, besonders ihre jugendlichen Vertreter, hat Aichhorn in seinem Buch »Verwahrloste Jugend«* beschrieben. Er kam zu der Einsicht, daß diese Menschen gleichsam ein kriminelles Über-Ich haben, sie sind an ihre kriminelle Umgebung und kriminellen Vorbilder angepaßt. Innerhalb ihrer kriminellen Gemeinschaft sind sie sozial, sie haben ihre eigene, oft ungemein anspruchsvolle Verbrechermoral. Diese Verbrechermoral bedeutet eine Identifizierung mit einer Sozietät, wenn auch nicht mit der bürgerlichen.

Auch der normale Nichtkriminelle teilt seine Ideale nicht mit der gesamten Gesellschaft, weil er ja im allgemeinen nur einer Klasse oder Kaste mit einer spezifischen Ideologie angehört. Der psychologische Inhalt der Idealbildung des Über-Ichs ist ein anderer beim Proletarier als beim Aristokraten, er ist auch anders beim Pazifisten als beim Militaristen. Was der eine als kriminell bezeichnet, empfindet der andere oft als höchstes ethisches Postulat. So ist diese Gruppe von Rechtsbrechern, die wir als *normale Kriminelle* bezeichnen, in ihrem psychischen Aufbau von den nicht kriminellen normalen Menschen nicht verschieden. Vielmehr sind es Menschen, die einer anderen Gemeinschaft gut angepaßt und in dieser Gemeinschaft sozial sind. Der innere Konflikt zwischen Ich und Über-Ich ist nicht vorhanden, jedenfalls nicht stärker als beim Normalen.

* *Internat. Psychoanalyt. Bibl.*, Bd. XIX, Wien 1925.

Dieser so außerordentlich verbreitete Verbrechertyp unterscheidet sich also nicht einmal psychologisch strukturell von dem gesunden Normalen. Nach einer biologischen Unterscheidung zu suchen, ist geradezu ein übertriebener Hochmut des die Moral einer bestimmten Gesellschaftsform verteidigenden Wissenschaftlers.

Diese Kriminellen sind als psychologisch Normale anzusehen, sie haben nur das Unglück, sich einem schwächeren Teil der Gesellschaft angepaßt zu haben. Mancher unter ihnen würde außerhalb dieses kriminellen Milieus zu höchster sozialer Anpassung gelangen können. Nichts zeigt dies klarer, als die Verbrecherromantik, die mit all ihren Überlieferungen und in ihren literarischen Darstellungen auf die edelsten menschlichen Regungen, auf Opfermut, Tapferkeit, Mitleid mit dem Schwachen, Ritterlichkeit u. dgl. abzielt.

Gegenüber diesen beiden großen Gruppen, dem seelisch erkrankten und dem seelisch gesunden, aber in sozialer Hinsicht abnormalen Kriminellen spielen praktisch diejenigen Verbrecher eine untergeordnete Rolle, die bisher in der forensischen Medizin am meisten beachtet wurden. Wir meinen die schon in ihrer Entwicklung auf Grund grobkörperlicher Vorgänge Zurückgebliebenen oder diejenigen Menschen, deren geistige Persönlichkeit durch organische Prozesse zerstört wurde (Idioten, Paralytiker, Schizophrene und Epileptiker).

Allerdings ist der Übergang dieser Gruppe zu den Neurotischen schwer faßbar. Es steht zum Beispiel noch nicht fest, wie weit bei der Schizophrenie die vererbte Anlage und wie weit das spätere Schicksal für die Erkrankung verantwortlich ist. Offenbar ist bei den verschiedenen Fällen einmal der eine, ein anderes Mal der andere Faktor vorherrschend, und ebenso scheint der epileptische Charakter eine Übergangsform zwischen Psychoneurose und organischer Erkrankung zu sein. Diese Gruppe, deren seelische Abweichungen nicht in erster Linie auf den psychischen Einwirkungen ihrer Umgebung und überhaupt des späteren Lebensschicksals beruhen, sondern von organischen Prozessen oder von der Vererbung herstammen, bezeichnen wir als *Kriminelle auf organischer Grundlage*.

Wir haben damit die drei großen Hauptgruppen der Kriminellen umschrieben:

1. *Der neurotische Kriminelle*, dessen gesellschaftsfeindliches Verhalten den Ausweg aus einem innerpsychischen Konflikt sozialer und asozialer Teile seiner Persönlichkeit darstellt. Dieser Konflikt entsteht aus ähnlichen seelischen Einwirkungen der frühesten Kindheit und des späteren Lebensschicksals wie die Psychoneurose (psychologische Ätiologie).

2. Die in ihrem psychischen Aufbau dem Normalen ähnlichen, aber mit kriminellen Vorbildern sich identifizierenden *normalen Kriminellen* (soziologische Ätiologie).

3. Gegenüber diesen beiden *psychologisch* bedingten die dritte *organisch* bedingte Gruppe der *Kriminellen auf der Grundlage organischer Krankheitsprozesse* (biologische Ätiologie).

Diesen drei Gruppen Krimineller, die aufgrund ihrer persönlichen (organischen oder psychischen) Anlage zum Verbrechen neigen *(chronische Kriminelle)*, steht jene große Zahl von normalen Menschen gegenüber, die unter gewissen spezifischen Bedingungen *akut kriminell* werden. Die kriminellen Handlungen, die so akut zustande kommen, stammen nicht von einer spezifischen Menschengruppe her, vielmehr ist ausnahmslos jeder Mensch unter gewissen Voraussetzungen und in einer gewissen Lage zur Begehung irgendeines Rechtsbruches fähig. Für diese Handlungen ist also nicht die Eigenart des Menschen, sondern die Besonderheit der Situation charakteristisch. Einer Typenlehre des Verbrechers nicht zugehörig, sozial am wenigsten bedeutsam, sind diese akuten Rechtsverletzungen psychologisch um so interessanter.

Die diagnostische Qualifizierung einer kriminellen Tat als zu dieser letzteren Gruppe gehörig ist geradezu von entscheidender praktischer Bedeutung für die Rechtsprechung, da irgendeine Behandlung oder Verbesserungstendenz oder Rückfallverhütung hier nicht am Platze ist.

Alle diese Arten und Fälle der Kriminalität bewegen sich innerhalb zweier nur in der Theorie denkbarer polarer Grenztypen. Auf der einen Seite steht der eindeutig Kriminelle, bei dem die soziale Anforderung noch keinen inneren Vertreter in der Form eines Über-Ichs gefunden hat, der also seine dissozialen Bestrebungen lediglich aus Angst vor der Übermacht der Gesellschaft gezwungenerweise und ohne jede innere Überzeugung einschränkt. Die andere Grenze würde der vollständig sozial Angepaßte bilden, der ohne inneren Konflikt das Interesse der Gemeinschaft den eigenen Interessen voranstellt, bei dem also Über-Ich und Ich zu einer Einheit verschmolzen sind. In der Realität sind diese konfliktlosen Grenztypen nicht vorhanden, vielmehr finden sich nur die Zwischenstufen vor. Bei diesen Zwischenstufen – und jeder Mensch unserer Zivilisation gehört hierzu – bildet die Persönlichkeit keine homogene Einheit. Vielmehr besteht immer eine Spannung zwischen dem ursprünglichen und dem sozialen Teil des seelischen Apparates.

Soweit uns in unserer Arbeit die Psychologie des Verbrechers und des Verbrechens beschäftigen wird, werden wir in erster Reihe die neurotischen Kriminellen und akuten Rechtsbrecher behandeln. Die normalen Kriminellen, also ein großer Teil der Berufsverbrecher, werden uns nur insofern noch beschäftigen, als wir nicht werden vermeiden können, die Kriminalität überhaupt kritisch zu beleuchten. Die Kriminalität auf der Grundlage organischer Krankheitsprozesse ist jenes Kapitel des Strafrechts und der forensischen Medizin, welches sowohl in der Diagnose wie in der Behandlung seine Aufgabe noch am vollkommensten zu lösen vermocht hat, mit grober psychiatrischer Deskription auskommt und eine wissenschaftliche Psychologie entbehren kann.

Die psychoanalytische Theorie der neurotischen
Symptombildung als Grundlage der Kriminalpsychologie

Eine psychologische Untersuchung des Verbrechers und des Verbrechens, die ihr gesamtes wissenschaftliches Rüstzeug in erster Linie aus den psychoanalytischen Kenntnissen der Neurosen mitbringt, kann nicht darauf verzichten, die Ergebnisse der psychoanalytischen Neurosenlehre vor dem Eingehen auf ihre speziellen Probleme wenigstens in kurzer Darstellung wiederzugeben. Es ist ein Fall der in der Geschichte der Wissenschaften nicht seltenen Anachronismen, daß wir das Verbrechen aus seinem innerpsychischen Erbe und Nachbild, der Neurose, verstehen lernen, die Tat aus ihren verblaßten seelischen Fossilien. Die Neurose ist ja ein auf das innerpsychische Gebiet gedrängtes Ausleben der asozialen Tendenzen des Kulturmenschen. Sie ist in ihrem psychologischen Inhalt und in ihrem Aufbau eine treue Wiederholung der Strafjustiz der Urgeschichte. Vergehen und Strafe stellt den Inhalt jeder Psychoneurose dar, nur daß all dies sich nicht in der realen Welt der Handlungen, sondern in der Phantasiewelt der Symptome abspielt. Nicht nur den Geist, der die primitive Strafjustiz beherrscht hat, das Talionsprinzip, finden wir in der Neurosenpsychologie wieder, sondern wir können auch den Inhalt der sozialen Probleme der Urzeit, das Urverbrechen in der Form von Inzest und Vatermord, ja sogar die Form der Urstrafe, die Kastration, aus dem Unbewußten rekonstruieren. Es ist ein merkwürdiger, zunächst sogar befremdender Eindruck, den der biologisch geschulte Mediziner erhält, wenn er sich mit der psychoanalytischen Neurosenlehre zum ersten Male bekannt macht und plötzlich das Wesen dieser Krankheiten in einer ihm fremden, jedenfalls aber in den Naturwissenschaften ungewohnten, teils literarischen, teils juristischen Sprache und in kriminologischen Begriffen ausgedrückt zu hören bekommt. Er liest von dem Ödipuskomplex, dessen Inhalt das *Urverbrechen*, der *Vatermord* und der *Mutterinzest* ist, er hört von der *Kastrationsangst*, der Angst vor dieser befremdlichen *Strafe*, die die Grundlage aller menschlichen sozialen Triebeinschränkungen sei, die Ursache des so bedeutungsvollen Vorganges der Verdrängung, die den gesamten Aufbau des seelischen Apparates, die Abgrenzung von bewußten und unbewußten seelischen Prozessen bedingt. Er hört von *Schuld und Sühne*, von *Opfer und Buße*, von der *Bestechlichkeit*, von der *Strenge* seelischer Instanzen, von *Strafbedürfnis* und *Geständniszwang*. Er lernte bis jetzt das Knochen- und Muskelsystem, den Blutkreislauf kennen, die physikalisch-chemische Zusammensetzung des menschlichen Körpers, er hat diesen Körper als eine kompliziert eingerichtete Art Wärmemaschine erkannt, und plötzlich führt ihn die Psychoanalyse in einen Gerichtssaal, der von dem höchst primitiven Geist primitiver Völker oder des Kindes erfüllt ist, und er erfährt, daß dieser Gerichtssaal in der Persönlichkeit des Menschen ins Unbewußte versenkt existiert. Und es wird ihm versichert, daß die neurotischen Symptome, die oft in körperlichen Störungen sich äußern, und die er bis jetzt aus physikalisch-chemischen Prozessen erklärt bekam, auf diesen merkwürdigen innerpsychischen Vorgängen beruhen, daß sie die heimliche Befriedigung von verbotenen asozialen Tendenzen darstellen, und daß auch die Strafe für diese Rechtsübertretungen in den Leidenssymptomen der Neurose enthalten ist. Und so geschieht die merkwürdige Metamorphose, daß der physikalisch-chemisch geschulte Mediziner, um gewisse Krankheiten zu verstehen und zu heilen, plötzlich Kriminalpsychologe werden und sich in den Geist einer merkwürdigen barbarisch-primitiven Strafjustiz vertiefen muß, in der Mord, Blutschande, Kastration das Hauptthema bilden. So erscheint uns der Weg von der psychoanalytischen Neurosenlehre in den Gerichtssaal kürzer als der Weg zur Anatomie und Physiologie des Gehirns und zu der physikalischen Chemie der Körpervorgänge.

Das psychoneurotische Symptom besteht entweder aus *physiologisch* unzweckmäßigen, sinnlosen und störenden Innervationen und Ausfallserscheinungen oder aus *psychologisch* unsinnigen, unbegründet erscheinenden seelischen Reaktionen. Die erste Gruppe der psychisch bedingten körperlichen Symptome, wie organisch unbegründetes Erbrechen oder Obstipation, Dyspnoe, Krämpfe, Lähmungen oder psychisch bedingte, organisch unbegründete Blindheit, Taubheit, Gefühlsanomalien oder Unempfindlichkeit einzelner Körperteile, werden in der Psychoanalyse *Konversionssymptome* genannt und dem Krankheitsbild der *Hysterie* zugeteilt. Sie sind der Ausdruck unbewußter seelischer Vorgänge, die teils auf Triebbefriedigung, teils auf

Selbstbeschädigung mit einer Straftendenz abzielen. Die Störungen auf dem Gebiete der reinen seelischen Vorgänge, wie real unbegründete Angstzustände und Befürchtungen, Hemmungen, Depressionen und Selbstanschuldigungen oder ebenso unbegründete Steigerungen der Stimmung, ferner sinnlose, der bewußten Persönlichkeit fremd erscheinende Zwangsimpulse lassen sich ähnlich aus dem oft äußerst verwickelten Kräftespiel verdrängter Triebansprüche und den durch diese verursachten moralischen Reaktionen erklären. Diese Störungen bilden die Symptomatologie der *Angstneurosen, Phobien, Zwangsneurosen* und *manisch-depressiven Zustände.* Die vielgestaltigen Krankheitsbilder der *Psychosen,* die wahnhafte Verfälschung der psychischen (inneren) und der äußeren Realität in der Form von Wahnvorstellungen, Halluzinationen bis zur gänzlichen Desorientiertheit – die Folge einer völligen Zurückziehung aller Interessen und aller Beziehungen von der Außenwelt – erhalten einen verständlichen Sinn als regressive Vorgänge zu primitiven Formen des Wunsch- und Vorstellungslebens.

Dieses gesamte Gebiet pathologischer Seelenvorgänge wurde vor Freud von der Psychiatrie zwar in allen äußeren Erscheinungsformen gut gekannt und in zahllosen, rein den äußeren Ablauf der Krankheit betreffenden Deskriptionen und Systemen dargestellt, es ist aber in seiner Bedeutung und in seinem Sinn vollständig unverstanden gewesen. Die Entdeckung der unbewußten Seelenvorgänge und ihrer Erforschungstechnik lieferte mit einem Schlage den Schlüssel zu diesem bis dahin so verkümmerten Gebiet der Medizin. In der Geschichte der Wissenschaften finden sich nur wenige Beispiele für eine so plötzliche Entstehung eines ganz neuen Wissenszweiges, der ein früher völlig unbewältigtes Gebiet in kurzer Zeit zu erforschen und wissenschaftlich auszubeuten vermochte. Aber noch mehr als das: es entstand aus den therapeutischen Anfängen mit Hilfe der Methode der freien Assoziation und der Traumdeutung und aus dem psychologischen Verständnis und der Handhabung der Gefühlsbeziehung zwischen Arzt und Patient eine Anatomie und Physiologie der Psyche. Vielleicht noch schneller als im Mittelalter, nachdem das *Innere des menschlichen Körpers* aufgehört hatte tabu zu sein, die Sektion zu einer wissenschaftlichen Anatomie geführt hat, hat die Überwindung des Widerstandes gegen das *Innere,* die unbewußten Teile *unserer Persönlichkeit,* zur Kenntnis des Aufbaues des Ichs geführt.

Das neurotische Symptom, sowohl das körperliche Konversionssymptom wie die rein seelischen Störungen, erhielten durch die Aufdeckung jener unbewußten Motive, zu deren verhüllter Darstellung sie dienen, einen verständlichen Sinn. Ähnlich wie der unsinnige und unverständliche Traum läßt sich das unverständliche, scheinbar sinn- und zwecklose Symptom als das Produkt zweier psychodynamischer Kräfte verstehen, das Produkt eines verdrängten, der bewußten Persönlichkeit fremden, von dieser verurteilten Wunsches, und der Reaktion der sozial angepaßten Teile der Persönlichkeit. Das Symptom ist also das Kompromißergebnis der verdrängenden und der verdrängten seelischen Kräfte. Zuerst gelang es der Psychoanalyse, das Verdrängte, den unbewußten asozialen Inhalt der Symptome, zu erkennen und es ganz allgemein als die infantilen Sexualbestrebungen und Aggressionen gegen Familienmitglieder, in erster Reihe gegen die Eltern, zu beschreiben. Zwei ganze Jahrzehnte psychoanalytischer Forschung brachten den Nachweis des Ödipuskomplexes als des unbewußten Inhalts neurotischer Symptome und Träume. Es zeigte sich, daß alle diejenigen seelischen Inhalte, die der Mensch in seinem späteren Leben verdrängt, in einem gefühlsmäßigen Zusammenhang mit der Ödipussituation stehen, und daß sie nach ihrer Verdrängung im Unbewußten mit dem infantilen Ödipuskomplex wie durch eine Nabelschnur verbunden bleiben.

Diese Forschungen betrafen hauptsächlich die unbewußten und verdrängten Seeleninhalte, während die *verdrängenden Kräfte,* die Reaktion des *Ichs* auf diese verpönten Inhalte, weniger bekannt waren. Nur die allgemeine Tendenz der Verhüllung des Sinnes als allgemeiner Mechanismus des Traumes und der Symptombildung war als Abwehrreaktion des Ichs allge-

mein erkannt. Die erste Vorstellung war also etwa die Gegenüberstellung der dynamisch-antagonistisch wirkenden Kräfte:
das Unbewußte des Menschen, die ursprünglichen, asozialen
Triebe enthaltend, gegenüber dem bewußten moralisch und sozial empfindenden Teil der Persönlichkeit, dem Ich. Das *Ich* und
das *Triebleben* oder das *Bewußtsein* und das *Unbewußte* wurden als die zwei entgegengesetzten Pole der Persönlichkeit
angesehen. Der manifeste Trauminhalt und das neurotische
Symptom wurden als Äußerungen des Verdrängten aufgefaßt,
die, in eine harmlose unverständliche Form gekleidet, das sozial empfindende bewußte Ich nicht stören.
Wie richtig auch diese erste Darstellung die groben dynamischen Verhältnisse wiedergab, so zeigte sich doch immer mehr,
daß die Reaktionen des Ichs auf das Verdrängte sich durch
diese einfache Formel nicht erschöpfend beschreiben ließen. Es
zeigte sich auch, daß das Ich und das Bewußtsein sich keinesfalls decken. Es war Freud bald nach den ersten Mitteilungen
über die hysterischen Symptome klar geworden, daß das Symptom nicht nur die verhüllte Darstellung eines ichfremden
Wunsches ist, sondern auch ein moralisches Element einer gegen
das eigene Ich gerichteten Tendenz, eine Art Selbstbestrafung
enthält. Wäre das Symptom nur Befriedigung, so wäre es psychologisch nicht verständlich, woher das Unlustmoment, das
Krankheitsgefühl und überhaupt sein Leidenscharakter herrührt. Manche neurotischen Zustände, wie die melancholische
Verstimmung, zeigen das Leidensmoment, die Selbstbestrafungstendenz nur zu deutlich, sie geht in schweren Fällen bis
zur Zerstörung des eigenen Lebens. Die feminin-masochistische
(homosexuelle) Befriedigung, die die Wendung gegen das
eigene Selbst gewährt, reicht nicht aus, um diese Erscheinung
zu verstehen, wenn auch eine solche erotische (masochistische)
Beimischung immer vorhanden sein mag, oft geradezu die
Hauptrolle spielt. Allmählich verdichteten sich diese Erfahrungen über die Selbstbestrafungs- und Leidenstendenzen der
Neurotiker bei Freud zur Annahme eines Strafbedürfnisses,
das aber selbst unbewußt ist und mit dem moralischen sozialen

Teil des Ichs, mit dem Über-Ich, in engstem Zusammenhang steht. Die Tatsache, daß viele neurotische Kranke auf die Besserung der Symptome oder sogar nur auf den analytisch-therapeutischen Versuch, die Symptome zu lösen, mit einer Verschlechterung des subjektiven Zustandes, mit schweren Angstzuständen, ja sogar mit einem unheimlichen Selbstzerstörungsdrang reagierten, zeugte nur zu klar für das tiefe Leidensbedürfnis dieser Kranken. Man sah, wie der neurotisch Kranke sich mit einer wenigstens ebenso großen Zähigkeit an sein *Leiden* klammert, wie an die Befriedigung, die ihm das neurotische Symptom gleichzeitig gewährt. Ein immanentes Schuldgefühl, das gerade aus den ichfremden Befriedigungen herstammt, zwingt den neurotischen Menschen, sein Kreuz zu tragen. Einem der Autoren gelang es dann, das neurotische Leiden als eine grundsätzliche Bedingung der neurotischen Befriedigung festzustellen.* Ein von Freud bei den manisch-depressiven Zuständen anerkannter Zusammenhang ließ sich für die Symptombildung schlechthin verallgemeinern. Freud erklärte das so häufige Nacheinander von melancholischen und manischen Zuständen aus der gegenseitigen Bedingtheit von uneingeschränkter Wunschbefriedigung und moralischer Selbstbestrafung. Schrankenlose Befriedigung verpönter Wünsche in der Manie verursacht Schuldgefühle und das Bedürfnis nach Strafe, die die Schuldgefühle aufheben soll. Dieses Strafbedürfnis beherrscht eindeutig das Bild der Melancholie. Das Erleiden der Selbststrafen, das schrankenlose Austoben des Gewissens in der Melancholie führt dann wieder in der folgenden manischen Periode, einer Revolution ähnlich, zu einem neuerlichen Durchbruch der in der Melancholie so weitgehend eingeschränkten Triebe. Derselbe Mensch, der in schweren Fällen melancholischer Verstimmung fortwährend mit dem Gedanken an Selbstmord spielt, kann in dem manischen Zustand ein für das fremde Leben gefährlicher Tobsüchtiger werden. Die Kenntnis des Zusammenhanges von Wunschbefriedigung und

* Alexander, *Psychoanalyse der Gesamtpersönlichkeit*, Wien 1927.

reaktivem Leidensbedürfnis lassen die grundlegenden Verhältnisse der Neurosenbildung wie folgt zusammenfassen.

Jede Befriedigung verdrängter Wünsche im Symptom erregt eine *unbewußte Gewissensangst,* eine Angst des Ichs vor seinem sozial angepaßten Teil, dem Über-Ich, das selbst zum größten Teil unbewußt ist. Diese Angst ist die innerpsychische Fortsetzung der Angst des Kindes vor dem Erzieher, die Verinnerlichung der infantilen Angst vor Strafe und Liebesverlust. Dieselbe Angst, die das Kind vor den realen Erziehern hat, hat später der Erwachsene vor seinem Gewissen, das ein innerer Vertreter der Eltern geworden und durch die Identifizierung des Kindes mit diesen entstanden ist. Am klarsten sieht man dies in jenen Fällen der Melancholie, in denen der Kranke in seinen Halluzinationen mit denselben Worten von seinem Gewissen gepeinigt wird, die er als Kind von den Eltern zu hören bekam.

Die Befriedigung verpönter Wünsche auch dann, wenn es in der verhüllten Form unverständlicher Symptome geschieht, erregt die Angst vor dem Über-Ich. Das *Strafbedürfnis* ist die Folge dieser unbewußten Gewissensangst. Die Selbstbestrafungen und Leiden haben nämlich den dynamischen Sinn, die hemmende Gewissensangst aufzuheben, um den Weg zur Befriedigung der verpönten Wünsche freizumachen. Der Geist jeglicher Strafjustiz, daß die Strafe das Unrecht sühnt, ist in dieser Neurosenpsychologie verewigt. Nur einen Schritt weiter bedeutet es in diesem psychologischen Kausalzusammenhange, wenn das neurotische Ich die Strafe als eine moralische Berechtigung, als einen Freibrief für das Ausleben neuer verpönter Befriedigungen empfindet.

Durch diese Erkenntnisse wurden eine Reihe von Beobachtungen, die früher unverständlich oder mit der Theorie im Widerspruch schienen, erklärbar. Die Verhüllung des unbewußten Sinnes der symptombildenden verpönten Tendenzen genügt offenbar nicht, um die moralische Reaktion und die neurotische Angst überhaupt zu vermeiden. Würde die Verhüllung des Sinnes dazu ausreichen, das Gewissen zu umgehen, so wäre die immer vorhandene Selbstbestrafungstendenz und der Leidenscharakter der Neurose überflüssig und daher unverständlich. Außerdem ließen sich mit der reinen Verhüllungstheorie auch die *phobischen Hemmungszustände* nicht erklären. Bei diesen Zuständen werden harmlose Handlungen wie auf der Straße gehen, wie Eisenbahn fahren, schreiben usw. von den Kranken mit Angst vermieden, weil sie den unbewußten Sinn einer symbolischen sexuellen Handlung erhalten. Dieser unbewußte Sinn ist jedoch hinter der harmlosen manifesten Handlung so gut versteckt, daß es unverständlich ist, warum manche Neurotiker hierauf mit solcher Angst reagieren. In solchen Fällen hilft also die Verhüllung offenbar nicht gegen die Ablehnung des Über-Ichs. Andererseits fehlen aber bei diesen phobischen Zuständen die der Überwindung der Angst dienenden Selbstbestrafungs-techniken, die Bestechungsmanöver, die durch Leiden das hemmende Über-Ich entwaffnen sollen. Darum fehlen auch jegliche Befriedigungen, die Krankheit besteht nur in einem unmittel-bar durch die Angst hervorgerufenen Hemmungszustand. In anderen Fällen hingegen, bei den meisten Zwangsneurosen, ist gerade die Bestechungspolitik so weitgehend entwickelt, daß sogar die verpöntesten unbewußten Inhalte wie Mord- und Inzestwünsche unverhüllt ins Bewußtsein treten können. Diese Kranken erkaufen die Freiheit der Gedanken durch eine Reihe oft nur formeller Selbsteinschränkungen und Selbstbeherr-schungen wie Überpünktlichkeit, Übergewissenhaftigkeit in Kleinigkeiten, aber auch durch schwere leidvolle Wasch- und andere Zeremonien, die die Übertreibung der Gebote der Er-ziehung (Reinlichkeit, Ordnung usw.) bedeuten.

Zusammenfassend läßt sich feststellen, daß die Befriedigung der moralischen Ansprüche der Persönlichkeit in der Form des Strafbedürfnisses neben der Verhüllung des unbewußten Sin-nes verdrängter Wünsche die allgemeine Bedingung der neu-rotischen Symptombildung ist. Während die Verhüllung nur gegenüber der *bewußten* Persönlichkeit den eigentlichen Sinn des Symptoms verdecken soll, bewirkt die Befriedigung des Strafbedürfnisses die Entwaffnung der *unbewußten* morali-schen Hemmungen.

So enthüllen sich vor uns Struktur und Inhalt jeder Psychoneurose als ein verinnerlichtes, ins Unbewußte versenktes Stück des Urgeschehens der Gesellschaft: Urverbrechen und Sühne. Wenn auch heute Verbrechen und Strafen in Form und Inhalt gewechselt haben, so ist doch die affektive Verknüpfung von Strafe als Sühne für Vergehen noch in vollstem Umfange wirksam. Jeder, der die praktische Justiz der Gegenwart kennt, weiß, wie sehr die modernen Bestrebungen der Rechtswissenschaft, die Bedeutung der Strafe in der Prävention zu finden, bis heute nur theoretische Bedeutung haben. Im Gerichtssaal herrscht nach wie vor das Sühneprinzip: wer einen Rechtsbruch begeht, muß eine in ihrer Schwere der Tat entsprechende, rein gefühlsmäßig geschätzte Strafe erdulden. Die Schätzung entspricht der Intensität des Vergeltungsdranges, den das Verbrechen in dem Richter auslöst, nicht irgendeinem sozialen Zweckmäßigkeitsprinzip. Als Individuum in seiner bewußten Persönlichkeit mag sich der heutige Mensch von diesem Geist der Primitiven ein Stück weiter entwickelt haben, als kollektives Wesen, in den Funktionen seines Über-Ichs wie auch in vielen seiner sozialen Institutionen, in erster Linie aber in dem Geist seiner Justiz, steht er noch auf der Stufe der primitiven Gesellschaft.

Verbrecher und Justiz leisten zusammen dasselbe, was der Neurotische in seinen Symptomen innerpsychisch allein vollbringt: Verbrechen und Sühne. Und wie der Neurotische die Sühne, das Leiden, als Freibrief für seine Vergehen – Symptombefriedigung – benutzt, so dient die Einrichtung der Strafe jenem großen Teil der Rechtsbrecher, die wir neurotische Kriminelle genannt haben, zur Aufhebung ihrer moralischen Hemmungen. Die in Aussicht gestellte oder erlittene Strafe ist für den neurotischen Kriminellen die unerläßliche Voraussetzung für die Begehung seiner Rechtsbrüche, insbesondere aber für deren Wiederholungen. Bei diesen Menschen würde das von Victor Hugo in »Les misérables« phantasierte Verhalten des vom Raubmörder angegriffenen Priesters, der das Verbrechen an Stelle der vom Täter provozierten, unbewußt erhofften Strafe mit Wohltaten beantwortete, ein wirksameres Präventivmittel sein als jede Strafe. Während die Strafe den Verbrecher entsühnt und damit seine moralischen Hemmungen abbaut, steigert die Wohltat bei diesen neurotischen Kriminellen die hemmende Macht ihres ohnehin überstrengen Über-Ichs.

Die Frage der Verantwortlichkeit und die Rolle der ärztlichen Sachverständigen im Gerichtssaal

Wir fühlen uns durch die bisherigen Ergebnisse genügend ausgerüstet, um uns an diesen Augiasstall rechtsphilosophischer Problematik heranzuwagen und eine rein psychologische Untersuchung des Begriffes der Verantwortlichkeit zu versuchen. Wir wollen die bisherige traditionelle Verquickung dieser Frage mit den philosophisch-religiösen Problemen der Willensfreiheit vermeiden und den Begriff der *Verantwortlichkeit* zunächst rein psychologisch fassen. Die psychoanalytische Auffassung betrachtet den seelischen Apparat des Menschen als ein durch die psychologische und biologische Kausalität lückenlos determiniertes System. Damit verliert der Begriff der Willensfreiheit im philosophisch-religiösen Sinne jede Bedeutung. Menschliche Handlungen sind mehrfach durch unbewußte und bewußte Motive determiniert. Was man üblicherweise als »freien Willen« bezeichnet, ist gleichbedeutend mit den bewußten Motiven des Ichs. Daß diese bewußten Motive selbst komplizierte Abwandlungsprodukte unbewußter, triebhafter Motive sind, die wahrscheinlich verschiedene seelische Zensurstellen passiert und erst nach dieser Passage ihre bewußtseinsfähige Form erhalten haben, ist die nächste wichtige Tatsache, die das Problem der Willensfreiheit beleuchten mag. Selbst bei dem normalen, gesunden Menschen sind diese bewußtseinsfähig gewordenen ichgerechten Motive keinesfalls immer unbedingt siegreich und ausschlaggebend für die Handlungen, sie werden meist durch unbewußte Motive beeinträchtigt, ja oft sogar vereitelt. Den besten Beweis liefern hierfür die Fehlhandlungen, bei denen an Stelle einer bewußt intendierten Handlung eine andere, unbewußt beabsichtigte ausgeführt wird. Wir meinen, daß der Begriff des freien Willens nichts anderes bedeutet, als den narzißtischen Wunsch, ja sogar das Postulat der Moralisten, daß das Über-Ich den seelischen Apparat des Menschen uneingeschränkt befehligen möge. Sie meinen, der Mensch habe immer die freie Wahl zwischen Gut und Böse, und diese Vorstellung der freien Wahl ist die Grundlage der Verantwortung. Wenn wir falsch handeln, so sind wir verantwortlich, weil wir ja auch anders hätten handeln können. Allerdings, wenn in dem Moment der Handlung das Kräfteverhältnis der verschiedenen Motive ein anderes gewesen wäre! Aber dieses die Handlung bestimmende Kräfteverhältnis der verschiedenen Motive ist von dem Gesamterleben des einzelnen, von seiner persönlichen Lebensgeschichte und seiner Konstitution abhängig. Hätte er einen anderen Vater gehabt, hätte er eine andere Erziehung gehabt, hätte er vor der Tat ein Glas Bier weniger getrunken, so wäre seine Handlung anders ausgefallen. Der freie Wille der Moralisten und Philosophen bedeutet nicht nur die einseitige Berücksichtigung der bewußten Motive, sondern noch mehr als das, die Annahme eines in dem Weltgeschehen frei schwebenden moralischen Machtfaktors, der das psychische Geschehen jederzeit beeinflussen kann, aber selbst eine von jedem Einfluß unabhängige Existenz führt.

Die rein empirisch-psychologische Beantwortung der Frage läßt hingegen die folgende Formulierung zu: menschliche Handlungen sind *mehrfach determiniert*. Wir kennen neben rein physiologischen Determinanten drei dynamisch wirksame psychologische Systeme im seelischen Apparat: Das Ich, das Über-Ich und das Es. Jedes dieser Systeme ist in jeder Handlung dynamisch mitwirksam. Bei Gesunden kommen die meisten Handlungen so zustande, daß die dynamischen Triebkräfte des Es mit den vorherrschenden Motiven des Ichs in Einklang gebracht werden, wobei Ich und Über-Ich ein weitgehend einheitliches System bilden. Bei pathologischen Zuständen ist der Einfluß des bewußten Ichs auf die Handlungen gegenüber den unbewußten triebhaften Motiven geringer.

Der Begriff der Verantwortlichkeit erhält dadurch einen rein *praktischen* Sinn. Das bewußte Ich ist jener Teil des seelischen Apparates, der den Umgang mit der Außenwelt besorgt. Es ist folglich auch jener Teil, auf den wir beim Verkehr mit unseren Mitmenschen einwirken wollen, wenn wir sie tadeln oder loben, von ihnen etwas verlangen oder ihnen etwas versprechen, etwas verbieten oder gestatten. In diesem Sinne können wir die bewußte Persönlichkeit für die Handlungen praktisch verantwortlich machen, das heißt, wir benehmen uns so, als ob das bewußte Ich tatsächlich jene Macht über die Handlungen hätte, die wünschenswert wäre. Diese Einstellung ist theoretisch unberechtigt, aber sie hat ihre praktische oder besser gesagt taktische Berechtigung. Wenn der Minister des Innern seinen Polizeichef für den Straßenverkehr in seinem Gebiet voll verantwortlich macht, so ist das praktisch (erzieherisch) sinnvoll, theoretisch absurd. Der Polizeichef kann ja nicht für jede Unachtsamkeit seiner Verkehrspolizisten und folglich auch nicht für jeden Straßenunfall moralisch aufkommen. Aber er soll danach trachten, daß in seinem Verwaltungsbezirk Ordnung herrscht, und dieser Sollzustand kann nur dadurch erreicht werden, daß man ihn möglichst weitgehend verantwortlich macht. In diesem Sinne soll auch das Ich über das gesamte Handeln herrschen. Wir können Freuds Bemerkung, daß der Mensch auch für seine Träume, also für seine unbewußten Wünsche verantwortlich ist, als ein solches Postulat auffassen. Auf die Frage, ob wir für unsere Träume die Verantwortung übernehmen müssen, entgegnet Freud: »Was sollen wir denn mit ihnen tun?« Wir möchten antworten: »Wer soll denn die Verantwortung für sie übernehmen?« Am nächsten steht ja jeder selbst seinem eigenen Unbewußten, wenn auch die eigene Entfernung noch groß genug ist. In der Psychoanalyse hat aber der Mensch eine Methode erhalten, den Verwaltungsbereich des bewußten Ichs weitgehend über das Unbewußte auszudehnen. Der Entdecker der Psychoanalyse kann nur für die Übernahme der Verantwortung für das Unbewußte plädieren, da er es dem Menschen möglich gemacht hat, mit der bewußten Persönlichkeit über die unbewußten Teile eine Verwaltungsmacht zu gewinnen.

Die Gesellschaft muß jedoch dem gesetzwidrig handelnden Menschen erst die Gelegenheit geben, eine praktische Verantwortung für seine Handlungen zu übernehmen, indem sie die psychoanalytische Behandlung jenen Kriminellen zuteil werden läßt, die stärker unter dem Einfluß ihrer unbewußten Tendenzen stehen als der Normale. Erst nach einer psychoanalytischen Behandlung kann man den Menschen für seine Träume, den Neurotiker für seine Symptome und den neurotischen Kriminellen für seine Taten mit Recht verantwortlich machen. Solange das Unbewußte isoliert vom Bewußtsein ein Sonderdasein führt, ist es eine mehr oder weniger autonome Macht und verhält sich zu dem bewußten Ich wie jene Funktionen des Körpers, die durch den bewußten Willen nicht beeinflußbar sind.

Der praktische Begriff der Verantwortlichkeit läßt sich durch den rein *wissenschaftlichen* Begriff des Grades und der Art der *Beteiligung des Ich an der Tat* ersetzen. Für die Behandlung der Kriminellen ist die Feststellung dieser Teilnahme des bewußten Ichs allein maßgebend. Für eine Tat kann man jemand, wenn man den Ausdruck Verantwortung beibehalten will, soweit verantwortlich machen, als sein bewußtes Ich an der Tat beteiligt war. Das bedeutet, daß man durch Mahnung, Erklärung, Strafe oder Drohung soweit etwas für die Zukunft bei dem Täter erreichen kann, als das bewußte Ich seine Handlungen beeinflußt. Eine dauernde Wirkung auf die unbewußten Teile der Persönlichkeit kann man bei Jugendlichen von der Erziehung, bei Erwachsenen nur von einer analytischen Kur erwarten. Der unter dem Einfluß unbewußter Motive handelnde Verbrecher müßte in seiner Ichstruktur verändert werden, wenn man bei ihm eine dauernde Wirkung erzielen will. Seine Bestrafung ist im Prinzip gleichbedeutend mit der Verbrennung der Hysterischen im Mittelalter. Wenn Psychiater wie Aschaffenburg glauben, dem geltenden Sühneprinzip der Justiz entgegenkommen und die Strafe als therapeutische Maßnahme bei manchen vermindert Zurechnungsfähigen, wie z. B. bei hysterischen Charakteren billigen zu können*, so müssen wir erneut darauf hinweisen, daß die Strafe das Strafbedürfnis des Neurotischen befriedigt und dadurch manchmal eine vorübergehende symptomatische Erleichterung bringen kann. Die Erkrankung der Persönlichkeit wird jedoch dadurch ebensowenig behoben, wie eine chronische Nierenerkrankung durch Verabfolgung von Aspirin geheilt werden kann, wenn auch die sekundär auftretenden Kopfschmerzen dadurch vorübergehend beseitigt werden mögen. Die Strafe als therapeutische Maßnahme ist also mit einer reinen Symptomtherapie vergleichbar, die nur geeignet ist, das Krankheitsbild zu verwischen, ein Verfahren, das den ätiologischen Bestrebungen der heutigen modernen Medizin kraß widerspricht.

Im Lichte unseres analytischen Wissens sind die heute geltenden oder in den Neuentwürfen geplanten Bestimmungen über die *Zurechnungsfähigkeit* und über die sogenannten *vermindert Zurechnungsfähigen* unhaltbar. Der § 51 des Deutschen Strafgesetzbuches ist in voller Unkenntnis der unbewußten Seelenvorgänge verfaßt. Man schließt die Zurechnungsfähigkeit für Handlungen, die im Zustande der Bewußtlosigkeit oder krankhaften Störung der Geistestätigkeit begangen sind, aus. Der erste Fall bezieht sich lediglich auf die relativ seltenen Fälle der epileptischen oder hysterischen Dämmerzustände, schwersten Intoxikationen und Handlungen in Schlaftrunkenheit. Die zweite Bestimmung des deutschen § 51 über den Ausschluß freier Willensbestimmung bei Krankheiten hat deshalb keinen wissenschaftlichen Sinn, weil eine freie Willensbestimmung in dem gemeinten Sinn bei keinem Menschen existiert und unbewußte Vorgänge, die die bewußten Motive und Entschlüsse beeinträchtigen, allerdings in quantitativ verschiedenem Maße bei jeder Handlung vorhanden sind. Außerdem können nicht nur krankhafte Zustände, sondern akute Affektzustände die in dem § 51 gemeinte freie Willensbestimmung zeitweise sehr

---

* Aschaffenburg, »Verminderte Zurechnungsfähigkeit«, *Dtsch. Med. Wchschr.* Jg. 30. Nr. 31.

weitgehend beeinträchtigen. Nur die praktisch relativ unwichtigen Grenzfälle von schweren Geisteserkrankungen werden von diesem Paragraphen erfaßt.

Von diesen wenigen extremen Fällen abgesehen kennt der Arzt auf Grund seiner psychiatrisch-forensischen Kenntnisse keine exakt formulierbare Beeinträchtigung der Zurechnungsfähigkeit. So erschöpfte sich die Haupttätigkeit der Gerichtssachverständigen in der Feststellung, ob bei den Tätern die Diagnose Epilepsie oder eine andere schwere Geisteskrankheit möglich sei oder nicht. Die Absurdität dieses Zustandes versucht man in den letzten Jahren dadurch zu mildern, daß der unklare Begriff der *psychopathischen Persönlichkeit*, die nur »vermindert zurechnungsfähig« sei, in jenen Fällen verwendet wird, bei denen schon die grobe Beobachtung irgendwelche pathologischen Vorgänge entdeckt, ohne eine eindeutige psychiatrische Diagnose zu erlauben.

Alle diese Versuche wissenschaftlicher Abgrenzung und Einführung neuer psychologischer Begriffe, wie des der verminderten Zurechnungsfähigkeit, sind aber für die klare Erfassung der einzelnen Fälle deshalb ungeeignet, weil sie in Unkenntnis der unbewußten seelischen Vorgänge erfolgt sind. Jeder Mensch ist ja theoretisch vermindert zurechnungsfähig, da bei keinem Menschen das bewußte Ich eine volle Herrschaft über die Handlungen hat. Der *quantitative* Anteil von bewußten und unbewußten Motiven ist also allein maßgebend nicht nur für die Diagnose und für die Bestrafung, sondern überhaupt für jede Maßnahme gegenüber dem Täter. Die Aufgabe des Richters wird in der Zukunft darin bestehen müssen, diese psychologische Diagnose zu stellen. Die Maßnahmen, die aus dieser Diagnose folgen, müssen psychologisch begründet sein. Warum der Taschendieb, der eine Uhr stiehlt, gerade ein oder zwei Jahre eingesperrt werden soll, kann weder durch empirische Erfahrungen noch durch psychologische Erwägungen erklärt werden.

Der § 51, der dem Arzt heute die Mitwirkung bei der Gerichtsverhandlung gewährleistet, sollte daher in richtiger Fassung die Grundlagen für die gesamte kriminalistische Diagnostik enthalten und diese nicht, wie bisher, nur auf bestimmte Grenzfälle beschränken und dadurch bedeutungslos machen. Diese Diagnose, die Feststellung der relativen Beteiligung des bewußten Ichs und des Unbewußten an der Tat, müßte den Hauptteil der juristischen und der in Zukunft damit zusammenfallenden medizinischen Arbeit, kurz das Wesentliche der Urteilsfindung, ausmachen. Aus dieser Diagnose ergeben sich zwanglos die gegenüber dem Täter zu ergreifenden Maßnahmen.

Wir bezweifeln allerdings, daß der heutige rein medizinisch gebildete Gerichtsarzt fähig ist, diese Diagnose zu stellen, die an Stelle der Beantwortung des so eng gefaßten § 51 treten sollte. Aber ebensowenig ist der tiefenpsychologisch unorientierte Richter zu dieser Diagnose befähigt. Heute erwartet der Jurist von dem Mediziner in den zweifelhaften Fällen – und je mehr man von der Psychologie des Täters ahnt, um so mehr Fälle werden zweifelhaft – die Belehrung, die dieser ihm eben nicht geben kann.

Wir glauben nicht, daß der Arzt mit seiner heutigen Ausbildung im Gerichtssaal besonders viel zu suchen hat, und wir glauben auch nicht, daß es in der Zukunft die Aufgabe des Sachverständigen sein wird, den Richter über die Psychologie des Täters zu belehren. Die Psychoanalyse gehört zum wichtigsten Rüstzeug des *Richters*, und er selbst muß *sachverständig* auf dem Gebiete menschlicher Handlungen sein.

Gerade die Gruppe der »vermindert Zurechnungsfähigen« zeigt am besten, daß Gesundheit und Krankheit wie auf jedem Gebiet, so auch bei dem sozialen Verhalten, fließende Begriffe sind. Auf diesem Gebiet nennen wir einen Menschen auch dann krank, wenn er trotz völlig entwickelter Intelligenz und Urteilsfähigkeit chronisch unter dem Druck seiner dem bewußten Ich unzugänglichen unbewußten Motive handelt, seine Handlungsweise auch dann nicht ändern kann, wenn er sie selbst verurteilt und ändern möchte, und selbst dann nicht, wenn er durch Strafen dazu gedrängt wird. Um die Handlungsweise eines solchen Menschen zu verstehen, sind dieselben Kenntnisse nötig wie zum Verständnis eines normalen Menschen, die Kenntnis des seelischen Apparates. Der Richter, der dazu berufen ist, menschliche Handlungen zu verstehen und dazu Stellung zu nehmen, muß fähig sein, gesunde und krankhafte Täter in gleicher Weise zu beurteilen. Den ärztlichen Sachverständigen wird er nach wie vor brauchen, wenn die Störung auf dem seelischen Gebiet die sekundäre Folge organischer Krankheitsprozesse ist. Bei der praktisch so wichtigen und zahlenmäßig überwiegenden Gruppe jener pathologischen Täter, die die heutige forensische Medizin als Grenzzustände für vermindert zurechnungsfähig erklärt, liegt aber die Krankheit genau wie bei den Psychoneurosen auf dem Gebiete der sozialen Anpassung, auf dem Gebiete des seelischen Apparates. Die diagnostische Feststellung, das Verstehen und Beurteilen dieser Rechtsbrecher gehört zu der souveränsten Tätigkeit des Richters. Wenn er diese Aufgabe ohne Sachverständigen nicht leisten kann, so kann er keine menschliche Handlung verstehen und beurteilen.

Wir sehen jedoch die Zukunft nicht optimistisch und glauben nicht, daß die *staatliche Anerkennung des Unbewußten* allzubald erfolgen wird. Nicht nur die Kenntnis des Inhalts des Unbewußten, sondern die bloße Tatsache, daß neben den bewußten Motiven unzugängliche und unbekannte Kräfte in uns wirksam sind, ist für den Menschen unerträglich. Die Angst der Menschen vor dem eigenen Triebleben und die narzißtische Bestrebung seines Ichs, als Herr im eigenen Hause zu erscheinen, kann nicht genug beachtet werden.

Wir erinnern uns an die vor vielen Jahren ausgeführten Experimente mit posthypnotischen Befehlen, bei denen uns damals noch in Unkenntnis der Psychoanalyse auffiel, wie der Hypnotisierte immer seine Handlungen, die er in der Hypnose vorgeschrieben bekam, nachträglich als eigene Wünsche zu rationalisieren versuchte. So erhielt zum Beispiel eine Hypnotisierte den Befehl, eine Stunde nach dem Aufwachen ihr Haus zu verlassen, in dem Treppenflur sich umzudrehen und in das Zimmer zurückzugehen und erst dann wieder das Haus zu verlassen. Als sie im Wachzustande, von den in der Hypnose erhaltenen Befehlen nicht wissend, die Handlungen tatsächlich ausführte, und man sie fragte, warum sie weggehe, extemporierte sie ein ad hoc erfundenes Motiv, »sie müsse zur Schneiderin gehen«. Das Umkehren in dem Treppenflur begründete sie damit, daß sie ihr Taschentuch vergessen hätte. Es sträubte sich etwas in ihr, eine Handlung ohne bewußte Motivation auszuführen. Ähnlich begründen viele Täter ihre Handlungen vor dem Gericht durch Motive, die erst nachträglich, aber in gutem Glauben konstruiert sind, um eine Tat, die aus unverstandenen unbewußten Motiven begangen wurde, für den Richter und auch für ihre eigene bewußte Persönlichkeit erklärbar zu machen. Die Widersprüche bei den verschiedenen Verhören derselben Person stammen viel häufiger davon, daß der Täter selber seine wirksamen unbewußten Motive nicht kennt, nach bewußten Motivationen sucht und diese bei jedem Verhör besonders erfinden muß, als daher, daß er seine Lage verbessern will. Der Verhörte *lügt* allerdings, darin hat der Untersuchungsrichter und der Staatsanwalt recht, aber er lügt häufig aus der gleichen seelischen Not wie die erwähnte Hypnotisierte, die unwahre Motive für ihre Handlungen erfindet, weil sie die wahren nicht kennt und ohne bewußte Motive nicht gehandelt haben will. Gerade die Lügen und Widersprüche bei den verschiedenen Verhören werden aber als Beweis für hinterlistiges und trotziges Leugnen ausgelegt.

Alle Beteiligten im Gerichtssaal kennen nur bewußte seelische Motive und suchen jede Tat aus bewußten Motiven rationell zu ergründen. In diesem einen Punkte sind Richter, Staatsanwalt und Täter Verbündete. Sie alle, Mitglieder der hochmütigen, die eigenen Schwächen nicht kennenden Menschenrasse, sind bestrebt, als jene souveränen Herren im eigenen Bereiche ihrer Persönlichkeit zu erscheinen, die sie noch weit entfernt sind, wirklich zu sein. Und wenn ein Täter zufällig in ehrlicher Bescheidenheit auf die Frage »warum hast Du das getan?« mit einem resignierten: »Ich weiß es nicht« antwortet, fühlt sich jeder in seiner menschlichen Würde beleidigt, und dieses einzige wahre Wort, das bei der Gerichtsverhandlung gefallen ist, glaubt kein Mensch. Der Mensch, die Krone der Schöpfung, *muß* wissen, was er tut und *warum* er handelt. Und in je größerem Maße der abendländische Mensch die äußere Natur zu beherrschen gelernt hatte, um so mehr verlor er die Kenntnis von sich selbst, und um so mehr verletzt es das Selbstgefühl des Herrn über Raum und Zeit, der Sklave seines unbewußten Trieblebens zu sein.

Die Theorie der Willensfreiheit im Gegensatz zum orientalischen Fatalismus ist ein typisches Produkt dieses Leugnens der eigenen Schwäche nach innen. Und je größer diese Schwäche, um so stärker das Bedürfnis nach ihrer Verleugnung. Darum wird die Illusion der Willensfreiheit so unerläßlich für den technisch-materialistisch orientierten Kulturmenschen, der damit seine verlorene Macht über seine innere Welt, die er noch in mittelalterlicher Vertiefung in höherem Maße besessen hatte, sich vortäuschen möchte.

Die Annahme der Psychoanalyse bedeutet hingegen die Anerkennung der Macht des Unbewußten. Sie bedeutet aber auch den ersten Schritt zur wirklichen *Beherrschung* an Stelle der *Verleugnung* unbewußter Kräfte. Die Reform des ganzen modernen Strafrechts kann nur von diesem Angelpunkt aus geschehen. Wird die Wirksamkeit unbewußter Motive anerkannt, so wird in vielen Fällen an die Stelle der Strafe die Heilung und die Erziehung treten. Die Illusion der Willensfreiheit und die Strafe sind die beiden mächtigsten Waffen der Verdrängungspolitik des heutigen Menschen, der lieber blind die Verantwortung übernimmt, sich bestrafen läßt, um nur nicht sein Unbewußtes erkennen zu müssen. Strafgesetzbuch, Richter, Staatsanwalt, Verteidiger, Sachverständige und auch der Täter sind an diesem Verdrängungswerk in gegenseitiger Unterstützung beteiligt.

Beteiligungsgrad des Ichs an den verschiedenen seelischen Vorgängen und am Verbrechen

Den ständigen Druck, den die asozialen Tendenzen auch beim sozial angepaßten normalen Menschen auf das Ich ausüben, beweist eine Reihe von psychischen Vorgängen, die diesen Tendenzen wenigstens eine halluzinatorische, phantastische Befriedigung verschaffen. Gerade das Verständnis des Traumes, der Tagträume, des Witzes und der Fehlhandlungen des Alltags haben es Freud erlaubt, die beim neurotischen Symptom wirksamen unbewußten Kräfte des Es auch beim normalen Gesunden wiederzufinden.

Die obengenannten psychischen Vorgänge stellen oft eine Kriminalität auf sozial ungefährlicher Grundlage dar, weil sie keine realen Handlungen sind und nur eine subjektive Bedeutung haben. Sie können, wie wir sehen werden, alle psychischen Inhalte des Deliktes enthalten mit der einzigen Ausnahme, daß sie nicht in eine Handlung umgesetzt werden, sondern sich mit einer phantastischen Darstellung begnügen. Nur die Fehlhandlungen, jene kleinen Unachtsamkeiten und scheinbaren Zufallshandlungen des Alltags, die jeder Mensch begeht, bedeuten bereits einen Übergang zur vollwertigen Handlung. In ihren kriminellen Folgen sind sie als Fahrlässigkeitsdelikte bekannt.

Für die dynamische Kraft der vom Über-Ich ausgehenden Hemmungen ist es besonders bezeichnend, daß selbst in der harmlosen phantastischen Darstellung des Traumes die asozialen Tendenzen vor dem bewußten Ich verhüllt werden müssen. Der manifeste Trauminhalt erscheint meist unverdächtig oder sinnlos, um den latenten eindeutig kriminellen oder wenigstens vom Ich abgelehnten wahren Sinn zu verdecken. Der normale, sozial angepaßte Mensch erlaubt sich nicht einmal im Traume, vor sich selbst kriminell zu erscheinen.

Da das Traumleben uns die unmittelbarste Erkenntnisquelle für die Erforschung der bei allen Menschen vorhandenen unbewußten Kriminalität liefert, werden wir nicht umhin können, den Traummechanismus, der schon bei der Erforschung der Neurosen unschätzbare Dienste geleistet hat, auch für die Ätiologie der Kriminalität als Erkenntnisquelle heranzuziehen.

Psychoanalyse eines Traumes mit verhülltem kriminellem Inhalt

Ein Mann in mittleren Jahren, Familienvater, mit besonders weichen Charakterzügen, der zu seiner Selbstcharakteristik behauptet, nicht einmal einer Fliege ein Leid tun zu können, bringt den folgenden Traum:

»Ich gehe mit einem höheren russischen Offizier spazieren. Ich merke dann, daß es der Zar ist. Plötzlich springt ein Fremder hinzu und will den Zaren mit einem Dolch ermorden. Ich will dazwischenspringen, um ihn zu retten. Es ist jedoch schon zu spät und der Fremde ermordet den Zaren.«

Der Traum wird der analytischen Technik gemäß in einzelne Teile zerlegt und der Träumer aufgefordert, zu den einzelnen Teilen seine spontanen Einfälle mitzuteilen. Durch diese Methode wird die Traumarbeit – die Verhüllung des ursprünglichen Trauminhalts – rückgängig gemacht. Durch die Aufteilung des Traumes in einzelne Teile können nämlich die ursprünglichen Vorstellungen, die sich hinter den manifesten Traumbestandteilen verbergen, ins Bewußtsein treten, weil die Teile *für sich allein* harmlos sind und nur in ihrem Zusammenhang den verpönten Inhalt darstellen. Der Traum ist eine Kompromißleistung zwischen dem halluzinatorischen Äußerungsdrang verdrängter Tendenzen und den verdrängenden, verhüllenden seelischen Kräften. Beim freien Assoziieren zu den einzelnen isolierten Traumbestandteilen kommt die Äußerungstendenz des Unbewußten stärker zum Ausdruck, weil die Verhüllung nur den Sinn des gesamten Traumes verdecken soll und die Verhüllung des Sinnes der einzelnen aus dem Zusammenhang gelösten Teile nicht nötig ist. In ihrer Isolierung sind sie ja harmlos. All dies wird bei der Einzeldarstellung der Traumanalyse klar.

Einfälle zum Traum:

Zum Zaren: »Zar heißt russisch Väterchen – mein Vater.«

Zum russischen Offizier: »Im Weltkrieg habe ich auf Russen geschossen. Es ist ›befremdend‹ für mich, daß ich damals zu solchen Grausamkeiten fähig war, da ich sonst nicht einmal eine Fliege erschlagen kann. Im Stellungskrieg war es eine stillschweigende Vereinbarung zwischen uns und den Russen, daß wir in Gefechtspausen nicht aufeinander geschossen haben, man konnte sich ruhig zeigen, und wir haben die einzelnen Gegner schon persönlich gekannt. Ich verstehe nicht, wie ich es trotzdem fertigbrachte, in den Gefechtspausen mit besonderer Grausamkeit auf Russen zu schießen. Ich dachte mir, daß die Russen unsere Frauen und Kinder ermorden wollen, und darum ist es erlaubt.«

Zu dem »Fremden«: Der Träumer weigerte sich zu dem »Fremden« Einfälle zu bringen, es fiele ihm nichts ein. Er beteuerte nur immer wieder, er wisse nicht, wer der Fremde sei. Es wurde ihm nun nahegelegt, daß es vielleicht kein Fremder wäre, sondern er selbst, und daß er mit der Darstellung eines Fremden nur ausdrücken wolle, es sei ein ihm *fremder* Teil seiner Persönlichkeit, der den Mord ausführt. Er habe schon den Ausdruck »befremdend« dafür benutzt, daß er abweichend von seinem sonstigen milden Charakter auf die Russen geschossen habe. Er wehrte sich heftig und antwortete: »Wieso sollte ich das sein, ich will ja im Traum den Zaren retten und nicht ermorden.«

Nun wurde ihm klar gemacht, daß er im Traume ein souveräner Autor sei und seine Rettungsaktion auch erfolgreich hätte darstellen können, wenn es ihm tatsächlich mit dem Rettungswunsch ernst gewesen wäre. Als ihm die im Traum dargestellte Mordlust vorgehalten wurde, benutzte er also zu seiner Rechtfertigung im Wachen die gleiche Verhüllungsmethode wie im Traum, indem er die heuchlerische Rettungsgeste unterstreichend hervorhob.

Er hat zur Verhüllung der Mordabsicht zwei Mechanismen verwandt:

1. Einen Teil seiner eigenen Person stellt er als einen Fremden dar (Projektion), wobei er der Wahrheit folgt. Die Mordlust ist seinem moralisch empfindenden Ich tatsächlich etwas Fremdes gewesen, die jedoch in der besonderen Situation des Weltkrieges entschuldbar war und darum auch ausgeführt wurde.

2. Er verhüllt den Mordwunsch durch die heuchlerische Geste der Rettungsaktion (Überkompensierung), die jedoch nur dazu dient, das Über-Ich zu beschwichtigen, um dann ungestört den Mordwunsch zur Darstellung bringen zu können.

Die stärkste Verhüllung betraf aber das Objekt des Mordwunsches. Es handelt sich hier nicht um einen gewöhnlichen Mord, sondern um die Darstellung des Vatermordes. Der russische Offizier wandelte sich ja schon am Anfang des Traumes in den russischen Zaren um, zu dem ihm über den Umweg der Wortassoziation: Zar – Väterchen – Vater – sein eigener Vater einfiel. (Anspielung durch Sinnverknüpfung und Wortassoziation.) Dieser Einfall konnte noch am Anfang der Traumanalyse als harmlos ins Bewußtsein treten, denn es war ihm ja nicht bewußt, daß er der fremde Täter sei, im manifestierten Trauminhalt ist er ja der Retter.

Der Traum ist ein Beispiel für eine außerordentlich sorgfältige Verhüllung des ursprünglichen latenten Mordwunsches.

Der Träumer selbst mordet nicht, sondern will retten. Es wird also zunächst die Täterschaft überhaupt abgeleugnet. Aber das genügt ihm noch nicht. Um vor jedem Verdacht sicher zu sein, wird als Ermordeter der ehemalige Feind an die Stelle des Vaters gesetzt (Verschiebung). In dieser Form kann der Traum die Zensur des Über-Ichs passieren, trotzdem er unzweifelhaft den Vatermord darstellt.

Der *Traum* ist also ähnlich wie das *neurotische Symptom* ein rein innerpsychisches, für die Außenwelt indifferentes Ventil verdrängter asozialer Tendenzen. An seinem Zustandekommen ist das Ich nur in seiner hemmenden Eigenschaft in der Verhüllung und in den moralischen Reaktionen (Straftendenzen, moralische Überkompensierungen) beteiligt.

Den Übergang vom Traum und neurotischen Symptom zur realen Handlung bilden gewisse *Tagträume*, ein freies Schweifen der Phantasie, ein Schwelgen in häufig kriminellen Vorstellungen, zu deren Realisierung der Phantasierende sich nicht aufschwingt.

Der Schüler ohrfeigt tagträumend den Lehrer, der ihn ärgert, der Soldat verflucht den Feldwebel, der ihn schikaniert und wünscht ihm den Tod, der Ehemann phantasiert die Verwirklichung seiner Wünsche nach fremden verbotenen Frauen, kurz, jeder Mensch schafft sich in der Phantasie die Möglichkeit der Abfuhr verbotener Wünsche.

Für die Tagträume ist jedoch gegenüber dem Traum charakteristisch, daß solche Handlungen phantasiert werden, die nicht von der innermoralischen Instanz verboten, sondern aus Angst vor den realen Konsequenzen unterlassen werden. Diese Wünsche gesteht man sich ein, ohne sie jedoch ausführen zu können. In den Tagträumen zeigt sich also die tatsächliche kriminelle Kapazität der Menschen, im Traume jedoch die latente unbewußte Kriminalität. Träume und Tagträume sind mithin die Form, in denen auch der sozial Angepaßteste seine Kriminalität auslebt. Dadurch, daß im Tagtraum die Handlung nur phantasiert wird, kann diese Phantasie den vollen Grad der Kriminalität erreichen, zu dem der Tagträumer fähig wäre, wenn die Angst vor den Folgen ihn nicht hindern würde.

Wenn auch die Justiz der Neuzeit Gedanken für zollfrei erklärt, so darf doch darauf hingewiesen werden, daß man noch unter der Herrschaft des Corpus juris canonici auch für verpönte Gedanken zur strafrechtlichen Verantwortung gezogen werden konnte.

Am Traum und neurotischen Symptom beteiligt sich das Ich nur in seiner Hemmungsfunktion durch Ausschließung der latenten Wünsche von Bewußtsein und Motilität. An der Bildung der Tagträume nimmt das Ich aktiv teil, schließt sie allerdings von der Motilität aus. Bei den *Fehlhandlungen* ist die Beteiligung des Ichs schwerer festzustellen. Denn das bewußte Ich beherrscht die Motilität, die Fehlhandlungen, die ja bereits eine auf die Außenwelt gerichtete Tätigkeit darstellen, sollten also ohne eine Stellungnahme des bewußten Ichs nicht zustande kommen können. Gegenüber dem Aufsteigen von Traumbildern und spontan sich aneinanderreihenden Tagphantasien ist das Ich noch relativ machtlos. Denn sein souveränes Gebiet ist ja in erster Reihe die Beherrschung der Innervation der willkürlichen Muskeln. In den Fehlhandlungen scheint nun ein kurzschlußartiger Zugang von den unbewußten Tendenzen zu ihrer Umsetzung in Handlungen ohne Beteiligung des Ichs vorzuliegen. Dem Ich könnte man nur vorwerfen, daß es auf einem Gebiet, in dem es ihm möglich ist einzugreifen, seine Funktion nicht erfüllte. Die Entschuldigung des Fehlhandlungen Begehenden ist, er habe nicht aufgepaßt, sei müde, benommen, aufgeregt gewesen, habe vieles andere im Kopf gehabt und deshalb nicht daran denken können. Alle diese Entschuldigungen treffen auch zu. Das Ich war anderswo beschäftigt und so war es nicht imstande, eine aus dem Unbewußten aufsteigende Tendenz, die es sonst ablehnt, aus der Motilität auszuschließen. Die Fehlhandlungen kommen also dadurch zustande, daß die Handlung von einem unbewußten Teil der Persönlichkeit intendiert, von einem anderen Teil, dem Ich, aber nicht verhütet wird.

Für die *Fahrlässigkeitsdelikte* – Fehlhandlungen mit kriminellem Ausgang – ist also gegenüber sonstigen kriminellen Handlungen charakteristisch, daß das Ich nicht aktiv an der Tat beteiligt ist, also auch für die Tat nicht durch die später beschriebenen besonderen psychischen Mechanismen gewonnen zu werden braucht. Das Ich wird einfach von den verdrängten Tendenzen überrumpelt, und zwar in einem für diesen innerpsychischen Überfall besonders geeigneten Augenblick. Wenn das Ich sich in einem akuten Schwächezustand befindet (Übermüdung, Zerstreutheit), wenn es in eine besonders schwierige Aufgabe vertieft und die Aufmerksamkeit stark auf einen bestimmten Punkt konzentriert ist, können sich Fehlleistungen besonders leicht ereignen. Das Ich hat ja eine Doppelfunktion: es ist gleichzeitig Wahrnehmungsorgan nach außen, wie es auch,

durch seine innere Wahrnehmungsfunktion, über das Triebleben herrscht. In seiner Hauptfunktion, der Beherrschung der
Motilität, kommt diese doppeltgerichtete Wahrnehmungstätig-
keit zur Zusammenfassung. Jene Triebansprüche werden zur
Motilität zugelassen, die mit der Realität in Einklang gebracht
werden können. Ist das Ich durch eine dieser beiden Wahrneh-
mungsfunktionen besonders in Anspruch genommen, so wird
seine Leistung nach der anderen Seite geringer. Nach außen
und nach innen in gleichem Maße zu wachen, gelingt oft nicht.
So können Fehlhandlungen ebenso leicht entstehen bei ange-
strengtem konzentriertem Beobachten äußerer Geschehnisse,
wie der Mensch umgekehrt in der Beobachtung der Außenwelt
ungenauer wird, wenn er mit seinem Interesse gerade besonders
nach innen gekehrt ist.
Der Redner, der angespannt auf den Inhalt seines Vortrages
konzentriert ist, wird leicht einen formalen lapsus linguae begehen, der eine verdrängte Tendenz zum Ausdruck bringt; der
zerstreute Professor, der, in seine Gedanken vertieft, die Prüfung der äußeren Realität für eine kurze Zeit einstellt, kommt
durch Fehlhandlungen in die aus den Witzblättern bekannten
lächerlichen Situationen.
Immer handelt es sich bei den Fehlleistungen darum, daß das
Ich in eine besondere Aufgabe vertieft entweder die Realitätsprüfung oder die innere Kontrolle über verdrängte Tendenzen
nicht in dem Umfange leistet wie im normalen Gleichgewichtszustand. Seine aktive Beteiligung an der Handlung ist gering,
sie beschränkt sich darauf, daß die Wachsamkeit gegenüber
den drängenden Tendenzen des Es für einen Augenblick nach-
läßt. Immerhin ist diese Unterlassungssünde deshalb für die
Realität bedeutungsvoll, weil ja eine Fehlhandlung im Gegensatz zu Traum, Symptom und Tagtraum für die Umwelt ernste
reale Folgen haben kann. Die Justiz straft bei den Fehlhandlungen angeblich nur die mangelnde Aufmerksamkeit. Aber
die realen Strafen fallen oft härter aus, als eine bloße Unterlassung es verdienen würde. Man sieht daraus klar, daß die
Menschen die unbewußte Absicht, die in den Fehlleistungen

zum Ausdruck kommt, fühlen und affektiv hierauf reagieren, indem sie durch die Härte der Strafe die unbewußte Absicht mit treffen wollen. Wird hier das Unbewußte des Täters wegen seiner asozialen Tendenzen zur Verantwortung gezogen, so wird in anderen Fällen, zum Beispiel bei dem neurotischen Verbrechen, der erfolglose Kampf der bewußten Persönlichkeit gegen die asozialen Tendenzen dem Täter kaum angerechnet; in anderen Fällen wieder wird der Moralität des Unbewußten, dem Strafbedürfnis, nicht Rechnung getragen.

Wir sehen aus alledem, welche Verwirrung die Unkenntnis der relativen Beteiligung des bewußten Ichs und des Unbewußten an der Tat anrichtet, und wie der Täter infolgedessen keine zweckmäßige Behandlung erfährt, sondern der oft irrationellen unbewußten affektiven Reaktion der Richter ausgeliefert ist.

Die Fahrlässigkeitsdelikte gehören zu den wenigen Fällen, bei denen eine strengere Stellungnahme praktisch gerechtfertigt sein könnte, als die juristische Theorie es zuläßt, die sie als absichtslose Handlungen wertet. In der Praxis benimmt sich der Richter auch oft so, als ob er Freuds Theorie über die unbewußte Motivation der Fehlhandlungen kennen würde. Aber nur eine genaue Kenntnis der seelischen Dynamik kann in allen Fällen Gesetz und Praxis miteinander in Einklang bringen und dadurch eine zuverlässige, von affektiven Momenten befreite, zweckmäßige Behandlung des Täters gewährleisten.

Gegenüber den bisher behandelten Vorgängen, Traum, Symptom, Tagtraum, Fehlhandlung – ist bei jeder *vollwertigen* Handlung die Beteiligung des Ichs wesentlich größer. Aber auch bei den vollwertigen Handlungen läßt sich eine Skala nach dem Beteiligungsgrade des Ichs an der Tat aufstellen. Die unterste Stufe in dem Grade der Beteiligung des Ichs bildet das Agieren des stark unter dem Einfluß unbewußter Motive handelnden *neurotischen Kriminellen*.

Für die *neurotischen Kriminellen* ist charakteristisch, daß sie sich mit der kriminellen Handlung nur teilweise identifizieren. Oft ist allerdings die Ablehnung der Tat nur eine unbewußte, die in irrationalen Selbstschädigungen als Selbstbestrafung zum

Ausdruck kommt. Das Über-Ich verbietet ihnen die kriminelle Tat, durch eine Reihe komplizierter innerpsychischer Vorgänge jedoch, die wir im einzelnen noch zu beschreiben haben werden, wird die Abhängigkeit des Ichs von dem verbietenden Über-Ich gelockert und die Ausführung krimineller Tendenzen ermöglicht. Bei manchen neurotischen Kriminellen haben die verbrecherischen Handlungen sogar einen deutlich zwanghaften Charakter. Diese stehen dem an einer Neurose Erkrankten, namentlich dem Zwangsneurotiker, am nächsten. Der Zwangsimpuls tritt als etwas Fremdes in den Kreis der bewußten Persönlichkeit, das Ich nimmt diesen fremden Impuls wahr, empfindet ihn auch als fremd, ist jedoch nicht imstande, ihn aus der Motilität auszuschließen. Hierher gehören die Fälle von Kleptomanie, Pyromanie, zwanghaftem Lügen und Betrügen. Diese von einem Teil der ärztlichen und juristischen Welt bezweifelten oder mißverstandenen Fälle bilden die Übergangsstufen von den echten Neurosen zum neurotischen Kriminellen. Der Beteiligungsgrad des Ichs ist nur unwesentlich größer als bei den Fehlhandlungen. Während bei der Fehlhandlung das Ich die Augen geschlossen hält, da es sich anderswo beschäftigt, ist die *Wahrnehmungsfunktion* des Ichs bei den Zwangshandlungen intakt, gelähmt ist nur die *Hemmungsfunktion*. Trotzdem das Ich den Impuls wahrnimmt und als fremd ablehnt, ist es nicht imstande, seine Ausführung zu unterdrücken.

Die meisten neurotischen Kriminellen weisen aber einen höheren Beteiligungsgrad des Ichs insofern auf, als die kriminelle Tat ebenso wie bei dem bewußt handelnden Verbrecher wenigstens im Augenblick der Ausführung vom Ich akzeptiert wird. Bezeichnend für diesen Verbrechertypus ist, daß sie triebhaft handeln, der Einfluß unbewußter Motive auf ihre Handlungen viel größer ist als beim normalen Menschen, und daß sie darum über die Motive ihrer Tat selbst nur sehr ungenauen Aufschluß geben können. Die Abhängigkeit des Ichs von dem sozialen Teil der Persönlichkeit ist nicht etwa völlig gelöst. Es sind beim neurotischen Verbrecher im Ich selbst Strömungen, wenn auch oft nur unbewußt, gegen die Ausführung der Tat vorhanden.

Die Lockerung der Abhängigkeit des Ichs vom Über-Ich und das Hinübergleiten des Ichs unter die Führung der Tendenzen des Es erfolgt ähnlich wie beim neurotischen Symptom durch komplizierte psychische Mechanismen, die dem bewußten Teil der neurotischen Kriminellen selbst verborgen sind. Diese psychischen Mechanismen, durch die das Ich für die Tat gewonnen wird, werden uns noch eingehend beschäftigen. Es wird sich dabei erweisen, daß selbst in den Fällen, wo das Ich ganz mit der Tat einverstanden zu sein scheint, unbewußte Vorgänge dieses übrigens sehr labile Einverständnis herbeigeführt haben. Das Ich hat sich gleichsam zur Tat überredet und holt sich das Gefühl der Berechtigung hierzu aus den in der Neurosenpsychologie gut bekannten Rationalisierungen, Projektions- und Selbstbestrafungsmechanismen.

Der eine Fehlleistung Begehende, der Zwangsimpulsen Unterworfene und der neurotische Kriminelle stehen mit einem Teil ihrer Persönlichkeit auf der Seite der Sozietät, sie haben die Neigung, sich eher mit dem Über-Ich als mit dem Es zu identifizieren, und nur gewisse Vorgänge, die der Bewußtseinskontrolle in größerem oder weniger großem Umfange entzogen sind, lassen den Durchbruch der Tendenzen des Es in die Motilität geschehen. Der normale Kriminelle steht dagegen mit seiner gesamten bewußten Persönlichkeit auf der Seite der Tat mit der Front gegen die sozialen Anforderungen der Gesellschaft.

Bei den nicht kriminellen Menschen, die in gewissen Situationen, besonders im Affekt, kriminell handeln, ist die aktive Beteiligung des Ichs an der Tat nicht viel geringer als beim normalen Kriminellen. Im Augenblick der Tat identifiziert sich das gesamte Ich mit der Handlung, nur ist dieser Zustand ein akuter, akzidenteller, durch irgendwelche Einwirkungen der Außenwelt herbeigeführter, während beim normalen Kriminellen das Ich chronisch auf der Seite der Tendenz des Es steht.

Wenn wir das Ergebnis unserer bisherigen Darstellung zusammenfassen, so werden wir feststellen müssen, daß allen Menschen das Vorhandensein eines großen Reservoirs dissozialer oder krimineller Strömungen gemeinsam ist, daß alle Menschen die Tendenz haben, diese dissozialen und kriminellen Wünsche abzuführen, und daß die verschiedenartige Form der Abfuhr sich danach bestimmt, in welchem Maße das Ich seine Abhängigkeit vom Über-Ich, dem Repräsentanten der Sozietät im Individuum, löst und sich in den Dienst der Triebabfuhr stellt.

Eine Skala der Kriminalität wird daher eine Unterscheidung nach dem Beteiligungsgrad des Ichs an dem kriminellen Impuls zum Inhalt haben. Im groben wäre etwa folgende Reihenfolge mit steigender Ich-Beteiligung aufzustellen:

Kriminalität der Phantasie (Traum, neurotisches Symptom, Tagtraum)

Fehlhandlungsdelikte ⎫
⎬ Übergang zur vollwertigen Handlung
Zwangshandlungen ⎭

Triebhaftes konfliktvolles Agieren des neurotischen Verbrechers

Affekt- und Situationsdelikt des Normalen

Konfliktlose Taten der normalen Kriminellen

Ausgenommen von dieser Skala sind jene Handlungen, bei denen die Beteiligung des Ichs durch organische Zerstörungsprozesse oder durch toxische Lähmungen eingeschränkt oder ausgeschaltet ist.

Allgemeine psychische Mechanismen der Kriminalität

Wir haben verstanden, daß abgesehen von den Taten gesunder Krimineller eine kriminelle Handlung im allgemeinen dadurch zustande kommt, daß die Abhängigkeit des Ichs von dem hemmenden Über-Ich geschwächt wird und das Ich dadurch seiner ursprünglicheren Neigung, den Tendenzen des Es zur Motilität zu verhelfen, nachgeben kann. Den psychologischen Sinn jener Vorgänge, durch die das Ich seine Abhängigkeit vom Über-Ich verliert und dadurch an die Seite der Es-Bestrebungen treten kann, verstehen wir am besten, wenn wir von jenen psychologischen Situationen ausgehen, in welchen auch der Gesunde von seinen sonstigen moralischen Hemmungen befreit wird.

Wir erwähnten bereits den extremen Fall der Notwehr, in dem das Ich auf die Schonung des fremden Menschenlebens nicht mehr Rücksicht zu nehmen braucht, weil auch der Angreifer sich jenseits der Moral gestellt hat und ein fremdes Leben bedroht. Ähnlich ist die psychologische Situation bei der Verletzung des Gerechtigkeitsgefühls, die zur Empörung und in diesem Zustande zum Durchbruch der ursprünglichen asozialen Tendenzen führt. Man fühlt sich ähnlich bedroht wie bei der Notwehr, noch dazu von den Autoritäten, die das Recht schützen sollten. Wir sahen, daß das Über-Ich des Erwachsenen mehr oder weniger von der Beziehung zu den realen Autoritätspersonen abhängig ist. Erschüttern diese durch ihr Unrecht das in sie gesetzte Vertrauen, so sinkt auch die Abhängigkeit des Ichs von ihrem inneren Vertreter, dem Über-Ich.

In jeder dieser Situationen, in Notwehr wie bei der Verletzung des Gerechtigkeitsgefühls, wird dem Ich ein Leiden zugefügt oder angedroht, und dieses Leiden hebt die moralischen Hemmungen auf. Wir wissen bereits, daß die moralischen Hemmungen zwecks Vermeidung von Unlust und in der Erwartung auf späteren Lustgewinn entstanden sind. Es ist also verständlich, daß ein größeres Leiden, das gerade dadurch entstehen würde, daß man in einer Situation den moralischen Hemmungen gehorcht, imstande ist, diese Hemmungen aufzuheben. In Notwehr moralische Hemmungen gelten zu lassen, das heißt Rücksicht zu nehmen, wäre ja pure Selbstzerstörung. Man ist doch gerade im Dienste des Lebens moralisch geworden, um Unlust zu vermeiden. In solcher Situation würde also die Moral den ursprünglichen Zweck verfehlen. Und darum wird sie in der Notwehrsituation außer Kurs gesetzt. Ähnlich wie bei der Notwehr ist der Zustand berechtigter Empörung. Jene Bedingungen, unter welchen die hemmende Macht des Über-Ichs aufgerichtet wurde, sind in diesem Zustand nicht mehr vorhanden. Die Angst vor Unlust und die Lustprämie des Geliebtwerdens, die die Einhaltung der moralischen Verbote bewirken, verlieren bei ungerechter Behandlung ihre hemmende Kraft. Ein weiteres Sich-Fügen würde nur mehr Leiden bedeuten und keine Lustprämie mehr verheißen. Wenn wirklich die Angst vor Leiden (Strafe) und die Hoffnung auf Geliebtwerden die beiden psychologischen Faktoren sind, die das Ich zur Einschränkung der asozialen Tendenzen bewegen, so ist es verständlich, daß ein effektives Leiden, das größer ist als die zu erwartende Strafe, diese Faktoren unwirksam macht. Wenn das effektive Leiden groß genug ist, so wird auch die Prämie des Geliebtwerdens es nicht wett machen können. Dies gilt in gleichem Maße für das Verhältnis des Ichs zu Realitätspersonen wie zu dem Über-Ich.

Wir können diese Verhältnisse folgendermaßen formulieren: Wenn das Ich aus der Befolgung der moralischen Rücksichten keinen Gewinn mehr ziehen kann, so fallen diese Rücksichten. Im Zustande des Leidens ist die Angst vor der Strafe kleiner, das Ich kann dann nichts mehr verlieren. Je größer das Leiden ist, um so geringer wird die Abhängigkeit vor den einschränkenden Autoritätspersonen und vor dem Über-Ich, ganz besonders, wenn das Leiden von diesen Instanzen ausgeht. Die Straf*drohung* wirkt einschüchternd auf die Triebe, das Leiden selbst aber und so auch das Leiden während der Strafe wirkt befreiend. Denn mehr als Leiden bedeutet auch die Strafe nicht. Das leidende Ich kann nichts mehr verlieren und neigt daher im Zustand des Leidens dazu, mutig oder verzweifelt gegen die beeinträchtigenden Schranken im Sinne der ursprünglichen Tendenzen des Es loszugehen.

Den Zustand des Leidens oder der Empörung, die von moralischen Hemmungen befreien, stellt der Neurotische und der neurotisch Kriminelle selbst autonom her. Sie führen absichtlich, wenn auch meistens unbewußt absichtlich, eine solche psychische Situation herbei, in der, wenn sie schicksalsgemäß entstünde, auch der Gesunde seine moralischen Hemmungen aufgeben würde. Sie stellen eine solche Situation her, in der das Nachgeben gegenüber den Tendenzen des Es, das heißt, die asoziale Tat berechtigt erscheint. Dies kann einmal dadurch geschehen, daß die realen Autoritätspersonen vom Täter zur Ungerechtigkeit verführt, wie auch dadurch, daß das eigene Über-Ich zur Überstrenge, zur Ungerechtigkeit verleitet wird. Gelingt es dem Kinde, die Eltern oder den Lehrer durch geschickte Provokationen zu übermäßigen Strafen zu verführen, so bekommt das Ich in dem so entstandenen Zustand der Empörung freie Hand, den Tendenzen des Es nachzugeben. Bei überstrenger Behandlung wirkt höchstens noch die Angst vor der nächsten Strafe triebhemmend, die innere moralische Eigenhemmung geht aber verloren.

In der Neurose steht ein Teil der Symptome im Dienste dieses Befreiungsmanövers, und zwar sind es die Symptome, welche Selbstbestrafung und Selbsteinschränkung bedeuten. Bei den neurotischen Kriminellen leisten die wirklich verhängten Strafen sowie auch die harten Lebenssituationen, in die sich solche Menschen unbewußt beabsichtigt bringen, die gleichen Dienste: sie schwächen die Abhängigkeit des Ichs von dem Über-Ich.

Eine für die neurotischen Kriminellen besonders bedeutsame Form der Ausschaltung des hemmenden Einflusses des Über-Ichs ist die sogenannte Schuldprojektion; ein Mechanismus, welcher bei der Paranoia eine überragende Rolle spielt.

Wenn in der Neurose das Leiden durch Symptome autoplastisch selbst herbeigeführt wird, so bedeutet der Mechanismus der Schuldprojektion die Herstellung eines Zustandes, in welchem der Täter durch größere oder geringere Verfälschung der Realität sich in den Glauben versetzt, daß die Umwelt ihm Leiden zufüge. Die Realität wird in der Weise umgedeutet, daß das kranke Ich sich in Notwehr zu befinden glaubt, die reale Situation wird falsch interpretiert, und zwar derart, als ob der Schuldige das Opfer, der Angegriffene schuldig wäre.

In dieser umgedeuteten Situation entsteht dann eine Affektentwicklung, die vom Ich als berechtigt und der Situation angepaßt empfunden wird. Der Kranke nimmt an, daß er angegriffen, schlecht behandelt, verfolgt oder beleidigt werde und fühlt sich in Notwehr.

Für die Schuldprojektion ist charakteristisch, daß die dem Gegner zugeschobenen Motive in Wirklichkeit verdrängte eigene, vom Über-Ich abgelehnte Motive des Täters sind. Die Schuldprojektion bedeutet also eine gleichzeitige Verfälschung der inneren wie der äußeren Realität. Die Verfälschung erfolgt unter dem Druck der Tendenzen des Es, die auf diese Weise ungehemmt zum Ausdruck kommen können.

Zum ersten Male wird dieser Mechanismus von Freud bei der pathologischen Eifersucht des Neurotikers beschrieben, die auch für einen großen Teil der Eifersuchtsdelikte eine entscheidende Bedeutung hat.* Der eine Ehepartner verschiebt seine eigenen unbewußten, verdrängten ehebrecherischen Tendenzen, die seine ethischen und zärtlichen Gefühle verletzen, auf den anderen Ehepartner und entlastet dadurch sein reaktives Schuldgefühl. Nicht er, sondern sie ist untreu oder umgekehrt. Oft ist diese Konfliktsituation so stark, daß die harmlosesten Handlungen des einen vom anderen wahnhaft umgedeutet werden. Es entstehen so noch stärkere eifersüchtige und aggressive Affekte als bei tatsächlich ertapptem Ehebruch, und oft gehen Ehen auf diese Weise zugrunde, ein Sieg der eigenen unbewußten ehebrecherischen Tendenzen des Eifersüchtigen, die jetzt frei und ohne Schuldgefühl realisierbar sind.

Wenn durch solche psychologischen Methoden das Ich seine Freiheit vom Über-Ich durch Verfälschung der inneren und äußeren Realität erreicht, so kann in anderen Fällen durch günstigen Zufall die Realität so weit den Tendenzen des Es entgegenkommen, daß selbst der normalste Mensch ein Crimen begeht. Der Ehebruch braucht ja nicht immer nur phantasiert zu sein. Beim Ertappen auf frischer Tat ist das durch die Realität dem Ich zugefügte Leiden und Unbill so groß, daß dadurch alle moralischen Hemmungen unwirksam werden können. In solchen Fällen wird das Leiden oder die Unbill nicht wie bei den Neurotischen phantasiert *oder selbst* aufgesucht, sondern real erlebt und dadurch der Weg zur kriminellen Tat frei. Auch das Gericht sucht in solchen Fällen gern einen Ausweg für den Freispruch.

* Freud, Gesammelte Schriften, Bd. V, S. 388.

Den bisher beschriebenen psychischen Vorgängen, durch die das Ich seine Abhängigkeit vom hemmenden Einfluß des Über-Ichs löst, ist gemeinsam das Leiden, das entweder

1. ohne eigenes Zutun *real* erduldet wird, oder

2. unbewußt absichtlich *aufgesucht* wird *(neurotischer* Mechanismus), oder

3. *phantastisch* vorgestellt und erlebt wird *(psychotischer* Mechanismus).

Eine andere Art, mit der das Ich für eine asoziale Tat gewonnen werden kann, ist die *Rationalisierung.* Unter Rationalisierung versteht die Psychoanalyse das willkürliche Herausgreifen eines ichgerechten Motivs für die Tat, die aber gleichzeitig von ichfremden Motiven determiniert ist. Aus der Fülle der Determinanten wird nur das ichgerechte Motiv vom Bewußtsein anerkannt und wahrgenommen. Die unbewußten ichfremden Tendenzen können im Dunkel bleiben, weil die Tat durch die vom Bewußtsein wahrgenommenen Motivationen schon genügend begründet erscheint.

Der Snob rationalisiert so seine Sucht aufzufallen, um sich Geltung zu verschaffen, mit verschiedenen kulturellen Interessen, die in der Quantität meistens viel kleiner sind als die ichfremden Exhibitionstendenzen, die er sich selbst nicht zugestehen möchte. Die gelangweilten Damen der Gesellschaft veranstalten pompöse Wohltätigkeitsfeste im Glauben, aus sozialem Mitleid zu handeln, das in Wirklichkeit aber weit zurückliegt gegenüber dem nicht eingestandenen ökonomisch wirksameren Motiv ihrer Vergnügungssucht.

In der Kriminalität ist dieser Mechanismus am häufigsten bei dem *politischen Attentäter,* der sich eine politische Theorie aufbaut, um seine mehr oder weniger sublimierten Vatermordtendenzen ohne Schuldgefühl ausleben zu können. Die häufig unlogischen, leicht durchsichtigen und fadenscheinigen Rationalisierungen solcher Taten, denen zum Beispiel auch eine Herrscherin, die mit Staatsgeschäften und der Staatsgewalt nichts zu tun hatte, zum Opfer fallen konnte, zeugt oft für die elementare Überrumpelung des logischen Denkens, einer Funktion des

Ichs durch die Affekte des Es. Die Rationalisierung bedeutet also immer eine Akzentverschiebung. Hinter der bewußten ichgerechten Motivation versteckt sich eine unbewußte, ichfremde aggressive Tendenz. Dadurch, daß nur die bewußte Determinante gesehen und zugegeben wird, erfolgt eine quantitative Verfälschung der psychischen Situation. Die Stärke der bewußten Motive wird überschätzt, die sie verstärkende unbewußte Motivation wird abgeleugnet.

Bei einer gewissen Art von kriminellen Taten wird die Hemmungsfunktion des bewußten Ichs noch dadurch ausgeschaltet, daß die Tat ähnlich wie das neurotische Symptom in ein unverständliches, oft unsinniges Gewand verhüllt im Bewußtsein erscheint. Solche Delikte, die eine andere unbewußt gewollte Handlung ersetzen sollen, wird man zutreffend als Symptomhandlungen oder *Symptomdelikte* bezeichnen können. Dieselben Mechanismen, die bei der Symptombildung wirksam sind – Verschiebung, Anspielung, symbolische Gleichsetzung usw. – bringen auch diese Delikte zustande. Gleich ist auch ihre ökonomische Funktion. Beide dienen der Aufhebung einer Triebspannung durch Ausleben in einer vor dem Ich verhüllten Form.

Diese Fälle bedeuten einen Übergang zu den Neurosen, insbesondere den Zwangsmechanismen. Wenn man einen solchen Täter über seine Motive befragt, so antwortet er, er habe aus unwiderstehlichem Zwange gehandelt, er wisse selbst nicht warum, ihm sei eine solche Tat fremd. Und wirklich fehlen solchen Handlungen die bewußten Motive, das Ich steht wirklich ratlos gegenüber der Tat und versucht sie nachträglich zu motivieren. Dieser Versuch, einer unverstandenen Tat hinterher bewußte Motive unterzulegen, erfolgt, wie wir bereits erwähnten, nicht nur deshalb, weil der Untersuchungsrichter für jede Tat ein bewußtes Motiv vom Täter verlangt, sondern vor allem auch, weil sein eigenes Ich das gleiche von ihm fordert. Er möchte vor sich selbst nicht als Spielball seiner Triebe erscheinen, schon das Selbstgefühl verlangt von ihm wenigstens eine scheinbare Motivierung, um wenigstens die Illusion der Herrschaft der bewußten Persönlichkeit über die Triebe zu retten.

So hat zum Beispiel eine notorische *Kleptomanin*, die von einem der Autoren behandelt wurde, dem Staatsanwalt zugegeben, sie habe eine billige Ausgabe des »Faust« deshalb sich angeeignet, weil sie Schauspielerin werden wollte und das Buch vielleicht in ihrer späteren Laufbahn einmal hätte verwenden können. Der als Sachverständiger zugezogene Autor, der die Delinquentin vorher behandelt hatte, konnte hier das Gericht leicht davon überzeugen, daß das nicht ein wirksames Motiv für die Tat sein konnte, sondern daß die Tat hier eine tiefe symbolische Bedeutung gehabt hat und der verhüllte Ausdruck verdrängter Motive war.

Interessant war es, zu sehen, wie verschieden das Verhalten dieser Kleptomanin in der Gerichtsverhandlung und bei der psychoanalytischen Behandlung war. Nur in der Psychoanalyse konnte sie wirklich aufrichtig sein. Sie gestand dem Arzt, daß sie ihren Taten völlig ratlos gegenüberstehe, daß sie selbst nicht verstehe, warum sie so etwas getan habe, sie erwog selbst die Möglichkeit, daß sie vielleicht doch aus Habsucht gehandelt haben könnte, mußte aber diese Annahme verwerfen, weil die Habsucht nicht erklären konnte, warum sie zum Beispiel gerade Bilder, auf denen eine Mutter und Kind abgebildet war, mit Vorliebe stahl, und andere, auch wertvollere Bilder sie kalt ließen. Oft fühlte sie, daß eher noch gewisse aggressive Gefühle gegen den Bestohlenen mitgewirkt haben mochten, wenn sie zum Beispiel Kleider stahl, die sie selbst nicht tragen konnte und die sie auch nie anderweitig verwertet hat. Aber andere Taten konnten auch damit nicht erklärt werden.

Während der psychoanalytischen Behandlung, die zur vollen Gesundung führte (die Patientin führt seit vielen Jahren ein völlig einwandfreies, geachtetes Leben, ohne jeden Rückfall), kamen die wahren unbewußten Motive der krankhaften Stehlsucht zum Vorschein. Durch das Stehlen wollte sie sich symbolisch mit Gewalt etwas rauben, was das Leben ihr versagt hatte. Sie wollte sich schadlos halten für versagte oder zu geringe Liebe im Elternhaus, dann für die anatomische Beeinträchtigung der Frau gegenüber dem Mann und für das versagte Kind, das von dem Geliebten zu erhalten ihr aus gesellschaftlichen Gründen und aus inneren tiefer liegenden Hemmungen nicht möglich war. In dem Stehlakt kamen alle diese drei unbewußten Sehnsüchte wenigstens verhüllt zu einer Ersatzbefriedigung. Das Stehlen von Bildern, auf denen eine Mutter mit dem Kind dargestellt war, befriedigt die Sehnsucht nach der Mutterschaft, der Diebstahl der Faust-Ausgabe und anderer bedeutender literarischer Bücher gewann eine Bedeutung als Symbol der faszinierenden männlichen Leistungsfähigkeit, die sie sich durch Raub aneignen wollte, der Kleiderdiebstahl erschien in der Hauptsache als ein Racheakt gegen die Mutter, von der sie sich vernachlässigt gefühlt hatte. Alle diese Diebstähle sind eindeutige Beispiele für das früher erwähnte *Symptomdelikt.*

Trotzdem ihr während der Kur alle diese unbewußten Motivationen bewußt geworden waren und sie gelernt hatte, diese Triebe zu beherrschen und in ichgerechter Form zu sublimieren, an Stelle der neurotischen Ersatzbefriedigung, die das Stehlen ihr gewährt hatte, sich reale Befriedigungen im Leben zu erkämpfen, befand sie sich in der Gerichtsverhandlung, in der sie nach ihrer Gesundung für die früher begangenen Taten abgeurteilt werden sollte, in einer hoffnungslosen Lage. Die Aussichtslosigkeit, diese Motive denen klarzumachen, die in erster Linie berufen waren, sie zu verstehen, veranlaßte sie, den Wünschen des Staatsanwaltes nach einer bewußten allgemein verständlichen Motivierung nachzugeben. Der Psychoanalytiker sah sich allerdings freudig überrascht von der Fähigkeit eines Gerichtshofes, sich in diese ihm völlig fremden Gedankengänge einzufühlen, eine Fähigkeit, die die Psychoanalyse bisher in ärztlichen Kreisen nur selten vorgefunden hat, und die den Gerichtshof veranlaßte, entgegen dem Gutachten des beamteten Gerichtsarztes die Angeklagte freizusprechen. Der Gerichtsarzt stand der Tatsache der Kleptomanie überhaupt skeptisch gegenüber, meinte, sofern man in seltenen Fällen so etwas annehmen könne, so müßten besondere diagnostische Merkmale wie Imbezillität, Schwitzen und Tremor der Hände bei Ausführung der Tat vorhanden sein. Die Angeklagte sei eine besonders intelligente, geistig hochstehende Person, und so ein Mensch müsse unbedingt wissen, was er tue. Aber gerade dieses Mißverhältnis zwischen der gut entwickelten bewußten Persönlichkeit, der eine solche Tat wirklich fern lag, und dem sich zwanghaft als Fremdkörper in das Bewußtsein hineindrängenden Drang zum Stehlen war für den Psychoanalytiker der Beweis für das Vorhandensein eines neurotischen Mechanismus.

Wir werden in unseren späteren Untersuchungen dartun, daß in den meisten Fällen die unbewußten Tendenzen nicht in der Form solcher umschriebener isolierter Zwangsimpulse ins Bewußtsein treten, sondern daß die unbewußten Triebe das bewußte Ich in seiner Gesamtheit durchdringen und den Handlungen solcher Menschen einen schicksalsmäßigen, wie Freud sagt, dämonischen Charakter verleihen. Bei diesen »neurotischen Charakteren« sind meistens alle bisher beschriebenen Mechanismen in verschiedenem Ausmaße wirksam: die *Leidensmechanismen*, die *Rationalisierungen* und die *symptomähnliche Verkleidung* des Sinnes ihrer Handlungen.

Der neurotische Verbrecher

Im Jahre 1915 beschrieb Freud in seiner kleinen Arbeit »Einige Charaktertypen aus der psychoanalytischen Arbeit« Menschen, deren Leben unter dem Einfluß gewisser unbewußter psychischer Mechanismen einen von ihrem bewußten Willen unabhängigen, oft geradezu zwanghaft anmutenden schicksalmäßigen Verlauf nimmt. Einer dieser Typen – von Freud »die Ausnahmen« genannt – versucht, an eine infantile Situation fixiert, im Leben entgegen den realen Möglichkeiten als Ausnahme behandelt zu werden. Das ganze Leben solcher Menschen verläuft im Zeichen dieses triebhaft-irrationalen Verlangens. Freud konnte bei diesen Menschen eine gemeinsame Eigentümlichkeit in ihren früheren Lebensschicksalen nachweisen. »Ihre Neurose knüpfte an ein Erlebnis oder an ein Leiden an, das sie in der ersten Kinderzeit betroffen hatte, an dem sie sich unschuldig wußten, und das sie als eine ungerechte Benachteiligung ihrer Person bewerten konnten. Die Vorrechte, die sie aus diesem Unrecht ableiteten, und die Unbotmäßigkeit, die sich daraus ergab, hatten nicht wenig dazu beigetragen, um die Konflikte, die später zum Ausbruch der Neurosen führten, zu verschärfen.«

Es ist verständlich, daß Menschen, die dauernd eine Ausnahmestellung in der Welt beanspruchen, sich schwerer äußeren Anforderungen anpassen können und deshalb auch ein nicht geringes Kontingent der Kriminellen liefern, die ja ebenso wie die Neurotiker, wenn auch in anderer Form, an der sozialen Anpassung scheitern.

Ein zweiter Typ sind »die am Erfolge scheitern«. Es sind dies Menschen, die unter dem Druck unbewußter Schuldgefühle Erfolge nicht vertragen können und gerade nach erreichtem Erfolg entweder, wie Freud es beschreibt, in eine Neurose verfallen oder, wie wir sonst sehen konnten, unbewußt beabsichtigt Leidenssituationen aufsuchen, um gleichsam für den Erfolg zu bezahlen, oder die es triebhaft darauf anlegen, die Früchte ihrer Erfolge immer wieder zu zerstören.

Wenn dieser Typ kriminalistisch weniger interessiert, so ist der von Freud als dritte Gruppe beschriebene »Verbrecher aus Schuldbewußtsein« für uns von besonderer Bedeutung.

Diese Menschen begehen das Verbrechen vor allem darum, weil es verboten ist, und weil seine Ausführung ihnen eine seelische Erleichterung bringt. Ein sie dauernd belastendes Schuldgefühl unbekannter Herkunft wird durch das Vergehen an eine bestimmte Tat geknüpft und so wenigstens irgendwie in einer bewußtseinsfähigen, leichter ertragbaren Form untergebracht. Ihr Schuldgefühl stammt nämlich aus unbewußten Wünschen, die vom eigenen Über-Ich viel schwerer verurteilt werden, als die real begangene strafbare Handlung. Diese Menschen haben also offenbar ein besonders strenges Gewissen und darum größere Angst vor ihrer eigenen moralischen Instanz als vor dem weltlichen Gericht. Die Bestrafung für die meistens ziemlich harmlose (jedenfalls von ihrem Über-Ich als wesentlich harmloser als der verpönte Wunsch empfundene) Tat bedeutet für sie einen moralischen Gewinn, weil sie mit der realen Strafe gleichzeitig für ihre unbewußten Wünsche bezahlen und damit das Schuldgefühl beschwichtigen können. Die wirklichen Ursachen ihrer Schuldgefühle – die immer aus der mangelhaft bewältigten Ödipussituation stammen – brauchen so nicht mehr bewußt zu werden, weil sie auf die real begangene Tat verschoben werden.

Das Verbrechen aus Schuldgefühl ist eine Kombination zweier früher beschriebener allgemeiner Mechanismen, der Verhüllung und der Selbstbestrafung. Der eigentlich gemeinte verdrängte Wunsch kommt in der relativ geringfügigen Tat für das Bewußtsein verhüllt zum Ausdruck. Die aufgesuchte Strafe beschwichtigt das Über-Ich, dessen innere Wahrnehmungsfunktion hinter der Verhüllung die latente wahre Absicht merkt. Die gefühlsmäßige Gleichsetzung von Wunsch und Tat wird nach Freud dadurch ermöglicht, daß beide verboten sind. In den meisten Fällen läßt sich analytisch neben dieser konstanten groben Übereinstimmung noch eine feinere symbolische Verbindung oder irgendeine Anspielung auf das eigentlich Gemeinte aufdecken.

Diese Kriminellen, die ihr Dasein ausschließlich dem Talionsgedanken der Strafe verdanken, sind in einem gewissen Sinne übermoralisch, sie besitzen ein überempfindliches Gewissen, wenn auch gleichzeitig in ihrem Unbewußten unbewältigte archaische kriminelle Tendenzen wirksam sind.

Die ersten Mitteilungen Freuds über diese drei neurotischen Charaktertypen haben besonders nach dem psychoanalytischen Ausbau der Ichpsychologie verschiedene Forscher zur weiteren Untersuchung dieser triebhaften irrationalen Persönlichkeiten angeregt. Neben Reiks[*] und Reichs[**] diesbezüglichen Arbeiten (»Geständniszwang und Strafbedürfnis« bzw. »Der triebhafte

---

[*] Reik, *Geständniszwang und Strafbedürfnis,* in diesem Band, S. 11 ff.
[**] Reich, »Der triebhafte Charakter«, *Neue Arb. z. ärztl. PsA.,* IV, Wien 1925.

Charakter«) hat Alexander* den »neurotischen Charakter«
klinisch abzugrenzen versucht.
Wir wollen seinen Gedankengang hier kurz wiedergeben.
Als *neurotischen Charakter* bezeichnet er jene Gruppe von
pathologischen Persönlichkeiten, bei denen das Krankhafte sich
nicht in umschriebenen Symptomen äußert, die vielmehr in
ihrer gesamten Lebensführung in typischer Weise von der Norm
abweichen. Im Gegensatz zu den meist so inaktiven echten
Neurotikern sind diese Kranken Menschen der Tat, ihr Leben
verläuft dramatisch. Eines der charakteristischen Grundmerk-
male der Neurosen, die autoplastische Art der Triebbefriedigung, fehlt ihnen häufig ganz. Das, was wir seit Freuds Formulierung als einen Wesenszug der Neurose betrachten, daß
ein ichfremder Triebanspruch nur eine Ersatzbefriedigung in
der Form des Symptoms erhält, gilt für diese Gruppe von
Menschen ganz und gar nicht. Diese *handeln,* leben ihre Triebe
aus, auch die ichfremden, asozialen Tendenzen, und trotzdem
sind sie nicht wirkliche Kriminelle. Gerade daß ein Teil ihrer
Persönlichkeit dieses triebhafte Ausleben verurteilt, wenn er es
auch nicht beherrschen kann, unterscheidet sie von der mehr
homogenen, eindeutig asozialen Persönlichkeit der Kriminellen.
Merkwürdige, gegen sich selbst gerichtete Handlungen, ein
irrational erscheinender Selbstzerstörungsdrang zeugt nur zu
klar für das Vorhandensein der inneren Selbstverurteilung.
Das andere Charakteristikum der Neurose, der seelische Konflikt, und zwar ein unbewußter Konflikt zwischen zwei hetero-
genen Teilen der Persönlichkeit, ist also bei dieser Gruppe
deutlich vorhanden. Und gerade dieses Merkmal, die Spaltung
der Persönlichkeit in einen triebhaft handelnden und einen
darauf moralisch, sogar übermoralisch, weil nicht nur selbst-
einschränkend, sondern selbstschädigend reagierenden Teil, erlaubt uns, diesen Menschentyp als krank anzusehen.
Es ist gerade das Verdienst der Psychoanalyse, daß wir heute
selbst dem manchmal kraß asozialen Verhalten solcher Men-

* Alexander, »Der neurotische Charakter«, *Internat. Zschr. f. PsA.* XIV,
1928.

schen an Stelle der bis jetzt üblichen wertenden, d. h. verurteilenden Einstellung mit einem ähnlichen *medizinischen* Verständnis begegnen können, wie dem neurotischen oder gar dem organischen Symptom. Dieses Verhalten erduldet der Kranke im Prinzip ebenso, wie der Neurotische oder der organisch Kranke seine Symptome, weil seine Motive unbewußt, also solche sind, zu denen die bewußte Persönlichkeit keinen Zugang hat. Schönes Zureden, Ermunterungen oder Strafen durch die Umgebung nützen ebensowenig wie der selbst gefaßte Vorsatz, morgen ein neues Leben zu beginnen, so wenig, wie etwa der Vorsatz eines Kranken nützen würde, durch Willensanstrengung seine Diabetes zu überwinden. Die Ohnmacht des bewußten Ichs gegenüber diesem triebhaften Agieren ist das Gemeinsame, das es mit den körperlichen und neurotischen Erkrankungen verbindet. Allerdings ist der Weg von dem organischen Symptom zum asozialen oder oft sogar nur zum irrationalen Verhalten im Leben so lang, daß es ohne weiteres erklärlich ist, wenn Psychoanalyse und Medizin noch nicht zu einer Einheit verschmolzen sind. Es ist auch nicht verwunderlich, wenn diese Art Menschen, deren wissenschaftliche Erforschung selbst in der Psychoanalyse neuer ist als die der Neurotischen, nicht von vornherein als Kranke angesehen, sondern je nach ihrem Alter eher dem Wirkungskreis des Erziehers oder des Richters überlassen werden als dem des Arztes. Wir sind ja gewöhnt, die Krankheit als etwas von dem bewußten Willen des Menschen Unabhängiges zu betrachten, als eine vis maior, die der kranke Mensch erdulden muß. Andererseits waren wir auch gewöhnt, für das Handeln eines Menschen, abgesehen von den im § 51 des deutschen Strafgesetzbuches vorgesehenen Fällen, seine bewußte Persönlichkeit verantwortlich zu machen. Man kann schwer jemanden für ein Magengeschwür verantwortlich machen, leichter – wie die Kriegserfahrung zeigt – für ein hysterisches Symptom, noch leichter aber dafür, daß er verschwenderisch ist, sein Geld verspielt und in keiner ernsten Arbeit ausharren kann. Um gewisse Menschen der letzteren Sorte auch als krank zu bezeichnen, muß wohl der Begriff der

Krankheit mächtig ausgedehnt und begrifflich neu bestimmt werden. Es ist dabei leider unvermeidlich, daß der organisch Erkrankte so in eine schlechte Gesellschaft gerät.

Von dem strukturell-dynamischen Gesichtspunkt aus gesehen, steht solch eine unbewußt bedingte irrationale Lebensführung jenen Zwangshandlungen am nächsten, bei denen der Zwangsimpuls nicht mehr in der Form einer vollständig unsinnigen Symbolhandlung erscheint, sondern den Anschein einer realen Handlung annimmt, also zum Beispiel den kleptomanen Handlungen, wobei das Stehlen aber einen subjektiven symbolischen Sinn hat und nicht – wie es scheint – für den rationellen Zweck der Bereicherung ausgeführt wird. Ein der bewußten Persönlichkeit fremder Impuls erscheint bei der Zwangsneurose wie ein Fremdkörper im Bewußtsein und kann in Grenzfällen, wie bei der Kleptomanie, sogar zur Motilität gelangen. Bei den echten Formen von neurotischen Charakteren kommen die verdrängten Tendenzen, wenn auch meist in einer modifizierten Form, immer zur Ausführung. Sie überfluten das Ich aber in einer viel diffuseren Weise als vereinzelte Zwangshandlungen und beeinflussen das gesamte Handeln, beherrschen das Ich manchmal so weitgehend, daß ein bewußter Konflikt und so auch die Krankheitseinsicht vollständig fehlen können. Aber ein unbewußter Konflikt, eine unbewußte Ablehnung kommt in der nie fehlenden selbstschädigenden Tendenz eindeutig zum Ausdruck. Wenn diese unbewußte moralische Reaktion fehlt, dann sprechen wir auch nicht mehr von neurotischen Menschen, sondern von normalen Kriminellen oder von anderen Abarten.

Die große forensische Bedeutung dieser Fälle ist ohne weiteres klar. Ein großer Teil solcher neurotisch agierenden Menschen, von unbewußten Motiven zum Verbrechen oder zum Bestraftwerden getrieben, kommt früher oder später in Widerspruch mit den bestehenden Gesetzen. Ihre eindeutige Abgrenzung von den echten Kriminellen, für die sie so oft trotz der Einführung der nosologischen Gruppe psychopathischer Persönlichkeiten in der heutigen Rechtsprechung gehalten werden, ist eine der großen Aufgaben der Psychoanalyse, die sie praktisch erst dann wird erfüllen können, wenn sie den Weg über den ärztlichen Gerichtssachverständigen oder durch die psychoanalytische Schulung des Richters zum Gerichtssaal gefunden haben wird. Erst dann wird die Gesetzgebung mit einem weiteren Schritt von dem Geist der Hexenprozesse sich entfernen, an die manche moderne Prozeßverhandlungen erinnern, wenn dem aus unbewußten Motiven handelnden Verbrecher im Trommelfeuer der Kreuzfragen vom Richter und vom Staatsanwalt bewußte Motive unterschoben werden.

Der neurotische Charakter ist, unabhängig davon, ob er mit den bestehenden Gesetzen in Widerspruch gerät oder nicht, jedenfalls ein Kranker, der an einer symptomlosen Neurose leidet, und den der psychoanalytisch geschulte Blick ohne Zweifel als neurotisch erkennt, ohne ihn in irgendeine bekannte nosologische Gruppe einreihen zu können. Diese Menschen haben ein dramatisches Schicksal, sie werden im Leben von einem »dämonischen« Zwang getrieben, an die Stelle der Symptome treten die irrationalen Handlungen, deren unbewußter Sinn sich ebenso deuten läßt wie der eines neurotischen Symptoms. Aber nicht nur ihre einzelnen Handlungen, sondern der ganze irrationale Ablauf ihres Lebens erhält erst nach der Deutung der unbewußten Motive einen verständlichen Sinn. Hierher gehören gewisse Abenteurer, hinter deren Handlung immer die gleiche Auflehnung gegen die Autorität des Staates und der Gesetze steckt, und denen es immer gelingt, ungerecht, wenigstens subjektiv ungerecht, bestraft zu werden, und so den Vater-Staat – ins Unrecht zu setzen. Ferner gehört in diese Gruppe der größte Teil jener Menschen, die die forensische Medizin als geistig Minderwertige zusammenfaßt und die Bleuler in seinem Lehrbuch der Psychiatrie als psychopathische Persönlichkeiten, Erregbare, Haltlose, Triebmenschen, Verschrobene, Lügner und Schwindler, Gesellschaftsfeinde, Streitsüchtige beschreibt. Auch der ältere Begriff der *moral insanity* fällt mehr oder weniger mit dieser Gruppe zusammen. Bei einem großen Teil solcher Charaktere zeigt sich das Krankhafte vornehmlich auf dem

Gebiet des Liebeslebens. Wir möchten aber davor warnen, etwa zwei scharf getrennte Gruppen aufzustellen und neurotische Charaktere auf dem Gebiet des sozialen Lebens von jenen, deren Triebhaftigkeit hauptsächlich in den Liebesbeziehungen zum Ausdruck kommt, abzugrenzen. Es scheint vielmehr, als ob das neurotische Verhalten auf dem einen Gebiet meist mit Störungen auf dem anderen Gebiet zusammenhinge. Es ist aber nicht zu leugnen, daß in manchen Fällen das soziale Wirken, in anderen das Liebesleben in den manifesten Äußerungen im Vordergrund steht. Die Schilderung der typischen Vertreter dieser neurotisch Liebenden gehört nicht zu unserer jetzigen Aufgabe. Jedem sind die Don-Juan-Typen, die nie erreichbaren Idealen nachjagen, ebensogut bekannt wie jene masochistisch gefärbten Hörigen, die ihr Strafbedürfnis nicht in einer abgekapselten masochistischen Perversion ausleben, sondern es in ihre Liebesschicksale in diffuser Form hineinverweben. Einer Frau sich opfern und treu zu dienen, ist für diese eine Liebes- und Potenzbedingung, wie für den Masochisten die greifbaren Formen der Bestrafung. Andere wieder sind gleichzeitig an zwei Frauen gebunden, zwischen denen sie nicht wählen können. Der neurotische Konflikt findet in dieser typischen Lebenssituation einen realen und oft tragischen Ausdruck.

Als das wesentlichste Merkmal des neurotischen Charakters, das bei jedem Einzeltyp vorhanden ist, könnte man die große expansive Kraft der ichfremden Tendenzen bezeichnen. Diese Menschen lassen sich nicht wie die Neurotiker auf das rein subjektive Gebiet der Symptome einschränken, sie setzen sich in der Realität durch, trotzdem der sozial angepaßte Teil des Ichs ihnen verneinend gegenübersteht. Die relative Stärke des Ichs ist allerdings kleiner als bei den Neurotischen, aber meist nicht wegen der absoluten Schwäche des Ichs, sondern wegen der *starken Expansionskraft des Trieblebens*. Ob ein Mensch in seinem Triebleben zur Autoplastik neigt oder nicht, ist für die Entwicklung zur Neurose oder zur Kriminalität von geradezu entscheidender Bedeutung. Ohne autoplastische Neigung ist keine Neurose, ohne expansive Triebe keine Kriminalität denkbar. Für diese Qualität der Triebe ist in erster Linie ein konstitutioneller Faktor verantwortlich. In dieser expansiven Qualität seines Trieblebens steht der neurotische Charakter dem Gesunden näher als dem Neurotischen. Er *handelt* und läßt sich durch die Sozietät nicht in die Phantasiewelt der Symptome hineindrängen. Der Neurotische behält den ursprünglichen infantilen Inhalt seiner Triebansprüche, begnügt sich aber mit den phantastischen Befriedigungen, die ihm die Symptome gewähren. Der Gesunde modifiziert lieber seine ursprünglichen unrealisierbaren Triebe, nur um auf reale Befriedigung nicht verzichten zu müssen. Der neurotische Charakter will noch mehr, er will seinen Naturzustand behalten und sich in dieser Form durchsetzen. Er will beides, er will wie der Neurotische die ursprünglichen asozialen Befriedigungen behalten, trachtet aber nach realen Befriedigungen wie der Gesunde. Weil aber ein Teil des eigenen Ichs diesem Versuch widerspricht, schneidet er sich ins eigene Fleisch.

Das expansive Triebleben grenzt also den neurotischen Charakter vom echten Neurotischen ab und bringt ihn näher zum Gesunden. Dies kommt auch in der Therapie zum Ausdruck. Den gewaltigen Schritt von der introvertierten Autoplastik zum Handeln, der bei schweren Neurosen oft unmöglich ist, brauchen wir bei dem neurotischen Charakter nicht zu erzwingen. Das Handeln muß nur mehr unter die Herrschaft der bewußten Persönlichkeit gebracht werden. Darum bieten diese Fälle ein so dankbares Feld für analytische Erfolge, wenn sie nur zum Analytiker kommen. In ihren jungen Jahren fehlt ihnen aber meist jede Krankheitseinsicht. Oft sind sie frischfröhliche Draufgänger, die erst durch die bittere Lebenserfahrung zur Einsicht kommen. Darum sehen wir sie in der Analyse meistens im reifen Mannesalter.

Man gelangt durch diese Überlegungen zu der Einsicht, daß der neurotische Charakter in seiner psychobiologischen Konstitution im Gegensatz zum Neurotiker eher dem Gesunden gleichzusetzen ist. Seine Abweichung von der Norm ist nicht sosehr die Folge einer besonderen pathologischen Konstitution, sondern des späteren Lebensschicksals. Dieselben oder ähnlichen pathogenen Momente, die den in der expansiven Kraft seines Trieblebens konstitutionell Geschwächten zum Neurotiker werden lassen, führen bei dem Kinde mit gesunden expansiven Trieben zur Entwicklung eines neurotischen Charakters. Es sind gewissermaßen unvollständig gezähmte Naturmenschen. Und dies erklärt die merkwürdige, stark gezeichnete Unebenmäßigkeit ihrer Persönlichkeit, das zähe Festhalten der Triebe an realen und ursprünglichen Befriedigungen neben einer hemmenden, selbstbestrafenden moralischen Instanz. Diese Spaltung ist ähnlich jener beim Neurotiker, nur, daß sowohl die Befriedigung wie das Leiden durch reale Handlungen und Erlebnisse erreicht werden.

Man könnte in diesen Überlegungen sogar noch weiter gehen und meinen, daß ein besonders expansives, unzähmbares Triebleben sich am schwersten durch die Zivilisation zu neurotischen Ersatzbefriedigungen zwingen oder in der Form von Sublimierungen domestizieren läßt. Menschen mit solch ursprünglichem Triebleben haben es besonders schwer, sich den heutigen, viele Einschränkungen fordernden Verhältnissen anzupassen. Dem in der expansiven Kraft seines Trieblebens bereits etwas Geschwächten wird diese Anpassungsleistung eher gelingen. Daraus würde aber folgen, daß derjenige Typ, den wir heute als gesunden Normalen bezeichnen, einen Zwischentyp zwischen den ursprünglichen expansiven Triebmenschen und den Neurotikern bildet. Unsere Zivilisation erfordert ja eine weitgehende Triebeinschränkung und, wie jede Zivilisation, führt ihr Weg in der Richtung der Neurose, in der Richtung einer gewissen Degeneration des Trieblebens. Ein gutes Mittelmaß von dieser degenerativen Schwäche, eine gewisse Bereitschaft, die ursprünglichen Handlungen durch die sublimeren Arten der Befriedigungen einzutauschen, ist vielleicht das Rätsel der seelischen Gesundheit im heutigen Sinne, d. h. der Angepaßtheit an die komplizierten Lebensbedingungen unserer weitgehend organisierten Gemeinschaft. Das Individuum mit seinen individuellen Triebzielen, mit seiner selbstherrlichen Intaktheit wird als biologische Einheit, als Einzelwesen zugunsten der Sozietät geopfert. Der Kollektivmensch erscheint *biologisch* als ein Entartungsprodukt im Vergleich zu dem als Einheit abgeschlossenen, auf sich gestellten Einzelindividuum. Der urbane Typ der hochorganisierten Gegenwartskultur wirkt neben dem viel weniger sozialen Menschen patriarchalischer Zeiten als Triebwesen verkrüppelt.

Der neurotische Charakter kämpft den tragischen Kampf des Individuums gegen die Gemeinschaft. Während aber die einen dieser Gruppe sich offen gegen den Zwang der Sozietät auflehnen und so zu Rechtsbrechern werden, versucht ein anderer, gutmütigerer Teil, die Illusion des Individualismus in den merkwürdigsten Arten eines Sonderlingsdaseins aufrechtzuerhalten. Diese Menschen retten ihre Individualität in ihr Privatleben hinein. Besessene Sammler und Liebhaber, Spieler, waghalsige Rekordbrecher, Menschen, die jede Gelegenheit aufsuchen, ihr Leben aufs Spiel zu setzen, gehören hierher. Hinter dem oft so lächerlich wirkenden Hang des Sonderlings, etwas ganz Ausgefallenes zu tun und so von der Norm abzuweichen, steckt der Trotz gegen das Aufgeben der individuellen Freiheit der Triebe. Wenn auch der Trotz des Sonderlings harmloser und weniger offen ist als der des neurotischen Rechtsbrechers, seine psychische Grundlage ist die gleiche: das trotzige Festhalten an den Rechten des Individuums gegenüber dem Zwang der Massenbildung.

Beide Formen der neurotischen Charaktere, der *Verbrechertyp* wie der *Sonderling,* fanden zahlreiche literarische Bearbeitungen. Dostojewskis Dimitri Karamasoff ist der klassische Vertreter der ersten, Balzacs Vetter Pons der der zweiten Gattung. Ein heroischer Darsteller des *Abenteurer*-Typs ist die Condottiere-Figur Casanovas. Er weist in einer seltenen Reichhaltigkeit fast alle bezeichnenden Merkmale des neurotischen Charakters auf. Ein extremer Individualist, allen weltlichen und kirchlichen Mächten trotzend, seine Überlegenheit immer und überall zur Schau tragend, ein Fanatiker der Tat, steht er doch unter dem Einfluß eines starken Strafbedürfnisses. Seine

Aufzeichnungen über seine Verhaftung, wie er die Mahnungen seiner Freunde, zu fliehen, und die Hilfe seines Gönners Bragadino starrsinnig zurückweist und seine Verhaftung geradezu provoziert, lassen keinen Zweifel an dem Wirken seines tiefen Strafbedürfnisses. Es kommt auch zu seinem ständigen Spiel mit der Gefahr während seines ganzen Lebens zum Ausdruck. Er übt auf die heutigen, in ihrer Entwicklungslinie zur Neurose neigenden, auf die Tat und die Ursprünglichkeit der Befriedigungen verzichtenden Menschen deshalb eine so faszinierende Wirkung aus, weil er handelt, nicht verzichtet und zum Vorkämpfer der individuellen Freiheit der Triebe gegenüber der alles gleichmäßig grau färbenden Gemeinschaftsidee wird. Er bringt einen moralischen Zug in diesen Kampf, in dem er sich als den Helden der Freiheit des Denkens gegenüber dem tyrannischen Geist der Inquisition und des kirchlichen Aberglaubens aufführt. Doch auch diese Schlagworte, mit denen er seinen Kampf rechtfertigen möchte, helfen ihm nichts gegen das unbewußte Strafbedürfnis. Er muß für seine Auflehnung gegenüber den Machthabern, in denen er wie jeder Individualist den ersten Machthaber, den Vater, bekämpft, mit der selbst verursachten Gefangenschaft bezahlen.

In unserer antiindividualistischen Zeit sind die Casanova-Gestalten, die sich über Staat, Kirche und alle Machthaber auf so dramatische Weise lustig machen, nicht mehr häufig. Sie würden auch anachronistisch wirken. Sie passen in die Bleikammern des Dogenpalastes eher hinein als in unsere farblosen Staatsgefängnisse. Und ebenso wie die Gefängnisse von heute prosaischer geworden sind, ist auch der moderne neurotische Charakter des Abenteurertypus farbloser geworden. Heute ist er theoretischer Oppositionspolitiker und in einer Partei organisiert. Oder noch häufiger erscheint er auf dem Wirtschaftsgebiet als Industrieritter, als rücksichtsloser Verdiener, der aber gleichzeitig von demselben Selbstzerstörungsdrang getrieben wird wie sein mehr heroischer Vorgänger. Der so häufige Wechsel von finanziellem Aufstieg und Zusammenbruch, der für diese Menschen charakteristisch ist, ist der Ausdruck der nebeneinander wirkenden aggressiven und selbstzerstörenden Tendenzen.

Jedem wird es jetzt verständlich sein, warum die neurotischen Charaktere die dichterische Phantasie seit jeher so angeregt haben. Es sind ja meistens starke Individualitäten, die aber gleichzeitig kollektiv empfinden. Sie stellen den ewigen Kampf zwischen Individuum und Gesellschaft nicht wie der Neurotische durch schwer erschließbare innerpsychische Vorgänge dar, sondern dramatisch durch ihr manifestes Lebensschicksal. Deshalb sind sie geborene Helden, die ein tragisches Schicksal haben müssen. Ihr Untergang ist der Sieg der Gesellschaft, und der Zuschauer, der ja immer selbst in gleicher Weise innerlich gespalten ist, kann beide Seiten seiner Persönlichkeit – die rebellische und die soziale – durch Einfühlung ausleben.

Wir kommen zum Ergebnis, daß der neurotische Verbrecher einen Sonderfall des neurotischen Charakters bildet, den sein triebhaftes Handeln mit den Strafgesetzen in Konflikt bringt. Wir sahen, daß andere Vertreter dieser Gruppe in ihrem lächerlichen, isolierenden Sonderlingsdasein eine harmlosere, sozial weniger schädliche Abfuhrmöglichkeit für ihr triebhaftes Agieren und für die Befriedigung ihres Strafbedürfnisses finden. Bei manchen Menschen ist diese unbewußt bedingte Führung ihres Lebens noch weniger deutlich. Häufig kommt das Neurotische nur in der Gestaltung ihrer Ehe, in dem oft irrationalen Verlauf ihrer Karriere, in dem anscheinend zufallsmäßigen Auf und Nieder ihrer beruflichen Erfolge zum Ausdruck.

Der neurotische Kriminelle unterscheidet sich von diesen sozial harmloseren Vertretern der allgemeinen Gruppe »neurotischer Charakter« nicht in irgendeiner grundsätzlichen Beziehung, sondern lediglich darin, daß sein neurotisches Agieren in sozial schädlicher Form erfolgt.

Die zwingende Konsequenz dieser diagnostischen Feststellung besteht darin, daß der neurotische Verbrecher ebenso wie jeder neurotische Charakter ein *psychoneurotisch Erkrankter* und als solcher heilbar ist und darum Anspruch auf eine ärztliche Behandlung hat. Seine Krankheit besteht in dem Mißverhältnis zwischen Triebstärke und Kraft der Hemmungsfunktion des Ichs und in der geringen Plastizität des Trieblebens. Er ist paradoxerweise krank an einer übermäßigen ursprünglichen Gesundheit seines Trieblebens, an einer Ursprünglichkeit, die die heutige Gesellschaft und auch sein Über-Ich in dieser Form nicht dulden können. Jedenfalls aber erfolgt sein sozial schädliches Handeln unter dem Einfluß unbewußter Motive, zu denen sein bewußter Wille keinen Zugang hat. Seine Bestrafung ist sinnlos, welche Bedeutung man auch immer der Strafe beimessen möge. Vom Standpunkt der *Vergeltungs*theorie fügt man ihm ein Leiden zu für etwas, wofür er nichts kann. *Abschrecken* kann ihn die angedrohte Strafe schon deshalb nicht, weil sein unbewußtes Strafbedürfnis die gerichtliche Bestrafung begrüßt, oft geradezu aufsucht und weil in dem Sonderfall des Verbrechers aus Schuldbewußtsein die Strafe ein Hauptmotiv für die Tat bildet. Der soziale Gewinn aus der *allgemeinen Abschreckung* (Generalprävention) ist auch äußerst fragwürdig, weil sehr viele Kriminelle, nämlich alle ihre neurotischen Leidensgenossen, aus der Strafe die Möglichkeit ihres neurotisch-kriminellen Agierens schöpfen. Daß schließlich die Strafe diese Menschen auch nicht *bessern* kann, liegt klar auf der Hand, weil ihr bewußter Wille die im Unbewußten wirkenden Kräfte nicht bewältigen kann. Ihre Bestrafung ist *psychologisch unsinnig und ist soziologisch schädlich*.

Unabhängig von allen diesen mehr oder weniger theoretischen Erwägungen erweist die Praxis der psychoanalytischen Therapie, daß diese konfliktvollen Menschen, bei denen die sozial angepaßten Teile der Persönlichkeit mit dem asozialen Teil in einem ähnlichen ständigen Kampf stehen wie bei den Neurosen, häufig, wenn auch nicht immer, heilbar sind. Jedenfalls hat die psychoanalytische Kur bei diesen Menschen, deren Triebleben meistens konstitutionell unbelastet ist, besonders große Aussichten. Im Gegensatz zu dem Neurotischen, der in seiner Neigung zur Introversion einen konstitutionellen Faktor mitbringt, sind bei diesen Menschen nur die später erworbenen Schichten der Persönlichkeit krank. Das souveräne Gebiet der psychoanalytischen Therapie liegt aber gerade hier, sie ist imstande, die pathogenen Eindrücke des individuellen Lebens rückgängig zu machen, weniger vermag sie, konstitutionelle Anlagen wesentlich zu ändern.

Perversion und Verbrechen

Die psychologischen Verhältnisse, die für den neurotischen Verbrecher eine besondere Beurteilung erfordern, gelten in verstärktem Maße für die *Perversen.* Wenn man den bewußten Willen des Täters als Grundlage seiner Verantwortlichkeit anerkennt, so bringt uns der *Rechtsbrecher aus Perversion* in eine besondere Verlegenheit. Perverse Regungen sind ja bekanntlich nicht durch den verantwortlichen Teil der Persönlichkeit beeinflußbar. Die Strafrechtskodifikationen vermengen zwar gern die zahlreichen Fälle von Inzest, des Geschlechtsverkehrs von Mutter und Sohn, Vater und Tochter, Bruder und Schwester, unter dem Begriff der Sittlichkeitsverbrechen mit den Perversionen. Der Inzest wurzelt jedoch in dem natürlichen Sexualtrieb, ist die Realisierung natürlicher sexueller Bestrebungen, die jedem Menschen eigen sind und die Grundlagen des Ödipuskomplexes, des Angelpunktes aller Sexualentwicklung bilden. Ihr Verbot ist sinnvoll, da hier ja von dem Menschen nicht die Änderung des gesamten Inhaltes des Triebes verlangt wird, sondern nur die Aufgabe der infantilen Objekte. Die echten Perversionen, Abweichungen von der Norm des natürlichen Geschlechtstriebes, sind jedoch als sexuelles Empfinden praktisch (nicht theoretisch) wie eine Naturtatsache zu bewerten, ähnlich einer körperlichen Abnormität, die man durch keinerlei Strafmaßnahmen zu ändern erhoffen kann. Die perverse *Handlung* kann man freilich verbieten, man wird sie verbieten müssen, wenn sie, wie bei manchen Sadisten, als solche bereits den Tatbestand eines Deliktes darstellt. Für den Perversen aber bedeutet dieses Verbot das gleiche, wie das Verbot sexueller Befriedigungen überhaupt. Denn ihm sind ja die Möglichkeiten normaler sexueller Betätigung versperrt. Ihm bleibt seiner Anlage nach nur die Möglichkeit einer Sexualbefriedigung auf dem Wege der Perversion oder der völlige Verzicht. Daß man einem Lustmörder das Ausleben seiner Sexualität in seiner gemeinschädlichen Form nicht erlaubt, ist das selbstverständliche Recht der Gesellschaft. Das gleiche gilt von vielen anderen, weniger extrem gemeinschädlichen Perversionen, deren Schädlichkeit aber immerhin genügt, um das Gefüge der Gemeinschaft oder die Rechte anderer zu bedrohen. Da der Gesellschaft bis heute kein anderes Mittel zur Verfügung zu stehen scheint, als durch Androhung von Strafen hemmend zu wirken, so könnte man versucht sein, zu resignieren und zu meinen, es müsse dann eben manchen besonders gefährlichen Perversen die Möglichkeit sexueller Befriedigung mit Gewalt und Drohung abgeschnitten werden. Man könnte sich damit begnügen, die Frage, was als gemeinschädlich bekämpft werden muß, und was als private Angelegenheit der Perversen angesehen werden kann, mit der größtmöglichen Nachsicht zu behandeln. Die strenge Bestrafung der Sodomie oder gar der Versuch des Entwurfs zu einem neuen deutschen Strafgesetzbuch, Körperverletzungen auch dann zu bestrafen, wenn sie mit Einwilligung des Verletzten erfolgen, sofern sie »gegen die guten Sitten verstoßen«, erscheinen als ein unangebrachter Verstoß in das Privatleben ohne einen hinreichend zwingenden soziologischen Grund, als eine unsinnige überflüssige Verletzung des Gerechtigkeitsgefühles.

Diese einfachen Überlegungen werden ungemein verwickelter und schwieriger, wenn man den Sinn und die Genese der Perversionen mit psychoanalytischem Wissen ansieht. Freud und die psychoanalytische Literatur hat sie ausgiebig behandelt und in zahlreichen Darstellungen aufgeklärt. Für unsere Zwecke genügt es, zunächst darauf hinzuweisen, daß die Perversionen *nicht annähernd* in dem Maße aus der *Erbanlage* erklärt werden müssen, wie dies die medizinische Wissenschaft bisher getan hat, daß sie sich vielmehr im allgemeinen unter dem Eindruck *pathogener Einflüsse* entwickeln und nicht als unabänderliche

Anlage mit der Geburt mitgebracht werden. Vollends bedenklich aber werden wir bei jeder Maßnahme, die wir im Interesse der Gemeinschaft gegen die Perversen unternehmen wollen, wenn wir aus den psychoanalytischen Untersuchungen erfahren, daß ganz allgemein zunächst jede erworbene Perversion aus einer übermäßigen Beeinträchtigung des normalen sexuellen Empfindens des Kindes entsteht. Gerade die Hemmung der ersten normal gerichteten Sexualstrebungen des Kindes – das Verbot des Inzestwunsches –, die Grundlage jeder menschlichen Gemeinschaftsbildung, ist der Ausgangspunkt der perversen Sexualentwicklung.

Wir wissen, daß ein großer Teil der Perversionen, im wesentlichen nur mit Ausnahme der Homosexualität, eine Regression auf prägenitale Organisationsstufen der Libido bedeutet. Die Angst vor dem Vater, die nach dem Talionsprinzip des Unbewußten als Kastrationsangst erscheint, treibt den Knaben dazu, seinen ersten schwachen, auf die Mutter gerichteten genitalen Regungen zu entfliehen und sich in die Regression, etwa auf die sadomasochistische Stufe, zu flüchten. An Stelle des triebhaften Wunsches nach dem Geschlechtsakt tritt dann der Wunsch, Schmerzen zuzufügen oder zu erleiden. Neben dieser Regression kommt bei dem kriminalistisch so wichtigen Sadisten noch ein zweiter Mechanismus zur Geltung. Seine ursprünglich gegen den Vater gerichteten Aggressionen werden auf die Frau verschoben und in sein sexuelles Empfinden aufgenommen, das so seinen ursprünglichen Gefühlsinhalt ändert und sadistisch verfärbt wird. Um sich vor dem Konflikt mit dem Vater zu retten, ist er in die Perversion geflüchtet. Damit entlastet er seine Beziehungen zum Vater von dem Haß, muß aber dafür den Inhalt seines normalen Sexualempfindens opfern. Es ergibt sich also die paradoxe Formulierung, daß der Perverse das Opfer der sozialen Ordnung geworden ist, die die Aufgabe des gegen den Vater gerichteten Hasses und der sinnlichen Bestrebungen gegenüber der Mutter verlangt.

Leider haben Vertreter der psychoanalytischen Wissenschaft zum Falle Haarmann keinen Zutritt gehabt. Doch kann man

schon aus den wenigen Daten über Haarmanns Jugend und
Entwicklung vermuten, daß der unerledigte Vaterhaß, der sich
bei Haarmann in ganz ungewöhnlicher Form durch sein ganzes
Leben zog, in den Morden durch Verschiebung auf andere Personen zum Ausdruck kam.* Ein ähnlicher Mechanismus, allerdings nicht in erotisierter Form, bewog Kain, seinen Bruder
Abel an Stelle des Vaters zu töten. Der gewünschte Vatermord,
dessen Ausführung das Über-Ich verbot, wird möglich, nachdem an Stelle des Vaters eine vom Über-Ich weniger geschützte,
gleichfalls beneidete Ersatzperson getreten ist. Einen ähnlichen
Vorgang werden wir später in dem dargestellten Falle der
Frau Lefebvre wiederfinden und dabei sehen, welche bedeutende Rolle dieser Mechanismus bei vielen neurotischen Morden
spielt.

Es ist hier nicht der Ort, die Theorie aller einzelnen Perversionen zu beschreiben. Wir müssen uns mit dem Hinweis begnügen, daß in der Psychogenese der Perversionen der *Ödipuskomplex* eine zentrale Bedeutung hat, daß die Perversion ein
regressives Ausweichen vor den Konflikten der Ödipussituation
ist. Dabei ist die konstitutionelle Stärke der prägenitalen Triebe
bei der Wahl der Perversion von besonderer Wichtigkeit.

Die für unsere Untersuchungen wesentlichste Feststellung aber
ist, daß die Handhabung der heutigen Kindererziehung, die Beeinflussung der infantilen Sexualität durch *übermäßige Strenge*,
durch den Zwang zu übermäßiger *Sexualverdrängung*, durch

---

* Vgl. Th. Lessing (*Haarmann*, Berlin, 1925, S. 29): »Für den Seelen-
forscher ist es von Wichtigkeit, daß schon der kleine Knabe in dem
Vater eine Art Nebenbuhler sah, welchen er haßte und tot wünschte.
Durch das ganze Leben zieht sich diese Feindschaft mit dem Vater.
Die beiden beschuldigen und bedrohen einander. Der Vater droht, den
Sohn ins Irrenhaus zu bringen, der Sohn will den Vater (wegen eines
angeblichen Mordes an seinem Lokomotivführer) ins Zuchthaus setzen.
Es kommt immer wieder zu Mißhandlungen und Schlägereien. Jeder behauptet, daß der andere ihm nach dem Leben trachte, ihn vergiften
wolle, ihn beeinträchtige. Zwischendurch verbinden sie sich aber auch
mal wieder zu gemeinsamen Betrügereien oder entlasten einander vor
Gericht. Das Verhältnis Haarmanns zur Mutter dagegen ist von immer
gleicher Schwärmerei. Sie ist die einzige, von der er Gütiges zu erzählen weiß und stets mit sentimentalen Gefühlen spricht.«

Unaufrichtigkeit und *Heuchelei,* der wichtigste ätiologische Faktor für die Entstehung der Perversionen ist. Es wird zwar nicht jeder Mensch pervers; daß er es nicht wird, ist nicht *sein* Verdienst, sondern das Verdienst der Erziehung. Ebenso aber ist die Entstehung der Perversion die Schuld der Erziehung und nicht des Kindes. Schon darum ist es für das Rechtsgefühl unerträglich, den Perversen dafür zu strafen, daß er das Opfer falscher Erziehungsanforderungen der Gesellschaft geworden ist. Allerdings ist nach Liszt jeder Kriminelle das Opfer des Milieus und der Erziehung. Bei der gewöhnlichen Kriminalität ist aber der bewußte Wille, auf den eine Einwirkung möglich ist, beteiligt, während der Perverse mit seinem Bewußtsein die perversen Sexualtriebe nicht ändern kann. Vor allem stehen wir dem *sozialen* Gefüge der heutigen Gesellschaft und ihren Mängeln mehr oder weniger ohnmächtig gegenüber, während die Einführung einer auf psychoanalytischem Wissen beruhenden hygienischen Sexualerziehung leichter begonnen werden kann. Durch die Unterlassung einer Reform der Sexualerziehung macht sich die Gesellschaft an der Entstehung von Perversionen mitschuldig.

Alle unsere Ausführungen gelten auch für den größten Teil der *Homosexuellen,* nämlich für jene Homosexualität, die nicht als konstitutionelle Anlage anzusehen, sondern im Verlaufe der Kindheitsentwicklung erworben ist. Nicht nur wegen der großen Verbreitung der erworbenen Homosexualität, sondern vor allem wegen ihrer sozialen Bedeutung müssen wir uns jedoch näher mit diesem Problem beschäftigen.

Wenn die übrigen Perversionen, der Sadismus, der Masochismus, der Exhibitionismus usw. Regressionen auf frühere Organisationsstufen der Libido darstellen, so besteht die erworbene Homosexualität in einer übermäßigen Besetzung der gleichgeschlechtlichen Triebanlage des Menschen. Jeder Mensch, ja, jedes Lebewesen, ist *bisexuell* organisiert, doch beruhen die meisten Fälle von Homosexualität nicht auf einer *angeborenen* Stärke der einen Quote. Die übermäßige Besetzung der homosexuellen Komponente im Verlauf der Entwicklung bedeutet vielmehr immer eine *Flucht aus dem Ödipuskonflikt* durch Aufgabe des eigenen Geschlechts. Auch hier müssen wir, ohne im einzelnen die teilweise sehr komplizierten psychischen Mechanismen der Homosexualität darzustellen, auf die ausgedehnte psychoanalytische Literatur, besonders die Schriften von Freud, verweisen. Die für die Kriminalistik wichtigen Feststellungen lassen sich wie folgt zusammenfassen.

Die Aufgabe des Vaterhasses führt bei jedem Menschen zu einer Verstärkung der passiv-femininen Regungen. Im normalen Fall aber werden die passiv-femininen Bestrebungen als Einfügung unter die Autorität des Vaters desexualisiert und bilden in dieser desexualisierten Form die ersten Anfänge der Gesellschaftsbildung. Die Familie, diese Keimzelle der Gesellschaft, in der die Söhne zum Vater als dem Führer aufschauen und einander als Kampfgenossen und Verbündete empfinden, wird durch die passiv-femininen Bestrebungen zusammengehalten. In der desexualisierten, sublimierten Form also begründen die passiv-femininen, das heißt die homosexuellen Komponenten eines jeden Menschen, die Solidarität der Gesellschaft. Freud zeigt in seinen massenpsychologischen Untersuchungen (»Massenpsychologie und Ich-Analyse«) die Tatsache, daß die Massenbildung auf zielgehemmter, sublimierter passiver Beziehung zum Vater und dem desexualisierten erotischen Zusammenhalt der Brüder beruht. Die Homosexualität als die *eine* Komponente der bisexuellen Organisationen der Menschen ist also in ihrer sublimierten Form die Bedingung, die die Gesellschaft zur Entstehung, zur Entwicklung bringt und zusammenhält. Man sollte daher meinen, daß die Homosexualität als sexuelle Perversion, die auf der übermäßigen grob-sexuellen Besetzung der homosexuellen Komponente beruht, der Gesellschaftsbildung ihre Grundlage, die *sublimierten* Formen der Beziehungen zwischen Vätern, Brüdern und Söhnen entzieht oder wenigstens schwächt. Die Gesellschaft erhebt auch tatsächlich Anspruch auf die sublimierten homosexuellen Teile der Menschen, auf denen ihre Existenz beruht, und wittert in der homosexuellen Perversion eine Gefahr. Sonst wäre ja nicht zu begreifen, warum die Homosexualität nicht als Privatsache erlaubt sein sollte, wie etwa der Masochismus oder die Homosexualität der Frauen. Sie ist ja nicht ein Angriff auf die Rechte anderer, wie der Sadismus, sie ist harmlos und tut niemandem etwas Unerwünschtes zuleide. Fällt aber das Bindemittel des sozialen Zusammenhaltes zurück in grob-sexuelle Besetzung, so dürfte es für die Gesellschaftsbildung verlorengehen. Die grob-sexuelle Bindung ist eine Angelegenheit zu zweit und nicht geeignet, Massen zu binden. Sie erweckt die Furcht vor der gleichen Korruption, wie sie etwa bei promiskueller Politik entstehen kann. Wenn die Frau, solange sie hauptsächlich Geschlechtswesen war, Zutritt zu allen sozialen Funktionen, zur Regierung und zur Leitung der Gesellschaft erhalten hätte und manchmal auch erhalten hat, so entstand sofort die Gefahr, daß an Stelle zweckmäßiger Entscheidungen die Politik durch sexuelle Bindungen oder grob-sexuelle Bestrebungen beeinflußt werden konnte. Die gleiche Gefahr ahnt die Gesellschaft offenbar in den Fällen, wo an Stelle der desexualisierten die sinnliche Homosexualität tritt. Denn im Kampfe der desexualisierten und der sexuell besetzten Triebe unterliegen leicht die ersteren unter dem mächtigen Druck des allen Menschen immanenten Lustprinzips. Im Konflikt von Lust und Pflicht siegt leicht der grob-sexuelle Trieb. So verstehen wir die Duldung der Homosexualität bei der Frau, weil diese als gesellschaftsbildender Faktor bisher keine erhebliche Rolle gespielt hat. Wie lange die Frau bei der rapiden Zunahme ihrer sozialen Rolle diese Nachsicht noch erfahren wird, ist eine andere Frage.

Diese theoretischen Erwägungen dürften uns die besondere Ablehnung der Homosexualität und die Angst erklären, die die Gesellschaft vor ihr empfindet. Die Erfahrung scheint allerdings diesen Befürchtungen nicht recht zu geben. Der Durchschnittshomosexuelle mag vielleicht ein typisches Fehlen von sozialen Tugenden aufweisen – an die Stelle versachlichter distanzierter Beziehungen der Männergesellschaft tritt bei ihm eine mehr persönlich gefärbte Sexualmoral, wie sie für das Privatverhältnis von Mann und Frau charakteristisch ist. Eine große Zahl von Homosexuellen aber, insbesondere der hoch-stehende intellektuelle Typ, zeichnet sich durch eine besondere Sublimierungsfähigkeit aus. Dieser Widerspruch beweist uns nichts weiter, als daß der in seiner ursprünglichen Sexualität stark eingeschränkte heutige Kulturmensch über ein solches Quantum sozial verwertbarer sublimierter Libido verfügt, daß der Verbrauch von gleichgeschlechtlicher grob-sexueller Libido seine soziale Eignung praktisch nicht beeinträchtigt. Man be-denke auch, daß der Homosexuelle durch die Einschränkung seiner Befriedigungsmöglichkeiten zu Sublimierungen gedrängt wird. Die allgemeine Ächtung der Art seiner sexuellen Befrie-digung treibt ihn dazu, die Kränkung seines Selbstgefühls durch sublimierte produktive Leistungen aufzuheben.

Die Bedeutung der sublimierten gleichgeschlechtlichen Tenden-zen für die Massenbildung läßt uns so vielleicht das unbewußte Hauptmotiv für das zähe Festhalten am § 175 verstehen.

Wenn auch unsere jetzige Kenntnis der Seelenökonomie uns nicht ermöglicht zu beurteilen, ob die Homosexualität bei über-mäßiger Verbreitung zu einer berechtigten sozialen Sorge wer-den könnte, so ist eines jedenfalls sicher: ihre *Bestrafung* ist *sinnlos* und *ungerecht*. Nicht die Bestrafung des Erwachsenen, sondern die Einwirkung auf das Kind ist hier die allein mög-liche Maßnahme. Die Homosexualität ebenso wie alle anderen Perversionen sind Erziehungsprobleme, nicht Fragen des Kri-minalrechts. Die Perversen sind Opfer ihrer Inzestscheu, unter-legen bei ihrem Versuch, dem Elternkonflikt zu entrinnen, sie sind die sichtbarsten Opfer der von der Gesellschaft geforder-ten Sexualverdrängung. Freiheit für das normale sexuelle Empfinden, Verständnis für die Anforderungen und die Ent-wicklung dieses mächtigsten Triebes der Menschen, die Ände-rung der sexuellen Atmosphäre in der Familie, eine psychoana-lytisch geschulte Erziehung sind die alleinigen Mittel zur Bekämpfung der Perversionen. Der Versuch der Gesellschaft, ihre eigenen Fehler an den Opfern zu rächen und zu strafen, ist grausam, unnütz und unzweckmäßig. Die Homosexualität des Erwachsenen kann man nur dulden, weil man, abgesehen von den durch Psychoanalyse heilbaren Fällen, nichts anderes mit ihr anfangen kann, weil alle anderen Maßnahmen zwecklos sind. Das ewig angeführte Argument, sie verführe die Jugend, ist nur von geringer praktischer Bedeutung. Gegenüber der Macht und der Lustbedeutung der normalen Sexualbetätigung kommt die Verführung durch Homosexuelle nur in geringem Umfang und fast nur dort in Frage, wo ohnehin die psychischen Grundlagen für die Homosexualität bereits vorhanden sind. Der Schaden aber, den das Verbot der Homosexualität anrichtet, ist um so größer. Denn das Verbot steigert die versteckte Inzestbedeutung des homosexuellen Aktes, es wirkt also, wie alles Verbotene, eher anziehend und fördernd als abschreckend.

Die angeborene genuine Homosexualität ist von relativ untergeordneter Bedeutung. Ihr stehen wir ebenso wie allen unabänderlichen Tatsachen der biologischen Konstitution machtlos gegenüber.

Es bleibt als zweckmäßigste Maßnahme nur übrig, die *Perversion des Erwachsenen zu dulden, die übermäßig Gemeinschädlichen zu isolieren* und im übrigen durch eine vernünftige, psychologisch richtige *Erziehung der Jugend,* durch *Abbau der Verdrängung normaler Sexualität* vorbeugend zu wirken. Den *konfliktvollen* Perversen, die ihre Neigung als *Krankheit* empfinden, kommt die psychoanalytische Therapie in weitem Umfang zu Hilfe.

Eine psychoanalytische Kriminaldiagnostik

Schematische Zusammenfassung der kriminellen Handlungen

Nachdem wir in unseren bisherigen Darlegungen versucht haben, die psychologischen Bedingungen zu beschreiben, unter denen eine kriminelle Handlung entsteht, wollen wir nunmehr in einer kurzen Zusammenfassung die Verwertbarkeit unserer

Einsichten für die praktische Kriminologie darstellen. Die Untersuchung der Frage der Zurechnungsfähigkeit ergab, daß dieser juristische Begriff zweckmäßig durch eine Kriminaldiagnostik ersetzt werden sollte, die auf der Feststellung des Beteiligungsgrades des bewußten Ichs und des Unbewußten an der Tat beruht. Wir haben die Kriminalität ausschließlich von diesem Gesichtspunkte aus betrachtet, der sich in der folgenden schematischen Übersicht darstellen läßt. Wir unterscheiden: I. Kriminelle Handlungen kriminell affizierter Menschen (chronische Kriminalität). Es sind dies Menschen, die aufgrund des Aufbaues ihres seelischen Apparates zu kriminellen Taten neigen. II. Kriminelle Handlungen von nicht kriminellen Menschen (akzidentelle Kriminalität).

I. Chronische Kriminalität: Diese Gruppe läßt sich je nach dem Beteiligungsgrad des Ichs an der Tat in folgende diagnostische Einheiten aufteilen:

a. Kriminelle Handlungen, bei denen aufgrund von *toxischen* oder anderen *organisch-pathologischen* Vorgängen die Funktion des Ichs weitgehend beeinträchtigt oder ausgeschaltet ist. Hierher gehören alle die Fälle, die von der Rechtswissenschaft und der forensischen Medizin als unzurechnungsfähig bezeichnet werden. Der Beteiligungsgrad des Ichs an der Tat kann in solchen Fällen bis zum Nullpunkt sinken (Imbezille, organisch Geisteskranke, Alkoholiker und andere Süchtige). Natürlich kann ein toxischer Zustand mutwillig zum Zweck der Ausschaltung der Hemmungsinstanzen vom Täter herbeigeführt werden, und wieder in anderen Fällen, z. B. bei Süchtigen, ist er die Folge und Äußerung einer schweren Neurose. So wird man also nur einen Teil der im toxischen Zustand begangenen Delikte in diese Gruppe aufnehmen können. Die Intoxikation ist oft nur die *unmittelbare* Ursache der Tat, die wirkliche Grundlage ist jedoch in der Neurose des Täters zu suchen. In solchen Fällen ist die Intoxikation und die Tat die sekundäre Folge der Neurose, der Täter gehört also in die Klasse der neurotischen Kriminellen.

b. Neurotisch bedingte kriminelle Hand-

l u n g e n. Diese Handlungen sind in erster Linie durch unbewußte Motive bedingt, folglich kann der bewußte Teil der
Persönlichkeit zu diesen ihm unzugänglichen Motiven keine
Stellung nehmen. Zur Ausführung der Tat wird das Ich durch
besondere neurotische Mechanismen gewonnen, die die Abhängigkeit des Ichs vom hemmenden Einfluß des Über-Ichs lockern
oder das Ich durch Verhüllung des eigentlichen Sinnes der Tat
über die wahren Motive täuschen. Je nach den Mechanismen,
die bei der Tat in der Hauptsache wirksam sind, unterscheiden
wir:

Die Zwangs- oder Symptomdelikte (Kleptomanie, Pyromanie,
Pseudologie). Diese stehen dem neurotischen Symptom am
nächsten, der zwanghafte Impuls erscheint als Fremdkörper im
Ich, sinnlos und isoliert von den übrigen Bewußtseinsinhalten.
Das Ich wird in diesen Fällen von den unbewußten Tendenzen
überwältigt.

Neurotisches kriminelles Agieren mit Beteiligung der Gesamtpersönlichkeit. Das Ich wird durch Leidensmechanismen oder
durch Rationalisierungen, meist durch beides, zur Tat verleitet.

Die Leidensmechanismen entsprechen entweder einem *neurotischen* Vorgang – reales Leiden wird zwecks moralischer Befreiung aufgesucht – oder sie haben einen mehr *psychotischen*
Charakter – das Leiden wird durch Schuldprojektion phantastisch erlebt.

Die Rationalisierungen, die auch der Gesunde täglich im Leben
verwendet, bedeuten eine quantitative Verfälschung der psychischen Dynamik, eine Überschätzung der ichgerechten bewußten Motive, um die Tat mit dem Gewissen in Einklang zu
bringen.

Einen extremen Fall des neurotischen Agierens bildet der Verbrecher aus Schuldgefühl, der die Tat ausführt, um ein präexistentes Schuldgefühl an ein reales, relativ harmloses Vergehen
anzuknüpfen. Wie überall wirken auch hier mehrere Mechanismen (Verhüllung des Sinnes und Aufsuchen von Leiden) zusammen. Unsere schematische Unterscheidung trifft wie jede

Schematisierung nur die Grenzfälle, in denen einer der beschriebenen neurotischen Mechanismen eine überragende Rolle spielt.

c. Kriminelle Handlungen der normalen, nicht neurotischen Verbrecher mit kriminellem Über-Ich. Wir begnügen uns damit, zusammenfassend zu wiederholen, daß diese Menschen einer besonderen Gemeinschaft mit eigener, von der herrschenden abweichender »Verbrechermoral« angepaßt sind. Ihre ganze Persönlichkeit identifiziert sich daher mit der Tat. Man könnte sagen, ihre asoziale Tat ist ichgerecht und überichgerecht. Hierher gehören manche Vagabunden, Bettler, Bandenführer (Primat des Lustprinzips), Berufsverbrecher, wie Taschendiebe, Einbrecher, Hehler.

d. Als gedachter Grenzfall erwähnt sei der genuine Verbrecher, der sozial überhaupt nicht angepaßt, auf der Naturstufe des Urmenschen stehend, seine Urtriebe unmittelbar in die Tat umsetzt, von keiner inneren Instanz gezähmt, lediglich gehemmt durch den Widerstand der äußeren Realität, durch die reale Angst vor Repressalien (der Mensch ohne Über-Ich). So paradox es auch klingen mag: von dem reinen Vertreter dieser nur theoretisch abgegrenzten Gruppe, dessen reale Existenz uns fraglich erscheint, unterscheidet sich der durchschnittliche Normalmensch nur quantitativ. Die meisten Menschen unterlassen, wie bereits erwähnt, gewisse asoziale Handlungen nur aus Realangst, nicht aus inneren moralischen Hemmungen. Eine so weitgehende Anpassung an die Anforderungen der Sozietät, die in einer Änderung innerhalb des seelischen Apparates besteht – Aufrichtung eines im Sinne der Sozietät modifizierten automatisch arbeitenden Hemmungsapparates , erfolgt ja nur in gewissen Beziehungen zur Sozietät. Die ältesten Gesetze der Gesellschaft, die offenbar die Grundbedingungen jeder Gesellschaftsbildung sind, das Verbot von Elternmord und Inzest, des Kannibalismus, sind bereits innere, von äußeren Repressalien unabhängig wirksame Gesetze geworden. Es sind dies fast die einzigen Verbote, die auch ohne Polizei im allgemeinen befolgt werden würden. Alle anderen Hemmun-

gen gegenüber asozialen Tendenzen, die im Laufe der individuellen Entwicklung erworben und mehr oder weniger von der
gerade herrschenden Moral und Sitte abhängig sind, sind in
ihrer inneren, von äußeren Verboten unabhängigen Wirksamkeit schon recht labil. Sie bedürfen der Unterstützung durch
äußere Angst vor Repressalien. Selbst das Morden ist durch
innere Hemmungen im allgemeinen noch nicht so unterbunden,
daß es nicht unter Umständen, wie dem Soldaten, anbefohlen
werden könnte. Vatermord oder gar Kannibalismus würden
die meisten Menschen wegen ihrer inneren Hemmungen selbst
auf Kommando nicht mehr ausführen können.

Die Kriminalität ist also eine allgemein menschliche Erscheinung und wird fast nur durch das Zusammenwirken von Gewissensangst und Realangst eingedämmt. Und so beschränkte
sich unsere Aufgabe auf die Erforschung der Bedingungen, die
dafür verantwortlich sind, daß bei gewissen Menschen oder in
gewissen Situationen das Zusammenwirken von Realangst und
Gewissensangst nicht ausreicht, um die asoziale Tat zu verhindern.

II. Akzidentelle Kriminalität. Diese zweite
Hauptgruppe zerfällt in zwei Arten von Aktualdelikten:

a. Die Fehlleistungsdelikte (Fahrlässigkeit). Durch
anderweitige Inanspruchnahme des Ichs kann eine unbewußte
kriminelle Tendenz akut zum Durchbruch gelangen. Das Ich
verwirft die Tat in vollem Umfang.

b. Die Situationsdelikte. Durch die Besonderheit
einer Situation entsteht eine Affektentwicklung, die als Ursache
einer singulären kriminellen Tat von jedem Einzelnen verstanden und verziehen wird. Zur Psychologie solcher Fälle sei daran erinnert, daß es sich immer um eine *reale* Leidenssituation
handelt, welche das Gerechtigkeitsgefühl so stark verletzt, daß
die hemmende Macht eines sonst gut funktionierenden Über-
Ichs gegenüber der Tat außer Kurs gesetzt wird.

Diese kursorische Übersicht über die verschiedenen Formen der
Kriminalität soll ungefähr zeigen, wie wir uns die Kriminal-

diagnostik als Grundlage einer künftigen Kriminaljustiz denken. Die Hauptaufgabe des künftigen psychoanalytisch vorgebildeten Richters wird darin bestehen, den Täter nicht mehr in die entsprechenden Paragraphen, sondern in die entsprechende *psychologische Kategorie* richtig einzureihen. Die zu ergreifenden Maßnahmen, die freilich nicht mehr in sinnloser, willkürlich arithmetisch abgestufter Einsperrung bestehen werden, leiten sich zwanglos aus dieser diagnostischen Feststellung ab. Die erste Gruppe der chronischen Kriminalität aufgrund von toxischen oder anderen organisch-pathologischen Vorgängen gehört in die Hand des Arztes, der neurotische Kriminelle in die des psychoanalytischen Therapeuten. Der Kriminelle mit kriminellem Über-Ich stellt uns vor ein mehr pädagogisches Problem. Besonders bei Jugendlichen wird eine geeignete prophylaktische und erzieherische Beeinflussung der Über-Ich-Entwicklung im Sinne von Aichhorn* die Bildung eines kriminellen Über-Ichs verhindern oder redressieren können.

Daß man im übrigen unabhängig von der Behandlung alle chronisch-gemeinschädlichen Kriminellen für die Dauer ihrer Gemeinschädlichkeit wird internieren oder sonstwie verwahren müssen, ist selbstverständlich.

Die Bestrafung der akzidentellen Kriminalität ist überflüssig und zwecklos. Die in allen Kulturstaaten vorhandenen, übrigens leicht ausbaufähigen zivilrechtlichen Bestimmungen über Schadenersatz und die Einführung eines Arbeitszwanges im Dienste der Wiedergutmachung dürften auch bei den normalen Kriminellen fast immer dazu ausreichen, um dem Gerechtigkeitsgefühl und gleichzeitig dem Gedanken der Abschreckung genügend Rechnung zu tragen.

Psychischer Determinismus und Verantwortlichkeit (1952)

Das Problem der Verantwortlichkeit ist eines der strittigsten Probleme der Psychologie. Es gab und gibt eine Menge Ver-

* Vgl. Aichhorn, »Die verwahrloste Jugend«, *Internat. PsA. Bibl.*, Bd. XIX, Wien 1925.

wirrung, was dieses Thema betrifft, da es nicht nur wissenschaftliche, sondern gleichermaßen praktische, forensische und ethisch-religiöse Implikationen enthält. Diskutiert man das Problem von diesen unterschiedlichen Bezugssystemen her, ohne sie genau voneinander abzugrenzen, so gerät man zwangsläufig in eine logische Sackgasse. Vom legalen und vom moralischen Standpunkt aus müssen wir eine Person prinzipiell für all ihre Handlungen verantwortlich machen und können nur in bestimmten Sonderfällen wie dem Vorhandensein einer Psychose oder eines erdrückenden äußeren Zwanges Ausnahmen gelten lassen. Und sogar in diesen Ausnahmefällen muß der Person ein bestimmtes Maß an Verantwortlichkeit verbleiben; lediglich der Grad an Verantwortlichkeit läßt sich in Frage stellen. Freuds Antwort auf die Frage – »Sollte man jemand für seine Träume verantwortlich machen, die das Produkt unbewußter Kräfte sind, über die er keine bewußte Kontrolle hat?« – lautete: »Wer sonst, wenn nicht der Träumer, sollte für seine Träume verantwortlich gemacht werden?« Der Begriff der Verantwortlichkeit läßt sich in streng logischer Weise nicht auf alle Prozesse anwenden, die sich im Organismus abspielen. »Ist jemand für seinen hohen Blutdruck verantwortlich?« klingt als Frage nicht sehr sinnvoll. Nach Rücksprache mit einem Arzt, der den Rat gab, salzhaltige Speisen, Rauchen und emotional aufregende Situationen zu meiden, bekommt sie jedoch einen Sinn. Die Nichtbefolgung dieses Rates macht den Patienten zumindest partiell für die Fortdauer seines hohen Blutdrucks verantwortlich. Allerdings erlangt man diese Verantwortlichkeit erst, wenn man gelernt hat, wie der Blutdruck unter Kontrolle zu halten ist. Jemand, der sein Verhalten unter Kontrolle hat, sollte als dafür verantwortlich angesehen werden.

An dieser Stelle ist es üblich, die Frage des psychischen Determinismus aufzuwerfen. Ein Argument ist: Akzeptieren wir das Prinzip der Kausalität auf dem Gebiet des menschlichen Verhaltens, so folgt daraus, daß alles, was jemand tut, von bestimmten Naturgesetzen determiniert wird. Freie Wahl, oft als Willensfreiheit bezeichnet, ist nichts als eine Illusion. Eine Entscheidung ist das Ergebnis bestimmter psychophysiologischer Ursachen, und es gibt nur ein mögliches Ergebnis. Eine andere Denkschule behauptet, daß eine Person, wann immer sie in Besitz ihrer geistigen Fähigkeiten sei, sich frei zwischen rechtem und unrechtem Tun entscheiden könne und für diese Entscheidung verantwortlich gemacht werden müsse.

Ich werde die Frage des psychischen Determinismus in philosophischem Sinne nicht erörtern, sondern will versuchen, nachzuweisen, daß es, unabhängig von der Theorie, die man akzeptiert, Determinismus oder Willensfreiheit, nur eine logische Antwort auf das Problem der Verantwortlichkeit gibt.

Nehmen wir ein konkretes Beispiel: einen Kapitän, der sein Schiff in Gefahr sieht und beschließt, auf ihm zu bleiben, während er der übrigen Mannschaft und den Passagieren rät, das sinkende Schiff zu verlassen. Der Determinist würde sagen, daß der Kapitän als der Mensch, der er ist, keine andere Wahl hatte. Die Gegner des Determinismus sagen vielleicht, der Kapitän verdiene Lob, wenn er seine Pflicht erfülle und auf dem Schiff bleibe, und Tadel, wenn er es verlasse, da er sich frei entscheiden konnte. Beide Antworten erscheinen logisch, und die Unmöglichkeit, darüber zu entscheiden, welche richtig ist, entspringt der Tatsache, daß kausale Erklärungen und Werturteile nicht klar voneinander getrennt werden. Das ganze Problem ist, was die deutschen Philosophen ein Scheinproblem nennen.

Um die Handlungsweise des Kapitäns in kausalem Sinne werten zu können, müssen wir seine Persönlichkeit kennen. Unterziehen wir diese einer genauen Untersuchung, so entdecken wir, daß er von der Ethik der Seefahrt erfüllt war. Gewiß wurde er nicht mit diesem Wertsystem geboren; er erlangte es unter dem Einfluß derjenigen, die seine Persönlichkeit in früher Jugend formten und ihn später Navigation lehrten. Der Kodex der Seefahrt war tief in seiner Persönlichkeit verwurzelt – war, wie wir sagen, seine zweite Natur –, und er handelte entsprechend diesem erworbenen Wertsystem. Wäre er ein

Mensch gewesen, dem diese Prinzipien nie beigebracht wurden oder der sie nicht so völlig assimiliert hatte, daß sie stärker geworden waren als sein biologischer Trieb der Selbsterhaltung, so hätte er sein Schiff verlassen, um sein Leben zu retten. Sein Verhalten war durch jene ethischen Werte determiniert, die er seiner Persönlichkeit einverleibt hatte. So weit wird jeder mit der Argumentation der Deterministen einverstanden sein. Können wir ihr jedoch noch folgen, wenn es heißt, daß der Kapitän, da er nur so handeln konnte, wie er es tat, keine besondere Anerkennung verdiene, und entsprechend, daß er, hätte er das Schiff verlassen, nicht dafür verantwortlich gemacht werden könnte, da er den Kodex der Seefahrt nicht in sich aufgenommen hatte und daher keine andere Wahl hatte?

Diese praktische Schlußfolgerung ist offensichtlich nicht nur unerwünscht, sondern auch unlogisch. Wie wurde der Kapitän zu jemand, der seinen Selbsterhaltungstrieb beherrschen und entsprechend der Ethik seines Berufes handeln konnte, die ihm nicht gestattet, sein Leben zu retten, selbst wenn sein Schiff am Sinken ist? Offensichtlich durch Erziehungsmaßnahmen. Diese Maßnahmen haben jedoch das Prinzip der Verantwortlichkeit zur Grundlage. Als Kind wurde er gelobt, wenn er dem herrschenden Kodex entsprechend handelte, und ernstlich getadelt, wenn er dagegen verstieß. Er wurde für seine Handlungen verantwortlich gemacht; er mußte sich die Konsequenzen seines Verhaltens vor Augen führen. Dieses Prinzip, nach dem ein Mensch für sein Verhalten verantwortlich gemacht wird, wirkt sich bei der Formung der Persönlichkeit sehr nachhaltig aus und macht den Menschen schließlich zu dem, was er ist. Sein Einfluß erstreckt sich auf alle, die nach diesen Prinzipien erzogen worden sind. Wird ein »Übeltäter« für sein Handeln verantwortlich gemacht, so werden alle Mitglieder seiner Gruppe davon beeinflußt. Es wäre deshalb ganz inkonsequent, würde man den Schluß ziehen, daß der Kapitän, der sein Schiff verläßt, für sein Tun nicht verantwortlich gemacht werden solle. Eine solche Einstellung würde eindeutig den ganzen Kodex der Seefahrt unterminieren und allen Prinzipien der Erziehung widersprechen, die ihn zu einem guten Kapitän gemacht haben.

Die allgemeine Schlußfolgerung ist also, daß ethische Normen bestimmende Faktoren des Verhaltens sind. Hier ist nicht der Ort für die Diskussion all der komplexen psychologischen Prozesse, durch die sie sich einem Menschen einschärfen. Die Identifikation mit äußeren Autoritäten (Eltern) ist von hervorragender Bedeutung. Zu den wichtigsten Faktoren gehört jedoch, daß ein Mensch stets für die Konsequenzen seines Verhaltens verantwortlich gemacht wird.

An dieser Stelle müssen wir ein anderes Argument in Betracht ziehen. Man mag einräumen, daß es als Erziehungsmaßnahme von praktischem Wert sei, Kinder für ihr Verhalten verantwortlich zu machen. Doch sind Erwachsene fertige Erziehungsprodukte. Der Kapitän, der mit seinem Schiff untergeht, braucht keine äußeren Belohnungen; sein Handeln zielt darauf ab, seinem eigenen inneren Kodex zu genügen. Und umgekehrt wird der flüchtende Kapitän durch Bestrafung nicht moralischer gemacht. Seine Persönlichkeit ist bereits fix und fertig, und hat er sich den Kodex nicht bis zur Zeit seiner Reife einverleibt, so wird ihm das auch in Zukunft nicht gelingen. Dieses Argument enthält zwei Schwächen: 1. Öffentliche Bloßstellung könnte auf den Deserteur eine nachhaltige Wirkung haben und das Gleichgewicht der widerstreitenden Kräfte zugunsten der ethischen Prinzipien verschieben, an die er glaubt, auch wenn sie in ihm nicht genügend wirksam sind. Sein Schamgefühl könnte nach der Demütigung stärker geworden sein als der Selbsterhaltungtrieb, so daß er nun ein zuverlässigerer Seemann sein mag. 2. Gewiß ist, daß der ganze Kodex der Seefahrt untergraben wäre, würde man seine Desertion mit dem fatalistischen Argument hinnehmen, er habe nicht anders handeln können und sei deshalb nicht verantwortlich zu machen.

Ein Gegner könnte nun versuchen, unserer Position mit der Technik der *reductio ad absurdum* zu widersprechen. Er könnte fragen: »Wie weit wollen Sie gehen mit Ihrem altmodischen Prinzip der Verantwortlichkeit? Ist ein vom Unglück getroffener Fahrensmann verantwortlich für sein Verhängnis? Wir wissen, daß unsere Handlungen mehr durch unbewußte als durch bewußte Motivationen bestimmt sind. Man hat keine Kontrolle über unbewußte Motivationen. Soweit es sich um bewußte Motivationen dreht, könnte es von praktischem, erzieherischem oder reformerischem Wert sein, jemand dafür verantwortlich zu machen. Das gilt offensichtlich nicht für unbewußte Motivationen. Wegen Taten, die unter dem Einfluß unbewußter Faktoren begangen wurden, ein strafendes Exempel zu statuieren, kann keinen Effekt haben.« Dieses Argument steht in Widerspruch zu der Freudschen Position; Freud machte einen Menschen ja sogar für seine Träume verantwortlich. Der Grundfehler in dieser ganzen Argumentation besteht darin, daß sie die bewußten und die unbewußten Teile der Persönlichkeit als zwei völlig getrennte Systeme behandelt, zwischen denen keine Kommunikation stattfindet, etwa so, wie wenn die linke Hand nicht weiß, was die rechte tut. Versprecher und andere Fehlhandlungen werden durch unsere willkürlichen Muskeln, jedoch unter dem Einfluß unbewußter Motive, begangen. In solchen Fällen wird das Verhalten durch völlig oder partiell unbewußte Motivationen beeinflußt, die durch verschiedene psychodynamische Prozesse in einen Bereich eindringen, der sonst unter der Kontrolle des bewußten Ich steht. Die Interkommunikation zwischen den beiden Systemen, dem bewußten und dem unbewußten, ist jedoch ein zweiseitiger Prozeß. Nicht nur, daß unbewußte Prozesse bewußte Prozesse beeinflussen, auch bewußte Prozesse beeinflussen das Unbewußte. Der beste Beweis dafür findet sich in der psychoanalytischen Therapie, in der der Patient häufig in seinen Träumen auf eine Deutung reagiert, die ihm der Analytiker in der vorhergehenden Sitzung gegeben hat. Die Methode der freien Assoziation beruht ebenfalls auf derselben Interkommunikation. Daß der Patient gebeten wird, die bewußte Kontrolle über seinen Gedankenablauf aufzugeben, führt zu einem größeren Einfluß unbewußter Kräfte auf die Denkprozesse. Freie Assoziationen werden in hohem Maße von unbewußten Kräften beeinflußt, die sonst, wenn die Wachsamkeit der bewußten Zensur intakt ist, weniger zum Zuge kommen. Da das bewußte wie das unbewußte System letzten Endes Teile eines umfassenden kohäsiven Systems, des seelischen Apparats, sind, ist es nicht möglich, jemand nur für das verantwortlich zu machen, was in seinem Bewußtsein stattfindet. Ein Beispiel mag das veranschaulichen.

Vor einigen Jahren hatte ein deutsches Gericht im Falle eines Brudermords eine schwierige Entscheidung zu fällen. Ein Mann hatte in der Saison für Hochwildjagd seinen älteren Bruder erschossen, als er ihn im Frühnebel irrtümlicherweise für Wild hielt, eine Art von Unfall, die in diesem Land nicht unbekannt ist. Während des Prozesses stellte sich heraus, daß der ältere Bruder die geschiedene Frau des jüngeren geheiratet hatte, der sich mit dieser Heirat nicht abgefunden hatte und einen tiefen Groll gegen seinen Bruder hegte. Mord oder Unfall? Das war die Frage, die entschieden werden mußte. Obwohl die Tat sogar als Unfall gewertet wurde, blieb die Frage bestehen, ob man den jüngeren Bruder von der Verantwortung dafür befreien konnte. Ganz gleich, wie unterschiedlich die juristische und die moralische Bewertung dieser Tat sein mag; betrachtet man sie nun als einen Unfall, der durch unbewußte Kräfte verursacht wurde, oder als vorsätzlichen Mord; und ganz gleich, wie unterschiedlich die Disposition jeweils sein würde: Man kann den Täter nicht von der Verantwortung für die Konsequenzen seiner Tat freisprechen, z. B. was die wirtschaftliche Sicherheit der Witwe und ihrer vaterlosen Kinder betrifft.

In diesem Fall ist es verkehrt, den Bruder durch Bestrafung bessern zu wollen; doch jemand für seine Handlungen verantwortlich zu machen, hat zweifellos Auswirkungen auf sein künftiges Verhalten, auch wenn seine Tat durch Faktoren verursacht wurde, die ihm selber unbekannt sind. Die Bestrafung nachlässiger Fahrer wird, selbst wenn ihre Unfälle auf unbewußte Motive zurückgehen, das Verantwortungsgefühl fast jeden Fahrers vergrößern und die Wachsamkeit gegenüber seinen Regungen erhöhen. Die Bestrafung von Unfällen aus den Verkehrsgesetzen herauszunehmen, würde zweifellos zu einer Zunahme der Unfälle führen. Andererseits wäre es ganz falsch, anzunehmen, daß die Furcht vor den Folgen, z. B. vor Strafe, in allen Fällen eine abschreckende Wirkung gegenüber krimineller Betätigung hätte. Der Delinquent, von Freud als der Kriminelle beschrieben, der seine Taten wegen seines schlechten Gewissens begeht, reagiert auf Bestrafung bekanntlich paradox. Nicht nur, daß die Strafe ihn nicht abschreckt, sie ermutigt ihn sogar, das Gesetz abermals zu brechen. Ein wichtiger Grund für seine Kriminalität besteht in seinem Bedürfnis nach Strafe, durch die er sich von Schuldgefühlen zu entlasten versucht, die er tiefsitzender unbewußter Tendenzen wegen hat. Für ein kleineres Verbrechen bestraft zu werden, statt für das größere, das er unbewußt begehen möchte, ist für ihn ein gutes Geschäft. Außerdem vermindert die Strafe die hemmende Kraft seines Gewissens. Nach schwerer Bestrafung meint er, mit der Gesellschaft quitt zu sein, und ist freier als zuvor, antisozial zu handeln. Man sollte daraus allerdings nicht den Schluß ziehen, daß solche Menschen für ihre Handlungen nicht zur Verantwortung gezogen werden sollten. Es zeigt nur, daß die Entscheidung, was mit den verschiedenen Typen des Kriminellen geschehen soll, entsprechend dem Wesen des Täters individuell getroffen werden muß. Einige mögen auf Strafe günstig reagieren, andere brauchen die Inhaftierung in Verbindung mit therapeutischer Behandlung, und wieder andere kann man nur zum Schutz der Gesellschaft in ständige Verwahrung nehmen. Unabhängig von der praktischen Entscheidung ist das Grundprinzip jedoch, daß jeder Mensch für die Folgen seines Tuns verantwortlich gemacht werden muß.

Der letzte Schluß all dieser Überlegungen ist, daß das moralische Prinzip der Verantwortlichkeit für die Gesellschaft unentbehrlich ist. Ein Mensch, der entsprechend dem Prinzip der Verantwortlichkeit erzogen worden ist, wird dieses Verantwortungsgefühl anderen gegenüber schließlich auch als Verantwort-

lichkeit gegenüber sich selbst verinnerlichen. Diese Verinnerlichung des Verantwortungsgefühls ist es, was ihn zu einem
sozialen Wesen macht. Nur in einer totalitären Gesellschaft
verliert das innere Gefühl der Verantwortlichkeit seinen Sinn.
Die Angehörigen einer solchen Gesellschaft haben keine Freiheit, sich zu besinnen. Ihr Handeln ist genau vorgeschrieben,
und ihre Erziehung macht sie zu Automaten, die lediglich ihren
bedingten Reflexen folgen. Da ihr Verhalten durch keinerlei
Form einer freien Entscheidung determiniert ist, verliert das
innere Gefühl der Verantwortlichkeit seinen Sinn. Sie geben
nur der äußeren Autorität Rechenschaft für ihr Handeln, nicht
ihrem eigenen Gewissen. Das Verantwortungsgefühl sich selbst
gegenüber entwickelt sich nur in einer freien Gesellschaft. Es ist
die Grundlage ihrer Existenz.

ZWEITER TEIL

Einige Kriminalfälle im Lichte der Psychoanalyse

Methodologische Vorbemerkungen zur Analyse von Kriminalfällen

Die psychoanalytische Bearbeitung eines praktischen Kriminalfalls bietet andere Schwierigkeiten als die Aufklärung einer Neurose. Der neurotisch Erkrankte, der sich zum Arzt begibt, um von dem Leiden der Neurose befreit zu werden, ist ungleich bereiter, diesem Arzt, den er als seinen Verbündeten empfindet, sein bewußtes und unbewußtes Material preiszugeben, als der Kriminelle gegenüber den Vertretern der Justiz. So beruht die Beziehung des Angeklagten zu seinem Verteidiger im allgemeinen auf einer anderen psychologischen Grundlage als die des Patienten zum Arzt. Beide suchen zwar Hilfe, aber Hilfe verschiedener Art. Der analytische Patient weiß, daß der Arzt ihm nur helfen kann, wenn er selbst durch Mitteilung seiner Einfälle hieran mitarbeitet. Der Angeklagte dagegen verlangt von seinem Verteidiger die Erzielung eines praktischen Erfolges und ist oft keineswegs davon überzeugt, daß dieser Erfolg am besten durch Preisgabe der objektiven Wahrheit erreicht werden kann. Also erfährt der Verteidiger vom Angeklagten nicht immer die reine Wahrheit, sondern oft eine Darstellung, die so gefärbt ist, wie der Angeklagte glaubt, seinen praktischen Interessen am besten zu dienen. Eine Änderung dieser Sachlage könnte, wie Ferenczi* bereits zutreffend hervorhebt, nur eintreten bei einem auf medizinisch psychologischer Einstellung aufgebauten Kriminalverfahren. Nur wenn der Delinquent wüßte, daß nicht eine Strafe oder irgendeine Leidensreaktion ihm drohe, sondern daß man ihn verstehen und ihm helfen wolle, würde seine Situation der des Kranken in der Psycho-

---

* A pszichoanalízis és a kriminalitás, Zeitschrift *Századunk,* Budapest, Mai 1928.

analyse ähnlicher werden können. Heute fehlen noch alle Voraussetzungen hierfür. Und selbst wenn ein Angeklagter sich seinem Verteidiger und den Gerichtspersonen wirklich offenbaren wollte, fehlen noch immer alle methodologischen Grundlagen für die Anwendung der klassischen Analyse als diagnostisches Verfahren. Die seelische Spannung vor dem Urteilsspruch ist der Methode des freien Assoziierens nicht günstig.

Natürlich fallen alle diese Bedenken *nach* dem Urteilsspruch fort, besonders wenn der Angeklagte sich nicht mehr in Haft befindet. Hierbei kommt aber hindernd in Betracht, daß beide Rechtsfolgen des Urteils, die Freisprechung sowohl wie die Verurteilung, nicht besonders geeignet sind, den Kriminellen der Analyse gefügig zu machen. Auch in unserem Falle, den wir zunächst beschreiben wollen, hat der Angeklagte nach seiner Freilassung die ihm in Aussicht gestellte Gratis-Analyse und die wirtschaftliche Hilfe zurückgewiesen, da er glaubte, eine solche Wohltat nicht annehmen zu können. Ein Verbrecher aus Schuldgefühl kann die Hilfe des Verteidigers, die der Befriedigung seines Strafbedürfnisses geradezu entgegenwirkende Wohltat, nicht akzeptieren. Sein unbefriedigtes Strafbedürfnis treibt ihn im Gegenteil zu neuen Versuchen, ins Gefängnis zu gelangen.

Ähnliche Erwägungen veranlaßten Ferenczi (a. a. O.), an der Anwendbarkeit der Psychoanalyse für Fälle, die noch vor dem Gericht stehen, zu zweifeln. Wenn Ferenczi hierbei nur an die psychoanalytische *Therapie* denken würde, so würden wir ihm beistimmen. Denn die Atmosphäre des heutigen Gerichtsverfahrens macht tatsächlich die für die Kur erforderliche Aufrichtigkeit unmöglich. Ferenczi meint aber, daß auch das analytische Verständnis des vor Gericht stehenden Täters unmöglich sei. Die von uns mitgeteilten Fälle, die vor dem Urteilsspruch analytisch aufgeklärt werden mußten, werden vielleicht eine theoretische Diskussion hierüber überflüssig machen. Überdies möchten wir daran erinnern, daß die Zielsetzungen der Therapie andere sind als das Verstehen der seelischen Motive einer Tat und der Persönlichkeit des Täters. Auch in der psychoanalytischen Therapie hat der Analytiker nach kurzer Zeit, manchmal bereits nach einigen Sitzungen, ein Bild über den wesentlichen Inhalt, über die Struktur und Genese einer Neurose, ohne dieses Wissen schon therapeutisch verwerten zu können. Der besonderen seelischen Einstellung des Delinquenten vor Gericht kann das psychoanalytische Wissen Rechnung tragen. Das Verhalten des Angeklagten, sein Leugnen, sein Geständnis, die Art und der Inhalt seiner Rationalisierungen können psychoanalytisch verwertet werden. Überhaupt verrät die Beobachtung des Rechtsbrechers während der schicksalschweren Stunden der Gerichtsverhandlung dem Psychoanalytiker oft mehr über sein Unbewußtes als manche leeren Wochen einer schwierigen Analyse. Die *dramatisch konzentrierten* Äußerungen des Unbewußten vor und während der Gerichtsverhandlung, wie das mit unerbittlicher Gesetzmäßigkeit waltende Strafbedürfnis in dem an erster Stelle beschriebenen Falle, wiegen in ihrer Überzeugungskraft und Tiefe oft die mehr *episch protrahierte* Darstellung des Unbewußten durch freies Assoziieren während der Kur reichlich auf. Der Angeklagte führt uns durch die Tat und sein Agieren gegenüber der Staatsgewalt ein Stück seiner Analyse plastisch vor Augen.

Dem analytisch vorgebildeten Verteidiger gelang es überdies zuweilen, ein Vertrauensverhältnis zum Delinquenten herzustellen, das der Übertragung des Patienten zum Arzt hinsichtlich der Gewinnung von unbewußtem Material gleichwertig war.

Ein Verbrecher aus Schuldgefühl

Auch im vorliegenden Fall verdanken wir das Material dem guten Vertrauensverhältnis des Angeklagten zu seinem Verteidiger, das der positiven Übertragung der analytischen Situation entspricht. Trotzdem bleibt es aus den mitgeteilten Gründen recht mangelhaft. Insbesondere das verdrängte infantile Material, das nur durch methodische freie Assoziation zugänglich gemacht werden kann, läßt sich nur aus Andeutungen rekonstruieren. Wenn also die Ätiologie des Falles therapeutischen Ansprüchen nicht genügen mag, so reichen die gewonnenen Einsichten doch für das psychologische Verständnis der unbewußten kriminellen Mechanismen aus.

Ein 34jähriger Intellektueller – wir wollen ihn Bruno nennen – war wegen verschiedener kleiner Diebstähle zu über 1 Jahr Gefängnis verurteilt worden. Er appellierte an die höhere Instanz, einer der Autoren übernahm seine Verteidigung und fand ihn in der Untersuchungshaft in einem guten seelischen Gleichgewicht und fast vergnügten Zustand vor. Es stellte sich bald heraus, daß es sich nicht um gewöhnliche Diebstähle handeln konnte. Seine Taten standen weder mit seiner sozialen Stellung noch mit seinen übrigen Lebensumständen im Einklang. Er war jahrelang in Universitätskliniken aufgrund eines gefälschten Diploms, aber solider ärztlicher Kenntnisse als Chirurg tätig gewesen, von den Leitern der Kliniken besonders geschätzt und anerkannt, auch theoretisch wissenschaftlich und in Laboratoriumuntersuchungen erfolgreich. Er hatte einige wissenschaftliche Originalarbeiten publiziert.

Schon im Verlaufe seiner ärztlichen Tätigkeit in einer Hauptstadt Mitteleuropas hatte er ärztliche Bücher in einer Buchhandlung gestohlen, sie sofort in einer anderen, in der Nähe liegenden Buchhandlung zum Kauf angeboten, ohne die darin befindliche Etikette des Verkäufers zu entfernen. Dies fiel auf, er wurde ersucht, noch einmal wiederzukommen, und entfernte sich unter Zurücklassung seines vollen Namens nebst Adresse. Natürlich wurde die Tat entdeckt, er festgenommen, und es stellte sich hierbei heraus, daß er gar kein Arzt und sein Diplom gefälscht sei.

Dieser Diebstahl erscheint, wie alle seine sonstigen Straftaten, als gewöhnlicher Diebstahl unmotiviert. In der Buchhandlung, in der er die Bücher entwendete, war er seit Jahren als treuer Kunde bekannt, hatte genügend Kredit, um jedes Buch kaufen zu können, befand sich auch in guter Vermögenslage, da er kurz zuvor eine gut bezahlte Assistentenstelle an einer gynäkologischen Universitätsklinik erhalten hatte. Er wurde einige Zeit nach seiner Verhaftung wegen der Geringfügigkeit der Delikte bei Fortdauer des Strafverfahrens entlassen und begab sich, mit einigen Mitteln versehen, nach Berlin, wo er unter seinem richtigen Namen in einem Hotel abstieg. Bald nach seiner Ankunft ging er im Klinikenviertel in mehrere medizinische Buchhandlungen, entwendete dort verschiedene ärztliche Bücher, trug sie, mit der Etikette des Verkäufers versehen, in treuer Nachahmung des früheren Verhaltens in eine andere Buchhandlung in der Nähe und bot sie dort zum Kauf an. Er fiel auf, wurde gebeten, noch einmal wiederzukommen, hinterließ Namen und Adresse und wurde verhaftet.

Als ihm der Polizeikommissar nach Aufnahme eines Protokolls in Aussicht stellte, daß man ihn wegen der geringfügigen Bücherdiebstähle vorläufig freilassen werde, erklärte er dem Beamten, er habe auch noch in einem optischen Geschäft Teile eines Mikroskops gestohlen. Auch deshalb wollte man ihn noch nicht in Haft behalten. Daraufhin gestand er der Polizei, daß er auf der Reise nach Berlin in Leipzig ausgestiegen sei und in einer Ausstellung mehrere kleine Porzellanfiguren entwendet habe. Als er diese Gegenstände vorzeigte, wurde er endlich in Haft genommen und in das Untersuchungsgefängnis eingeliefert. Dort fühlte er sich wohl und erleichtert, hatte nur die eine Sorge, in den Besitz medizinischer wissenschaftlicher Bücher zu kommen, und studierte mit großem Eifer. Während seiner Haft schien ihm eigentlich nichts zu fehlen, er war glücklich und zufrieden, führte sich ausgezeichnet auf, suchte mit dem Gefängnisarzt, der sein medizinisches Wissen und Können zuerst mißtrauisch betrachtete, dann offen bewunderte, in Kontakt zu kommen und ihm in seiner Gefängnisarbeit zu helfen. Es war dem Verteidiger bald klar, daß es sich hier unmöglich um aus bewußten Motiven erklärbare Straftaten handeln konnte, sondern daß ein typischer Fall neurotischen Agierens vorlag. Selbst einem nicht tiefenpsychologisch geschulten Kriminalisten mußte das anscheinend Irrationale im Verhalten Brunos auffallen. Seine Handlungen waren offenbar darauf angelegt, ihn ins

Gefängnis zu bringen. Die Ausführung der Taten läßt so sehr alle Vorsicht und jeden Versuch, ihre Entdeckung zu verhindern, vermissen, sie sind im Gegenteil so vorgenommen, daß sie entdeckt werden müssen, daß sie nur aus dem unbewußten Drang, bestraft zu werden, erklärt werden können. Bei diesen Taten konnte er ja nichts gewinnen, nur verlieren. Sein Verhalten bei der Polizei in Berlin, wo er solange unentdeckte Straftaten eingestand, bis er endlich seine Freilassung unmöglich gemacht hatte, zeugt eindeutig für das Wirken seines Strafbedürfnisses.

Als nächstes Problem drängt sich uns die Frage auf, aus welchen Quellen wohl dieses unerbittliche Strafbedürfnis herstammen möge. Wenn wir annehmen, daß seine Delikte aus dem unbewußten Drang stammen, sich Schaden zuzufügen, so könnte man meinen, dieses Strafbedürfnis sei eine Reaktion auf die Benutzung des gefälschten Arztdiploms, zumal ja die ersten Bücherdiebstähle zur Zerstörung dieser erschlichenen Karriere geführt hatten. Seine Lebensgeschichte wird uns jedoch darüber aufklären, daß die so offenbar mit seinem Arztberuf verknüpften Schuldgefühle auf einer früheren und tieferen Grundlage beruhen.

Seine erste Straftat beging er im Alter von etwa siebzehn Jahren im Kadettenkorps, wo er zum Offizier ausgebildet werden sollte. Er stahl in der Kantine in Gegenwart der Aufsichtspersonen einige Süßigkeiten. In seinen eigenen Aufzeichnungen nennt er das ein schweres Vergehen, das er sich habe zuschulden kommen lassen, und das mit Recht seine Ausschließung aus dem Kadettenkorps nach sich gezogen habe. In Wirklichkeit sollte er nur mit einer Hausstrafe diszipliniert werden. Er zog jedoch daraufhin vor, aus dem Kadettenkorps zu fliehen, und wurde deswegen ausgeschlossen. Eine Andeutung über die tieferen Ursachen seiner Schuldgefühle erhalten wir hier aus dem Umstande, daß die Tat geschah, unmittelbar nachdem seine Mutter in schwangerem Zustande ihn besucht hatte. Er erzählte seinem Verteidiger, er habe sich wegen dieser Schwangerschaft furchtbar geschämt und das Gefühl gehabt, alle Leute zeigten mit Fingern auf ihn.

Diese seine erste Tat ist ein klassischer Fall des Verbrechens aus Schuldbewußtsein. Er fühlt sich schuldig für die Schwangerschaft seiner Mutter, da er sich ja in seiner unbewußten Phantasie für deren Urheber hält, und will die hieraus stammenden Schuldgefühle durch eine relativ harmlose Handlung, die ihm eine Bestrafung einbringen soll, aufheben. Das geringfügige *begangene* Delikt empfindet er deshalb als so schwer, weil es ja der Befriedigung des Strafbedürfnisses für den viel schwereren verdrängten Wunsch dient und von diesem einen Teil seiner Affektbesetzung übernimmt. Eine Erinnerung seiner früheren Jugend gibt uns darüber Aufschluß, warum er gerade den Diebstahl von Süßigkeiten dazu benutzt, die Strafe zu provozieren. Ein strenger, nach puritanischen Sitten erziehender Vater – ein höherer Staatsbeamter – hatte den Verbrauch von Zucker durch den jungen Bruno peinlichst kontrolliert. Er erzählt, noch heute verbittert, wie der Vater strengstens darauf geachtet habe, daß er nur *ein* Stück Zucker in Tee oder Kaffee nahm, daß die Mutter ihm zwar heimlich erlaubte, auch ein zweites Stück zu nehmen, daß der Vater aber, wenn er dies merkte, ihn mit einer Peitsche geprügelt habe. So wurde für ihn der Genuß von Süßigkeiten zum Symbol einer vom Vater verbotenen heimlichen Beziehung zur Mutter, deren Entdeckung eine Strafe zur Folge hatte. Es soll noch daran erinnert werden, daß nach den psychoanalytischen Erfahrungen Zucker und Süßigkeiten als Ersatz für die Muttermilch und so als Symbol für die Mutterliebe überhaupt empfunden werden. Die Vorliebe für Süßigkeiten entspricht der oralen Fixierung an die Säuglingssituation, der ersten sinnlichen Lustbeziehung des Kindes zur Mutter.

Diese erste Straftat in der Kadettenschule enthält die beiden von Freud festgestellten Merkmale des Verbrechens aus Schuldbewußtsein: die Tat wird ausgeführt, weil sie verboten ist, und zu dem Zweck, um ein aus dem Ödipuskomplex stammendes präexistentes Schuldgefühl an ihre Ausführung anzuknüpfen und durch Erleiden der Strafe zu mildern. Das manifeste Delikt verhüllt die eigentlich gemeinte Ödipustat.

Wie weit seine Schuldgefühle in die Kindheit zurückreichen, zeigt seine infantile Neurose, eine Phobie, die in seinem fünften Lebensjahr aus einem plötzlichen Anlaß entstand. Er ging mit seiner Mutter zur Stadt, um seinen Vater abzuholen. Zwei scheu gewordene Pferde, die ihnen entgegenrannten, erschreckten ihn so sehr, daß er jahrelang Angst hatte, auf die Straße zu gehen. Diese übermäßige Reaktion läßt sich nach den psychoanalytischen Erfahrungen leicht aus dem Schuldgefühl erklären, das in dem kleinen Begleiter seiner Mutter aus dem Wunsche wach geworden war, möglichst lange mit der Mutter allein und ohne den Vater zu bleiben. Die Szene mit den Pferden, die wütend auf ihn zurannten, konnte nur deshalb diese übermäßige neurotische Reaktion auslösen, weil sie den Knaben in dieser Konfliktsituation traf. In dem Augenblick, wo er tagträumend dachte: »Ich möchte immer allein mit der Mutter sein, der Vater soll nicht kommen«, erschienen plötzlich die wildgewordenen Pferde, nach Art infantiler Tierphobien als Vertreter des totgewünschten rächenden Vaters.

Es ist bemerkenswert, wie es ihm wirklich gelang, die Bagatelle im Kadettenkorps zu einem wichtigen Ereignis seines Lebens zu gestalten. Er erzwingt durch einen gespielten Selbstmordversuch die Verzeihung seiner Eltern und darf wieder in eine höhere Schule, aus der er wegen verschiedener Kindheitserkrankungen auf Anraten des langjährigen Hausarztes genommen worden war. Dieser Arzt scheint überhaupt eine verhängnisvolle Rolle in seinem Leben gespielt zu haben. Er war es, der den frühzeitig vom Knaben geäußerten Wunsch, das medizinische Studium zu ergreifen, dadurch vereitelte, daß er die Eltern bewog, das Kind wegen seines geschwächten Gesundheitszustandes einen mehr körperlichen statt eines geistigen Berufes ergreifen zu lassen. Dieser Eingriff des Arztes mußte den Knaben um so schwerer treffen, als er jahrelang mitansah, wie der Arzt freien Zutritt in das Schlafzimmer der dauernd kranken Mutter hatte. So erhielt der ihm versagte Arztberuf die Bedeutung eines Freibriefes für die ungehinderte körperliche Beziehung zur Mutter. Dieses Privileg hatte neben dem

Vater nur der Arzt. Die Gleichsetzung des Arztberufes mit der Befriedigung der kindlichen Inzestwünsche wurde durch die Versagung besonders begünstigt. Beide Formen, sich dem mütterlichen Körper zu nähern, waren ihm verboten.

Wie eng der ärztliche Beruf bei ihm mit der infantilen Sexualneugier und Schaulust verknüpft war, zeigt ein Diebstahl, den er beging, als er als Hospitant medizinische Vorlesungen besuchte. Während einer anatomischen Vorlesung stiehlt er seiner Nachbarin einen Photoapparat und wird, da er sich nicht etwa aus dem Saal entfernt, sofort entdeckt. Aus den Schuldgefühlen, die bei ihm mit dem ärztlichen Wissen verknüpft sind (anatomisches Interesse = Schaulust gegenüber der Mutter) stiehlt er einen optischen Gegenstand, um *dafür* und nicht für das schwerere Vergehen auf optischem Gebiete bestraft zu werden. Also wiederum ein reines Symptomdelikt aus Schuldgefühl.

Jetzt verstehen wir, warum er immer medizinische Bücher und optische Instrumente stahl. Die Beschäftigung mit der Medizin bekam für ihn den absoluten Gefühlswert der Ödipustat. Darum mußte er sich das medizinische Wissen, medizinische Instrumente und das ärztliche Diplom gegen das Gesetz stehlen, erschleichen und erkämpfen. Dies brachte ihm zwei psychologische Gewinne. Die Trotzhandlungen ermöglichten eine vollständige Gleichsetzung der beiden verbotenen Taten und gewährten ihm so den Lustgewinn der Ödipustat, während andererseits die Schuldgefühle auf das geringere, oft nur formale Versehen verschoben werden konnten. Denn ohne Diplom mit großem medizinischem Wissen und Können zu operieren, ist ja ein geringeres, nur formales Vergehen gegenüber seiner unbewußten Bedeutung, dem Verkehr mit der Mutter. Wenn wir in seinen Aufzeichnungen den triumphierenden Satz lesen, daß er ohne Diplom, trotz der Verbote aller Autoritäten, besser operieren konnte als viele andere diplomierte Ärzte, so verstehen wir erst ganz den besonderen Lustgewinn, den dieser Mechanismus ihm verschaffte.

Die Aufrechterhaltung dieser Trotzeinstellung glückte ihm solange, als er als unbezahlter Assistent sich seinem Berufe unter

Leiden und Entbehrungen widmete. Als er aber in seiner Karriere stieg und in eine gutbezahlte Stellung bei einem gütigen Chef, noch dazu in einer gynäkologischen Klinik berufen wurde, war dem Trotz der Boden entzogen und die Schuldgefühle wuchsen. In diesem Zeitpunkt seines Lebens beging er die erwähnten Bücherdiebstähle, die zu seiner Entlarvung führten. Als guter und erfolgreicher Arzt wegen des formalen Mangels eines Diploms bestraft und verjagt zu werden, verschaffte ihm eine besondere Erleichterung der Schuldgefühle (Euphorie und Arbeitsdrang im Gefängnis), die ihm ermöglichte, die Umwelt wieder ins Unrecht zu setzen und zu seinem Trotz zurückzukehren. Triumphierend schreibt er nach seiner Freilassung seinem Verteidiger, er habe sich aus eigenen Mitteln und auf erlaubte Weise ein Mikroskop gekauft, das besser sei als das seinerzeit gestohlene, »der Welt aber werde er es zeigen, daß er für die menschliche Gesellschaft nicht bloß Ballast sei«. Diese merkwürdige Überbewertung des Besitzes eines Mikroskops, das er sich trotzig sofort nach seiner Freilassung verschaffte, zeigt uns von neuem, in welchem Maße die infantile Schaulust, die besondere Form seines Inzestwunsches, auf den Besitz dieses wissenschaftlichen Instruments verschoben wurde.

Einen mehr kleptomanen Charakter hat der Diebstahl der kleinen Porzellanfiguren, die neu und ziemlich wertlos waren. Einen gewissen Hinweis auf die unbewußten Motive dieser Tat gibt neben dem, was wir von ihm schon wissen, sein spontaner Einfall bei der Erzählung der Tat, daß seine Mutter eine wertvolle Sammlung alter Porzellanfigürchen gehabt habe, die er sehr liebte. Wie weit hier eine Identifizierung mit der Mutter oder aber sein infantiler Bemächtigungsdrang gegenüber der Mutter nach dem Grundsatz unbewußter Vorgänge »pars pro toto« Ausdruck findet, ist schwer zu entscheiden. Sein trotziges Festhalten an dem Wunsch, die Mutter zu besitzen, spricht eher für die ökonomisch größere Bedeutung der letzteren Determinante.

Überhaupt steht sein Leben im Zeichen des zähen Festhaltens an den Inzestwünschen in trotziger Auflehnung gegen den

Vater. Alle seine Handlungen gehen darauf aus, die Außenwelt, das heißt alle späteren Vertreter des Vaters, ins Unrecht zu setzen, sie zu hartem, ungerechtem Verhalten zu verleiten und dadurch sich von Schuldgefühlen zu befreien, ohne den Trotz aufgeben zu müssen. Er kann nur schlechte, harte, ungerechte Vatervorbilder ertragen, darum kann er den gütigen Chef, die Hilfe des Verteidigers und seine Gratis-Analyse nicht annehmen. Er hat in seiner Jugend nur gelernt, einem harten, unpsychologischen Vater gegenüber sich zu behaupten, hat seinen ganzen seelischen Apparat dieser Atmosphäre seiner Jugend angepaßt. Ein gütiger, verständnisvoller Vater würde ihn völlig aus dem Konzept bringen, ihn zu diesem gütigen Vater in eine ihm unbekannte und unheimliche Schuldrelation treiben, sein ganzes bisheriges Lebensgebäude in seinen Grundlagen erschüttern. Darum zieht er es vor, vor dem Angebot seines Verteidigers zu fliehen und aus sicherer Ferne zu schreiben: »Warum ich Ihre in Aussicht gestellte Unterstützung nicht annehmen kann; – ja, unter jede Rechnung macht man einen Strich, das ›Soll‹ und ›Haben‹ fällt bei uns zu einseitig aus. Ich wäre mein Leben lang Ihr Schuldner, dieses Gefühl vertrage ich eben nicht ... Meine Haft hätte nicht enden sollen, ich bin im bösen Sternbild geboren.«

Ihm war es nicht schwer geworden, der heutigen Strafjustiz die Rolle des ungerechten Vaters zuzuweisen und so die Atmosphäre des Elternhauses wieder herzustellen. Dem moralischen Einfluß eines Vaters, der ihn im Geiste einer engstirnigen Beamtenmoral immer wieder ungerecht und hart bestrafte, ihm allen dem Kinde zukommenden Lustgewinn untersagte, die Mutter schlecht behandelte und betrog, konnte er sich leicht entziehen und dadurch seinen Ödipuskomplex behalten. Aus den kleinen Einzelheiten, die wir aus den Erziehungsmethoden seines Vaters wissen – Schläge für ein Stück Zucker, nur an Feiertagen Erlaubnis, mit Spielsachen zu spielen –, sehen wir die militaristische Pflicht- und Drillmoral der Vorkriegszeit, die so häufig eine positive Identifizierung mit den Erziehungsvorbildern unmöglich machte und zur Bildung eines Über-Ichs führte, das ein Fremdkörper in der Persönlichkeit blieb. Wenn dieser Vater dann noch eine sozial und geistig über ihm stehende Mutter vor den Augen der Kinder brutalisiert, beschimpft und in hypokritischem Gegensatz zu der gepredigten Moral betrügt, so verstehen wir, warum dieser Mensch auch später immer bestrebt war, die Vaterimagines ins Unrecht zu setzen und sich auf diese bequeme Weise von ihrem hemmenden Einfluß zu befreien. Wir sagen: bequem, weil die heutigen Staatseinrichtungen es den Menschen wirklich nicht schwermachen, in ihnen den unpsychologischen Vater wiederzufinden. Unserem Bruno gelang dies jedenfalls in vollstem Maße. Als geschickter Chirurg und wissenschaftlich geschulter Arzt, der selbstlos vielen Menschen geholfen hatte, bestraft zu werden, bedeutete für ihn einen Triumph über die Gesellschaft und eine Befriedigung, um die ihn viele normale Menschen in ihren gesunden Sublimierungen beneiden könnten.

Gegenüber diesem Fall eines neurotischen Kriminellen, der dem Typus des Verbrechers aus Schuldgefühl mit kleptomanen Zügen entspricht, und der nur in sehr beschränktem Maße gemeinschädlich erscheint, ist als adäquate, zukünftige Reaktion die vorübergehende Internierung mit dem Versuch einer psychoanalytischen Heilung angezeigt.

Die Bestrafung im heutigen Sinne ist in solchen Fällen sinnlos, als Besserungsmaßnahme unwirksam und sozial schädlich, weil sie den Täter zu neuen Straftaten geradezu verführt. Man konnte Bruno ja keinen größeren Gefallen erweisen, als sich ihm gegenüber ins Unrecht zu setzen, während jede Wohltat ihn in Verwirrung brachte. Solange die Gesellschaft solche Menschen bestraft, also auf ihre unbewußten Provokationen hereinfällt, haben sie in gewissem Sinne recht, sich nicht heilen und dadurch dieser Befriedigungsmöglichkeiten berauben zu lassen. Eine wirkliche Heilungsaussicht werden sie erst dann haben, wenn man aufhört, sie zu strafen.

Tötungsversuch eines Neurotischen

Im Winter 1927 begab sich der etwa 25 Jahre alte, bisher unbescholtene stellungslose Kaufmann Karl mit seiner Geliebten, einem Dienstmädchen, nachts in ein Absteigehotel in Berlin und schoß ihr eine Kugel in die Schläfe. Er brach sodann bewußtlos zusammen, erholte sich bald wieder, klingelte nach Arzt und Polizei und wurde abgeführt. Es ergab sich, daß er gemeinsam mit der Geliebten aus dem Leben hatte scheiden wollen. Beide hatten sich an dem genannten Abend zu diesem Zwecke miteinander verabredet, waren in verschiedene Gast- und Vergnügungsstätten gegangen, hatten Abschiedsbriefe geschrieben. Karl hatte mit dem Geld der Geliebten einen Revolver gekauft, und sie waren schließlich in das Hotel mit der Absicht gegangen, dort ihrem Leben ein Ende zu machen. Als er den Schuß gegen seine Geliebte abgegeben hatte, der sie zwar nicht das Leben, aber das Licht eines Auges gekostet hatte, fehlte ihm der Mut, die zweite Kugel gegen sich abzufeuern, und er stellte sich der Polizei.

Sichtbare Gründe für die Tat schienen nicht erkennbar zu sein. Karl war jung, gesund, dem Alkohol und Abenteuern mit Frauen etwas zugeneigt, sonst von normalem, eher gutmütigem Habitus. Seine Mutter war früh gestorben, sein Vater war Offizier im Feld und nach dem Krieg als Ingenieur dauernd außer Haus in Arbeit. Dies und der Umstand, daß Karl in jugendlichem Alter freiwillig am Krieg teilgenommen hatte, später im Grenzschutz noch einige Zeit weiter den Soldaten spielte, hatten ihn notgedrungen etwas verwahrlosen lassen, so daß es ihm nicht recht gelang, im Leben festen Fuß zu fassen. Er hatte den Kaufmannsberuf erlernt, wohl auch einige Zeit mit Unterbrechungen Arbeit gefunden, in der Hauptsache war er aber stellungslos, lebte von Arbeitslosenunterstützung und einigen Gelegenheitsarbeiten. Immerhin litt er keine allzugroße Not. Die Geliebte, aus besserer Kleinbürgerfamilie der Provinz stammend, war bei einer Herrschaft des Berliner Westens in Dienst, hatte den Karl vor einigen Monaten kennengelernt und mit ihm ein Liebesverhältnis angeknüpft. Im übrigen war sie in ihrem Heimatort mit einem von den Eltern gebilligten Manne verlobt, den sie auf Wunsch der Eltern hätte heiraten sollen. Karl war dieses Verlöbnis bekannt. Auf seine Fragen, ob sie nicht auch ihn heiraten würde, erklärte sie ihm, sie würde das gerne tun, wenn er einen festen Beruf hätte, eine Frau ernähren könnte und außerdem dem Alkohol und den Frauen gegenüber etwas zurückhaltender werden würde. Immerhin hinderte ihr Verlöbnis ihn nicht, das Liebesverhältnis fortzusetzen. Da er nicht viel verdiente, bestritt sie allein die Kosten ihrer gemeinsamen Ausgänge und Kinobesuche. Er ließ sich dies gefallen, nahm auch den Gedanken daran, daß sie einem anderen Manne versprochen war, mit der Vorstellung hin, sie müsse diesen anderen aus Zwang der Eltern heiraten, weil sie sonst enterbt und verstoßen werden würde; sie würde ihm sicher den Vorzug geben, wenn er eine Familie zu erhalten in der Lage wäre. Doch schien das Gleichgewicht der beiden häufig gestört, eine Verstimmung des einen wurde oft durch eine Depression des anderen abgelöst. Veranlaßt wurden diese Gemütsbewegungen, wie es schien, durch das Schwanken des Mädchens zwischen ihrem Verlobten und ihrem Geliebten. Eines Tages erklärte sie ihm, es sei ja doch wohl das Beste, wenn sie den Verlobten heirate, Karl könne ja Hausfreund bei ihnen werden. Er lehnt diesen Vorschlag auf das heftigste ab. Es erscheint ihm moralisch als durchaus unzulässig und nicht diskutabel. Die nächste Folge dieses Vorschlages ist eine Depression, in der er Selbstmordgedanken äußert. Er erklärt seiner Geliebten, jetzt werde er doch Schluß machen mit seinem Leben, er tauge ja doch zu nichts, könne keine Familie und kein Heim gründen und sei seines Lebens in jeder Beziehung überdrüssig. Sie bittet ihn, sie in den Tod mitzunehmen. Auch sie sei ungemein unglücklich, sie liebe den Mann nicht, den sie aus Zwang heiraten solle, sie würde zwar versuchen, ihre Pflichten zu erfüllen, aber die Ehe würde ja doch unglücklich werden. Auch sonst sei sie lebensüberdrüssig, da sie von ihren nächsten Angehörigen verkannt und schlecht behandelt werde. Ihre ältere

Schwester habe sie fälschlich des Diebstahls bezichtigt, und so ziehe sie es vor, mit ihm in den Tod zu gehen. Er greift diesen Gedanken sofort auf, meint, seine Geliebte von einem traurigen Leben und einer unglücklichen Zukunft zu erlösen, und so beschließen sie den gemeinsamen Selbstmord.

Es bedarf keiner Ausführung, daß die Gründe, die Karl und seiner Geliebten für ihre Tat bewußt werden, nicht die wahren ausschlaggebenden Motive sein können. Das Motiv, das Karl für die Tötung seiner Geliebten angibt, ist leicht als eine dünne Rationalisierung zu erkennen, die der Verdeckung anderer, wirksamerer verdrängter Determinanten dient. Und auch der Anlaß, der in ihm den Entschluß zum Selbstmord erwachen läßt, muß uns auffällig erscheinen. Er hat mit dem Mädchen ein Liebesverhältnis unterhalten, trotzdem er wußte, daß sie einem anderen Manne versprochen war, und gerät plötzlich anscheinend unvermittelt in eine heftige affektive Abwehrreaktion bei der Vorstellung, daß sie ihren Verlobten heiraten und er Hausfreund werden solle. In Wirklichkeit wird ihm doch damit nichts wesentlich anderes zugemutet, als das, was er bisher getan hat, und es erscheint daher nicht verständlich, daß dieser Vorschlag die Tat ausgelöst haben soll.

Wir wissen aus psychoanalytischer Erfahrung, daß die Situation des Hausfreundes für das Unbewußte die Qualität einer realisierten Ödipustat hat. Ein Dritter Unbefugter setzt sich unerlaubt in den Besitz einer Frau, die einem anderen, dem rechtmäßigen Ehemann zugehört. Es ist dies nichts anderes als das, was das Kind in seinem Ödipuskomplex wünscht. Auch für Karl hat diese Situation keine andere Bedeutung. Seine Mutter ist früh gestorben. Die starke Amnesie, die seine frühe Kindheit bedeckt, konnte bei der Ungunst der äußeren Situation nicht wesentlich behoben werden. Gegenüber dem Vater hatte Karl manchmal eine positive, oft eine trotzige Einstellung. Bald wohnte er bei ihm, bald ging er wieder weg und war mit seinem Vater verfeindet. Eine deutliche Ambivalenz beherrschte seine Gefühlsbeziehung zum Vater. Als dieser, über 60 Jahre alt, sich nochmals verheiratete, und zwar mit einer

Karl etwa gleichaltrigen jungen Frau, schien sich das Verhältnis zu bessern. Zwischen Karl und seiner Stiefmutter entwickelte sich schnell eine innige Kameradschaft, die sonst so häufige feindselige Einstellung gegen die Stiefmutter fehlte völlig, im Gegenteil, Karl fühlte sich von ihr angezogen. Sie brachte ihm gleichfalls Freundschaft entgegen, und das Verhältnis zur väterlichen Familie, das früher oft recht schlecht gewesen war, wurde das denkbar beste. Die Stiefmutter war schwach und kränklich, wurde von einer heftigen Krankheit befallen, die sie dauernd ans Bett fesselte. Karl, dessen Vater beruflich den ganzen Tag außer Hause war, verbrachte die Tage in der elterlichen Wohnung und war glücklich, die Stiefmutter pflegen und betreuen zu dürfen. Er bereitete ihr das Essen, reichte es ihr dar, besorgte ihre Wohnung, unterhielt sie, während der Vater seinem Berufe nachging und erst abends heimkehrte. Karl entfernte sich am Abend und wohnte außerhalb der elterlichen Wohnung.

Eines Abends erklärte ihm der Vater plötzlich, es würde doch vielleicht besser sein, wenn Karl sich tagsüber, während der Vater nicht zu Hause sei, nicht in der Wohnung aufhalten würde. Denn die Leute könnten schlecht darüber denken und häßlich reden. Diese an sich verständliche und der realen Situation angepaßte vorsichtige Rücksichtnahme auf die Umwelt wirkte auf Karl geradezu niederschmetternd. Er fühlte sich vom Vater ungemein schlecht und ungerecht behandelt, fühlte sich wie vor den Kopf geschlagen wegen der Tatsache, daß der Vater ihm so etwas zutraue und zog hieraus die Konsequenz, dem väterlichen Hause überhaupt fernzubleiben, das er bis zu dem mehrere Monate später erfolgenden Tode der Stiefmutter nicht mehr besuchte.

Diese unerwartet heftige, der tatsächlichen Sachlage nicht entsprechende Gefühlsreaktion Karls muß uns in verschiedener Richtung auffallen. Unwillkürlich fällt einem das französische Sprichwort ein: »Il n'y a que la vérité qui blesse.« Wenn auch kein Umstand dafür spricht, daß Karl sich bewußt irgendwelche sündhaften Wünsche gegenüber der Stiefmutter vorzuwerfen hatte, so steht doch aufgrund unserer psychoanalytischen Erfahrungen fest, daß er sich durch die Äußerung seines Vaters nur deshalb so verletzt fühlen konnte, weil sein Vater ihn an seiner verwundbarsten Stelle getroffen hatte, indem er ihm das auf den Kopf zusagte, was Karl zwar bewußt nicht gewollt, aber im Unbewußten triebhaft ersehnt hatte. Der junge Karl, der bisher zahllose Liebesverhältnisse zu Mädchen gehabt hatte, die nie von langer Dauer waren, der also zu irgendwelchen wesentlichen Objektbeziehungen gegenüber Frauen noch nie gelangt war, gerät alsbald nach dieser Szene mit dem Vater an seine Geliebte, bleibt an ihr hängen und beginnt mit ihr ein Liebesverhältnis, das immerhin eine Reihe von Monaten bis zur Ausführung der Tat dauert. Sie ist in gleichem Alter wie die Stiefmutter, von gleichem körperlichen Typ und überhaupt von einer den ungewandten Zeugen im Gerichtssaal auffallenden äußeren Ähnlichkeit mit der Stiefmutter. Auch ihre äußere Lebenssituation war der seiner Stiefmutter ähnlich, denn auch sie gehörte einem anderen Manne, ihrem Verlobten, den sie heiraten sollte. Und auch sonst, in der Färbung ihrer Beziehungen, spielte sie die Mutterrolle. Er ließ sich von ihr freihalten, seinem Bruder eine Anstellung besorgen, sie war überhaupt eher die Gebende, Karl der Empfangende, so daß sein ganzes Verhältnis zur Geliebten für das Unbewußte den Gefühlswert seiner Beziehung zu der Stiefmutter hatte. Das, was sein Unbewußtes der Stiefmutter gegenüber erstrebt hatte, wird offenbar hier der Geliebten gegenüber verwirklicht.

Wir verstehen jetzt die Gleichartigkeit seiner depressiven Reaktion auf die Bemerkung des Vaters, die Leute könnten Schlechtes denken, und auf den Vorschlag der Geliebten, Hausfreund zu werden, aus der Gleichartigkeit der Gefühlsbindung zur Stiefmutter und zu der Geliebten. Die Bindung an die Stiefmutter, die im Verhältnis zu seinen sonstigen Beziehungen zu Menschen auffallend stark erscheint, hat ihre Grundlage in dem unbewußten Inzestwunsch. Ein genügend starkes hemmendes Über-Ich verbietet das Bewußtwerden und die Realisierung dieser Wünsche. Die Ermahnung des Vaters trifft ihn deshalb so empfindlich, weil sie die Verdrängungsarbeit, die infolge des starken Inzestverlangens ohnehin schwierig genug ist, durch Bewußtwerden ernstlich gefährdet. Der so aufgescheuchten unbewußten Schuldgefühle – der Gewissensspannung – sucht er sich durch das Mittel der Projektion zu entledigen. Er verdreht die Ermahnungen seines Vaters, meint, dieser werfe ihm etwas vor, was er doch nicht getan habe, sei also ungerecht gegen ihn, und erreicht auf diesem Wege, sich vom Vater zu trennen und ihn ins Unrecht zu setzen. In Wirklichkeit hatte ihm der Vater den Inzestwunsch bewußt gar nicht vorgeworfen, vielmehr hatte er den Worten des Vaters diesen für sein unbewußtes Verlangen zutreffenden Sinn unterlegt. Wie die meisten Projektionen mag auch in diesem Falle der projizierte Affekt für das Unbewußte des Vaters gültig sein, weil in der Mahnung die unbewußte Eifersucht gegen den Sohn zum Ausdruck kam. Die Affektreaktion, die aus den bewußten Seeleninhalten unerklärlich erscheint, wird sinnvoll, wenn wir den Dialog der beiden Unbewußten von Vater und Sohn verstanden haben.

War er so dem Druck der *Gewissensspannung* durch die Schuldprojektion entronnen, so waren damit die unbewußten Inzestwünsche noch nicht zum Schweigen gebracht. Sie dürften vielmehr eher stärker geworden sein, da die hemmende Macht des Über-Ichs durch die Verringerung der Schuldgefühle geschwächt wurde. Die Beziehung zur Geliebten erscheint als ein Versuch des Unbewußten, die *Triebspannung* durch einen Kompromiß nach der Richtung der Gesundheit, nämlich durch exogame Objektwahl zu lösen. Allerdings kommt bei dieser Lösung in der Hauptsache der Inzestwunsch zur Geltung, denn das gewählte Objekt hat alle Merkmale der verbotenen Mutter. Ihr Vorschlag, sie wolle den anderen Mann heiraten und er solle Hausfreund werden, verursacht ein neues Aufsteigen von Schuldgefühlen. War es ihm bisher mit Mühe und Not gelungen, seine Hemmungsinstanzen dadurch einzuschläfern, daß ja die Geliebte in Wirklichkeit nicht seine Mutter, sondern ein fremdes, erlaubtes Liebesobjekt war, und hatten so die inzestgefärbten Tendenzen des Es die Überhand gewonnen und sich ungestört ausleben können, so mußten die Schuldgefühle verstärkt wieder auftreten, wenn die Verdrängungsarbeit dadurch gestört wurde, daß der Sinn seiner Beziehungen zur Geliebten bewußt zu werden drohte. Sein psychisches Gleichgewicht konnte einigermaßen aufrechterhalten bleiben, solange die Geliebte ja nicht wirklich verheiratet war, von ihrem Verlobten getrennt lebte, dem Karl erklärte, sie würde vielleicht auch ihn heiraten. Eine Heirat mit ihrem Verlobten, die für das Unbewußte die Inzesttat vollkommen gemacht hätte, war nicht mehr zu ertragen. Der Entschluß zur Tötung der Geliebten und zum Selbstmord ist der Versuch einer kurzschlußartigen Lösung dieser Spannungssituation, deren tieferer Sinn uns bald verständlich wird.

Ein heftiges, aus dem ungelösten Ödipuskomplex stammendes Inzestverlangen, dessen Vorhandensein gegenüber seiner wahren Mutter zwar nicht festgestellt werden konnte, das nach den analytischen Erfahrungen aber bei dem gesamten psychischen Verhalten Karls zweifellos vorhanden war, wird zunächst in sublimer Form gegenüber der Stiefmutter ausgelebt. Als dieses Ventil dadurch verstopft wurde, daß die Ermahnungen des Vaters die Verdrängungsarbeit störten, werden die Inzestwünsche zunächst auf ein Ersatzobjekt, die Geliebte verschoben. Als auch diese Position der verdrängten Wünsche erschüttert wird, erfolgt eine Regression auf die sadomasochistische Stufe. Der durch das Gewissen verbotene Inzest wird durch gemeinsames Sterben dargestellt. Nach Art eines hysterischen Symptoms bedeutet dieses gemeinsame Sterben gleichzeitig eine Selbstbestrafung und das Ausleben der erotischen Wünsche. Die Wendung des Sprachgebrauchs: »Im Tode vereint« beweist die erotische Besetzung der Idee des gemeinsamen Sterbens. Das Ausleben des Inzestwunsches wird möglich, da die Schuldgefühle gleichzeitig durch die selbstverhängte Todesstrafe beschwichtigt werden.

Der Vorschlag der Geliebten, sie werde ihren Verlobten heiraten, mag in Karl auch noch darum eine Depression ausgelöst haben, weil dieser Vorschlag ja den Sieg des Vatervorbildes bedeutete. Der Entschluß, die Frau zu töten, bedeutet daher weiterhin einen Versuch, dem Vater die Frau zu rauben. Somit enthält die Tat die beiden Komponenten des Ödipuswunsches, dem Vater die Frau zu nehmen, um selbst mit ihr vereint zu sein.

Wenn uns auch so manches von den unbewußten Motiven verständlich wurde, so bleibt doch das Hauptproblem noch immer im dunkeln: wie es Karl gelang, die Tat ohne Schuldgefühlsreaktion auszuführen. Sie muß für ihn noch einen unbewußten Sinn gehabt haben, der den Anforderungen des bei ihm besonders strengen Über-Ichs entsprach. Sonst wäre es nicht verständlich, daß er, der doch die Geliebte verstümmelt und sich vor dem eigenen Selbstmord gedrückt hatte, sich keine erheblichen Selbstvorwürfe zu machen brauchte, ja beinahe alles in Ordnung fand. Dieses merkwürdige subjektive Einverständnis des Über-Ichs mit der Tat, das auf unbewußten Vorgängen beruht, interessiert uns in der Psychologie solcher Fälle darum am meisten, weil nur das Verständnis dieses unbewußten Rechtfertigungsvorganges uns darüber Aufschluß geben kann, wie moralisch empfindende Menschen solche schweren Delikte ohne Schuldgefühle begehen können.

Wie stark das Gewissen die Handlungen Karls sonst beeinflußte, sehen wir daran, daß die Schuldgefühle wegen des Inzestwunsches ihn in ein unstetes Leben hetzten, ihn vom Elternhause verjagten, die Herbeiführung normaler Beziehungen zur Geliebten ihm unmöglich machten. Auf wiederholte Fragen, was ihn denn wirklich dazu getrieben habe, mit seinem Leben auch dem Leben der Geliebten ein Ende zu bereiten, gab er immer wieder stereotyp die eine Antwort: »Ich habe die Ehe meines ältesten Bruders gesehen« – Karl ist der jüngste von drei Brüdern –, »mein Bruder arbeitet den ganzen Tag, lebt in gehobener Stellung und verdient eine Menge Geld. Die Frau schläft den ganzen Tag, putzt sich, betrügt ihn, vertut das ganze Geld, so daß er eine außerordentlich unglückliche Ehe führt. Vor einer solchen unglücklichen Ehe habe ich meine Braut bewahren wollen.« Die logische Blindheit, die in diesen Argumenten liegt, ist erstaunlich. In dem Fall, den er als Beispiel heranzieht, ist ja der Mann der Geschädigte und die Frau diejenige, die den Mann betrügt und Schuld auf sich häuft. Diese Argumentation wäre nur dann verständlich, wenn er eine schlechte Frau hätte töten wollen. Er verrät also damit seine unbewußte Absicht, eine schlechte Frau zu töten. Seine Geliebte hatte ja tatsächlich ein schlechtes Leben geführt, sie hatte ihren Verlobten betrogen, sie hatte ihr Geld für einen anderen Mann ausgegeben, sie hatte alles das für ihn getan, was er von seiner Stiefmutter erwartet hatte und wofür er die unbewußten Schuldgefühle spürte. Wenn er sie darum tötete, so identifizierte er sich zunächst mit dem geschädigten Mann, eigentlich aber mit dem Vater, der sich für die begangene Untreue durch Tötung rächt. *Geliebte und Stiefmutter* waren ja in seinem Unterbewußten so stark miteinander *gleichgesetzt*, daß er in der Geliebten die Stiefmutter töten konnte, als ob diese und nicht die Geliebte die Untreue gegen den Vater begangen hätte. Damit kann er die Rolle des rächenden Vaters voll zu Ende spielen. Die Schuldgefühle wegen des begangenen Inzestes werden also dadurch aufgehoben, daß er sich mit dem rächenden Vater identifiziert und so sein Über-Ich auf die Seite des Es treten kann. Es gelingt ihm dadurch, der Tat eine positive, die Schuldgefühle erleichternde Färbung zu verleihen, indem er in der Rolle des Vaters, der durch seine Frau betrogen worden ist, sich an dieser Frau rächt. Auch hier sehen wir wieder das Wirken der Schuldprojektion. Die eigenen Inzestwünsche, die er unbewußt gegenüber der Stiefmutter gehabt hatte, gelingt es ihm, auf die Geliebte als Ersatzobjekt zu projizieren. Es gelingt ihm, weil diese ja wirklich ihren Verlobten betrogen hat. Er kann sich nunmehr von den Schuldgefühlen befreien, indem er in der Rolle des rächenden Vaters die ungetreue Frau tötet.

Bezeichnend ist, daß seine Geliebte selbst in ihrem Unbewußten die Tat als einen Racheakt empfunden hat. Sie war nach der Tat gegen ihn voller Aggressionen, heiratete ihren Verlobten, suchte Karl zu schädigen und zu belasten, wo und wie sie nur konnte, behauptete zunächst, sie habe gar nicht aus dem

Leben gehen wollen, Karl habe sie dazu gezwungen und ermorden wollen, und gab ihre feindselige Haltung bis zur Hauptverhandlung nicht auf. Erst unter der Last von Zeugenaussagen und Abschiedsbriefen, die sie geschrieben hatte, änderte sie im letzten Augenblick ihre Haltung. Dieses sonst merkwürdige feindselige Verhalten wird uns verständlich, wenn wir daran denken, daß es die Triebreaktion auf die von ihr unbewußt gefühlte aggressive Färbung der Tat war.

Diese im Unbewußten Karls dynamisch wirkenden Motive konnten erst in die Motilität umgesetzt werden, nachdem auch das bewußte Ich durch Rationalisierung für die Tat gewonnen wurde. Karl überzeugt sein bewußtes Ich davon, daß er eine gute Tat vollbringt, wenn er die Geliebte von ihren Enttäuschungen, Leiden und Unbill ihres Lebens befreit.

Mit dem Entschluß zum Selbstmord will er die Realisierung des Ödipuswunsches auf der sadomasochistischen Stufe erreichen, er will mit der Geliebten im Tode vereint sein und gleichzeitig die Schuldgefühle aufheben, indem er sich mit dem rächenden Vater identifiziert, der den Sohn wegen des begangenen Inzestes tötet.

Als letzte Determinierung bedeutet der Gedanke des Selbstmordes noch eine weitere Realisierung des Ödipuswunsches, nämlich die Tötung des – introjizierten – Vaters. Die Identifizierung mit dem Vater erfolgt einmal auf dem Weg über die Frau. Der Mann, der die Mutter besitzt, soll durch den Selbstmord getötet werden. Sodann bedeutet der Selbstmord die Beseitigung des Über-Ichs – also wieder des introjizierten Vaters –, das die drohenden Schuldgefühle ausschickt und durch den Selbstmord zum Schweigen gebracht werden soll. Mit Recht erklärt Freud jeden Selbstmord als verkappten Mord eines introjizierten anderen.

Es bleibt jetzt nur noch die Frage zu beantworten, welche Umstände Karl an der Ausführung des Selbstmordes gehindert haben. Wir sahen ja aber schon, daß seine Schuldgefühle nach der Tat nicht eben auffallend groß waren. Er fühlte sich ziemlich im Recht, verteidigte sich mit zäher Energie gegenüber den

Angriffen der Geliebten und war auch mit seinem Vater innerlich versöhnt.

Durch die Tötung der Geliebten hatte er, wie wir gesehen haben, den Vater bereits gerächt. Er hatte sie wegen der begangenen Untreue bestraft, also dem Vater Genugtuung verschafft, er hatte auch sich bestraft, indem er sich seines Liebesobjektes beraubte. Die Schuldgefühle gegen den Vater wurden dadurch schon zu einem erheblichen Teil abgetragen, sie dürften darum quantitativ nicht mehr ausgereicht haben, um den natürlichen Lebenstrieb zu besiegen.

Die Depression, die der Vorschlag der Geliebten in ihm auslöste, wurde dadurch aufgehoben, daß er ja seine Mitschuldige töten *durfte*, die mit der Tötung einverstanden war, und vor allem, weil durch die Beseitigung der störenden Frau die Identifizierung mit dem Vater in tragischer Situation gelingt. Wie dem Vater schon einmal die Frau gestorben war, so beraubt er sich zwecks Selbstbestrafung gleichfalls des Liebesobjektes. Er wird dem Vater in dieser tragischen unlustvollen Rolle gleich und kann so die Schuldgefühle beschwichtigen und seinen Frieden mit dem Vater finden.

Die Schuldgefühle gegenüber dem Vater und die unbewußte homosexuelle Fixierung an ihn waren die stärksten Gefühle in ihm, stärker als jede heterosexuelle Bestrebung. Am besten beweist dies das Endergebnis der Tat, der die Geliebte zum Opfer gefallen ist. Die passiv homosexuelle Komponente des Dranges, Vater und Mutter zu trennen, war ausschlaggebend bei der Tat, durch die die Mutter (Geliebte), deren Existenz den Konflikt mit dem Vater verursacht, beseitigt wird, so daß er mit dem Vater ungestört zusammenbleiben kann. Die aus der Homosexualität stammende Aggression gegen die Frau äußert sich in der abfälligen Kritik, die er an der Ehefrau seines Bruders übt, in seinem ganzen Verhalten zu Frauen, zu denen er nie in eine echte Gefühlsbeziehung treten konnte, in der Tat selbst und endlich in seiner darauf folgenden Aussöhnung mit dem Vater. Auf die Befriedigung des Inzestwunsches, der Geliebten in den Tod zu folgen, kann er verzichten, da er in die passiv homosexuelle Rolle fliehen kann. Diese Rolle bedeutet ja eine Befriedigung des umgekehrten Ödipuswunsches, die homosexuelle Vereinigung mit dem Vater. Und so gelingt es den Lebenstrieben, wieder die Oberhand zu gewinnen.

Es handelt sich hier also um eine Tat, die *nicht* aus *kriminellen* Motiven begangen wird, sondern die in der Hauptsache ausgelöst wird durch das Wirken allzu starker *Schuldgefühle*, die also eher aus *ethischen* Ursachen entsteht. Karl ist ein *neurotischer Krimineller*, der sich mit seinem bewußten Ich für die Tat keine Rechenschaft geben kann. Eine Bestrafung und Leidenszufügung ist in diesem Falle wirkungslos und unzweckmäßig. Er gehört in die Hand des Psychoanalytikers. Eine Entwirrung seines unerledigten Ödipuskomplexes und damit seine Heilung und Rückführung in die Sozietät ist durch Psychoanalyse möglich.

Als Kuriosum erwähnt sei die juristische Beurteilung des Falles nach dem geltenden deutschen Strafrecht. Die Tötung eines Menschen auf ausdrückliches Verlangen wird mit einer milden Gefängnisstrafe bedroht. Der Versuch einer solchen Tötung ist straflos. Wenn jedoch, wie in unserem Falle, die Tötung nicht gelingt und die Tat den Verlust eines Auges zur Folge hat, so muß nach der Judikatur des Reichsgerichts die Bestrafung nach § 225 erfolgen. Der Strafrahmen ist hier ganz wesentlich schwerer.

Seelische Ökonomik des Mordes der Frau Lefebvre

Den nachstehenden Ausführungen liegt die psychoanalytische Arbeit von Marie Bonaparte über den Fall Lefebvre zugrunde.
(Revue Française Psychoanalytique, Bd. 1, 1927, Nr. 1; deutsch in *Imago* Bd. XV, 1929, Heft 1).

Im August 1925 erschoß Frau Lefebvre, eine reiche, über 60 Jahre alte Bürgersfrau aus Nordfrankreich, ihre im sechsten Monat schwangere Schwiegertochter auf einer Spazierfahrt in

ihrem Auto, das von ihrem Sohn, dem Mann der Schwiegertochter, gelenkt wurde. Sie wurde zum Tode verurteilt, dann zu lebenslänglicher Einsperrung begnadigt, und führt im Zuchthaus ein religiöses, ruhiges, von Gewissensbissen und sonstigen Konflikten ziemlich freies Leben. Äußere Motive, die mit Hilfe der Oberflächenpsychologie die Tat erklärbar erscheinen lassen, sind kaum vorhanden. Sie selbst erklärte vor Gericht, ebenso wie eineinhalb Jahre später der Analytikerin Marie Bonaparte, sie habe bei der Tat immer nur die Empfindung gehabt, ihre Pflicht zu tun. Sie sei auch heute noch der gleichen Meinung, sie habe ihre Schwiegertochter getötet, »wie man Unkraut, wie man schlechtes Korn ausreiße, wie man ein wildes Tier totschlage«. Und wenn sie gefragt wurde, worin denn eigentlich die Wildheit des Tieres bestand, kann sie fast nichts darüber sagen. Sie habe gegen ihre Mutter einen Prozeß anstrengen wollen; und einmal habe sie bei einem Wortwechsel zu ihr (zu Frau Lefebvre) gesagt: »Sie haben mich jetzt, man muß jetzt mit mir rechnen.« Das ist so ziemlich alles, was Frau Lefebvre selbst zur Begründung für ihre Tat anführen kann. Es genügt, um auch noch Jahre nachher sie empfinden zu lassen, sie habe etwas Gutes getan und nichts Böses, sie habe sich »von ihrem Verdruß befreit«, darum gehe es ihr jetzt gut und Gewissensbisse brauche sie nicht zu haben. Sie empfand ihre Tat auch als in Übereinstimmung mit ihren religiösen Vorstellungen, wenn sie äußerte, sie habe sich selbst Gerechtigkeit widerfahren lassen, und ohne Gottes Willen habe das nicht geschehen können.
Wie im vorigen Fall, so sehen wir also auch hier dieses merkwürdige, irrational erscheinende Einverständnis mit der Tat. Frau Lefebvre war offenbar der Meinung, ihre Schwiegertochter habe an ihr ein Verbrechen begangen, das den Tod verdiene, daher habe sie sich Gerechtigkeit widerfahren lassen. Wenn man der Frau Lefebvre Glauben schenken will, so bestand dieses Verbrechen eben darin, daß ihre Schwiegertochter zu ihr etwas drohend geäußert hat, »Sie haben mich jetzt, nun muß man mit mir rechnen«. Der Sinn dieser Äußerung liegt auf der

Hand. Es bedeutet: »Ich bin da«, und darin liegt das Verbrechen. Eine junge fremde Frau kam und stahl ihr ihren Sohn. Die dumpfe Ahnung des Volkes, eine unerlaubte Beziehung zwischen Mutter und Sohn müsse das Motiv der Tat sein, wird sich, wie so oft, als zwar nicht real, aber doch psychologisch richtig erweisen. Es handelt sich tatsächlich auch hier um ein nur aus der Ödipussituation erklärbares Verbrechen.

Wir wissen aus dem Prozeß, daß Frau Lefebvre den Entschluß faßte, einen Revolver zu kaufen, als sie zum erstenmal die Schwangerschaft ihrer Schwiegertochter vermuten konnte. Sie kaufte ihn, als diese Vermutung zur Gewißheit wurde. Als Grund für den Ankauf gab sie sich und ihrer Familie an, sie wolle in ihrem Hause vor Dieben geschützt sein, die die Nachbarschaft wiederholt heimgesucht hätten. Es fiel der Analytikerin sogleich die Ähnlichkeit dieser Motivierung mit dem unbewußten Sinn der gegen die Schwiegertochter erhobenen Vorwürfe auf, daß nämlich die Schwiegertochter ihr den Sohn gestohlen habe. Und sie konnte weiter feststellen, daß die Schwangerschaft der Schwiegertochter ihrem Unbewußten so unerträglich war, daß diese reiche, in ruhigen, geordneten Familienverhältnissen lebende Bürgersfrau den Mann, das Heim, die Kinder verlassen und ihr Leben durch die Tat aufs Spiel setzen konnte.

Die Neidreaktion gegenüber der schwangeren Schwiegertochter wird durch die symbolische Bedeutung der Schwangerschaft für die Frau noch besonders verschärft. Das Mädchen muß sich im Gegensatz zum Knaben, den der Kastrationskomplex, die Angst, den Penis zu verlieren, in mancherlei Konflikte bringt, frühzeitig mit dem endgültigen Fehlen des Phallus abfinden. Die Tatsache, ein Weib, ein kastriertes Wesen zu sein, wird dem weiblichen Kinde frühzeitig zur Gewißheit, es lernt nach und nach, auf diese infantile Hoffnung zu verzichten, indem es triebhaft weiß, daß die Natur der Frau hierfür einen Ersatz gegeben hat, das Kind, das ihr zur Entschädigung im Körper wachsen wird, und das sie schon im voraus in der Puppe liebt. So erhält das Kind für das Unbewußte der Mutter die Bedeutung eines Ersatzes für das fehlende männliche Glied. Es gelingt Marie Bonaparte, eine der unbewußten Determinanten des Hasses der Mutter gegen die Schwiegertochter aus dem Peniskomplex abzuleiten. Die Schwiegertochter hatte ihr den Sohn, den die Mutter unbewußt als den endlich erhaltenen Ersatz für den fehlenden Penis betrachtete, gestohlen. Sie konnte es nicht ertragen, daß dieser Sohn in der Schwiegertochter zu einem Fötus, dem weiblichen Penisersatz, geworden war, und ihr so geraubt wurde.

Die Reaktion gegen die schwangere Schwiegertochter, die in einem Auto durch einen Pistolenschuß (Auto und Pistole, Symbole des männlichen Genitales) getötet wurde, erweist sich in der Darstellung Marie Bonapartes als die Wiederholung einer sehr alten Feindseligkeit gegen die Mutter der Frau Lefebvre selbst, die zweimal während der Kindheit der späteren Frau Lefebvre schwanger war und zuerst den Bruder Charles, dann, als sie fast vier Jahre alt war, die Schwester Nelly zur Welt brachte. Diese zweite Geburt dürfte in dem kleinen Mädchen jene typische Eifersucht hervorgerufen haben, die sie in ihrer Tat wiederholte, sie muß, wie übrigens alle Kinder in dieser Lage, gegen die Mutter Todeswünsche gehabt haben, die sie später auf ihre jüngere Schwester übertrug.

Eine Jugenderinnerung der Frau Lefebvre, die sie der Analytikerin erzählte, zeigt diese Verhältnisse in außerordentlich typischer Weise. Die Kinder spielten gern religiöse Zeremonien. Der kleine Charles war der Geistliche und hielt die Messe ab, man veranstaltete Prozessionen im Garten und man begrub krepierte Hühnchen in Zigarrenschachteln in einem besonders dazu hergerichteten Friedhof, nachdem man sie feierlich gesegnet hatte, und auf ihrem Grabe errichtete man kleine, aus Gänseblümchen geschmückte Kreuze. Dieses kindliche Spiel erkannte Marie Bonaparte bereits als Vorbild der begangenen Tat. Die kleinen gestorbenen Küken – Symbole der Todeswünsche gegen das jüngere Kind* – werden mit Hilfe des Bruders, der

---

* Hierauf weist übrigens auch der Sprachgebrauch hin: *poulet* = Küken = kleines Mädchen.

als Komplice des Verbrechers figuriert, unter religiösen Zeremonien bestattet. Wir erinnern uns, daß Frau Lefebvre die Tat
merkwürdigerweise in Gegenwart ihres Sohnes, als dieser das
Auto lenkte, beging, daß sie offenbar also für ihr Verbrechen
die Anwesenheit ihres Sohnes brauchte.

Wenn die Analytikerin so feststellen kann, daß die Tat der
Frau Lefebvre sich als eifersüchtiger Racheakt gegenüber der
Schwiegertochter darstellt, die ihr durch die Schwangerschaft
den Sohn, ihren Penisersatz gestohlen hatte, so wird man die
dunklen Wurzeln dieser Katastrophe in der Ödipussituation
der Frau Lefebvre wiederfinden, die ihre ursprüngliche Ödi-
puseifersucht gegen die eigene Mutter wegen deren Schwangerschaft auf die durch diese Schwangerschaft zur Welt ge-
kommene jüngere Schwester, und später auf die schwangere
Schwiegertochter, verschoben hat.

Marie Bonaparte weist jedoch zutreffend darauf hin, daß noch
andere sehr starke Momente mit wirksam gewesen sein müssen, um den infantilen Ödipuskonflikt gerade durch die
Schwangerschaft der Schwiegertochter in solchem Maße wieder
zum Aufflammen zu bringen. Die Analytikerin berichtet uns
von zahllosen hypochondrischen Beschwerden, von denen Frau
Lefebvre ihr ganzes Leben lang geplagt gewesen sei, insbesondere in den letzten zehn Jahren vor der Tat nach Beginn der
Menopause. Als durch den endgültigen Stillstand der genitalen
Funktion die Empfängnis nicht mehr möglich war, litt sie
dauernd an organischen Störungen und Beschwerden, die der
symbolischen Darstellung des Zustandes der Schwangerschaft
dienten. Frau Lefebvre scheint sich danach seit dem Verluste
ihrer Weiblichkeit besonders verzweifelt an ihre Mutterschaft
geklammert zu haben. Zwölf Jahre lang, vom 48. bis zum 60.
Lebensjahre, lebte sie so mit dem Gefühl dauernder hypochon-
drischer Beschwerden in den Verdauungs- und Nachbarorga-
nen, die für das Unbewußte die Bedeutung analer Schwanger-
schaftsphantasien hatten. Der Hypochondrische, der unfähig
ist, seine Interessen – seine Libido – der äußeren Umwelt zuzuwenden, zieht sie auf seine eigenen Organe zurück, die von

nun an dazu dienen, seine Triebwünsche auszudrücken. Dieser Rückzug der Libido auf die eigene Person wird um so leichter zustande kommen, je weniger es einem Menschen gelungen ist, im Laufe der Entwicklung zur genitalen Stufe zu gelangen.

Auf der einen Seite die Eifersucht gegen die schwangere Schwiegertochter, die ihr den Sohn, ihren Penis gestohlen hat, auf der anderen Seite der eigene, durch die Menopause herbeigeführte Verlust der Weiblichkeit, führte nach Meinung der Analytikerin die besonders starke Regression in die analerotische Phase herbei. Sie wollte ihren Sohn besitzen als *mater familias,* Beherrscherin und Eigentümerin aller Familienmitglieder ihres Blutes sein, und das ließ sie das Eindringen der Schwiegertochter und die Besitzergreifung des Sohnes durch eine andere Frau als einen besonders kränkenden Diebstahl empfinden. Alle diese narzißtischen Kränkungen brachten dann den alten verdrängten Ödipuswunsch gegenüber der eigenen Mutter, der schon frühzeitig auf die jüngere Schwester projiziert war, mit erneuter Heftigkeit zum Aufflammen. Dynamisch bedeutet danach die Tat die Ausführung des tief verdrängten Ödipuswunsches gegenüber der eigenen Mutter.

Noch immer aber bleibt unerklärt, wieso diese unbewußten Bestrebungen das Ich soweit überrumpeln konnten, daß es zur Ausführung der Tat kam.

Die Analytikerin schließt aus der Vorstellung der Frau Lefebvre, sie habe nur ihre Pflicht erfüllt und ihre Familie von einem unerwünschten Eindringling befreit, daß sich aufgrund paranoischer Realitätsverfälschung das Über-Ich mit dem Es vermengt habe. Nachdem die seelische Topographie in dieser Weise verändert worden sei, habe es keinen Konflikt mehr gegeben, es entstand das Verbrechen dadurch, daß das Unbewußte, das Bewußte und das Gewissen einig waren. Die Identifizierung mit der beherrschenden und strafenden Mutter mag nach Meinung von Marie Bonaparte mit der Anlaß gewesen sein, der die Außerkurssetzung des Über-Ichs ermöglichte.

Diese vermutete *Identifizierung* wird von der Autorin nicht näher beschrieben. Wir werden zeigen können, daß diese intuitive Vermutung in vollem Umfange zutrifft und erst den Schlüssel für das volle Verständnis des Mordes liefert.

Bezeichnend für die Veränderung in der Ich-Struktur ist nach Meinung der Analytikerin, daß Frau Lefebvre sich seit der Tat außerordentlich gut und wohl und frei von Gewissensbissen und Reue fühlt. Ihren Sohn wiederzusehen, hat sie nicht den Wunsch, sie hat ihm gegenüber kein schlechtes Gewissen, sie fühlt ihn vielmehr unbewußt als Komplicen, als Mittäter, so wie bei dem Spiel der Kinder ihr jüngerer Bruder die symbolische Tötung der jüngsten Schwester, des Eindringlings in die Familie, mitbegangen und durch religiöse Zeremonien geheiligt hatte. Die Rolle von Bruder und Sohn überträgt sie nach begangener Tat auf Gott-Vater. »Ich werde meine letzten Tage wie Magdalena am Fuße des Kreuzes verbringen«, schreibt sie ihrem Mann aus dem Gefängnis.

Wir möchten diese Auffassung noch damit erhärten, daß Frau Lefebvre den gleichen Verschiebungsmechanismus schon in ihrer Kindheit anwandte. Der jüngere Bruder, der offenbar in ihrer Jugend eine ähnliche Rolle für sie gespielt hat wie später der Sohn, wurde auch damals mit den Attributen des Vaters ausgestattet, er hatte als Priester verkleidet das Begräbnis der jungen Küken durch religiöse Zeremonien zu segnen. In der Kindheit hat Frau Lefebvre schon versucht, ihren Ödipuskonflikt, den verpönten Wunsch nach Vereinigung mit dem Vater und die Beseitigung der störenden Mutter, von den ursprünglichen Objekten auf die Geschwister zu verschieben. Die Lösung des Ödipuskonfliktes war nicht gelungen, unter dem Druck des Über-Ichs wurde die Konfliktsituation auf die Geschwister projiziert: der jüngere Bruder wurde zur Vater-Imago erhoben (auch er war ja ein Penisträger), die jüngere Schwester war ebenso ein Störenfried dieser Beziehungen wie früher die Mutter. Und in diesem Spiel der Kinder gelang es, die Ödipuswünsche symbolisch zu realisieren. Die kriminelle Tat war eine geradezu verblüffende Wiederholung dieses Spieles mit ähnlicher Rollenbesetzung. Die Schwiegertochter spielte das Küken, das heißt die kleine Schwester, den jüngeren Bruder stellte der Sohn dar.

Die Tat brachte ihr so offenbar dieselbe Erleichterung wie das Spiel der Jugend, indem sie gleichzeitig den eifersüchtigen Haß und auch, durch das religiöse Zeremoniell, die Ansprüche des Über-Ichs befriedigte. Dazu kommt die Erleichterung durch Befriedigung des Strafbedürfnisses infolge des Einsperrens.

Die unbewußten Motive der Tat lassen sich, wie folgt, zusammenfassen.

Die bei allen Frauen vorhandene, sprichwörtlich bekannte Eifersucht der Mutter gegen die Schwiegertochter hat ihre Wurzeln in der Bedeutung des Sohnes als Phallusersatz und erfährt eine ungeheure Verstärkung durch die Kränkung des Narzißmus, den die Schwangerschaft der Schwiegertochter der durch die Menopause ihrer Weiblichkeit beraubten Frau zufügt. Diese kränkende Sterilität, so ähnlich der infantilen Lage der Tochter gegenüber der Mutter, hat bei Frau Lefebvre den ursprünglichen, nur mühsam verdrängten Ödipuskomplex wieder aufflammen lassen. Die Beziehung zum Sohn enthält neben seiner Bedeutung als Penisersatz den Gefühlswert der verdrängten Wünsche gegenüber dem Vater. Auf die Frau des Sohnes wird die gesamte infantile Eifersucht gegenüber der Mutter übertragen. Sie begeht durch die Tat den Muttermord. Damit gelang es Marie Bonaparte, diejenigen unbewußten Seelenvorgänge zu rekonstruieren, die die Tat bedingt haben. Es entsteht nun die Frage, warum und auf welche Weise diese so allgemein menschlichen Tendenzen, die Eifersucht der Schwiegermutter gegen die Schwiegertochter, bei Frau Lefebvre den Weg zur Motilität in der Form des Mordaktes finden konnten.

Wir wollen im folgenden versuchen, aufgrund der bei anderen Kriminalfällen erworbenen psychoanalytischen Erfahrungen jene psychischen Mechanismen näher zu beschreiben, durch welche das Ich zur Ausführung der Tat gewonnen und der hemmende Einfluß des Über-Ichs ausgeschaltet wurde. Wir werden hierbei eine bezeichnende Übereinstimmung dieser Mechanismen mit jenem des von uns beschriebenen Tötungsversuchs eines Neurotischen feststellen können.

Frau Lefebvre befand sich der Schwiegertochter gegenüber in

einer ähnlichen Gefühlssituation wie seinerzeit als Kind der eigenen Mutter gegenüber. Sie mußte die Schwangerschaft der anderen Frau mit ansehen, selbst von der Mutterschaft ausgeschlossen. Sie ist aber gleichzeitig auch in derselben Lage, in der die Mutter ihren infantilen Ödipuswünschen gegenüber war. Die Schwiegertochter hat das realisiert, was *sie* der Mutter gegenüber gewollt hat: die Tochter ist schwanger, nicht die Mutter! Und so gelingt es ihr, sich nunmehr mit der Mutter zu identifizieren und so zu reagieren, wie sie im Unbewußten gefürchtet hatte, daß die Mutter ihr gegenüber handeln würde und nach den Anforderungen ihres Über-Ichs handeln durfte. Diese *Identifizierung mit der Mutter* erlaubt ihr nunmehr, die Rache der bestohlenen Mutter zu erfüllen. Sie spielt unbewußt das Spiel zu Ende, das sie in der Kindheit angefangen hatte. So, wie es ihr als Kind gelungen war, ihre Ödipuswünsche zu behalten und symbolisch zu befriedigen, so gelingt es ihr nunmehr in der Identifizierung mit der Mutter, auch noch die Rache für die Ödipustat auszukosten. Dieser Vorgang wird nur aus den Gesetzen der *Identifizierung* und *Projektion* verständlich. Die eigenen Ödipuswünsche gegenüber der Mutter werden auf die Schwiegertochter projiziert, die eigenen Wünsche gegenüber dem Vater werden auf den Sohn verschoben, und die aus den eigenen Ödipuswünschen stammenden Schuldgefühle werden dadurch aufgehoben, daß die Täterin sich mit der geschädigten Mutter identifiziert und an der Person, auf welche die eigenen Ödipuswünsche projiziert wurden, Rache nimmt. Erst dieser paranoische Rollentausch erlaubt das volle Ausleben des Ödipuskomplexes, er erklärt den Triumph, denn es siegt ja die Gerechtigkeit und es folgt die Strafe auf die Ödipuswünsche. Nun erkennen wir erst genau, woher die Erleichterung von Leiden und das Fehlen jeglicher Reue und Gewissensbisse nach der Tat stammt. Für das Unbewußte hat ja die Tat die Bedeutung einer Strafe für die eigenen Ödipuswünsche, dem unbewußten Talionsgedanken ist Genüge geschehen, die Schuld ist gesühnt.

Jetzt verstehen wir auch eindeutig den Sinn ihrer Rationalisierungen. Wir wissen, warum sie die Schwiegertochter töten wollte, »wie man Unkraut, wie man schlechtes Korn ausreiße, wie man ein wildes Tier totschlage«, warum sie, die Schwiegertochter tadelnd, hervorhob, »daß sie gegen ihre eigene Mutter einen Prozeß anstrengen wollte«. Und wir verstehen überhaupt, warum sie so unerschütterlich davon überzeugt war, daß sie mit dem Mord ein gutes Werk getan hatte, warum sie in der Schwiegertochter eine Verbrecherin sehen konnte. Für ihre Phantasie war die Schwiegertochter die Verkörperung ihrer eigenen infantilen, verpönten unbewußten Persönlichkeit. Alle Angriffe gegen die Schwiegertochter galten ihrem eigenen Unbewußten, ihrer eigenen mutterfeindlichen Einstellung als Kind. In dem Haß gegen die Schwiegertochter werden diejenigen Kräfte nach außen gewendet, die früher, gegen die eigenen Ödipuswünsche gerichtet, deren Verdrängung bewirkt hatten.

Die Ökonomik der Tat wird nun auch klar. Die verdrängten Triebe werden frei und die bisher nach innen hemmenden Kräfte sadistisch nach außen ausgelebt. Frau Lefebvre erscheint so als Opfer der ungemein starken Verdrängung, der harten religiösen Atmosphäre ihrer Jugend. Der Mord kommt durch das Zusammenwirken der *verdrängten* Aggressionen mit den *verdrängenden* Kräften zustande, nachdem es ihr gelungen war, diese Kräfte anstatt gegen das eigene Triebleben durch die Projektion des eigenen Unbewußten in die Schwiegertochter nach außen zu wenden. So wirkt Verdrängendes und Verdrängtes in derselben Richtung. Das Einsetzen der Menopause ist der geeignete Zeitpunkt für diese Wendung der verdrängenden Kräfte nach außen. Die Verdrängung hat sie zur Frigidität verurteilt und in ihrem ganzen Leben jede sexuelle Befriedigung zerstört. Die Verzweiflung der alternden Frau bringt es zustande, daß diese strengen triebhemmenden Kräfte endlich und zum ersten Mal nicht gegen die eigenen Triebe, sondern gegen die schwangere Schwiegertochter sich richten, die alle die Befriedigungen zu haben scheint, die ihr immer versagt waren. Dieser Mord ist also hauptsächlich auf das Konto der verdrängenden Kräfte zu schreiben und sein Zustandekommen ist aus ihrer ungeheuren Stärke zu erklären. Die Härte der Verdrängung können wir eindeutig aus der Härte der Kritik, mit der sie sich gegen die Schwiegertochter wendet, ersehen, weil diese Kritik ja früher als Verdrängung gegen die eigenen Triebe gerichtet war.

Die *Strafe* des weltlichen Gerichts, die Frau Lefebvre zu erleiden hat, wird als *Wohltat* empfunden und muß so empfunden werden, weil die Strafe den letzten Rest der durch die Projektion schon gelockerten Schuldgefühle aufhebt. Daher ihr Wohlbefinden im Gefängnis, der Fortfall aller körperlichen Beschwerden, die auffallende Verjüngung ihres ganzen Habitus, von der Marie Bonaparte uns zu berichten weiß. Und der Lustgewinn, der aus diesen Vorgängen gezogen werden kann, ist die endliche Vereinigung mit dem Vater, die symbolische Erreichung ihrer Ödipuswünsche. Nunmehr ist sie mit Gott, ihrem Vater, vereint, die Nebenbuhlerin ist beseitigt, und nichts kann dieses Glück mehr stören. Jeder mögliche Einspruch des Über-Ichs ist entkräftet, weil sie ja in der Person der Schwiegertochter ihre *eigenen* bösen Triebe getötet hat. Diese völlige Übereinstimmung von Über-Ich-Anforderungen mit den Tendenzen des Es wird auch durch das Bewußtsein nicht gestört, denn die Rationalisierungen, die das bewußte Gewissen zu beschwichtigen hatten, waren gut gewählt. Die schließliche Vereinigung mit dem Vater, die endliche Verwirklichung des Ödipuswunsches, gelingt unter dem Deckmantel religiöser Gefühle.

Es bleibt noch hinzuzufügen, daß die Tat eine weitere Überdetermination aus der infantilen Situation erhält. Frau Lefebvre hat als Kind bereits eine gleiche Situation erlebt wie später vor der Tat. Ihre *Großmutter* mußte auch mitansehen, wie eine Frau ihr den Sohn stahl. Und diese Großmutter scheint das wahre, positive Mutterideal der Frau Lefebvre gewesen zu sein. Während sie von ihrer Mutter im wesentlichen nur negative Züge zu berichten weiß, die ihre Haßeinstellung nur leicht verdecken, scheint sie ihre ganze positive Mutterübertragung auf die Großmutter vereinigt zu haben. Sie wird als das gütige

377

Muttervorbild von Frau Lefebvre beschrieben, sie wird als das wahre Mutterideal, als das Haupt der Familie empfunden. Es liegt nahe, daß das Kind die eigene Eifersucht gegenüber der Mutter in der Großmutter wiederzusehen glaubte, daß sie das, was sie an Eifersucht in ihrem Innern erlebt hatte, auch in der Großmutter wiederfand. Mit ihr konnte sie sich um so leichter identifizieren, als Tochter und Großmutter nicht Rivalinnen, sondern beide, wegen der Jugend oder wegen des Alters von der Sexualität ausgeschlossen, Leidens- und Bundesgenossinnen waren. Die große Liebe und Solidarität zwischen Großeltern und Enkeln beruht nicht zuletzt auf dieser Schicksalsgemeinschaft, der jede störende Eifersucht fehlt.

Die Tat der Frau Lefebvre vollendet also auch durch die Identifizierung mit der Großmutter deren Rache gegenüber ihrer Mutter – Schwiegertochter – als der Räuberin ihres Sohnes. Der unantastbare, gütige Charakter der Großmutter, wie er in der Erinnerung der Frau Lefebvre fortlebt, und die negative Kritik gegenüber der Mutter erleichtern die Identifizierung mit der Großmutter und die Aufhebung der Schuldgefühle für die Tat, da ja die Mutter = Schwiegertochter die Schuldige, die Großmutter = Frau Lefebvre die gütige, reine, zu Unrecht geschädigte Frau ist, die zu rächen ein gutes Werk sei.

So sehen wir durch das ganze Leben der Frau Lefebvre den Ödipuskampf toben, ein zähes Festhalten an den verpönten Wünschen, die, anstatt aufgegeben zu werden, unter dem Druck des Über-Ichs ständig ihre Position wechseln, immer wieder auf andere Menschen verschoben werden. Mit Hilfe des Projektionsmechanismus erreicht sie es schließlich, die Ödipustat voll zu realisieren, die Mutter zu töten und gleichzeitig die Rache der Mutter herbeizuführen, um schließlich mit dem Vater ohne Schuldgefühle vereint zu sein. So werden die Tendenzen des Es ausgelebt, den Anforderungen des Über-Ichs geschieht Genüge, das bewußte Ich wird durch die Rationalisierungen überrannt, und das Ende ist ein völliges ausgeglichenes Glück und Harmonie in der Vereinigung mit Gott, dem Vater.

Wir glauben, daß viele Morde, die unter dem Einfluß unbewußter Motive begangen werden, einen ähnlichen Mechanismus aufweisen. Die Tat Kains, das erste Vorbild eines neurotischen Menschenmordes, scheint uns recht zu geben. Der erste Mord in der Bibel ist kein Vatermord. An Stelle des Vaters mordet der ältere Bruder den jüngeren. Er fühlt in dem jüngeren Bruder eine ähnliche Eifersucht gegen sich selbst, den Älteren, die er dem Vater gegenüber empfindet. Und so kann er in Abel *die eigene Eifersucht gegen den Vater töten.* Auf diese Weise wird er seinen Rivalen los und erleichtert seine Schuldgefühle gegenüber dem Vater, mit dem er sich identisch fühlt, und den er für seine eigenen Ödipuswünsche rächt. Die verpönten Teile seines Ichs, die verdrängten Ödipuswünsche also, hat Kain in Abel getötet. Der von uns beschriebene Mordversuch eines Neurotischen zeigt ebenso wie die Tat der Frau Lefebvre den gleichen Mechanismus. Diese Morde haben den Gefühlswert partieller Selbstmorde, da sie den verpönten, verhaßten Teil des eigenen Trieblebens in einem anderen entdecken und töten. Wenn Freud in jedem *Selbstmord* gleichzeitig den *Mord an einem anderen* sieht, so scheinen uns umgekehrt auch viele *neurotische Morde verkappte Selbstmorde* zu sein.

Ein besessener Autofahrer
Ein psychoanalytisches Gutachten

I. Allgemeine Vorbemerkungen

Dies ist ein Versuch, im Rahmen eines psychoanalytischen Gutachtens, das ich vor dem Gericht erstattet habe, zu zeigen, wie sich die Anwendung der Psychoanalyse in der kriminalistischen Praxis gestaltet. Der analytische Teil meiner Darstellung ist sicherlich dürftig, es handelt sich ja nicht um einen analysierten Fall, sondern um die Ergebnisse einer relativ kurzen analytischen Exploration, die in dem Untersuchungsgefängnis in sieben je zwei Stunden dauernden Sitzungen erfolgte. Allerdings sind die Ziele einer solchen relativ kurzen psychoanalytischen Untersuchung andere als die einer Behandlung. Eine solche Untersuchung steht nicht im Dienste von therapeutischen Absichten, sondern soll uns nur das psychologische Verständnis einer kriminellen Tat und des Täters vermitteln. Auch in der Behandlung ist es uns meistens möglich, schon nach relativ kurzer Zeit die Psychogenese einer Neurose zu verstehen; die lange Dauer der Behandlung ist in unserer therapeutischen Zielsetzung begründet. Eine solche psychoanalytische Aufklärung einer kriminellen Tat hat besonders in jenen pathologischen Fällen ein besonderes praktisches Interesse, in welchen der Richter der Tat und dem Täter verständnislos gegenübersteht.

Das sind die Handlungen solcher Menschen, die man neuerdings psychopathische Persönlichkeiten nennt. Das sind Grenzfälle, die keine eindeutige psychiatrische Diagnose zulassen, Menschen ohne ausgesprochene neurotische und psychotische Symptome. Das Krankhafte kommt in ihrer Lebensweise zum Ausdruck, und oft gelingt es nur durch nähere Untersuchung, sie als Kranke zu erkennen. Solche Fälle erfordern eine nähere Kenntnis der Persönlichkeit, und man kommt mit der üblichen psychiatrischen Deskription, die ja hauptsächlich das äußere Verhalten berücksichtigt und deshalb nur lärmende Symptome exakt entdecken kann, nicht aus. Diese Fälle verursachen sowohl den Richtern wie den Psychiatern viel Kopfzerbrechen. Der Richter fühlt oft, daß es sich hier nicht um einen gewöhnlichen Verbrecher handelt, fühlt auch, daß etwas Krankhaftes dahintersteckt und befragt deshalb den Psychiater. Die Antwort, die er von dem Gerichtsarzt erhält, ist meistens so nichtssagend, daß selbst die Richter es schon wissen, daß sie von dem Gerichtsarzt nicht mehr als eine unsicher klingende Diagnose erhalten werden, in der von einer mehr oder weniger eingeschränkten Zurechnungsfähigkeit die Rede ist.

Die erste Aufgabe eines psychoanalytischen Gutachtens wäre also die Stellung einer exakten Diagnose, die kranke und nichtkranke Kriminelle scheidet. Man könnte meinen, damit ist auch die Aufgabe der Psychoanalyse im Gerichtssaal erschöpft. Wenn der Gerichtsarzt dem Richter ohne Zaudern sagen könnte, welche Tat als die Folge von pathologischen Seelenvorgängen anzusehen ist und welche nicht, so würde damit den praktischen Bedürfnissen des Gerichtsverfahrens Genüge getan. Es wäre dann nur noch die sozialhygienische Frage zu lösen, was mit diesen pathologischen Kriminellen zu geschehen hat. Dem ist aber nicht so. Die Bestrebung der heutigen Justiz ist – und in diesem einzigen Punkt kann ich einen gewissen Fortschritt in der sonst so konservativen Justiz sehen –, daß der Richter nicht nur zu dem objektiven Tatbestand, sondern auch zu den Motiven der Tat, also zu dem Täter Stellung nehmen soll. Der Richter muß – oder besser gesagt: will – die Tat psychologisch verstehen. Nun wissen wir am besten, daß es nicht zweierlei Psychologien gibt, eine Psychologie der pathologischen und eine der normalen Seelenvorgänge. Wenn der Richter also die Tat des psychopathischen Täters verstehen will, so braucht er dazu ebenso Psychologie wie zum Verständnis der gewöhnlichen Tat. Nun ist aber eines der allgemeinsten Merkmale der Taten psychopathischer Verbrecher, daß sie unverständlich erscheinen und dem gesunden Menschenverstande keine zureichende rationelle Motivierung erkennen lassen. Diese Unverständlichkeit beruht darauf, daß die Handlungen solcher seelisch kranker Täter in viel höherem Maße unbewußten Motiven unterworfen sind als die Handlungen von normalen Menschen. Ein solcher Täter selbst kann nicht die wirklichen Motive seiner Handlungen angeben. Wenn man ihn beim Verhör zwingt, Motive für seine Handlungen anzugeben, so muß er oft solche erfinden oder geringfügige rationelle Beimischungen angeben, die aber nicht ausreichen, die Tat zu erklären. Um die Taten psychopathischer Persönlichkeiten zu verstehen, braucht der Richter die Psychoanalyse. Ich sehe also die Aufgabe eines psychoanalytischen Sachverständigen im Gerichtssaal heute darin, nicht nur eine Diagnose zu stellen, d. h. den Täter zu klassifizieren, sondern dem Richter zu helfen, die Tat zu verstehen. Es ist eine ganz besonders peinliche Aufgabe, zu einer Tat Stellung zu nehmen, die man nicht versteht.

Ich kann das unerwartet große Interesse der Richter für die

Anwendung der Psychoanalyse, das ich in der letzten Zeit Gelegenheit hatte zu beobachten, nur aus dem richterlichen Gewissen erklären. Ich glaube, daß es kaum noch eine Beschäftigung gibt, die so geeignet ist, Gewissenskonflikte hervorzurufen, wie die, über das Schicksal seiner Mitmenschen zu entscheiden. Einen großen Teil der Einrichtungen im heutigen Gerichtsverfahren kann man nur aus der Flucht vor der Verantwortung des Richters erklären: so z. B. die Einführung mehrerer Richter, der Laienrichter, die Verteilung der Rollen der Verteidigung und der Anklage auf zwei verschiedene Personen und auch die Hinzuziehung des medizinischen Sachverständigen.

Wir haben mit Herrn Staub einen psychoanalytischen Kursus für Juristen eröffnet. Zu unserer Überraschung meldeten sich zu diesem Kursus unter anderen ein Teil der großen juristischen Autoritäten, eine Reihe der führenden Richter in Berlin. Ich glaube kaum, daß es bis jetzt häufig vorkam, daß die Psychoanalyse vor solchen staatlich beglaubigten Autoritäten doziert wurde. Wir konnten feststellen, daß die Juristen das lebhafte Bedürfnis haben, die Persönlichkeit des Täters zu verstehen, sie haben aber selber bekennen müssen, daß sie bei einer Reihe von Taten, gerade bei den Taten der psychopathischen Persönlichkeiten, die wir neurotische oder triebhafte Charaktere nennen, mit der Oberflächenpsychologie nicht auskommen. In diesem Punkte glauben wir den Juristen helfen zu können, indem wir ihnen die psychologische Aufklärung der pathologischen Taten zur Verfügung stellen.

Die Aufgabe des Psychoanalytikers im Gerichtssaal ist also eine doppelte, erstens eine klinische Diagnose und zweitens die psychologische Aufklärung des Täters und seiner Tat zu geben.

Die praktische Bedeutung einer exakten Abgrenzung von gewöhnlichen und psychopathischen Rechtsbrechern kann man erst dann beurteilen, wenn man weiß, wie verbreitet diese letztere Gruppe ist. Nach den Untersuchungen von europäischen und amerikanischen Psychiatern, wie von Bonhoeffer, Aschaffenburg, Bernard Glueck, ist ein großer Teil der Kriminellen seelisch abnormal. Wenn man noch bedenkt, daß die übliche psychiatrische Untersuchung einen großen Teil der Fälle, sogar klassische Fälle übersieht, so wird man erst die Tragweite der richtigen Diagnose begreifen. Dem psychopathischen Rechtsbrecher gegenüber sind ja ganz andere Maßnahmen angezeigt als gegenüber dem gewöhnlichen. Die Strafen sind nicht imstande, sie zu ändern, sie gehören der Therapie. Wenn die Justiz heute noch nicht weitgehende praktische Folgerungen aus der Tatsache der ungeheuren Anzahl der psychopathischen Täter gezogen hat und noch heute nicht ein großer Teil der Strafanstalten in Heilanstalten umgewandelt worden ist, so liegt dies daran, daß die Psychiatrie mit diesen Fällen bis jetzt wenig anzufangen weiß. Sie kann sie weder eindeutig diagnostizieren, noch heilen. Die übliche Diagnose ist kaum mehr als die Verwendung eines Fachausdruckes ohne die nähere Kenntnis des Wesens der Charakterstörungen. Die Erkrankung solcher Krimineller ist nämlich, wie bereits erwähnt, mehr eine Charakterstörung, als eine Krankheit mit umschriebenen Krankheitssymptomen.

Der Fachausdruck wandelte sich im Laufe der Zeiten von »moral insanity« zu psychopathischen Persönlichkeiten, oder ganz modern: zu hysterischen, epileptischen, schizoiden oder schizothymen oder zyklothymen Charakteren. Die so in Mißkredit geratene Diagnose »moral insanity« wird durch diese wissenschaftlich klingenden Bezeichnungen aber nur für kurze Zeit gerettet. Ich betrachte die Rolle der so verbreiteten Gruppen der psychopathischen Persönlichkeiten in der Forensik als dieselbe, die die Hysterie in der Psychopathologie gespielt hat. Diese Gruppe bildet die Pforte für das Eindringen der Psychoanalyse in den Gerichtssaal, ebenso wie die Hysterie ihre Einbruchspforte in die Medizin darstellte.

Ich bin sogar optimistisch genug, anzunehmen, daß die größten Aussichten einer staatlichen Verwendung der Psychoanalyse zuerst auf diesem Gebiete bestehen. Die Behandlung der psychopathischen Rechtsbrecher ist ein viel größeres Staatsinteresse als die Behandlung der harmlosen Neurotischen. Die Anwendung der Psychoanalyse auf den Kriminellen wird zunächst ermöglichen, daß die psychopathischen Rechtsbrecher anders behandelt werden als die gewöhnlichen, nämlich therapeutisch. Nachdem die Psychoanalyse, die ja im Wesen die Erforschung der Persönlichkeit bedeutet, das Wesen dieser kranken Charaktere aufgeklärt hat, kann man auch diese Menschen einer ätiologischen Therapie unterwerfen.

Bei dem vorliegenden Fall wurde ich von dem Gericht als Sachverständiger geladen. Das Gutachten bestand aus zwei Teilen. Der erste betraf die Diagnose, die psychiatrische Klassifizierung des Täters, und der zweite war ein Versuch, den Gerichtspersonen die Motive einer scheinbar vollständig sinnlosen Tat verständlich zu machen. Es handelte sich – um zunächst das äußere Bild vorauszuschicken – um einen 21jährigen Kellner, der wegen derselben Art Strafhandlung zweimal und wegen eines anderen Deliktes ein drittesmal bestraft wurde. Zwei medizinische Gutachten wurden bis jetzt eingefordert von zwei Gerichtspsychiatern, die beide die Diagnose »psychopathische Persönlichkeit mit verminderter Zurechnungsfähigkeit« gestellt haben; trotzdem verhängte das Gericht in allen Fällen eine Freiheitsstrafe. Nach meinem Gutachten und der Verteidigungsrede von Rechtsanwalt Staub hat der Staatsanwalt Freispruch beantragt, und der Richter hat den Täter freigesprochen und ihm geraten, sich in eine psychoanalytische Behandlung zu begeben.

II. Die Taten - Die klinische Diagnose

Der Kellner Friedrich, einundzwanzig Jahre alt, von guter, eher überdurchschnittlicher Intelligenz, besitzt eine gute praktische Orientierung in der Welt und Kenntnisse, die bei seiner Erziehung und Umgebung größer sind, als man im allgemeinen erwartet. Er verfügt über ein schnelles Auffassungsvermögen und hat ein etwas empfindliches, in sich gekehrtes und verschlossenes Wesen. Er grübelt über sich selbst und über seine strafbaren Handlungen viel nach und verrät bei psychoneurotisch Veranlagten häufig vorhandene introspektive Fähigkeiten.

Er beging in den letzten zwei Jahren viermal strafbare Handlungen, die zunächst durch ihre frappante Gleichförmigkeit auffallen. Er fährt nachweislich ziellos oder wenigstens ohne jede rationelle Begründung größere Strecken mit einer Autotaxe, kann die Fahrt am Ende nicht bezahlen und verschwindet mit irgendeinem Vorwand vor den Augen des Chauffeurs, hinterläßt aber immer in den Händen des Chauffeurs genügende Daten und Anhaltspunkte, um gefaßt zu werden. Dabei macht er während der Fahrt in Gasthäusern halt, bezahlt aber seine Rechnungen gewöhnlich nicht.

Neben diesen ungewöhnlichen Straftaten wurde er 1927 wegen kleinerer Unterschlagungen bestraft. Außer den Straftaten, bei denen er gefaßt worden ist, unternahm er noch eine nichtbezahlte Autofahrt, ohne daß diese zur Kenntnis der Behörden gekommen wäre. Er war in seinen Stellungen als Hausdiener oder Kellner brauchbar und führte sich gut, wechselte aber häufig seine Posten, manchmal ohne sichtbaren Grund.

Die nähere Untersuchung der früheren Straftaten ergab keine nachweisbare Motivierung für die Handlungen. Auch die kleineren Unterschlagungen unternahm er nicht aus Gewinnsucht, sie dienten teilweise zur Bestreitung von Fahrten, oder das Geld wurde zwecklos für Hotelrechnungen und auch für Trinken ausgegeben. Bei der Beurteilung des jetzt vorliegenden Falles ist es von Wichtigkeit, diese mit den früheren ähnlichen Straftaten zu vergleichen. Da der äußere, aktenmäßig festgestellte objektive Verlauf seiner Handlungen uns keine Aufklärung über die Motive dieser so unzweckmäßig erscheinenden Handlungen ergibt, ist die subjektive Schilderung der Ereignisse durch den Täter von besonderem Interesse.

Er meint, daß er die Autofahrten stets in einem Erregungszustand unternimmt und daß dieser Erregungszustand irgendwie immer mit seiner Mutter im Zusammenhang steht, jedoch in einer für ihn nicht ganz klaren Weise. Aber auch die erste Straftat, die er 1927 beging (eine Unterschlagung), hat er in einer aufgeregten Stimmung begangen, die ein Zusammentreffen mit der Mutter verursacht hat. Damals diente er als Hausdiener in Nieder-Poyritz, nachdem er das Elternhaus verließ, ohne seine Eltern davon zu verständigen, wohin er ging. Eine Zeitlang diente er so »verborgen vor der Mutter« in Nieder-Poyritz, bis eines Tages die Mutter seinen Aufenthaltsort erfuhr und ihn besuchte. Dieser Besuch hat ihn so aufgeregt, daß er ihm anvertrautes Geld in einem Lokal vertrank. Nachdem er für diese Tat mit sechs Wochen Gefängnis bestraft wurde und von den sechs Wochen vier Wochen auch verbüßt hatte, kam er wieder nach Hause. Die Mutter war so verzweifelt, daß sie sich und den Sohn angeblich mit Gas vergiften wollte. Bald nachher fährt er zu seinem Stiefbruder nach Westfalen, um durch seine Hilfe eine Stellung zu bekommen, findet aber keine Stellung und kommt wieder nach Hause. Er dient dann bald als Kellner, bald als Page, wohnt aber nicht mehr zu Hause, weil, wie er sagt, die Stiefschwestern und der Stiefvater ihn nicht zu Hause haben wollen.

Seine zweite Straftat ist bereits eine unbezahlte Autofahrt, die er im Jahre 1928 begeht. Damals fuhr er nach Leipzig, um dort eine Stellung zu finden, als sein Stiefvater ihn wieder sehr bedrängte, von Hause wegzugehen. In Leipzig fand er keine Stellung und fuhr mit einem Auto wieder zurück nach Dresden. Er beschreibt seinen Seelenzustand vor der Autofahrt, die er von Leipzig nach Dresden unternahm, als eine große Sehnsucht nach der Mutter, die aber mit einem Angstgefühl vor der Mutter gemischt war. Die Fahrt kann er nicht bezahlen, verschwindet, hinterläßt aber seine Papiere bei dem Chauffeur, weil er »es vorzog, bestraft zu werden, als herumzuirren und sich zu verstecken«. Er wurde mit drei Monaten Gefängnis bestraft, fühlte sich im Gefängnis wohl, nur wenn er an die Mutter dachte, wurde er aufgeregt.

Auch die dritte Straftat will er begangen haben, nachdem er die Mutter zu Hause besucht hatte. Damals diente er als Kellner und wohnte nicht zu Hause. Er besuchte die Mutter an einem Vormittag, als er wußte, daß der Stiefvater nicht zu Hause war. Nach diesem Besuch fühlte er sich sehr erregt und unternahm am Nachmittag unmotiviert die Fahrt nach Görlitz, die er auch nicht bezahlen konnte und welche auch zu seiner Bestrafung führte.

Ähnlich schildert er eine unbezahlte Autofahrt, die jedoch nicht herauskam. Diese geschah im vorigen Jahr. Auch diesmal ist er vormittags zu Hause bei der Mutter. Es kommt zu einer kleinen Auseinandersetzung. Die Mutter wirft ihm das Trinken vor. Er ist den ganzen Tag erregt, bestellt ein Auto und fährt zu seinem Onkel, der in Dresden ein Kaffeehaus besitzt. Dort trinkt er mit dem Chauffeur sechs Grogs, fährt weiter nach Gotha, merkt jedoch schon während der Fahrt, daß sein Geld nicht mehr ausreicht, die Fahrt zu bezahlen. Er fordert den Chauffeur auf, zur Wache zu fahren, wo er sich selbst anzeigt. Der Wachtmeister läßt ihn jedoch fort und heißt ihn, morgen zu bezahlen. Der nichtbezahlte Restbetrag scheint diesmal klein gewesen zu sein, so daß er ihn am nächsten Tag begleichen konnte.

Alle diese Angaben gibt er erinnerungsmäßig wieder und weiß die meisten Einzelheiten nicht mehr genau. Genauer kann er den Hergang und die seelischen Begleitumstände seiner letzten Tat angeben, für welche er sich jetzt zu verantworten hat. Im Frühjahr 1929 hat er sich ein Fahrrad auf Abzahlung gekauft. Eine Rate hat er bereits bezahlt. Angeblich auf Veranlassung der Stiefgeschwister befiehlt der Stiefvater, daß er das Rad zurückgibt, obzwar schon eine Rate bezahlt war und obwohl auch sein Stiefbruder ein Rad auf Teilzahlung gekauft hat. Alles redet ihm zu, er solle dem Wunsche des Stiefvaters nachgeben, sowohl die Mutter, die Streitigkeiten vermeiden will, wie auch seine Braut, die in dem elterlichen Hause verkehrt. Der Stiefvater nimmt ihm das Rad weg. Er gerät in Wut, kann aber, wie er sagt, »nicht losschimpfen; er verbeißt nur wie immer die Wut in sich hinein«. Er rennt wütend von zu Hause weg, ohne sich von der Braut zu verabschieden, mit der er sich auch gezankt hat. Er schreibt sofort eine Karte der Mutter, sie soll die Braut abends in die Wirtschaft schicken, in der er als Kellner dient, um sich mit seiner Braut auszusprechen. Abends bemerkt er anstatt seiner Braut die Mutter in dem Gartenrestaurant. Die Mutter bestellt bei ihm Eis. Er gerät bereits bei dem Anblick der Mutter in einen Erregungszustand und »zittert am ganzen Körper«. Seine Kollegen machen ihn aufmerksam, daß seine Braut draußen auf der Straße auf ihn wartet. Als er gerade zum Abrechnen gehen will, sieht er die Mutter und die Braut zusammen auf der Straße stehen. Plötzlich zieht er seine Straßenjacke an, liefert die 180 RM, die er einkassiert hat, nicht ab, sondern geht hinaus zu Mutter und Braut. Die Mutter schickt er weg, spricht aber auch mit der Braut nur wenig, springt, fortwährend in größter Erregung, in ein Auto und phantasiert dabei, daß die Mutter ihm vielleicht mit einem anderen Wagen folgt. Er fährt mit dem Wagen bis nach Meißen, dann am nächsten Tag weiter mit dem Postomnibus nach Leipzig und von dort mit dem Zug nach Berlin. Von Berlin unternimmt er dann gleich nach der Ankunft die erste Fahrt nach Kummersdorf. Über die Wahl dieses Ortes als Ziel der Reise kann er nur sehr mangelhafte Erklärungen abgeben. Seine Angaben wechseln: bald will er dort, d. h. in der Nähe (Baruth), die frühere Braut des Stiefbruders besuchen, bald den Stiefbruder selbst, der dort als Reichswehrsoldat dient. In Kummersdorf erfährt er, daß sein Bruder nicht da ist, und so fährt er zurück nach Berlin, setzt sich mit dem Chauffeur zu einem Glas Bier ins Bahnhofsrestaurant, geht unter einem Vorwand hinaus, läßt aber seine Papiere absichtlich auf dem Tisch liegen. Dann nimmt er eine andere Droschke und fährt damit wieder zurück nach Kummersdorf und dann weiter nach dem in der Nähe befindlichen Ort Baruth, wo die Familie K. der gewesenen Braut seines Stiefbruders wohnt. Er bleibt nur ganz flüchtig einige Minuten in der Wohnung, spricht über die Affäre seines Stiefbruders, notiert die Adresse der verlassenen Braut und fährt dann weiter nach Kottbus. Über die Wahl dieses Ortes kann er gar keine Auskunft mehr geben. Hier in Kottbus endet die sinnlose Fahrerei, nachdem er den Chauffeur in ein Gasthaus eingeladen hatte und nicht bezahlen konnte, weil er angeblich seine Brieftasche verloren habe. Von dieser Geschichte ist aktenmäßig die erste Fahrt nach Kummersdorf und von da über Baruth nach Kottbus festgestellt. Die Vorgeschichte, das Zanken wegen des Rades zu Hause, das Zusammentreffen am selben Abend mit Mutter und Braut in der Gastwirtschaft, die darauffolgende Autofahrt von Dresden nach Meißen und von Meißen über Leipzig nach Berlin, die er ja noch bezahlen konnte, ist nur aus seiner Schilderung bekannt. Die ganze Geschichte nimmt also ihren Anfang am 23. Mai 1929 früh mit der Auseinandersetzung zu Hause. Noch am selben Abend begann die Fahrt nach Meißen, dann am nächsten Tag nach Leipzig, von Leipzig nach Berlin und von Berlin nach Kummersdorf und zurück nach Berlin und anschließend daran die zweite Fahrt nach Kottbus, welche abends ihr Ende nahm.

Ich habe keinen Grund anzunehmen, daß irgendwelche Angaben von Friedrich der Wahrheit nicht entsprechen oder bewußte Fälschungen seien. Ich habe ihn öfters untersucht, und es gelang mir, in ein Vertrauensverhältnis zu ihm zu gelangen. Die einzelnen Fahrten sind vollständig zwecklos, d. h. sie sind bei ihm mit keinen bestimmten Zweckvorstellungen verknüpft, aber sie sind in einem hohen Grade auch ziellos. Er fährt aufs Geratewohl los, wie es ihm in dem Augenblick einfällt. Die Wahl der verschiedenen Ziele der Autofahrten ist aus bewußten Motiven unerklärbar. Aber auch die unbewußten Motive sind nicht immer zu finden, nur die Fahrt nach Kummersdorf läßt sich nach seinen unbewußten Motiven mit einer gewissen Wahrscheinlichkeit annähernd rekonstruieren. Darüber soll noch später berichtet werden. Seine Handlungen sind zwar nicht in einem wirklichen Dämmerzustand ausgeführt, doch in einem Ausnahmezustand, in welchem die Handlungen nicht so sehr dem bewußten Willen unterworfen sind, als triebhaften und ihm, dem Täter, selbst unbewußten Motiven. Diese Autofahrt, ebenso wie seine früheren, ist eine triebhafte Handlung. Der Impuls zu der Handlung erscheint im Bewußtsein zwangartig und steht zu den übrigen bewußten Seeleninhalten in keinem oder nur in einem lockeren Zuammenhange. Er wirkt fremdkörperartig im Bewußtsein und ist aus dem bewußten Seelenleben nicht erklärbar. Deshalb erscheinen diese Handlungen sinnlos. Ihr Sinn läßt sich erst dann rekonstruieren, wenn jene unbewußten Motive erkannt werden, die diesen Handlungen zugrunde liegen. Es handelt sich hier also um Handlungen, die gleichwertig sind mit psychoneurotischen Krankheitssymptomen. Die Handlungen entsprechen fremden, aus dem Bewußtsein verdrängten Bestrebungen. Diese Bestrebungen lassen sich aber erst aus der Lebensgeschichte und den näheren Lebensumständen des Täters verstehen. Soweit mir eine solche Rekonstruktion jener verdrängten Regungen, die die Tat bedingt haben, mit Hilfe der kurzen psychoanalytischen Exploration gelungen ist, versuche ich, sie kurz darzustellen.

Eine solche nähere Darstellung der Motive erscheint mir deshalb nötig, weil die bloße Behauptung, daß es sich hier um unbewußte Motivationen handelt, erst dann einen faßbaren Inhalt erhält, wenn diese Motive wenigstens in grober Annäherung angegeben werden. Allerdings auch unabhängig von dieser näheren Untersuchung der verdrängten und hier wirksamen Motive läßt sich die Handlungsweise des Täters rein klinisch deskriptiv als ein Fall von neurotischem Agieren (triebhaftes, zwanghaftes Handeln) beschreiben. Für das neurotische Agieren sind vor allem drei Merkmale charakteristisch:

I. Der irrationale Charakter der Handlungen. Das Fehlen zweckmäßiger oder aus bewußten Affekten erklärbarer Motive.

II. Die Stereotypie der Handlungen. Die verschiedenen Strafhandlungen sind in ihrem äußeren Ablauf ähnlich, sie haben einen blinden, triebhaften Charakter und zeigen keine Rücksichtnahme auf die äußere Situation. Auch die schlechten Erfahrungen (Strafen) der Vergangenheit können den Ablauf dieser Handlungen nicht beeinflussen, als ob ein blinder Trieb sich ohne Rücksicht auf frühere Erfahrungen und auf die gegebenen Situationen, also unabhängig von jeder Einsicht, immer auf dieselbe Weise durchsetzen würde.

III. Das Vorhandensein eines seelischen Kon-

fliktes. Dieses dritte Merkmal zeigt sich darin, daß der Täter seine Handlungen selbst verurteilt und die Strafe selbst herbeiführt aus einer Sühnebedürftigkeit, welche wenigstens kurz nach der Tat so stark ist, daß sie ihn zur mehr oder weniger direkten Selbstanzeige veranlaßt. Auch die häufig auftretenden, wenn auch nicht ganz ernst zu nehmenden Selbstmordabsichten sprechen für das Vorhandensein eines inneren Konfliktes. Dieser seelische Konflikt entsteht dadurch, daß der bewußte Teil seiner Persönlichkeit das triebhafte Agieren ablehnt, diesem fremd gegenübersteht, wenn auch nicht imstande ist, dem zwanghaften Drängen des Triebes zu widerstehen. Da diese drei klinischen Merkmale des neurotischen Agierens: irrationaler Charakter der Handlungen, Stereotypie der Handlungen, der seelische Konflikt bei Friedrich zweifellos vorhanden sind, so lassen sich seine Handlungen eindeutig als psychoneurotische Krankheitssymptome auffassen, die nicht aus dem bewußten Seelenleben entspringen und der Ausdruck einer pathologischen Persönlichkeit sind.

III. Darstellung der unbewußten (Ich-fremden) Motive, die den Straftaten zugrunde liegen

Friedrich ist unehelich geboren und hat seine ersten sechs Lebensjahre bei Verwandten verbracht. Nachdem die Mutter geheiratet hatte, wurde er in die Familie aufgenommen. Der Stiefvater hatte neun Stiefgeschwister in die Ehe mitgebracht, die teils jünger, teils älter als er waren. Er erinnert sich an die ersten sechs Lebensjahre kaum noch. Aber auch die ersten Schuljahre hat er fast ganz vergessen. Er weiß wohl, daß er ungefähr mit acht Jahren in einer Lungenheilanstalt war wegen Lungenleidens. Er war ein Durchschnittsschüler und lebte von den Schulkameraden zurückgezogen. Seine frühesten Interessen richteten sich auf Botanik und besonders auf Chemie. Diesen Interessen folgt er, als er ungefähr mit dreizehn bis vierzehn Jahren Drogist werden will. Er wird auch als Lehrling in einem

Drogistengeschäft angestellt. Er erinnert sich, daß sein Chef sehr streng war. Um zu Hause experimentieren zu können, stiehlt er Chemikalien. Dies kommt heraus. Deswegen, und scheinbar auch, weil sein Stiefvater wünscht, daß er schon Geld verdienen soll, gibt er diesen Beruf auf. In dieser Zeit war die Mutter sehr aufgeregt, hat Anfälle bekommen, drohte ihm mit Selbstmord und wollte ihn auch in den Tod mitnehmen. Diese Szenen wirken außerordentlich stark auf ihn. Auch sonst war die Mutter oft krank und er pflegte sie mit der größten Sorgfalt. Diese Krankenpflege erwähnt die Mutter auch heute noch in ihren Briefen, wie ich mich selbst aus einem in das Gefängnis geschriebenen Brief überzeugen konnte. Man kann sich allmählich über die Verhältnisse im Elternhaus aus seinen Erzählungen, die mehr und mehr vertrauensvoll wurden, ein ungefähres Bild machen. Die Mutter leidet viel unter den Vorwürfen der Stiefkinder, daß sie den eigenen Jungen verwöhnt, ja sogar, daß sie nur geheiratet habe, um ihren Jungen unterzubringen. Er und seine Mutter hängen tatsächlich ungewöhnlich stark aneinander, die Mutter mindestens so stark an ihm, wie er an der Mutter. Diese lebt in einem ständigen inneren Konflikt. Unter den Vorwürfen der Stiefkinder und vielleicht auch des Ehemannes, aber auch unter dem Druck des eigenen Pflichtgefühls, versucht sie die starke, überzärtliche Mutterliebe zu ihrem einzigen Kinde dadurch zugunsten der anderen Kinder auszugleichen, daß sie oft streng gegen den eigenen Jungen ist und wenigstens scheinbar die Partei der anderen ergreift. Friedrich fühlt sich von den anderen Stiefgeschwistern ganz verschieden, »er ist von einem ganz anderen Schlag«. Die Stiefgeschwister sind robuste, praktische, tüchtige Menschen, er ist zart und empfindlich. Charakteristisch dafür sind kleine Einzelheiten. Er wird zum Beispiel in die Stadt geschickt, um Besorgungen zu machen. Er fährt gerne mit der Straßenbahn. Weil aber die Stiefgeschwister bei Besorgungen zu Fuß gehen müssen, so steckt ihm die Mutter das Fahrgeld heimlich zu. Wenn es jedoch herauskommt, daß er gefahren ist, so muß die Mutter ihn offiziell tadeln. Aus diesen und ähnlichen Begebenheiten des Alltags können wir uns die konfliktvolle Lage des Kindes in der Familie vorstellen. Eine heimliche, zärtliche, aber so konfliktvolle, beiderseitig durch Schuldgefühle belastete Liebe bindet Sohn und Mutter aneinander. Diese Liebe bringt die Mutter in Konflikt mit der Familie, den Jungen bringt sie in eine Ausnahmestellung, die er vor sich nicht verantworten kann. Auch die Geburt der sieben Jahre jüngeren Schwester ändert nichts an dieser Situation. Die Schwester wird sowohl von Friedrich wie auch von der Mutter als zu der Gegenpartei gehörig empfunden.

Stiefvater und Stiefgeschwister drängen immer mehr darauf, daß der Junge aus dem Hause kommt. Diese konfliktvolle Situation erklärt uns sein heimliches Verschwinden von zu Hause, das er dreimal wiederholte. Das erstemal – fünfzehn Jahre alt – fuhr er nach Hamburg, um Seemann zu werden, wurde aber noch am Bahnhof von einem Kriminalbeamten aufgegriffen, den der Vater telefonisch anrief. Der Vater holte ihn dann zurück.

Kurze Zeit darauf riß er nach Leipzig aus, um Arbeit zu suchen, angeblich deshalb, weil damals die Mutter sehr streng zu ihm war und ihn nie von zu Hause weggehen ließ.

Das letzte Ausreißen geschah vor seiner ersten Straftat. Da ist er auch nach Leipzig gefahren, um Arbeit zu suchen und hat sich angeblich dort acht Tage aufgehalten. Da er keine Arbeit fand, fuhr er zurück nach Dresden und fand dort am Schlacht-viehhof Arbeit. Ein Freund verriet seinen Aufenthaltsort der Mutter und diese kommt auch, ihn zu besuchen. Nachdem er so seinen Aufenthaltsort entdeckt weiß, kündigt er sofort und geht nach Nieder-Poyritz, wo er als Diener angestellt wird. An dem Tag, an welchem die Mutter ihn auch hier ausfindig macht, begeht er seine erste bereits erwähnte Straftat, die Unterschla-gung von 200 RM.

Im ganzen kann man sein Leben vom vierzehnten Lebensjahr an ziemlich bewegt nennen. Bald ist er Kellner, bald Page, bald arbeitet er in einer Fabrik, in welcher er auch einen Unfall mit Gehirnerschütterung erlebt. Frühzeitig erlernt er das Trinken, überwindet es aber bald. Einmal will er auf einem Gut herrschaftlicher Kutscher werden, hält dann aber nicht durch und geht wieder zurück zum Kellnerberuf. Während dieser Zeit lebt er bald zu Hause, bald nicht. Wenn er nicht zu Hause wohnt, hat er ein sehr zwiespältiges Gefühl. Er hat zwar große Sehnsucht nach der Mutter, aber kaum, daß er sie besucht oder sieht, treibt es ihn wieder weg von ihr. Man könnte diese Gefühle am besten als e i n e m i t A n g s t g e m i s c h t e S e h n s u c h t beschreiben.

Den stärksten Eindruck auf ihn machten die Verzweiflungsausbrüche der Mutter, wenn diese Selbstmordabsichten äußert und angeblich auch ihn in den Tod mitzunehmen droht. Einmal soll die Mutter diese Absicht mit Gas auszuführen versucht haben. Im Jahre 1927 soll die Mutter ihn sogar zur Elbe geschleppt haben, um mit ihm zusammen ins Wasser zu gehen. Er bekam wahnsinnige Angst und riß sich los. Eine ziemlich durchsichtige Anspielung in einem der Briefe der Mutter, den ich zu Gesicht bekam, macht diese Angaben glaubwürdig. Diese Briefe bestätigen unzweideutig das Bild von den Gefühlsbeziehungen zwischen Mutter und Sohn, das wir aus den Erzählungen Friedrichs gewonnen und bereits angedeutet haben. Bald ist der Ton der Briefe zärtlich, ihr gemeinsames Schicksal wird hervorgehoben, ihre Zusammengehörigkeit gegenüber der restlichen Familie kommt fast unverhüllt zum Vorschein. Der Ehemann und die Stiefkinder werden als Fremde behandelt. Aus anderen Briefen klingt wieder eine ganz andere Stimmung. Die Ehefrau mit ihren Pflichten überwindet in ihr die Mutter, sie macht dem mißratenen Sohne bittere Vorwürfe, wirft ihm vor, daß er den Namen des Stiefvaters in den Schmutz gezogen habe. Den Höhepunkt in diesem Konflikt zwischen Mutterliebe und Pflichten gegen die Familie bedeuten die hysterischen Selbstmordabsichten und der Wunsch nach einem gemeinsamen Sterben mit dem Sohn. Dieses Motiv des Liebestodes ist typisch für Liebespaare, deren Wunsch, einander zu gehören, im Leben nicht erfüllt werden kann. Der auf den Sohn gerichtete unbewußte Inzestwunsch der Mutter kommt in diesen Selbstmordszenen unverkennbar zum Ausdruck. Mutter und Sohn sollen sich im Tode vereinigen.

Es ist unschwer, die entsprechenden Gefühle in Friedrichs Unbewußtem aufzufinden. Friedrichs Sexualleben war bis jetzt ziemlich dürftig. In der Pubertät hat er wenig Interesse für Mädchen. Die übliche Pubertätsmasturbation ist bei ihm sehr stark inzestuös gefärbt. In seinen Masturbationsphantasien taucht oft das Bild der Mutter auf. In dieser Zeit empfindet er manchmal die Mutter in den Phantasien als Frau. Er scheucht diese Phantasien von sich weg, unterdrückt schuldbewußt und angstvoll diese Gefühle. Solche Erscheinungen allein sind aber noch nicht außergewöhnlich, noch nicht unbedingt pathologisch. Friedrich gelingt es aber nicht, sich in den nächsten Jahren normalerweise von der Mutterbindung zu befreien. Es gelingt ihm zwar, den sinnlichen Teil dieser Bindung ins Unbewußte zu verdrängen, doch es bleibt die angstvolle, konfliktvolle Sehnsucht nach der Mutter zurück, d i e e r s e l b s t n a c h s e i - n e m e i g e n e n G e f ü h l, ohne die Herkunft und den tieferen Sinn dieser Gefühle zu kennen, a l s d i e U r s a c h e s e i n e r t r i e b h a f t e n S t r a f t a t e n e m p f i n d e t. Nachdem er zu mir eine vertrauensvolle Beziehung erwarb und mir versicherte, daß es ihm zum erstenmal gelang, sich frei auszusprechen, fragte ich ihn öfters, wie er sich selbst seine Handlungen erklärt. Er gab mir immer wieder die stereotype Antwort, daß e s i r g e n d w i e m i t d e r M u t t e r z u s a m - m e n h ä n g t. Wenn er in ein Auto steigt, so fühlt er, daß e r v o r d e r M u t t e r f l ü c h t e t. Immer wieder kommt er auf die Selbstmordszenen der Mutter und auf deren Drohung, auch ihn umzubringen, zurück. Er beschreibt seine Gefühle wörtlich wie folgt:

»Ich bin in ständiger Furcht vor meiner Mutter. Ich brauche nur an meine Mutter zu denken, dann bin ich in einer derartigen Aufregung, daß ich nicht weiß, was ich tue. Es steigen dann fürchterliche Bilder in meinem Kopfe auf, und mein Gedanke ist, nur fortfliehen, irgendwohin. Ich fühle dann immer jemand hinter mir herkommen.«

In solcher Gefühlslage besteigt er dann das Auto und phantasiert, daß jemand nachjagt, wahrscheinlich die Mutter. Dann wünscht er weit zu fahren, je größer die Entfernung, um so besser. Im Auto sitzend fühlt er, daß die Entfernung zu dem Verfolger bald kleiner, bald wieder größer wird. Wenn er wieder zum klaren Verstand kommt, dann fühlt er, »als wenn er aus einer großen Ohnmacht erwachen würde«. Er fühlt sich nachher müde, »ganz schwach, als wenn er zusammenbrechen würde«. Den Angstgefühlen, die er im Auto hat, mischt sich auch etwas Wollüstiges bei, was aber keinen direkten sexuellen Charakter hat.

Die Symptomhandlung – so wollen wir das triebhafte Autofahren bezeichnen – stellt sich also als eine Art Flucht im Auto dar und kommt auf einem bei den Psychoneurosen sehr häufigen Wege zustande. Eine in das Unbewußte verdrängte Triebtendenz, die die bewußte Persönlichkeit angstvoll ablehnt, wird von dem bewußten Ich als eine innere Gefahr gewertet und ebenso behandelt wie eine äußere Gefahr. Friedrich flüchtet vor seiner verdrängten Inzestliebe zu seiner Mutter, also vor seinem eigenen verdrängten Wunsch, so, als ob dieser eine äußere Gefahr wäre. Er steigt in das Auto und will vor der Gefahr, vor der Mutter, fliehen. Man kann aber vor sich selbst nicht entfliehen, er trägt ja auch den verpönten Wunsch, nicht nur die Angst vor diesem in sich selbst. Dieses gleichzeitige Verlangen und Flüchten kommt dann in den Angstphantasien im Auto zum Ausdruck. Die unklare Vorstellung »die Mutter jagt ihm nach« ist nicht nur eine Angstvorstellung, sondern drückt auch den Wunsch nach der Mutter aus. Dieser verpönte Wunsch wird aber von dem inzestablehnenden Bewußtsein nur als Angst empfunden. Auch das Gefühl, daß der Abstand zwischen ihm und seinem Verfolger bald größer, bald kleiner wird, entspricht diesem Kräftespiel zwischen Verlangen und Ablehnung.

Friedrichs Beziehungen zu Frauen sind aufgrund dieser starken Bindung zu der Mutter recht armselig ausgefallen. Mit siebzehn Jahren kommt er erstmalig zum einmaligen Geschlechtsverkehr mit einem Büfettfräulein. Vor diesem hat er nur zweimal harmlose Beziehungen zu ä l t e r e n Mädchen (Muttervertre-terinnen) gehabt. Der erste Geschlechtsakt bleibt dann lange ohne Fortsetzung. Im Jahre 1926, also mit achtzehn Jahren, hat er für kurze Zeit Beziehungen zu einem Mädchen, aber es kommt nicht zum Geschlechtsverkehr. Fraglos spielt die über-mäßig zärtliche Liebe der Mutter, deren unbewußten Inzest-charakter der Sohn, wenn auch nicht bewußt, so doch instinktiv fühlt, eine große Rolle für seine sexuelle Entwicklung. Die Mutter schimpft hauptsächlich dann auf ihn, wenn er spät nach Hause kommt. Er spürt, daß die Mutter irgendwie eifer-süchtig ist und ihn an sich fesseln möchte. »Sogar auf gute Freunde war sie eifersüchtig.« Erst im Jahre 1928 lernt er seine heutige Braut kennen, mit der er einen ziemlich regelmäßigen Sexualverkehr ausübt. Doch er selbst bekennt, daß seine Ge-fühle zu der Braut »nicht ganz richtig sind«. Er spricht meistens gleichzeitig von Mutter und Braut, aber die Braut spielt immer in diesen Erzählungen die zweite Rolle. Seine stärksten Gefühle, Angst und Sehnsucht, gelten der Mutter.

Die Mutter versucht, ihre Eifersucht auf die Braut mit einer großen Sympathie für sie zu übertönen. Freilich gelingt es ihr nicht, die verdrängte Eifersucht ganz zu verbergen. So be-schimpft sie häufig den Sohn, wenn er spät abends mit der Braut ausgeblieben ist. Er hat sich schon öfters gedacht, daß »die Mutter ihn von der Braut trennen will, um ihn für sich zu be-halten«. Einmal schrieb er auch einem der Stiefbrüder, daß ihm Mutters zu große Fürsorge lästig sei. Es läßt sich leicht vor-stellen, wie die mütterliche, wenn auch unbewußte Inzestliebe einerseits seine eigene verdrängte Inzestliebe immer wachhält, anderseits die Flucht vor der Mutter stärkt. So wird die Mutter für ihn eine wirkliche Gefahrenquelle, die ihn in die konflikt-volle Versuchungssituation bringt. Es wird uns jetzt verständ-lich, warum er die Autofahrten immer nach einem Zusammen-treffen mit der Mutter ausführt. Besonders deutlich kommt dies auch bei seiner letzten Tat zum Audruck. Nach der Auseinan-dersetzung mit der Braut schreibt er der Mutter einen Brief, in dem er sie bittet, die Braut zu ihm zu schicken. Der unbewußte Sinn dieses Briefes ist: ». . . laß mich endlich los, laß mich zu meiner Braut!« Aber er schreibt diesen Brief unsinnigerweise der Mutter und nicht direkt der Braut. Der Brief bedeutet also gleichzeitig auch eine heimliche Werbung um die Mutter. Und tatsächlich erscheint auch abends die Mutter in dem Wirtshaus und setzt sich so, daß er sie bedienen muß. Sie hat offenbar aus unbewußter Eifersucht nicht die Braut geschickt, sondern ist selbst zu ihrem Sohn gekommen. Als Friedrich die Mutter erblickt, gerät er in eine furchtbare Aufregung. Er zittert am ganzen Körper wie ein Verliebter, wenn die Geliebte erscheint. Diese Aufregung ist auf eine andere Weise nach der Kenntnis der Vorgeschichte nicht zu erklären. Er schickt die Mutter fort und auch die Braut, doch den aufgeweckten, verdrängten Wunsch nach der Mutter kann er nicht fortschicken. Und dann kommt die neurotische Symptomhandlung, die Flucht im Auto, der krankhafte Versuch, vor dem eigenen Unbewußten zu fliehen.

Auf unzweideutige Weise kommt die unbewußte, verdrängte Eifersucht der Mutter auf die Braut in ihren Briefen an den Sohn zum Ausdruck. In einem moralischen, formal klingenden Ton wird immer die Braut angepriesen und der Sohn gebeten, sich um ihretwillen zu bessern. Ihre tiefe und wahre Gefühlseinstellung verrät sich aber in einem frappanten Verschreiben. Sie schreibt: »Sorge dich nicht so um Gertrud, das ist ein verständiges Mädchen, sieh lieber, daß du gesund wirst, und wenn du wieder arbeiten kannst, dann lebe und sorge für Gertrud und geh n u r mit ihr fort u n d b l e i b t b e i m i r, dann wirst du auch nicht in Versuchung kommen, Dummheiten zu begehen.« Der Widerspruch: »geh nur mit ihr fort« – »bleibt bei mir« ist offenbar. Bewußt wollte sie schreiben: »und bleib bei ihr«, u n b e w u ß t hat sie aber gemeint: »bleibe bei mir«. Das Kompromiß zwischen den beiden widerstrebenden Tendenzen kam in dem Ausdruck »und bleibt bei mir« zustande. Auch das Wörtchen »nur« ist nicht am Platze. Es bedeutet ja: »also gut, geh nur mit ihr fort« und drückt damit ihren innerlichen Widerwillen gegen dieses Fortgehen aus.

Der scheinbar vollständig unsinnige Besuch in Baruth bei der Familie K., der verlassenen Braut des Stiefbruders, läßt sich im Lichte dieser Aufklärungen verstehen. Die Autofahrt bedeutet eine Flucht vor der Mutter. Die Braut des Stiefbruders ist ein Ersatzobjekt für die Frau des Stiefvaters, d. h. für die Mutter. Doch diese Braut hat der Stiefbruder treulos verlassen. Er flüchtet von dem verbotenen Liebesobjekt, von der Mutter, zu dem Ersatzobjekt, zur Braut seines Stiefbruders, die dadurch erlaubt geworden ist, weil sie von dem Stiefbruder treulos verlassen wurde. Aus dieser unbewußten Ideenverknüpfung erklärt sich die sonst unerklärliche doppelte Fahrt nach Kummersdorf und der so unsinnig und unmotiviert erscheinende Besuch bei der Familie K., wo er über das schmähliche Verlassen der Braut gesprochen hat, als ob er die sündhaften Wünsche gegenüber der Mutter damit gutmachen wollte, daß er für die Tat des Bruders aufkommt.

Es ist uns jetzt auch verständlich, warum er sich nach den Autofahrten absichtlich in die Hände der Polizei spielt. Die Jagd im Auto bedeutet ja eine Flucht vor seinem eigenen Gewissen, die durch die Sehnsucht nach der Mutter erweckt wird. In diesem Zustande der Gewissensspannung bedeutet die Strafe eine Befreiung von Gewissensbissen. Außerdem bedeutet die Autofahrt nicht nur die Flucht vor der Mutter, sie hat gleichzeitig einen Befriedigungswert für ihn, sie ist die symbolische Befriedigung einer verdrängten sexuellen Spannung. Dieser sexuelle Charakter kommt wie im allgemeinen bei den neurotischen Symptomen zwar nicht bewußt zum Ausdruck, doch er verrät sich in der merkwürdigen wollüstigen Empfindung, die sich der Angst beimischt. Um jedoch diese tiefere komplexhafte sexuelle Bedeutung des Autofahrens, das ja tatsächlich jedem als eine merkwürdige L e i d e n s c h a f t dieser pathologischen Persönlichkeit erscheinen muß, eindeutig nachzuweisen, ist es nötig, noch einige Funde der psychoanalytischen Exploration des Täters nachzutragen.

IV. Zum Komplexcharakter des Autofahrens

Das Fahren mit Verkehrsmitteln nimmt in Friedrichs Erinne-
rungsmaterial geradezu eine Ausnahmsstellung ein. Eine seiner
frühesten Erinnerungen – ungefähr aus dem achten Lebensjahr
– ist eine Eisenbahnfahrt mit dem Stiefvater, Mutter und
Stiefgeschwistern zur Sommerfrische nach dem Riesengebirge.
Am Bahnhof verschwindet er plötzlich mit der Ausrede, zu
Hause etwas vergessen zu haben, und hat die Absicht, den Zug
zu versäumen. Er kann diese Absicht heute nicht mehr motivieren. Er bemerkt nur, daß der Stiefvater freie Fahrt bei der
Eisenbahn gehabt hat, weil er Beamter bei den Staatsbahnen
war.
Bei Schulausflügen, wenn sie in eine fremde Stadt kamen, erinnert er sich, daß er sich öfters heimlich von den übrigen Aus-
flüglern trennte und in der Stadt allein mit der elektrischen
Bahn herumfuhr.
Mit vierzehn Jahren will er Chauffeur werden, aber er sieht
einmal einen Autozusammenstoß auf der Straße und dann war
dieser Wunsch abgetan. Bei seinen Autofahrten denkt er auch
oft daran, daß er verunglücken könnte, und gibt auch dieses
Motiv, um seine unsinnigen Fahrten zu erklären, als eine Art
Selbstmordabsicht an. Dann wollte er einmal, wie schon erwähnt, herrschaftlicher Kutscher werden. Als Kind hat er oft
die merkwürdige Neigung gehabt, wenn er in der Straßenbahn
gefahren ist, eine Karte für Erwachsene zu lösen. Er wollte
also beim Fahren den Großen gleich sein. Daß es sich hier um
einen merkwürdigen Sublimierungsversuch des infantilen Se-
xualwunsches handelt, wird einem eindeutig klar, wenn man
die sexualsymbolische Bedeutung des Fahrens aus dem Traumleben der Menschen kennt (vgl. auch den deutschen Sprachgebrauch »Verkehr« – »Sexualverkehr«). Daß das Straßen-
bahnfahren ein gemeinsames und verbotenes Geheimnis für ihn
und die Mutter bedeutete, haben wir bereits erwähnt. Die Mutter gab ihm heimlich das Fahrgeld, doch mußten diese Fahrten
vor den übrigen Familienmitgliedern verheimlicht werden.

Besonders bezeichnend ist Friedrichs Behauptung, daß er die glücklichste Zeit seines Lebens als Kellner bei der Mitropa gehabt hatte. Damals konnte er seine k o m p l e x b e t o n t e Vorliebe für Fahrten in einer i c h g e r e c h t e n Form befriedigen. Wie labil dieses Gleichgewicht war, wie stark das Fahren mit Schuldgefühlen verknüpft ist, zeigt uns seine fast ganz unmotivierte Kündigung dieser Stellung. Er hat A n g s t gehabt, daß der S t i e f b r u d e r ihn verraten könnte, daß er vorbestraft sei. Das Fahren ist m i t d e m I n z e s t w u n s c h i m U n b e w u ß t e n assoziiert, deshalb entsteht die A n g s t vor dem Stiefbruder, von dem er die Mutterliebe ja t a t - s ä c h l i c h wegnahm.

Auch das Fahrrad spielt eine Rolle bei seiner letzten Straftat. Wie schon erwähnt, hat er auf Abzahlung sich ein Fahrrad gekauft, um, wie er behauptet, »mit der Braut, die auch ein Fahrrad besitzt, zusammen fahren zu können«. Doch wurde ihm dieses Fahrrad von dem Stiefvater weggenommen. Und das gab den Anlaß zu dem Wutanfall.

Wir sehen eindeutig: das Fahren ist bei ihm weit zurück in die Kindheit komplexhaft gefühlsbetont, es hat die Bedeutung einer verbotenen Lust und es ist mit tiefen Schuldgefühlen verquickt. Schon das Ausreißen vor der Sommerfahrt weist deutlich in diese Richtung und zeigt, daß schon in diesem Alter das Fahren mit Angst und Schuldgefühlen verknüpft war, weil es eine verbotene Lustquelle für das Kind bedeutete.

Dieser Lustcharakter des Fahrens ist in der Psychoanalyse gut bekannt, wenn auch sein Ursprung noch nicht ganz feststeht. Es handelt sich um eine frühzeitige B e w e g u n g s l u s t, die bei rhythmischen Bewegungen auftritt und beim Schaukeln von vielen Kindern als deutliche sexuelle Lust empfunden wird. Manches Kind entdeckt die Masturbation während des Schaukelns. Vielleicht gehen die Wurzeln dieser Lustgefühle auf die allerfrüheste Säuglingszeit zurück, auf die Lustempfindungen, die das Kind bei dem Gewiegtwerden in dem Arm der Mutter oder in der Wiege empfindet. Auch er erinnert sich, daß ihm als Kind das Schaukeln eine ausgesprochene sexuelle Lust verursacht hat. Dieses Gefühl beim Schaukeln findet er noch am ähnlichsten jenem Lustgefühl, das er beim Autofahren hat.

Friedrich hat seine ersten Sexualgefühle, die bei jedem Kind inzestgefärbt sind, sehr frühzeitig schon auf die rhythmische Bewegungslust, die beim Fahren entsteht, verschoben und so erhielt das Fahren die unbewußte Bedeutung der verbotenen sexuellen Wünsche zu seiner Mutter.

Zum Schluß sei noch ein Traum mitgeteilt, den er im Gefängnis geträumt hatte, ein Traum, der uns eine frappante Bestätigung der oben entwickelten Erklärungen gibt.

Es träumt ihm, *daß er spät nach Hause kommt – sie wollten zusammen mit Mutter und Braut ausgehen – aber es ist schon zu spät dazu. Dann plötzlich sitzt er in einem Auto, die Mutter fährt mit und sitzt neben ihm.*

Der Sinn dieses Traumes ist nach dem Gesagten eindeutig klar. Im Traum bringt er den verdrängten Inzestwunsch zur symbolischen Darstellung. Wovor er im Wachleben angstvoll flüchtet, das kann er im Traum befriedigen, und gerade in der Form, in welcher er seine strafbaren Handlungen ausgeführt hat. Im Wachleben im Auto sitzend flüchtet er vor der Mutter, im Traum fährt er zusammen mit ihr. Das Zusammenfahren mit der Mutter hat die symbolische Bedeutung des Geschlechtsverkehrs. Es ist leicht zu verstehen, wieso er im Traum diese zu schuldbelastete Autofahrt ausführen darf. Er hat ja für dieses Autofahren bereits durch die Gefängnisstrafe gebüßt. Er gönnt sich im Traum das, wovor er im Leben, von seiner Gewissensangst gepeinigt, immer flüchten muß.

V. Das Gutachten

Friedrich ist eine psychopathische Persönlichkeit, ein neurotischer (triebhafter) Charakter. Er ist in krankhafter Weise in einem Lebensalter an die Mutter fixiert, in welchem der normale Mensch seine Inzestbindung gewöhnlich bereits überwunden hat. Seine strafbaren Handlungen erweisen sich als neurotisches Agieren, sie sind einem Krankheitssymptom gleichwertig und bedeuten den Versuch, von einer unerträglichen, unbewußten Triebspannung sich zu befreien, von einer Triebspannung, die einen für das Bewußtsein unerträglichen Inhalt hat, nämlich die inzestuöse Sehnsucht nach der Mutter. D i e s c h e i n b a r v ö l l i g   s i n n -   u n d   z w e c k l o s e n   A u t o f a h r t e n h a b e n   e i n e n   u n b e w u ß t e n   S i n n, sie bedeuten die angstvolle Flucht vor der Inzestsehnsucht, aber gleichzeitig auch die symbolische Befriedigung dieses verdrängten Wunsches. Die Strafhandlungen verfolgen sonst keine kriminellen Ziele (wie Betrug, Beschädigung u. a.). Die Straftaten kommen dadurch zustande, daß er von der beschriebenen Triebspannung auf dem gesunden Wege sich nicht befreien kann. Und diese Triebspannung ist stärker als die Hemmungseinflüsse der bewußten Persönlichkeit. Die Handlungen also sind eindeutige Folge einer krankhaften Störung im Affektleben, deren nähere Natur kurz angedeutet wurde.

Eine Bestrafung, wie die früheren Strafen bereits zeigen, würde ihn von weiterem neurotischen Agieren nicht zurückhalten. Im Gegenteil: durch die Bestrafung nimmt die Gewissenshemmung ab und das Gleichgewicht verschiebt sich wieder zugunsten der verdrängten Triebansprüche. Natürlich kann man auch von der Straflosigkeit keine günstigen Folgen erwarten, wenn nicht eine psychotherapeutische Behandlung vorgenommen wird. Von dem therapeutischen Standpunkt aus würde das geeignetste Vorgehen die Aufnahme in einer Anstalt sein, wo er wenigstens für die erste Zeit einer psychoanalytischen Behandlung unter Aufsicht stünde.

VI. Epilog

Kurz nach seiner Freisprechung unterschlug Friedrich von einer Fürsorgestelle, der er anvertraut war, eine größere Summe und hat diese zum größten Teil für ziellose Eisenbahn- und Autofahrten verausgabt. Diesmal wurde er mit einer Freiheitsstrafe bestraft. Die Voraussage des Gutachtens hat so bald eine experimentelle Bestätigung erfahren. Für diese neurotisch erkrankten Rechtsbrecher fehlen heute entsprechende Institutionen und Rechtsmaßnahmen. Sowohl einfache Freisprechung wie auch Bestrafung erweisen sich zwangsläufig als ungeeignete Maßnahmen.

Anhang

Einige Bemerkungen der Psychologie der strafenden Gesellschaft

Wir sind am Ende unserer Arbeit. Unserer Aufgabe, ein tieferes Verständnis der kriminellen Tat mit Hilfe psychoanalytischen Wissens zu erlangen, haben wir nichts Grundsätzliches mehr hinzuzufügen. Wir hoffen, daß die tiefenpsychologischen Einsichten in das Seelenleben des Kriminellen zweckmäßigere Maßnahmen gegenüber dem Rechtsbrecher ermöglichen werden. Es lag nicht in unserer Absicht, diese Maßnahmen selbst zu erörtern. Die Psychologie des Kriminellen, auf die wir uns beschränkten, soll die wissenschaftliche Grundlage einer *künftigen* Kriminaldiagnostik und Kriminaljustiz bilden.

Wenn wir uns aber fragen, welche praktischen Folgen sich schon für die Gegenwart aus diesen Untersuchungen ergeben, so wird uns das Ergebnis ein wenig enttäuschen. Es ist uns zwar gelungen zu zeigen, daß bei einem großen Teil von Rechtsbrechern, die heute noch als Kriminelle abgeurteilt werden, eine andere Behandlungsweise angezeigt wäre. Die *neurotischen Kriminellen* konnten wir als symptomlose Neurotiker, die ihre Krankheit *im Leben agieren*, dieses Agieren unbewußt, manchmal auch bewußt verurteilen, aber nicht verhindern können, in die Gruppe der Kranken einreihen. Damit haben wir nicht viel anderes getan, als den Kreis jener Kranken auszudehnen, die früher als vom Teufel Besessene gleichfalls der Strafjustiz ausgeliefert waren. Und auch das ist nichts prinzipiell Neues. Auch die moderne forensische Schulpsychiatrie versucht, diesen von ihren Trieben besessenen Kranken eine andere Behandlung zu verschaffen als den normalen Kriminellen. Mit dem Mikroskop tiefenpsychologischen Wissens ausgerüstet, konnten wir lediglich diese Unterscheidung vollkommener durchführen, die pathologischen Kriminellen exakt erfassen, das Wesen ihrer

Krankheit aufdecken und in ihren Handlungen den Anteil der psychopathologischen Vorgänge im einzelnen beschreiben. Für *diese* Menschen können wir also etwas Neues und Eindeutiges vorschlagen: *die Abschaffung jeglicher Strafe* und ihre Zuführung in eine auf psychoanalytischer Grundlage beruhende *Erziehung* oder *Behandlung*. Wenn man auch die praktische Bedeutung dieses Ergebnisses wegen der großen Zahl der neurotischen Kriminellen nicht unterschätzen darf, so wird unsere Enttäuschung dadurch doch nicht aufgehoben, weil dies ja keine *prinzipielle* Umgestaltung des Strafrechts bedeutet. Wir entziehen nur dem Strafrecht, das in seinen Grundlagen unerschüttert zu bleiben scheint, einen Teil seiner Objekte, um sie zuständigkeitshalber in die Hände des Erziehers oder Arztes zu übergeben.

Für den *Rest* der Kriminellen, den *normalen Rechtsbrecher,* mußten wir aber zugeben, daß nur die Angst vor unlustvollen Folgen, also das Fundament jeglicher Strafjustiz, asoziale Handlungen praktisch verhindern oder wenigstens einschränken kann. Würde das heutige Kriminalrecht lediglich dieses zweckmäßige, die Gesellschaft schützende Prinzip mit möglichst sachlicher Vollkommenheit und ohne Affekt anstreben, so wäre unsere Aufgabe so ziemlich beendet. Die auf wissenschaftlichen Erwägungen beruhende, zweckmäßig abgewogene Zufügung von Leiden würde dann nur die normalen Kriminellen, deren Kreis wir allerdings erheblich einschränken konnten, treffen.

Dieses reine *Zweckmäßigkeitsprinzip* der Prävention und Abschreckung kommt jedoch im Charakter der heutigen Strafe weit weniger zur Geltung als das vorherrschende *affektive* Moment der *Sühne* und *Vergeltung.* Die Härte sowohl wie die Art der heutigen Strafe werden in erster Linie von dem Vergeltungsdrang gefühlsmäßig abgeleitet. Unsere psychoanalytischen Einsichten über das Wesen der Kriminalität, besonders die Erkenntnis der tiefverwurzelten Verknüpfung von Schuld und Sühne im Einzelindividuum, drängen uns zu einer Stellungnahme gegenüber diesen irrationalen Prinzipien des Strafrechts.

Damit verlassen wir unser bisheriges Thema, die Psychologie des *Täters*, und wenden uns zur kollektivpsychologischen Untersuchung der *strafenden Gesellschaft*.

Schon der erste Schritt in das Gebiet der Kollektivpsychologie stellt uns vor ein neues Problem, das wir bei der psychologischen Untersuchung des Täters noch außer acht lassen konnten. Wir versprachen uns von der tieferen Kenntnis des Täters ein Urteil, das dem allgemeinen Gerechtigkeitsgefühl besser entspricht. Wir haben dabei jedoch nicht berücksichtigt, daß das Rechtsgefühl der Massen nicht von intellektuellen Einsichten allein abhängig ist. Die Masse verlangt nach Sühne, das psychologische Verständnis des Täters hebt im allgemeinen das Verlangen nach Sühne noch nicht auf, es kann nur den Sühnedrang den Motiven entsprechender gestalten. Wenn wir z. B. beweisen konnten, daß der Verbrecher aus Schuldgefühl hauptsächlich von seinem dunklen Strafbedürfnis in die Kriminalität getrieben wurde, so wird das Verlangen nach Sühne eine andere Form haben als gegenüber einem bewußten Feind der Gesellschaft. Aber eine rein zweckmäßige Reaktion wird auch dann noch durch affektive Momente beeinflußt und gestört werden. Der nächste Schritt auf dem Wege zu einer von den Affekten befreiten Justiz führt uns also zu der psychologischen Erforschung dieser Affekte des strafenden Kollektivmenschen.

Wie tief der Drang nach Sühne und Vergeltung in der Gemeinschaft wurzelt, zeigt jeder Kriminalfall, der sich durch besondere Grausamkeit oder durch besonders schwere Opfer auszeichnet. Das ganze Volk verlangte den Kopf des Massenmörders Haarmann und wollte nichts davon hören, daß bei ihm wahrscheinlich eine überstandene Geisteskrankheit vorlag und sicher eine krankhafte Triebverirrung die bewußten Hemmungsinstanzen überrumpelt hatte. In solchen Fällen würde durch eine strenge Isolierung mit dem freilich nicht sehr aussichtsreichen Versuch einer Behandlung und Heilung dem rationellen Prinzip des Schutzes der Gesellschaft sicher Genüge geschehen. Die Todesstrafe ist hier wie immer der reine Ausdruck eines triebhaften Vergeltungsdranges, der Blut für Blut verlangt. Wie exakt und tiefgehend wir auch die Persönlichkeit des Täters und die Psychogenese der Tat mit Hilfe der Psychoanalyse aufdecken, so wird doch immer eine diesen aufgedeckten Motiven entsprechende Behandlung des Täters auf ungemein starke Widerstände stoßen, wenn diese Reaktion nicht gleichzeitig auch dem affektiven Sühne- und Vergeltungsdrang der Allgemeinheit entspricht. Eher wird die wissenschaftliche Einsicht verworfen, als die Befriedigung der Affekte geopfert. Die bessere Kenntnis des Täters wird in vielen Fällen zwar die Anforderungen des allgemeinen Rechtsgefühls modifizieren, nicht aber den Sühnedrang überhaupt aufheben. Den Täter wird man zwar nicht mehr für eine konstruierte oder mißverstandene Handlung bestrafen, sondern dafür, was er tatsächlich gemeint hat, aber auf die Strafe wird man auch weiterhin nicht verzichten wollen. Somit ist eine affektlose Justiz davon abhängig, daß es gelingt, den Sühnedrang selbst psychoanalytisch in seinen unbewußten Wurzeln aufzuklären, seinen Inhalt ins *Bewußtsein* der Allgemeinheit zu bringen und dadurch das Rechtsgefühl dahin zu ändern, daß es mit den rationalen Maßnahmen in Einklang steht und auf die Befriedigung irrationaler Affekte verzichtet.

Wir haben am Eingang unserer Darlegungen festgestellt, daß die Verletzung des Gerechtigkeitsgefühls deshalb zur Empörung und zum regressiven Triebdurchbruch führt, weil die restliche, dem einzelnen noch verbliebene persönliche Freiheit durch Fehlurteile bedroht wird. Wir müssen nunmehr feststellen, daß das Gerechtigkeitsgefühl auch durch den gerade entgegengesetzten Vorgang verletzt werden kann, wenn nämlich der Täter seiner vermeintlich verdienten Strafe entgeht. Wenn im ersten Fall der Mensch fühlt, daß ihm das gleiche Unrecht widerfahren könnte, wie dem durch das Fehlurteil betroffenen, so fühlt sich in dem letzteren Fall jedes Mitglied der Gemeinschaft dadurch beeinträchtigt, daß ein anderer straflos etwas ausführen darf, was dem Rechtschaffenen verboten ist. In beiden Fällen geht der Kampf um die persönliche Freiheit der

Triebe, handelt es sich um einen Protest gegen den Triebverzicht. »Wenn ein anderer zu Unrecht bestraft wird, kann auch *meine* Freiheit bedroht werden, wenn ein *anderer* der Strafe entschlüpft, warum muß *ich* dann den Triebverzicht leisten!«
Diese einfache psychologische Feststellung führt uns zu einem wesentlichen Motiv des Sühnedranges. In unserer psychoanalytischen Sprache ausgedrückt, bedeutet die Straflosigkeit eines Übeltäters die Bedrohung der eigenen Verdrängungen.
In ähnlicher Weise hat Reik[*] und neuerdings auch Wittels[**] auf die Bedeutung der Strafe für die Verdrängungen der Menschen hingewiesen. Klar aber wird diese Funktion der Strafe erst dann, wenn wir uns erneut die Abhängigkeit des Über-Ichs von den äußeren Autoritäten vor Augen halten, die Anna Freud beim Kind so überzeugend feststellen konnte (a. a. O.). Wir wiesen aber bereits darauf hin, daß eine gewisse Abhängigkeit bei den meisten Erwachsenen während ihres ganzen Lebens fortdauert.
Die Macht des eigenen Über-Ichs über das Triebleben wird also nicht nur durch strenge, ungerechte Urteile erschüttert, sondern auch dann, wenn der Täter straflos bleibt und für seine Tat nicht büßen muß. Die Straflosigkeit bedeutet ja, daß der Richter dem Täter das erlaubt, was man sich selbst verbietet. In dieser Situation bleibt nur übrig, entweder die eigenen Hemmungen aufzugeben und den asozialen Tendenzen nachzugeben oder die Strafe für den Täter zu verlangen. »Was ich nicht darf, darf er auch nicht, wenn er straflos bleibt, so will ich auch nicht mehr verzichten.«
Die Angst vor der Absetzung des eigenen Über-Ichs und vor dem Durchbruch der so schwer gezähmten Triebe ist es, die aus Selbstschutz nach Sühne ruft. Diese Angst ist ja begründet, weil die ungezähmten Triebe uns vor der Aufrichtung des Über-Ichs in ständige Konflikte und Leidenssituationen mit der Umwelt gebracht haben. Um diesen Leidenserfahrungen aus-

---

[*] Reik, *Geständniszwang und Strafbedürfnis,* in diesem Band S. 11 ff.
[**] Wittels, »Richter und Rache«, *Almanach* 1929 des Internat. Psychoanalyt. Verlags.

zuweichen, wurde das Über-Ich aufgerichtet. Trotzdem ist das ursprüngliche Drängen der Triebe in den Menschen noch so stark, daß das Über-Ich zur Erhaltung seiner Verdrängungsmacht die dauernde Unterstützung durch die Autoritäten der Außenwelt braucht. Das Ich ruft also bei jedem Rechtsbruch nach Sühne, um in seiner Bedrängnis durch die Triebe die Macht seines Über-Ichs zu stärken. Das schlechte Beispiel des Täters wirkt verführend auf die eigenen verdrängten Triebe und erhöht ihren Druck. Darum braucht das Ich eine Stärkung der Macht seines Über-Ichs und kann diese Stärkung nur von den realen Autoritätspersonen erhalten, die das Vorbild des Über-Ichs sind. Kann das Ich den Trieben nachweisen, daß auch die weltlichen Autoritäten dem Über-Ich Recht geben, dann kann es sich dem Durchbruch der Triebe erwehren. Desavouieren aber die weltlichen Autoritäten das Über-Ich, indem sie den Täter laufen lassen, so gibt es keine Hilfe mehr gegen den Durchbruch asozialer Tendenzen. Der Sühnedrang ist also eine Schutzreaktion des Ichs gegen die eigenen Triebe im Dienste ihrer Verdrängung, um das seelische Gleichgewicht zwischen verdrängenden und verdrängten Kräften aufrechtzuerhalten. Das Verlangen nach Bestrafung des Täters ist gleichzeitig eine Demonstration nach innen, um die Triebe einzuschüchtern: »Was wir dem Täter verbieten, darauf müßt auch ihr verzichten.«

Je größer nun der Druck der verdrängten Tendenzen ist, um so mehr benötigt das Ich die Sühne als abschreckendes Beispiel gegenüber der Urwelt der eigenen verdrängten Triebe, was auch Wittels (a. a. O.) mit Recht besonders hervorhebt. Je lauter also der Mensch nach Bestrafung des Übeltäters ruft, um so weniger hat er mit den eigenen verdrängten asozialen Trieben zu kämpfen. Es ist geradezu ein diagnostisches Merkmal starker, unverarbeiteter asozialer Tendenzen, wenn jemand sich allzueifrig in den Dienst des Sühnegedankens stellt. Die oft merkwürdige unterirdische *Affinität zwischen Verbrecherwelt und ihren amtlichen Verfolgern* ist aus diesem psychischen Vorgang zu erklären. Mit einem Teil seiner Seele, dem unbewußt triebhaften, steht ja jeder Mensch, aber ganz besonders der eifrige Verfolger des Verbrechers, auf dessen Seite. Diese unbewußte Sympathie wird durch die Verdrängungsinstanz am Bewußtwerden verhindert und in der Verfolgung des Täters überkompensiert. Wird aber der Sühnedrang durch Bestrafung des Täters ausgiebig befriedigt, hat man sich dadurch bewiesen, daß man selbst brav und loyal auf der Seite der Sozietät steht, so darf dem bestraften Täter gegenüber eine besondere Milde, oft geradezu Sympathie und Freundschaft entgegengebracht werden. Man hat ja durch die Befriedigung des Sühnebedürfnisses einen Sieg über das Böse im eigenen Ich errungen, man darf dem Täter ja wirklich dafür dankbar sein, daß *er* für das gebüßt hat, was *wir* unbewußt gewollt haben. Darum ist schon den Urvätern ein reuiger Sünder lieber gewesen als hundert Gerechte. Denn der reuige Sünder ist ein starker Helfer im Kampfe gegen die eigenen verdrängten Triebe.

Reik sieht die Bedeutung, die das Gericht und die Allgemeinheit dem *Geständnis* des Täters beilegen, hauptsächlich darin, daß der reuige geständige Täter seine Tat selbst verurteilt und dadurch dem Richter ermöglicht, unter Aufhebung der eigenen Schuldgefühle den Täter schuldig zu sprechen. Wir möchten noch auf einen weiteren, vielleicht tieferliegenden, aber ökonomisch nicht weniger bedeutungsvollen Faktor hinweisen. Der trotzige Täter bedeutet, selbst wenn er verurteilt wird, immer noch eine Gefährdung der eigenen Verdrängungen. Denn die Triebe jedes Menschen haben die Tendenz, in trotziger Auflehnung gegen die Gesellschaft und das eigene Über-Ich nach Befriedigung zu verlangen. Der trotzige Täter ist also der ständige Bundesgenosse und Verführer der verdrängten Triebansprüche. Die bloße Existenz eines trotzigen oder verstockten Täters ist ein lebender Beweis dafür, daß eine solche Auflehnung überhaupt möglich ist. Darum wird er zum Schutze der eigenen Verdrängungen besonders hart bestraft. Der geständige reuige Sünder jedoch, der selbst das eigene Triebleben desavouiert und Besserung verspricht, ist dagegen ein starker Helfer des Über-Ichs. Es siegt das Über-Ich des Täters, und in allen

Zuschauern wird das Prestige des eigenen Über-Ichs erhöht. Man darf jetzt in der Strafe milder sein, denn die Strafe braucht ja nicht mehr dazu zu dienen, die eigenen gefährdeten Verdrängungen zu unterstützen. Diese Stärkung der Verdrängung hat der Täter mit seinem Geständnis selbst übernommen und damit die Strafe von ihrer Sühne-Funktion entlastet. Selbst das verdrängte Triebleben kann sich mit der Tat nicht mehr identifizieren, da der Täter selbst gegen seine Tat Stellung genommen hat. Der reuige Verbrecher bedeutet weder als Angreifer der Gesellschaftsordnung noch auch als Verführer oder Aufrührer der verdrängten Triebe der Mitmenschen eine Gefahr. Er hat sogar einen Anspruch auf Milde, da er als lebendes Beispiel für den Sieg des Über-Ichs über die Triebe erzieherisch wirkt.

Die gleiche Psychologie erklärt einen merkwürdigen Brauch im chinesischen Strafvollzug, dessen Kenntnis wir der Erzählung eines Augenzeugen, eines englischen Offiziers, verdanken. Von mehreren zum Tode durch das Schwert verurteilten Komplizen wird einer durch Auslosung dazu bestimmt, mit je einem einzigen Schwerthieb die Köpfe der anderen vom Rumpfe zu trennen. Gelingt ihm dies, so ist er frei. Mißlingt es ihm aber, so muß er sich wieder unter die Hinzurichtenden legen und es kommt der nächste noch Lebende als Henker an die Reihe. Wem dieser grausame Strafvollzug fehlerlos glückt, der wird begnadigt.

Wer durch eine Henkerstat eindeutig und fehlerlos beweist, daß er sich in den Dienst der strafenden Gesellschaft gestellt und der Solidarität mit den Komplizen völlig entsagt hat, kann begnadigt werden, da er der Verdrängung asozialer Tendenzen einen großen Dienst geleistet hat.

Wenn wir das Gerechtigkeitsgefühl als einen Indikator für den Gleichgewichtszustand zwischen Triebverzicht und Triebfreiheit erkannt haben, so ist das Sühneprinzip diejenige Funktion des Gerechtigkeitsgefühls, die den Triebverzicht gegenüber dem drohenden Triebdurchbruch stärkt. Die Sühnetendenz der Strafe gilt also in erster Linie nicht so sehr dem Täter wie den

eigenen Trieben. Die ausgleichende Rolle des Gerechtigkeitsgefühls kommt am schönsten darin zum Ausdruck, daß es bei
überharten Urteilen, wenn also die Triebansprüche übermäßig
angegriffen werden, an die Seite des Täters als des Repräsentanten des Trieblebens tritt, während das Gerechtigkeitsgefühl
den Täter verfolgt, wenn durch seine Straflosigkeit die eigenen
Triebe überhandzunehmen drohen.

Neben diesem Sühnecharakter, der in der modernen Rechtsphi-
losophie als Rechtsstrafe zum Ausdruck kommt, hat die Strafe
noch eine tiefere affektive Wurzel, die *Rache*. Sie ist älter als
das Sühneverlangen, sie ist ein Triebanspruch, der in jedem
Lebewesen unabhängig von den später errichteten sozialen
Instanzen wie dem Über-Ich wirksam ist. Jedes Tier rächt sich
an seinem Angreifer.

Wie die Triebe in der Realität auf Widerstände treffen und
dadurch ein Spannungs- oder Leidenszustand entsteht, so reagiert der Mensch auf jede von außen kommende unlustvolle
Beeinträchtigung in Umkehrung dieser Situation, indem er die
Rolle der die Unlust zufügenden Realität gegenüber dem Angriff des anderen übernimmt. Dieser Rollentausch bildet die
Grundlage der Rache. Freud formuliert diesen Vorgang in dem
Satz, daß man *das, was man passiv erduldet, bestrebt ist, aktiv
auszuleben.* Der kleine Junge, der von der Zahnbehandlung
nach Hause kommt, fordert gerne seine kleine Schwester auf,
mit ihm Zahnarzt zu spielen, wobei er der Zahnarzt sein will.
Er rächt sich für das erlittene Leiden in diesem Falle an einem
unschuldigen Opfer. Natürlich richtet sich meistens das Rache-
gefühl zunächst gegen die Person, die einem das Leiden zufügt.
Die tiefere Ableitung und Analyse dieses primären Vorgangs
gehört nicht zu unserer Aufgabe.*

Da jeder Rechtsbrecher die Interessen der anderen bedroht,
löst er das reaktive Verlangen nach Rache aus, das in dem

---

* Gerland erkennt diesen Vorgang als eine primäre Triebreaktion. Er sieht
in der Talion ein allgemeines Prinzip, durch »Projektion« unlustvolle
Spannungen aufzuheben (»Die Entstehung der Strafe«, Rektoratsrede.
Jena 1925).

Talionsprinzip primitiver Strafrechtssysteme seinen Niederschlag gefunden hat. Während der Sühnedrang dem Schutz vor
der Identifizierung mit dem Missetäter dient, steht die Rache
im Dienste des Selbstschutzes vor dem äußeren Feind. Das
Sühneverlangen ist eine Reaktion auf das Drängen der eigenen
Triebe, die Rache auf Angriffe von außen. Damit unterscheiden wir zwei affektive Wurzeln der Strafe: den *Sühnedrang*
und die Rachetendenzen, die wir als Drang nach *Vergeltung*
von dem Verlangen nach Sühne abgrenzen wollen. Im Strafrecht ist der primitive Rache-Affekt in einer gemilderten und
modifizierten Form noch heute vorhanden. Er kommt in dem
Vergeltungscharakter der Strafe, insbesondere in der primitiven Härte und in der irrationalen Art der Leidenszufügungen
im Strafvollzug noch hinreichend zum Ausdruck.

In dem Sühneverlangen und in dem Verlangen nach Vergeltung, die bis heute in der Strafrechtsphilosophie und auch in
der Psychologie kaum unterschieden werden konnten, handelt
es sich zwar qualitativ um den gleichen Vorgang, die Reaktion
des Ichs gegen einen feindseligen Angriff, aber um zwei verschiedene Richtungen desselben Affekts. Das Ich hat bei jeder
kriminellen Tat, die ein anderer begeht, nach zwei Fronten zu
kämpfen. Es sieht sich einem äußeren und einem inneren Feind
gegenüber. Das Ich empfindet jeden Kriminellen als seinen
eigenen Feind, von dem auch es persönlich bedroht wird.
Gleichzeitig aber hat es gegen einen inneren Feind, die eigenen
verdrängten Triebe zu kämpfen, die, durch das Beispiel des
Täters verführt, durchzubrechen drohen. Die erforderliche
reaktive Verstärkung der eigenen Verdrängungen kommt in
dem Verlangen nach Sühne zum Ausdruck, der Vergeltungscharakter der Strafe dient als Repressalie gegen den Angriff
von außen. Es handelt sich also bei Sühne und Vergeltung um
den gleichen seelischen Vorgang mit einer Akzentverschiebung,
an ein verschiedenes Publikum gerichtet. Der Sühnedrang
spricht mehr zu den *eigenen Trieben*, die Vergeltung ist ein
Racheakt gegenüber dem *Täter*.

Eine weitere Bedeutung erhält die Strafe in der Seelenökonomik – was Wittels in erster Linie hervorhebt –, indem sie eine Aggression in berechtigter Form ableitet, deren asoziales Ausleben durch die Verdrängungen verhindert wird. Dadurch gewinnt die Strafe eine Bedeutung als Rekompense für geleisteten Verzicht an Sadismus. Die Identifizierung mit der strafenden Gesellschaft ermöglicht dem Rechtschaffenen ein Ausleben von Aggressionen in erlaubter Form. Dieses Ausleben verringert das Quantum der zu verdrängenden Aggressionen, erleichtert also die Verdrängungsarbeit. Jedes Gerichtsverfahren, besonders die Vollstreckung der Todesurteile, hat vielfach den Charakter einer Schaustellung und dient zur Abführung von Aggressionen, ähnlich wie die Gladiatoren-Kämpfe des alten Rom oder die Stierkämpfe der lateinischen Rasse.

Diese drei unbewußten affektiven Quellen der Strafe wirken hindernd gegenüber der Einführung einer rein rationalen Justiz, die ohne *Sühne*, ohne *Vergeltung* arbeiten und auch auf die *versteckte Befriedigung von Aggressionen* der Massen verzichten wird. Eine solche von Affekten purifizierte Justiz wird nur möglich werden, wenn in den Menschen die Herrschaft des Ichs über das Triebleben so gesichert sein wird, daß seine Unterstützung durch Sühne entbehrlich wird, und wenn außerdem die aggressiven Tendenzen der Massen einen weiteren Abbau durch Sublimierungen erfahren haben. Wir müssen uns darüber klar sein, daß wir von der Verwirklichung dieses Zustandes noch weit entfernt sind. Dem Menschen der heutigen Zeit wird außer den bisherigen nationalen Solidaritätsanforderungen durch den *Pazifismus* eine neue weitergehende Solidarität, ein Verzicht auf das Ausleben von Aggressionen im Kriege zugemutet. Aber auch das Wirtschaftsleben bietet immer weniger Gelegenheit zur Abführung von Aggressionen. Die moderne Wirtschaftsentwicklung hat zuerst den freien Wettbewerb des Handwerkers aufgehoben und dem Kollektivgedanken im Arbeiterstande zum Siege verholfen. Die Zahl der freien Unternehmer verringert sich unter den Konzentrationstendenzen des Spätkapitalismus immer mehr, immer weitere Schichten ehemals wirtschaftlich individualistischer Kreise geraten in eine aufgezwungene Solidarität zueinander. Der individualistische Kampf aller gegen alle verliert so immer mehr an Boden, den Aggressionen werden auch diese sublimierten Befriedigungsmöglichkeiten im Wirtschaftskampf entzogen.

Der moderne Spätkapitalismus hat durch seine jeden Individualismus erstickenden Konzentrationstendenzen eine rapide Verstärkung des kollektivistischen Prinzips zur Folge, was von vielen Politikern und Soziologen oft so gründlich verkannt wird. Sie bekämpfen in ihm eine individualistische Wirtschaftsform, indem sie ihn mit der Planlosigkeit frühkapitalistischen Unternehmertums verwechseln. Eine Zeit, die den Menschen immer weiter in den Rahmen des Gemeinschaftssystems hineinpreßt, seinen Individualismus immer mehr aufsaugt, besonders aber alle Aggressionen unterbindet, die die Solidarität eines so komplizierten Gesellschaftskörpers bedrohen, eine solche Zeit wird kaum auch noch die letzten ichgerechten Zufluchtsstätten des Sadismus in der Justiz opfern können. Schwerlich werden Politik und Sport allein alle aufgegebenen Sadismen ersetzen können.

Die ganze Geschichte des Strafrechts ist erfüllt von dem Bestreben, an Stelle der irrationalen und triebhaften Grundlagen der Strafe den rationalen Gedanken zum Sieg zu verhelfen. In der Strafrechtswissenschaft gilt das Prinzip der Talion längst als überwunden. Abschreckungs- und Besserungstendenzen, also rein rationale Gesichtspunkte, glauben an ihre Stelle getreten zu sein. Aber die praktische Durchführung dieser Prinzipien geht kaum über den schwachen Versuch eines Kompromisses mit den triebhaften unbewußten Kräften hinaus. In der Abmessung und der Durchführung der Strafe kommen diese irrationalen Tendenzen am klarsten zum Vorschein, da die heutige Strafzumessung und die Art der Strafvollstreckung aus rationalen Erwägungen kaum noch ableitbar sind. Warum der eine Taschendieb zwei Jahre ins Gefängnis wandern muß und der andere Dieb fünf Jahre, warum der eine ins Gefängnis, der andere ins Zuchthaus soll, woher die mathematische Gleichung stammt: acht Monate Zuchthaus = ein Jahr Gefängnis, all dies ist aus Zweckmäßigkeitsprinzipien nicht mehr ableitbar. Strafzumessung und ihr Vollzug sind wahre Tummelplätze reiner Befriedigung der Affektansprüche. Diese Affekte erklären den unbewußten Widerstand, auf den die praktische Anwendung unserer psychoanalytischen Erkenntnisse im Strafrecht treffen wird. Erst wenn die Allgemeinheit auf die Unterbringung der drei Affektansprüche *Sühne, Vergeltung* und *Rekompense für sozial gehemmten Sadismus* bei der Behandlung des Kriminellen verzichten wird, wird das Rechtsgefühl sich mit einer wissenschaftlich fundierten, rein zweckmäßigen Behandlung des Rechtsbrechers zufrieden geben. Die Voraussetzung hierfür bildet aber vor allem die psychologische Kenntnis des Täters, die wir mit unserer Arbeit anzubahnen versuchten.

Psychiatrische Beiträge zur Verbrechensverhütung

Das vorhergehende Kapitel, mit dem das Buch in der ursprünglichen Fassung schloß, befaßte sich mit den emotionalen Bedürfnissen der Öffentlichkeit, wenn sie mit einem Gesetzesbrecher konfrontiert ist. Dieses Kapitel nun, dreizehn Jahre nach der ersten Veröffentlichung des Buches geschrieben, will einige praktische Schlußfolgerungen erörtern, die im ursprünglichen Text nur kurz angedeutet sind. Wir schlossen unser Buch mit der Bemerkung, daß das Verbrechen eines jener Probleme sei, deren wissenschaftliche Untersuchung besondere Schwierigkeiten biete. Das liegt in erster Linie nicht an der Kompliziertheit des Problems selbst, sondern an der Einstellung des Untersuchers zum Verbrechen. Das wissenschaftliche Studium erfordert eine objektive, unemotionale Einstellung. Unter dem Einfluß von Emotionen umwölkt sich der Intellekt und kann seinen eigenen Gesetzen nicht folgen. Es ist viel leichter, in der Physik oder Chemie eine solche unemotionale Haltung einzunehmen als auf jenen Gebieten, die sich mit dem Wesen des Menschen oder mit sozialen Phänomenen befassen. Außerdem ist das Verbrechen ein Problem von großer praktischer und unmittelbarer Bedeutung. Unser Interesse – und das mit Recht – ist nicht so sehr, diese besondere Art des menschlichen Verhaltens zu verstehen, als vielmehr, die Gesellschaft von diesem Übel zu befreien. Lange theoretische Erörterungen des Verbrechens sind dazu angetan, uns ungeduldig werden zu lassen. Wenn wir komplizierte theoretische Abhandlungen über Verbrechen hören, meinen wir: »Das ist ja alles gut und schön, aber was ich wissen möchte, ist, welches der sicherste und schnellste Weg ist, den gesetzestreuen Teil der Gesellschaft vor den Gesetzesbrechern zu schützen.« Leider ist diese Ungeduld keine sehr förderliche Haltung. Wollen wir etwas in der Welt verändern, so müssen wir das Wesen gerade jenes Phänomens begreifen, das wir unter Kontrolle bringen wollen. Wollen wir die Gesellschaft vom Verbrechen heilen, so müssen wir sein Wesen verstehen. Und um das zu können, müssen wir das Verbrechen mit derselben unvoreingenommenen, objektiven und wissenschaftlichen Haltung untersuchen wie die Phänomene der Physik, Chemie oder Medizin.

Ich kann das nicht nachdrücklich genug unterstreichen. Nach meiner Überzeugung sind wir vor allem deshalb dabei gescheitert, das Verbrechen unter Kontrolle zu bringen, weil wir unfähig gewesen sind, es auf ruhig-intellektuelle Weise zu untersuchen, da es in jedem zwangsläufig Abscheu, Verdammung und Vergeltungswünsche hervorruft.

Unsere erste natürliche Reaktion ist, uns und die Gesellschaft vor dem Gesetzesbrecher zu schützen. Gesetz und Ordnung geben uns ein Gefühl der Sicherheit. Ihr Fortbestehen ist keine theoretische Streitfrage, sondern vermutlich eine der stärksten Strebungen. Der Kriminelle gefährdet nicht nur unsere persönliche Sicherheit, sondern er untergräbt auch unser Vertrauen in die Fähigkeit der Gesellschaft, Gesetz und Ordnung allgemein aufrechtzuerhalten. Die natürlichste Reaktion ist Furcht und eine rachsüchtige, vergeltungsgeladene Einstellung zum Kriminellen, der einen unserer wichtigsten Werte, Ordnung und Sicherheit, gefährdet. Das erklärt, weshalb die Politik der festen Hand und eine Vergeltungsgesinnung bei der Behandlung von Kriminellen auf Verständnis und Beifall stößt.

Einschüchterung durch Strafe und, wenn nötig, lebenslanger Freiheitsentzug oder sogar Todesstrafe scheinen die sichersten und knappsten Mittel zu sein. Und das erklärt auch, daß man, wenn ein Psychiater oder Soziologe eine gründliche Untersuchung vornimmt, dies gewöhnlich als ein esoterisches, blutleeres Unternehmen betrachtet. Man geht sogar so weit, zu sagen, die psychiatrische Untersuchung einer kriminellen Persönlichkeit sei eine Art Verhätschelung des Verbrechers; warum soviel Zeit verschwenden und diesen wertlosen Individuen soviel Aufmerksamkeit widmen?

Es könnte scheinen, daß wir in der Erstausgabe unseres Buches offene Türen eingerannt haben, daß diese Einstellung überholt ist und die Öffentlichkeit sowie die Behörden heute dem wissenschaftlichen Studium des Verbrechens gegenüber aufgeschlossen sind. Meine persönliche Erfahrung in den letzten zehn Jahren auf diesem Gebiet hat mich jedoch des Gegenteils belehrt. Natürlich leben wir in einer aufgeklärten Zeit, und wenn jemand ein so eigenartiges Hobby hat, seine Zeit mit der Untersuchung der Charakterstruktur einiger schweren Jungen zu verschwenden, warum sollten wir es ihm nicht erlauben? Doch schaut die Mehrzahl von denen, die sich praktisch mit dem Verbrechen befassen, also Gesetzgeber, Richter, Aufseher, Beamte – ganz zu schweigen von der Öffentlichkeit im allgemeinen –, den Psychiater oder Psychologen, der die menschliche Seite des Kriminalitätsproblems untersucht, noch immer insgeheim gutmütig-herablassend, wenn nicht gar verächtlich an: mit dem Gefühl, nur sie allein wüßten, wie diese Jungs zu behandeln sind. Ich bestreite nicht, daß sie praktisch besser wissen als die Psychiater, wie man mit diesen Jungens umgehen muß. Aber nichts ist gefährlicher als eine allzu praktische Einstellung des sogenannten »gesunden Menschenverstandes«, wenn wir irgendein natürliches Phänomen meistern wollen. Dem gesunden Menschenverstand zufolge ist die Erde noch immer ein großer flacher Teller, dreht sich die Sonne um die Erde, ist die Erde Mittelpunkt des Universums und der Mensch die Krone der Schöpfung. Der gesunde Menschenverstand kann nicht elektrische Wellen erklären, und für den gesunden Menschenverstand klingt es unglaublich, daß jeder Mensch bei seiner Geburt ein potentieller Verbrecher ist und tatsächlich zum Verbrecher werden kann, wird er nicht einer geeigneten Erziehung und Ausbildung unterzogen.

Das Verbrechen durch Verhaftung und Einsperrung einiger ungeschickter Ganoven, die kein Glück hatten, ausrotten zu wollen, scheint also dem Versuch zu ähneln, den Ozean mit einem Wasserglas zu leeren. Wir erkennen, daß der Weg zur Verbrechensverhütung über das Studium der menschlichen Natur sowie der Methoden führt, durch die das ursprünglich nicht soziale Menschenwesen dazu gebracht werden kann, die gesellschaftliche Ordnung zu akzeptieren.

Ich muß gestehen, daß wir erst ganz am Anfang unseres Verständnisses jener hochkomplizierten Wechselwirkung zwischen der menschlichen Persönlichkeit und der Gesellschaft stehen, die zum kriminellen Verhalten führt. Im praktischen Leben können wir nicht warten, bis die Wissenschaft auf die dringlichsten Probleme eine Antwort findet. Wir können nicht untätig sein und müssen mit diesen Problemen fertig werden, auch wenn das noch so unvollkommen ist. Unser Strafsystem beruht gewiß nicht auf wissenschaftlichen Prinzipien, doch wären wir zur Zeit, selbst wenn wir all die Freiheit hätten, das zu tun, nicht in der Lage, ein wissenschaftlich fundiertes Strafsystem zustande zu bringen. Die zunehmende Kenntnis der psychologischen und sozialen Aspekte der Kriminalität läßt sich deshalb nur allmählich durch kleinere, aber beständige Verbesserungen unserer heutigen Institutionen und Verfahrenweisen in die Praxis übertragen. Wir werden uns weiterhin darauf konzentrieren müssen, unsere Methoden der Verbrechensaufklärung zu verbessern, das Bewährungssystem zu verbessern usw. Doch müssen wir uns darüber im klaren sein, daß das Übel des Verbrechens sich durch alle diese Maßnahmen nicht an der Wurzel bekämpfen läßt. Wir müssen uns zu den Wurzeln des Verbrechens vorarbeiten, und das kann nur durch ein sachliches, objektives Studium des menschlichen Geistes und des sozialen Lebens geschehen.

Wie schon gesagt, ist das Kind bei seiner Geburt nicht im geringsten auf die Anforderungen des kollektiven Lebens vorbereitet; es ist zwar nicht antisozial, sondern einfach unsozial, da die sozialen Aspekte ganz außerhalb seiner rein vegetativen Existenz liegen. Alles, was die unmittelbare Befriedigung seiner Wünsche stört, erweckt in ihm aggressive Reaktionen, die es zum Glück nur durch Schreien und harmlose, ungeordnete Muskelkontraktionen ausdrücken kann. Diese Wahrheit hat Diderot vorausgeahnt, als er feststellte, daß das ganz kleine Kind der destruktivste Verbrecher wäre, wenn es nur die Körperkraft besäße, seine Aggressionen auszuführen. Aber es ist bloß ein hilfloses, kleines Wesen, biologisch und psychologisch völlig vom Wachstumsprozeß in Anspruch genommen, mit der Befriedigung seiner Bedürfnisse beschäftigt, ganz und gar beherrscht durch die einfachen Prinzipien des Lustgewinns und der Schmerzvermeidung, ohne Interesse für jemand anderen als sich selbst.

Erst mit der Zeit lernt das Kind, gewisse Regeln des Verhaltens zu akzeptieren. Zunächst ist es die Angst vor Vergeltung, vor Strafe, die es zwingt, auf gewisse Befriedigungen und die Äußerung seiner feindseligen Impulse zu verzichten. Allmählich verwandelt sich diese Furcht vor etwas Äußerem in Furcht vor etwas in ihm selbst – ein Teil seiner Persönlichkeit nimmt allmählich die Einstellung der Erwachsenen an, und dieser Anteil der Persönlichkeit beginnt nun, vom Kind dieselbe Art von Verhalten zu fordern, die die Erwachsenen verlangen. Statt bestraft zu werden und Gefahr zu laufen, die Liebe der Erwachsenen zu verlieren, deren Unterstützung es so sehr bedarf, fängt das Kind an, sich selbst die Dinge zu verbieten, die seine Eltern verurteilen. Diesen verinnerlichten Kodex der sozial akzeptierten Regeln nennen wir das Gewissen.

Das weitere Studium dieses komplizierten Prozesses der Verinnerlichung äußerer Regeln hat gezeigt, daß die Furcht vor Vergeltung allein keine zuverlässige Form der Selbstkontrolle erbringt. Die positive Bindung des Kindes an seine Eltern ist für eine dauerhafte Assimilation dieses inneren Anwalts der sozialen Anforderungen unentbehrlich. Eine nur auf Einschüchterung beruhende Erziehung wird zwangsläufig zu einer pathologischen Form des Gewissens führen. Verzichtet das Kind auf seine unsozialen Tendenzen nur aus Angst, so wird es gegenüber dem verinnerlichten Elternbild, seinem eigenen Gewissen, die gleiche angst- und haßerfüllte Einstellung einnehmen. Das Gewissen wird innerhalb der Persönlichkeit ein Fremdkörper bleiben, dem gegenüber das Kind die gleichen Tricks und Kompromisse anwendet wie zuvor gegen seine strengen Erzieher. Eine nur auf Strafe und Einschüchterung beruhende Erziehung führt zu einer eigenartigen Karikatur der Moral. Das Kind lernt, daß ein bestimmtes Strafmaß als Sühne für ein verbotenes Tun betrachtet wird. Mit der gleichen Technik wird es jetzt sein eigenes Gewissen behandeln – es wird sich selber Strafen zufügen, die sein Schuldgefühl dämpfen, sein Gewissen beschwichtigen. Es behandelt sein Gewissen wie eine fremde Instanz. Es hat gelernt, für seine Missetaten mit einem bestimmten Maß an Strafe zu zahlen, und wird daher freiwillig Leiden ertragen oder sogar Strafen provozieren, um sich von seinem schlechten Gewissen zu befreien. Die Gefahr, die dieser Einstellung innewohnt, liegt auf der Hand. Leiden ist nicht mehr nur Buße, sondern liefert eine emotionale Rechtfertigung dafür, die vom Gewissen verlangten Beschränkungen abzuwerfen. Das erklärt den paradoxen Umstand, daß Strafe oft keine abschreckende Wirkung auf den Delinquenten hat, sondern das gerade Gegenteil bewirkt. Sein Gewissen ist durch die Strafe beruhigt; er fühlt, daß er für seine Missetaten reichlich bezahlt hat; und wenn die Strafe schwer war, fühlt er sich nun sogar gerechtfertigt dafür, der Gesellschaft feindlich gesonnen zu sein. Nur wenn der soziale Anteil der Persönlichkeit als organischer Bestandteil der Persönlichkeit tief assimiliert, ihre zweite Natur geworden ist, können wir von wirklicher sozialer Anpassung sprechen. Erst wenn das soziale Selbst eins wird mit der übrigen Persönlichkeit, kann dieser paradoxe intrapsychische Mißbrauch von Leid und Strafe, die den Einfluß des Gewissens untergräbt, vermieden werden. Und wir wissen heute, daß eine derart tiefe organische Aneignung nur stattfindet, wenn das Kind lernt, jene, die von ihm die ersten Einschränkungen und Modifikationen seiner ursprünglichen Triebbedürfnisse verlangen, nicht nur zu hassen, sondern auch zu lieben. Erziehung kann, mit anderen Worten, nicht nur auf Furcht aufbauen, sondern muß sich auch auf Liebe gründen. Erziehung, die nur auf Strafe beruht und lediglich von Angst abhängt, verdient nicht den Namen Erziehung; sie ist nichts als Dressur.

Die Darstellung, die ich von dem gegeben habe, was ich ein pathologisches Gewissen nannte, basierend auf einem neurotischen Mißbrauch des Leidens, durch den Strafe als Sühne zur Rechtfertigung weiterer Verbrechen genommen wird, läßt uns an unser heutiges Strafsystem denken. Zwischen diesem primitiven, neurotischen Konzept von Gerechtigkeit und einigen Vorstellungen, die unserem heutigen Strafsystem zugrunde liegen, besteht eine unerfreuliche Ähnlichkeit. Die Gesellschaft nimmt dem Verbrecher gegenüber eine Haltung ein, die der Einstellung des neurotischen Gewissens gegenüber den eigenen unsozialen Tendenzen entspricht. Auch übernimmt die Gesellschaft das Prinzip, daß der Kriminelle durch Strafe für seine Missetaten bezahlt. Das läßt sich am besten erkennen an der Strafzumessung entsprechend der Schwere des Verbrechens. Ein kleineres Verbrechen kann mit einem kleineren Strafmaß gesühnt werden; ein größeres Verbrechen erfordert ein größeres Strafmaß. Es ist klar, daß diese emotionale Haltung, die ganz sicher tief verwurzelt und beinahe universell ist, einer logischen Überprüfung nicht standhalten kann.

Es liegt auf der Hand, daß das Leiden, das jemand durch eine noch so schwere Strafe zugefügt wird, keinen Tauschwert für ein auf verbrecherische Weise ausgelöschtes Leben oder ein widerrechtlich angeeignetes Eigentum darstellt. Durch Leiden macht der Kriminelle den angerichteten Schaden nicht wieder gut. Das ist so offensichtlich, daß seit der zweiten Hälfte des neunzehnten Jahrhunderts die meisten Kriminologen – der erste war Franz von Liszt – den Vergeltungsgedanken als Zweck der Strafe aufgaben und allen Nachdruck auf ihre abschreckende Wirkung legten. Diese Vorstellung beruht auf dem psychologischen Prinzip, daß das mit der Strafe verbundene Leiden ein Individuum davon abschreckt, abermals Taten zu begehen, die ihm einmal Leid eingebracht haben. Wir haben jedoch gesehen, wie der Neurotiker das Leiden mißbraucht, so daß es schließlich keine abschreckende, sondern eine stimulierende Wirkung für die Verübung neuer Verbrechen hat. Die Strafe ist Absolution für sein eigenes Gewissen. Je schwerer die Strafe, desto mehr wird er meinen, daß die Gesellschaft sich ins Unrecht gesetzt hat, daß er ihr nichts schuldet und ihre Gesetze nicht respektieren muß. Der innere Polizist, den wir Gewissen genannt haben, wird durch schwere Bestrafung ausgeschaltet. Was bleibt, ist nur die Furcht vor dem äußeren Polizisten, der das Gesetz durchsetzt. Das erklärt, weshalb harte Strafen immer hartgesottenere Kriminelle erzeugen. Alle inneren Hemmungen, selbst jene Überreste von Gewissen, die jeder Mensch besitzt, werden durch harte und ständige Bestrafung eliminiert. Nimmt ein solches Individuum Abstand vom gesetzlosen Verhalten, so tut es das nur aus Furcht vor schwerer Bestrafung. Aber viele von diesen Individuen haben nicht viel zu verlieren; mit ihrem Vorstrafenregister sind sie schwer benachteiligt, fühlen sich verzweifelt und sind geneigt, das Risiko abermals auf sich zu nehmen.

Hier stoßen wir auf ein anscheinend unlösbares Dilemma. Wie wir sehen, hat Strafe einen doppelten Effekt; ihre einschüchternde Wirkung wird durch ihre demoralisierende Wirkung mehr als aufgewogen. Mit anderen Worten, es gibt ebenso viele Täter, die durch Strafe zu einer noch unverschämteren Kriminalität getrieben werden, wie Personen, die durch sie abgeschreckt werden. Die erschreckend hohe Quote der Rückfälligkeitsdelikte demonstriert das. Dieses Dilemma erscheint offenbar deshalb als unlösbar, weil Strafe – insbesondere Freiheitsentzug – die einzige Waffe ist, die wir im Kampf gegen das Verbrechen haben. Und nun stellt sich diese Waffe als unwirksam und in vielen Fällen sogar als Faktor heraus, der zu einem kriminellen Verhalten beiträgt.

Es gibt jedoch eine Lösung – eine Lösung, die viele fortschrittliche Menschen auf dem Gebiet der Kriminologie mit wachsender Klarheit zu erkennen beginnen. Wir haben gesehen, daß Strafe in ihrer primitiven Form als Vergeltung auf einer primitiven Gefühlsreaktion, der Rache, beruht, die überhaupt keinen konstruktiven Aspekt hat. Wir haben weiter gesehen, daß wir auf ihren Vergeltungsaspekt verzichten können und an der Strafe nur als Einschüchterungsfaktor zur Eindämmung von Gesetzesbrüchen festhalten müssen. Allerdings hat sich gezeigt, daß selbst diese Abschreckung nur partielle Wirkung hat, da Strafe auch einen stimulierenden Einfluß auf kriminelles Verhalten ausübt. Sie erhöht die Furcht vor der äußeren Polizei, aber vermindert den hemmenden Einfluß des inneren Kontrollfaktors der menschlichen Persönlichkeit, des Gewissens.

Gibt es keinen anderen Weg zur Behandlung des Verbrechers als den, sich an ihm zu rächen oder ihn einzuschüchtern? In unserer Zeit sind alle primitiven Formen der Strafe wie Prügeln, öffentliche Bloßstellung usw. – die Todesstrafe ausgenommen – zugunsten der Freiheitsstrafe abgeschafft worden. Das scheint in Widerspruch zu der Feststellung zu stehen, daß in der Entwicklung unseres Strafsystems der Racheaspekt immer mehr zugunsten der abschreckenden Wirkung aufgegeben wurde. Freiheitsstrafe ist eindeutig weder zur Rache noch zur Abschreckung die bestgeeignete Maßnahme. Schließlich weiß man doch, daß Auspeitschen und öffentliche Anprangerung auf die meisten Menschen abschreckender wirken als Inhaftierung in einer mehr oder weniger humanen Strafanstalt.

Es hat mich überrascht, als ich während meiner psychoanalytischen Studien bei Insassen eines Bostoner Gefängnisses feststellen mußte, wie oft der Kriminelle, ohne sich das bewußt einzugestehen, den Tag der Freiheit fürchtet, der für ihn erneute Arbeitslosigkeit und Unsicherheit bedeutet. Einer meiner kriminellen Patienten, den ich im Gefängnis analysierte, rief am Tag vor seiner Entlassung wehmütig aus: »Ade, du gute alte trübe Suppe!«, was sich auf die dünne Suppe bezog, die es jeden Tag zum Frühstück gab.

Offenbar muß Freiheitsstrafe noch ein anderes Strafprinzip beinhalten, das sich von der Vergeltung wie von der Abschreckung gleichermaßen unterscheidet. Würden wir immer noch an Vergeltung und Abschreckung als die Hauptfaktoren in der Behandlung Krimineller glauben, so wäre der heutige Trend zur Verbesserung der Strafvollzugsbedingungen völlig inkonsequent. Mit Recht könnte man dann diesen Trend diffamieren als eine alberne Sentimentalität. Doch gibt es bei der Freiheitsstrafe ein Prinzip, das sich von Vergeltung wie von Abschreckung unterscheidet und den Trend rechtfertigt, die Behandlung der Gefangenen immer humaner zu machen.

Die Inhaftierung befreit die Gesellschaft, zumindest für kurze Zeit, vom Kriminellen. Lebenslängliche Haft tut das für immer. Unter diesem Gesichtspunkt würde der Freiheitsentzug wie ein Zeichen unserer Hilflosigkeit im Kampf gegen die Kriminalität wirken. Wir nehmen Zuflucht zu dieser kostspieligsten Art der Behandlung Krimineller, weil wir erkennen, daß die Vergeltung überhaupt keinen konstruktiven Wert hat und auch die abschreckende Wirkung der Strafe von fraglichem Wert ist. Es scheint, daß wir stillschweigend sogar anerkennen, daß nichts damit erreicht ist, wenn wir die Qualen der Gefängnishaft erhöhen, da wir die Insassen durch schlechte Behandlung für die Zeit nach ihrer Entlassung nur noch mehr demoralisieren. Und für jene, die lebenslänglich oder doch den größten Teil ihres Lebens im Gefängnis sind, ist die Erhöhung der Qualen im Gefängnis völlig zwecklos.

Zunächst erscheint der Freiheitsentzug wie eine Art sozialer Chirurgie. Wir befreien uns vom kranken Teil der Gesellschaft, indem wir ihn radikal eliminieren. Doch hinkt dieser Vergleich. In der Chirurgie kümmern wir uns nicht mehr um den Teil, den wir abgetrennt haben; wir schmeißen ihn einfach weg. Anders als in der Chirurgie zahlen wir für die Mitbürger, die wir durch Einsperren aus der Gesellschaft entfernt haben, hohe Steuern, um sie in teuren Gefängnissen zu halten. Durch ständige Verbesserung der hygienischen Bedingungen in den Gefängnissen erhöhen wir diese Kosten sogar rapid. Tun wir das alles bloß aus Sentimentalität? Es ist klar, daß wir mit der Verbesserung unserer Gefängnisse sowohl den Vergeltungs- wie den Abschreckungseffekt der Inhaftierung beeinträchtigen. Was ist also die Rechtfertigung für die Verbesserung des Strafvollzugs? Die Antwort auf diese Frage enthält die Lösung des Dilemmas, das so gänzlich unlösbar erscheint. Die Antwort ist, daß der primäre Wert der Freiheitsstrafe – zur Zeit noch so gut wie nicht realisiert – nicht in der Rache besteht, auch nicht in der Abschreckung und nicht einmal in der zeitweiligen Isolierung gefährlicher Individuen, sondern vielmehr in den konstruktiven Möglichkeiten, die die Freiheitsstrafe bietet. Die Antwort ist, daß wir gerade anfangen, den einzigen konstruktiven Faktor zu erkennen, den unser heutiges Strafsystem bietet; daß wir dabei sind, die Möglichkeit der Rehabilitierung während der Zeit der Inhaftierung zu entdecken. Es ist klar, daß die Rechtfertigung all der Kosten, die mit der Verbesserung des Strafvollzugs verbunden sind, allein in der Hoffnung bestehen kann, durch Freiheitsentzug nicht nur einen Teil der Bevölkerung chirurgisch wie ein erkranktes Organ zu eliminieren, sondern zu versuchen, wenigstens etwas davon für die Gesellschaft zu retten.

Dieses Argument ist unwiderlegbar, und doch müssen wir bekennen, wenn wir unsere Gefängnisse in ihrem heutigen Zustand untersuchen, daß wir noch weit davon entfernt sind, praktische Schlüsse aus dieser Einsicht gezogen zu haben. Unsere Gefängnisse sind alles andere als Institutionen mit dem Schwergewicht auf Erziehung oder Therapie. Ihr Abschreckungs- und Vergeltungsaspekt steht immer noch im Vordergrund. Natürlich können sich Institutionen nicht so schnell verändern, wie die wissenschaftliche Erkenntnis fortschreitet. Wir haben mit dem Trägheitsmoment zu rechnen, das in jeder sozialen Entwicklung vorhanden ist.

Ich sehe einen der wichtigsten Beiträge der Psychiatrie zur Verbrechensverhütung in der Umwandlung unserer Gefängnisse zu Institutionen, in denen der Gesetzesbrecher die Möglichkeit zur Heilung und Resozialisierung hat. Die Psychiatrie

hat in den letzten vierzig Jahren systematische Verfahren entwickelt, durch die sich Charakterzüge methodisch beeinflussen
und verändern lassen. Die Anwendung dieser Methoden zur
Resozialisierng der kriminellen Persönlichkeit ist vielleicht eine
der wichtigsten sozialen Funktionen der Psychiatrie.

Ich darf noch ein paar Worte zu der Frage anfügen, wie weit
unser heutiges Strafsystem ohne weitreichende und utopische
Reformen Gelegenheit zur Verwirklichung bestimmter therapeutischer Möglichkeiten bieten kann, die zur Resozialisierung
der Gefängnisinsassen führen. Es liegt auf der Hand, daß der
Zeitraum der Inhaftierung ausgezeichnete Möglichkeiten für
bestimmte therapeutische Maßnahmen bietet. Fast alle unsere
Gefängnisse haben eine psychiatrische Versorgung im Rahmen
der ärztlichen Betreuung. Diese psychiatrische Versorgung ließe
sich ohne weitreichende Reformen intensivieren und modifizieren und somit effektiver machen, und zwar deshalb, weil die
Führung des Kriminellen während der Haft ein Verhaltens-
problem ist und als solches den psychotherapeutischen Problemen der Psychiatrie entspricht, welche die gleichen sind – Ver-
haltensprobleme. Die Behandlung des Gefangenen während
der Haft zielt darauf ab, gewisse Änderungen seiner Persönlichkeit herbeizuführen. Zum Beispiel ähnelt die Beschäftigung
der Gefangenen und ihre Ausbildung sehr der Beschäftigungs-
therapie moderner psychiatrischer Kliniken.

Das enge Verhältnis zwischen Strafmaßnahmen und der Psychiatrie geht auch aus historischen Fakten hervor. Die Behandlung der seelisch Kranken unterscheidet sich erst seit allerjüng-
ster Zeit von der Behandlung der Kriminellen; auch sie bestand
in Haft (vor nicht langer Zeit noch in Ketten), wenn nötig in
Einzelhaft und anderen Prozeduren mit Strafcharakter. Zwischen modernen Gefängnissen und modernen psychiatrischen
Kliniken gibt es heute noch in gewissem Grade Ähnlichkeiten,
und zwar in beiden Richtungen. Die Nervenheilanstalten bewahren immer noch etwas von ihrem vergangenen Gefängnis-
charakter, während die modernen Gefängnisse allmählich
krankenhaushafte Züge annehmen.

Trotz der Tatsache, daß die Probleme der Führung des Kriminellen während der Haft Probleme sind, die auf psychiatrisches Gebiet übergreifen, würden psychotherapeutische Maßnahmen in großem Stil grundlegende Reformen der Strafinstitutionen erfordern, Reformen, die darauf hinausliefen, unsere heutigen Strafanstalten in Kliniken für Verhaltensstörungen zu verwandeln. Als ersten Schritt dahin müssen wir eine Änderung in unserer Einstellung gegenüber der Behandlung von Strafgefangenen herbeiführen. Zur Zeit ist den psychotherapeutischen Bedürfnissen der Insassen am besten gedient, wenn ihr Leben während der Haft in einer Weise reguliert wird, die einer Verbesserung ihrer Resozialisierungsmöglichkeiten dient.

Unter dem Gesichtspunkt der Resozialisierung ist vielleicht nichts von so großer Bedeutung wie die Haltung der Gefängnisbeamten bzw. das, was man den Geist oder die Atmosphäre des Gefängnisses nennen könnte. Die Einführung einer solchen konstruktiven psychotherapeutischen Sicht anstelle der Vergeltungshaltung ist der größte Beitrag, den der Psychiater zur Zeit für die Leitung von Gefängnissen leisten kann.

Der konstruktivste Einsatz des Psychiaters in dem Gefängnissystem würde also darin bestehen, die Aufsichtsbeamten zu beraten und sie über jedes Vorkommnis zu informieren, das für die Strafgefangenen Persönlichkeitsstörungen mit sich bringt. Abgesehen von der Beratung hinsichtlich gelegentlicher Vorfälle sollte die Funktion des Psychiaters beinhalten, die Aufsichtsbeamten systematisch mit den Grundlagen menschlichen Verhaltens bekannt zu machen. Die heutige Erfahrung lehrt, daß die Haltung der Beamten gegenüber den emotional unausgeglichenen Gefangenen für positive Veränderungen der Persönlichkeit während der Gefängnishaft keineswegs geeignet oder förderlich ist.

Da die Aufsichtsbeamten zur Zeit in praktisch weniger wichtigen Gebieten wie Schießen eine systematische Schulung erhalten, ließe sich ein Grundkurs über menschliches Verhalten leicht in das gegebene System einfügen.

Wie schon erwähnt, wäre es unter den heutigen Bedingungen

verfrüht, an individuelle Behandlung in großem Stil zu denken, obwohl viele Gefängnisinsassen von individueller Psychotherapie, insbesondere Psychoanalyse, zweifellos viel haben würden.

Um eine solche Erweiterung der psychiatrischen Betreuung in unserem heutigen Strafsystem zu erreichen, wäre zunächst ein klarer Nachweis der Wirksamkeit von Psychotherapie in der Resozialisierung von Kriminellen wichtig. Der nächste Schritt hätte dann die Errichtung experimenteller psychotherapeutischer Einheiten in ausgewählten Gefängnissen zu sein. Ein solcher Plan scheint mir zeitlich und praktisch durchführbar, da die Freiheitsstrafe ausdrücklich als Maßnahme zur Beeinflussung der Persönlichkeit von Strafgefangenen betrachtet wird, die auf konstruktive Weise ihre Resozialisierung einleiten soll. Die Beschäftigung und Ausbildung der Gefangenen in verschiedenen Berufen beruht auf der klaren Erkenntnis dieses Resozialisierungszweckes der Inhaftierung. Jene Gefangenen, deren kriminelles Verhalten Symptom einer größeren oder kleineren seelischen Störung ist, bilden noch ausdrücklicher ein psychotherapeutisches Problem. Einzelne Erfahrungen, z. B. meine Zusammenarbeit mit Dr. William Healy*, haben die Möglichkeit gezeigt, kriminelles Verhalten durch psychotherapeutische Maßnahmen zu bessern. In solchen experimentellen Einheiten, in denen eine systematische psychotherapeutische Arbeit mit ausgewählten Fällen durchgeführt würde, ließe sich die praktische Bedeutung der Psychotherapie für die Resozialisierung von Kriminellen gut demonstrieren. Es versteht sich von selbst, daß ein positives Ergebnis von erheblicher praktischer Bedeutung wäre. Die Haftzeit könnte zur Erreichung von Persönlichkeitsveränderungen genutzt werden, die die Wahrscheinlichkeit des Rückfalls vermindern würden. Abgesehen von seiner ökonomischen Bedeutung wäre das der erste wirklich effektive Schritt in dem Problem der Verbrechensverhütung. Auf diese Weise würde die ausgezeichnete Möglichkeit, die die Gefängnisse für eine solche experimentelle Behandlungsforschung

* Franz Alexander und William Healy, *Roots of Crime*, New York 1935

bieten, ohne besonders großen Finanzaufwand oder irgendwelche überwältigenden Reformen genutzt.

Mir ist völlig bewußt, daß diese Maßnahmen die psychia-
trisch-therapeutischen Aspekte der Kriminalität nicht annähernd erschöpfen. Worum es geht, ist die Frage der Verbrechensverhütung. Der einzelne Kriminelle ist das Produkt des
komplizierten Ineinandergreifens von Erbfaktoren, von früh
erworbenen Charakterzügen und allgemeinen Kultureinflüssen.
Fast alle diese Faktoren liegen außerhalb unserer Kontrolle.
Der Versuch, das Endprodukt all dieser Einflüsse – den jugendlichen oder erwachsenen Verbrecher – zu resozialisieren,
verspricht keine radikale Wirkung auf die Verbrechenssitua-
tion. Es ist keine Frage, daß die ständige Verbesserung der
psychiatrischen Fürsorge vielen Personen in Richtung Resozialisierung helfen könnte, doch läßt sich das Kernproblem durch
keinerlei therapeutische Maßnahmen angehen. Wie in der Medizin ist Verhütung das Endziel, nicht Therapie. Allerdings
können wir uns durch das Studium einzelner Menschen in der
Therapie die Kenntnisse verschaffen, auf denen künftige Prä-
ventivmaßnahmen aufbauen können. Im ganzen Bereich der
Medizin erfordert die Verhütung weitaus genauere Kenntnisse als die Therapie. Ein erkranktes Organ läßt sich chirurgisch entfernen, selbst wenn die pathologischen Prozesse, die
zum Ausbruch der Krankheit geführt haben, nicht bekannt
sind. Soll der Krankheitsprozeß in seiner Entwicklung unterbunden werden, so ist eine gründliche Kenntnis der gesamten
Naturgeschichte der Krankheit vonnöten. In der Kriminologie
läßt sich das nur erreichen, wenn die Erkenntnisse der Biologie,
der Psychologie und der Soziologie miteinander verbunden
werden. Das Studium der Lebensläufe einzelner Krimineller,
das Schritt für Schritt zutage fördert, wie sie zu Gesetzesbrechern geworden sind, ist das einzige Mittel, uns solche Kenntnisse zu verschaffen.

Alles in allem hat die Psychiatrie zwei große Beiträge zur Lösung der Probleme der Kriminologie geleistet. Erstens ließe sie
sich wirksam zur Resozialisierung des bereits kriminellen Men-

431

schen einsetzen, würde man in den Strafanstalten die modernen
Methoden zur Veränderung der menschlichen Persönlichkeit
einführen. Dies ist der therapeutische Beitrag der Psychiatrie.
Ihr zweiter, bedeutenderer Beitrag besteht jedoch im Studium
jener psychopathologischen Prozesse, die zu kriminellem Verhalten führen. Ein solches Wissen allein könnte als wissenschaftliche Basis zur Verbrechensverhütung in großem Stil dienen. Die Inhaftierung in Strafanstalten bietet eine einzigartige
Gelegenheit für die Psychiatrie, beide Ziele zu erreichen. Das
kann jedoch nur geschehen, wenn die Behandlung der Kriminellen von all den emotionalen Überbleibseln der Vergangenheit gereinigt ist. Die Öffentlichkeit muß ebenso wie jene, die
sich beruflich mit Verbrechern befassen, von den uralten emotionalen Reaktionen gegenüber dem Kriminellen befreit werden, die sich mit vernünftigen, wissenschaftlich fundierten
Strafmaßnahmen nicht vereinbaren lassen. Wir müssen endlich
begreifen, daß Strafe als Vergeltung nicht dazu angetan ist, die
Gesellschaft vom Verbrechen zu befreien; daß Strafe als Abschreckung durch Zufügung von Leiden von fragwürdigem
Wert ist; und daß die Resozialisierung des Verbrechers, so
schwierig sie scheinen mag, die wirtschaftlichste und die einzig
wirksame Methode ist. Vor allem müssen wir erkennen, daß
man nicht alle drei Strafprinzipien – Vergeltung, Abschrek-
kung und Wiedereingliederung – zur gleichen Zeit anwenden
kann, wie das in unseren Strafanstalten zur Zeit der Fall ist.
Wir können nicht gleichzeitig am Verbrecher Rache üben, ihn
einschüchtern und versuchen, ihn zu bessern; denn diese unterschiedlichen Prinzipien erfordern unterschiedliche Haltungen,
die einander ausschließen, weil sie sich gegenseitig beeinträchtigen. Man kann nicht den Gefängnisinsassen dazu bringen, die
Behörden zu hassen und zu fürchten, und zugleich erwarten,
daß er ihnen vertraut und von ihnen Rat und Orientierung
annimmt.
Wir müssen uns eindeutig entscheiden, welches Strafprinzip wir
wollen, und dann müssen wir die Kriminellen von der Zeit
ihrer Entdeckung und Festnahme durch die Polizei bis zu ihrer

Entlassung aus dem Gefängnis diesem Prinzip entsprechend behandeln. Auf der Grundlage der psychiatrischen Diagnose müssen wir die Strafgefangenen in zwei große Gruppen einteilen: jene, die als unverbesserlich erscheinen und sich jedem psychotherapeutischen Zugang verschließen, und die Gruppe der Besserungsfähigen. Der zweiten Gruppe gegenüber haben wir keine Vergeltung zu üben, sondern eine rein therapeutische Haltung einzunehmen. Die Gruppe der Unverbesserlichen muß von der übrigen Gesellschaft getrennt werden, solange sie eine potentielle Gefahr darstellt.

Allerdings wird die Psychiatrie keine Möglichkeit haben, irgend etwas Folgenreiches zur Verbrechensverhütung beizutragen, solange wir unsere Grundeinstellung zum Problem der Kriminalität nicht von den primitiven emotionalen Reaktionen befreit haben, von denen unser gesamtes Strafsystem in der Vergangenheit durchdrungen gewesen ist.

Von Theodor Reik
erschien im Suhrkamp Verlag

Der eigene und der fremde Gott. Mit einem Vorwort von
Alexander Mitscherlich. 1972

Von Tilmann Moser
erschien im Suhrkamp Verlag

Gespräche mit Eingeschlossenen. Gruppenprotokolle aus einer Jugendstrafanstalt. 1969. *edition suhrkamp* 375
Jugendkriminalität und Gesellschaftsstruktur. 1970
Repressive Kriminalpsychiatrie. 1971. *edition suhrkamp* 419
Lehrjahre auf der Couch. Bruchstücke meiner Psychoanalyse. 1974
Psychoanalyse und Justiz. Mit einem Nachwort herausgegeben von Tilmann Moser. 1971
Paul Reiwald, Die Gesellschaft und ihre Verbrecher. Neu herausgegeben mit Beiträgen von Herbert Jäger und Tilmann Moser. 1973. *suhrkamp taschenbuch 130*

Alphabetisches Gesamtverzeichnis der suhrkamp taschenbücher